수행,
초탈인가 치유인가

수행,
초탈인가 치유인가

박찬욱 기획, 한자경 편집 | 정준영·월암·미산·엄성민·성해영·권석만 집필

운주사

기획자 서문

성찰과 정진을 통해 성장하고 평안하길 기원하며

사람은 남녀노소를 불문하고 각자 나름대로의 방법을 통하여 만족스러운 삶, 행복한 삶을 추구합니다. 많은 경우 좋은 느낌을 좇습니다. 그러나 세상만사 변화하기 때문에, 아무리 큰 만족도 이내 변곡점을 맞게 되어 무료함이나 불만족을 피할 수 없고, 때로는 상황이 뜻대로 되지 않아서 괴로워하곤 합니다. 삶의 도정道程에서 수많은 시행착오를 겪으며, 질문하고 길을 찾습니다.

삶의 본질은 무엇일까? 나의 삶은 왜 이렇게 전개될까? 이 상황에서 어떤 선택을 해야 하나? 무엇을 지향志向하며 살아야 하나? 삶을 개선하기 위하여 무엇을 어떻게 해야 하나? 이런저런 모색하는 과정에서 많은 사람들이 수행을 만나게 됩니다. 맞닥뜨린 장애를 타개하기 위하여, 한층 높은 수준에 도달하기 위하여, 궁극적 해결을 위하여, 수행에 관심을 둔 사람들의 목표와 목적도 다양합니다.

수행은 인류 역사와 함께 시대와 지역의 상황에 맞는 방법들이 제시되며 발달해 왔습니다. 오늘날에는 서양에서부터 불기 시작한 명상 열풍이 전 세계로 퍼져나가고 있으며, 급속도로 변화하는 현대

사회에서 발생하는 다양한 심리 문제들을 치유하는 방편으로 활용되고 있습니다. 이러한 현상은 바람직한 측면도 있지만, 수행의 진정한 목표와 목적을 호도하는 경우도 종종 발견되곤 합니다.

올해부터 3년 동안 관련 분야 전문가들을 모시고, '수행'에 대하여 탐색해 보고자 합니다. 수행 전통들을 살펴보고, 현대인에게 적절한 수행 방편을 모색하고, 각자에게 알맞은 수행은 무엇인지 사색해 보고자 합니다. 이러한 작업들이 인생 항로에서 나침반을 점검해 보는 계기가 되어, 삶에 대한 우리의 안목이 명료해지고, 성장과 성숙, 이고득락離苦得樂으로 나아가는 걸음걸음에 도움이 되길 기원합니다.

2006년부터 매년 한두 차례 개최해 온 '밝은사람들 학술연찬회'에서 논의되는 내용을 학술연찬회 개최 전에 '밝은사람들 총서'로 출간하고 있습니다. 학술연찬회와 총서 내용을 더욱 알차게 꾸미기 위하여 매번 1년 가까운 기간 동안 성실하게 준비하고 있습니다.

주제 발표자로 확정된 이후 여러 단계의 준비 과정에 진지한 태도로 참여하시고, 각자 전공 분야의 관점과 연구 성과를 일목요연하게 정리하신 정준영 교수님, 월암 스님, 미산 스님, 임성민 대표님, 성해영 교수님, 권석만 교수님, 다섯 분의 주제발표 원고를 조율하시고 학술연찬회 좌장 역할을 하시는 한자경 교수님께 진심으로 감사드립니다. 그리고 옥고를 단행본으로 출간해 주시는 운주사 김시열 사장님과 직원 여러분의 노고에도 감사드립니다.

올해는 조계종 미래본부에서 후원하고 불교TV에서 촬영하여 방영하기로 하였습니다. 조계종 미래본부 사무총장 일감 스님과 관계

직원들, 불교TV 회장 성우 스님과 구본일 대표님 이하 관계 직원들의 수고에도 감사를 표합니다. 특히 2006년 초 밝은사람들연구소 발족 이래 지금까지 불교와 사회의 상생적 발전을 촉진하는 연구소 사업을 물심양면으로 적극 지원해 주고 계신 수불 스님과 안국선원에 깊이 감사드립니다.

일상에서 늘 행복하시길 기원하며
2025년 11월
밝은사람들연구소장
담천 박찬욱 합장

편집자 서문

수행, 초탈인가 치유인가

한자경(이화여대 철학과 명예교수)

1. 초탈의 수행과 치유의 명상

개인의 일상적 삶은 생로병사의 과정을 거치면서 일정한 한계 속에서 진행된다. 태어남도 나의 의식적 의지적 선택이 아니고 늙음과 병듦도 결코 내가 원하는 것이 아니며 마지막 죽음도 불가항력적으로 그저 맞닥뜨리게 되는 한계상황일 뿐이다. 그러니 생의 굽이굽이마다 우리는 자신의 한계와 세속적 삶의 허망함을 실감하며, 따라서 그런 허망한 일상의 삶 너머를 바라보게 된다. 즉 세간 너머 출세간을 지향하게 된다. 생사의 한계에 갇힌 세계가 세간世間이고, 생사의 한계를 넘어선 영역이 출세간出世間이다. 세속의 원리가 속제俗諦이고, 그 너머의 영원한 진리가 진제眞諦이며, 인연 따라 생멸하는 것은 유위有爲이고, 그 너머 불생불멸하는 것은 무위無爲이다. 자신의 상황을 한계로 인식하는 인간은 본능적으로 그 한계 너머로 나아가고자 한다. 세간에서 출세간으로, 속제에서 진제로, 유위에서 무위로 나아감이 초탈超脫

이다. '초탈'은 한계를 넘어서는 초월超越과 그로부터 얻어지는 자유로운 해탈解脫을 합한 개념이다. 존재의 근원과 삶의 의미를 깨닫고 생사문제를 해결하고자 함은 생사에 갇힌 세간적 삶을 초탈하려는 것이다. 그런데 이러한 초탈은 우리가 세간에서 일상을 살면서 하는 행위들, 단순히 먹고 마시고 일하고 노는 그런 행위들을 통해 얻어지지 않는다. 초탈은 일상의 한계를 돌파하는 힘을 가진 특별한 행위이어야 하기 때문이다. 그러므로 초탈을 원하는 사람은 스승을 찾아가 초탈의 방법을 배우며, 스승의 가르침대로 심신을 닦는데, 이것을 '수행修行'이라고 한다. 세간 너머 출세간을 논하는 종교는 모두 나름의 수행법을 갖고 있다.

 그런데 요즘은 '수행'이 더 넓은 의미로 이해되면서 '수행' 대신 '명상(冥想, meditation)'이라는 단어가 주로 사용된다. 이때의 수행 내지 명상은 세간 너머 출세간으로 초탈하려는 행위가 아니고, 오히려 세간에서의 긴장과 불편함을 덜어 세간에 보다 안정적으로 정착하고자 애쓰는 행위를 말한다. 말하자면 과거의 트라우마나 기타 장애로 인해 세간적 삶에 적응하기 힘든 사람은 세간에서의 소외와 단절 및 그로 인한 불안과 우울 등으로 고통받는데, 그때 그가 원하는 것은 세간 밖으로 나가는 초탈이 아니라 세간에서의 일상적 삶에 안정적으로 정착하는 '치유治癒'이다. 치유는 한 인간을 세상 바깥으로 내모는 그의 내적 외적 장애를 극복하는 과정이며, 이것 또한 치유 전문가를 찾아가서 그가 제시하는 방법대로 실행함으로써만 성취될 수 있다. 그 치유의 과정도 삶의 고통으로부터 벗어나기 위한 각고의 노력이란 의미에서 '수행' 또는 '명상'이라고 부른다.

이렇게 보면 '수행, 초탈인가 치유인가'의 물음은 간단한 개념 정의의 문제처럼 보일 수도 있다. 즉 세간의 허망함에 절망한 자가 세간 너머 출세간으로 나아가고자 하는 행위는 '초탈로서의 수행'이고, 일상 삶에서 고통받는 자가 세간에 편안히 정착하고자 하는 행위는 '치유로서의 명상'이라고 정의하면서 둘을 구분하는 것이다. 그러면 초탈과 치유, 수행과 명상은 서로 다른 지향점을 갖는 서로 다른 활동처럼 보인다.

그러나 초탈과 치유, 수행과 명상이 정말 서로 다른 것일까? 초탈의 지향점, 세간 너머 출세간은 과연 어디이고, 또 치유의 원천, 세간에 정착하고자 닻을 내릴 지점은 과연 어디인가? 어쩌면 그 두 지점은 서로 다르지 않을지도 모른다. 즉 초탈을 위해 나아가고자 하는 출세간의 지점이 바로 치유를 통해 세간에 정착할 닻을 내릴 그 지점일 수 있다. 그럴 경우 초탈의 지향점이 곧 치유의 출발점이 되고, 치유의 완성점이 곧 초탈의 출발점이 된다. 말하자면 초탈해야 치유가 가능하고, 치유되어야 초탈이 가능하며, 따라서 초탈하지 않으면 치유될 수 없고, 치유되지 않으면 초탈할 수 없다는 말이 된다. 즉 초탈 없는 치유는 진정한 치유가 아니고, 치유 없는 초탈 또한 진정한 초탈이 아닌 것이다.

이처럼 초탈과 치유가 서로 무관하지 않다는 것은 오늘날 의학이나 심리학에서 논하는 명상(치유적 수행)이 실은 불교 수행(초탈적 수행)으로부터 그 핵심 내용을 차용했다는 데에서도 보인다. 불교 수행으로부터 현대 명상이 차용한 큰 개념틀만 언급하면 다음과 같다.

불교의 수행(bhāvanā)	→	현대의 명상(meditation)
지-수행(止修行, samatha bhāvanā)		집중명상(concentration meditation)
관-수행(觀修行, vipassanā bhāvanā)		통찰명상(insight meditation)

    서양의 의학자 또는 심리학자들은 불교의 지관수행으로부터 영감을 받아 현대인의 스트레스와 불안과 우울 등을 해소하는 다양한 심리치료법을 창안하였으며, 나아가 개인이나 기업에서도 다양한 명상법을 개발하여 상품화하면서 명상 붐을 일으키고 있다. 요즘은 종교와 상관없이 누구나 '명상'을 말하는 것이 유행처럼 되었다. 대다수의 사람이 급변하는 사회 속에서 돈과 권력을 좇아 경쟁과 투쟁으로 점철된 힘겨운 삶을 살다 보니 심신은 피폐해지고 결국 우울과 불안과 절망만 남기 때문일 것이다. 현대에 명상이 유행하게 된 것은 현대인이 특별히 명상을 잘해서가 아니라 오히려 현대가 너무도 절실하게 명상이 필요한 시대이기 때문이다. 세간에서 획일화된 가치에 휘둘리다 보니 출세간으로의 초탈은 고사하고 세간에서 인간다운 삶의 유지조차 쉽지 않기 때문이다. 한국 불교계에서는 요즘 유행하는 '명상' 앞에다 '선禪'을 붙여서 '선명상'을 말한다.

  '명상冥想'은 서양어 meditation의 번역어이다. meditation은 깊은 사유 내지 성찰을 의미하며, 철학적 사유 및 신과 접촉하는 종교적 체험까지를 포괄하는 개념이다. 그러나 오늘날 언급되는 '명상'은 주로 현대 의학이나 심리학 분야에서 말하는 '심리치유'로서 제한된 의미를 가진다. '선禪'은 범어 dhyāna, 빨리어 jhāna를 음역하여 '선나禪那'라고 한 것을 줄여서 말한 것이며, 선정禪定 또는 정려靜慮라고도 한다. 불교 수행에는 지止, 관觀, 염불, 기도 등 여러 가지가 있지만,

현재 한국 불교 대표종단인 조계종의 대표적 수행이 간화선看話禪이기에, 이를 '선'이라고 칭하며 '명상'과 결합한 것이다.[1]

선명상:　　　선禪　　　+　　　　명상冥想
　　　　　불교 간화선　　　　　서양 심리치료(집중명상+통찰명상)

그런데 불교사적 흐름에서 보면 선종禪宗은 중국 당나라 시기 보리달마(?~528)에서 시작되었고, 간화선은 송나라 대혜종고(1089~1163)에 의해 제시된 수행법이다. 석가모니 부처님이 제시한 지관의 수행법과 대승불교에 와서 비로소 등장한 선 내지 간화선의 수행법은 서로 어떤 관계에 있는지도 밝혀져야 한다. 이하에서는 지관의 수행에서 대승의 선 내지 간화선 수행까지 이어지는 특징을 간단히 정리하여 초탈의 의미가 어떻게 심화되고 그것이 치유와 어떤 관계에 있는지를 밝힘으로써, 본격적으로 수행을 논하는 이 책의 서문으로 삼고자 한다.

---

[1] 서양인들이 그들의 심리치료법 내지 명상법을 개발할 때 차용한 불교 수행은 주로 남방 상좌부불교에서 중시하는 위빠사나 수행이다. 서양에서 개발된 '마음챙김 기반한 스트레스 감소(MBSR)', '마음챙김 기반한 인지치료(MBCT)', '수용전념치료(ACT)', '변증법적 행동치료(DBT)' 등이 그런 것이다. 반면 천여 년을 이어온 한국의 불교는 북방 대승불교이며 수행은 물론 지관겸수이되 주로 사마타 수행 내지 선수행이다. 따라서 '명상' 앞에 '선'을 붙인 '선명상'은 오늘날의 한국 간화선까지 이어지는 우리의 수행 전통을 반영한 개념이다. 현재 한국의 간화선은 선명상, 일종의 K-명상이라고 할 수 있다.

2. 지止와 관觀의 수행

초기불교에서 수행을 지칭하는 단어는 '바와나(bhāvanā)'이며, 대표적 수행은 사마타인 지止와 위빠사나인 관觀이다. 지는 대상을 좇는 마음 활동을 그치는 것이며, 그렇게 하여 삼매인 정定에 이르고, 관觀은 주어지는 대상을 내적으로 관찰하는 것이며, 그렇게 하여 반야인 혜慧를 얻는다. 이 지와 관의 수행법은 대승 유식이나 기신론에 이르기까지 늘 불교의 대표적 수행법으로 간주되었다.

수행(bhāvanā)과 그 결과:
- 지(止, samatha, 그침) → 정(定, samādhi, 삼매): 집중/심일경성/4선정
- 관(觀, vipassanā, 관찰) → 혜(慧, paññā, 지혜): 통찰/알아차림/4념처관

지(止, samatha)는 끊임없이 바뀌는 대상들을 따라 움직이는 마음 활동을 멈추고 한 대상에 집중하여 마음을 고요하게 유지하는 것이다. 이때 대상은 마음을 멈추기 위한 수단이지 목적이 아니며, 고요하게 멈춘 마음을 얻는 것이 목적이다. 대상에 집중하면서 그 집중에서 오는 희와 락을 느끼다가 결국 그 대상과 하나가 되는 심일경성에 이르는 상태가 삼매인 정定이다. 지를 닦으면 정에 이르므로 지수행은 정을 포함한 개념이다. 대표적인 지수행은 4선정(禪定, jhāna, dhyāna)이다. 1. 일상의 분별적인 거친 생각을 잠재우고 들어간 초선에서는 마음을 비우면서 일어나는 생각인 심尋과 깊이 살피는 생각인 사伺가 남아 있지만, 그것도 사라지면 제2선으로 넘어간다. 2. 제2선에서는 희喜가 드러나지만, 그것도 사라지면 제3선으로 나아간다. 3. 제3선에

서는 락樂의 느낌이 드러나지만, 그것도 사라지면 제4선에 이른다.
4. 제4선에서는 주객 구분이 사라진 심일경성心一境性만 남는다. 지는 수행을 행하는 그 마음에 이르기 위한 집중과정이며, 심일경성으로 얻는 마음은 결국 일체 경계가 사라진 공空의 마음이다.

4선정: 4가지 선의 요소들의 점차적 소멸 → 정정에 이름
  1. 초선: 깨어난 생각인 심(尋, vitakka)과 살피는 생각인 사(伺, vicāra) 남음
  2. 제2선: 심과 사 소멸. 기쁨인 희(喜, pīti) 남음
  3. 제3선: 희 소멸. 즐거움인 락(樂, sukha) 남음
  4. 제4선: 락 소멸. 집중인 심일경성心一境性만 남음

관(觀, vipassanā)은 마음에 주어지는 대상을 관찰하며 주시하여 (sati) 알아차리는(pajānāti) 것이다. 시비나 호오의 판단을 개입시키지 않고 그냥 있는 그대로의 실상을 여실하게 알아차리는 여실지견如實知見을 얻는 것이 목적이다. 대표적인 관수행은 4념처관(四念處觀, satipaṭṭhāna)이다. 1. 신身념처관에서는 자신의 몸을 내적으로 주목하여 알아차리고, 2. 수受념처관에서는 느낌을 주시하여 알아차리며, 3. 심心념처관에서는 마음(심)을 주시하여 알아차린다. 그리고 4. 법法념처관에서는 일체 유위법의 무상과 고, 무아와 공 등 연기 원리와 4법인을 주목하여 알아차린다. 관은 존재의 실상에 대한 통찰이라고 할 수 있다.[2]

---

2 이상 4선정과 4념처관을 계戒·정定·혜慧 3학學과 연결시켜 보면, 4선정은 집중하는 지止로서 정학에 속하고, 4념처관은 통찰하는 관觀으로서 혜학에 속한다. 따라서 '4념처관(四念處觀, satipaṭṭhāna)'에 '념(sati)'이 포함된다고 해서 4념처관

4념처관(四念處觀, satipaṭṭhāna): 사띠수행, 관찰수행 → 혜慧에 이름
  1. 신념처관: 몸을 주시하여 알아차리기
  2. 수념처관: 느낌을 주시하여 알아차리기
  3. 심념처관: 마음을 주시하여 알아차리기
  4. 법념처관: 4법인, 연기법 등을 통찰

지止로써 마음을 고요하게 멈추는 것은 일차적으로는 마음에 왔다 갔다 하는 생각과 느낌을 덜어내는 작업이지만, 결국은 그런 생각과 느낌을 일으키는 의지적 번뇌, 즉 무한한 욕망인 탐貪과 그런 욕망 좌절 시에 일어나는 진瞋을 걷어내는 작업이다. 즉 탐심과 진심을 없애는 것이 지-수행의 지향점이다. 마찬가지로 관觀으로써 존재의 실상을 알아차리는 것은 곧 실상을 가리는 무지의 번뇌, 어리석음인 치癡를 걷어내는 작업이다. 무지에 싸인 어둠인 무명無明을 밝음인 명明의 지혜로 바꾸려는 것이다. 결국 어리석음의 번뇌인 치심을 없애는 것이 관-수행의 지향점이다. 지止로써 탐심과 진심을 없애서 마음이 자유로워지는 것을 심해탈心解脫이라고 하고, 관觀으로써 치심을 없애서 마음이 지혜로워지는 것을 혜해탈慧解脫이라고 한다.

을 8정도의 '정념'과 동일시해서는 안 된다. 『해탈도론』은 8정도八正道를 3그룹으로 묶어 3학에 배대하면서 정념을 정학에 포함시켰다. 4념처관의 핵심은 주시하는 념(sati, 마음챙김)이 아니라, 그것을 알아차리는 관이며, 따라서 정학이 아니라 혜학에 속한다. 8정도와 3학은 다음과 같이 연결된다.

정견	정사유	정어	정업	정명	정정진	정념	정정
sammā-diṭṭhi	-saṅkappa	-vācā	-kammanta	-ājīva	-vāyāma	-sati	-samādhi

| 혜학慧學 | 계학戒學 | 정학定學 |

수행(bhāvanā)으로 탐·진·치를 제거하여 해탈에 이름:
- 지(止, samatha, 그침)로써 탐심과 진심을 제거 → 심해탈心解脫
- 관(觀, vipassanā, 관찰)으로써 치심(무명)을 제거 → 혜해탈慧解脫

   이와 같이 지와 관의 수행은 우리 마음의 탐·진·치의 번뇌(āsava, 漏)를 제거하여 열반에 들고 해탈한 부처가 되려는 것이다. 중생은 탐·진·치의 번뇌에 물든 마음으로 업業을 지어서 그 업력業力으로 인해 다시 태어나 생사윤회를 반복한다. 반면 지와 관의 수행으로 탐·진·치의 번뇌를 모두 제거하면 중생은 번뇌가 멸한 열반에 이르며 해탈한다. 초기불교는 번뇌를 점차적으로 멸해감으로써 궁극에는 해탈과 열반에 이른 아라한이 된다고 보며, 아라한에 이르기까지의 과정을 성문4과聲聞四果로 논한다.

성문4과:	1. 예류預流 →	2. 일래一來 →	3. 불환不還 →	무학無學
	수다원	사다함	아나함	아라한
	견·의 끊음	탐·진·치 약화	탐·진 끊음	치 끊음

   성문4과는 번뇌를 점진적으로 제거해 가는 수행을 통해 결국 아라한 내지 부처의 경지에 이르는 과정이다. 지와 관의 수행으로 탐·진·치를 멸함으로써 중생 너머 부처로, 세간 너머 출세간으로 나아가려는 것이다.

3. 대승의 수행론

대승 이전 불교 수행의 목적은 중생의 마음속 탐·진·치를 점차적으로 없애 나감으로써 장차 번뇌와 장애가 없는 아라한이 되는 것 또는 부처의 마음인 진여심, 여래심을 얻어 부처가 되는 것이다. 부처는 번뇌를 멸하는 수행을 통해 비로소 획득되는 수행의 결과로 간주된 것이다. 그런데 대승은 그렇게 해서 얻고자 하는 진여심, 여래심이 실은 수행을 통해 비로소 얻게 되는 결과가 아니라 오히려 수행에 앞서 이미 오래전부터 중생 안에 내재되어 있는 중생의 본래 성품이고 본래 마음이라고 논한다. 중생은 이미 오래전부터 본래 부처라는 것이다. 그래서 '구래성불舊來成佛', '본래성불本來成佛', '중생즉부처'를 말한다.

대승이 중생 내면의 여래심과 '중생즉부처'를 말하게 된 것은 대승에 와서 비로소 자아의 공인 아공我空과 제법의 공인 법공法空의 깨달음 속에서 그렇게 '공을 깨닫는 마음'인 '공의 마음'이 중생의 본래 마음임을 강조하고자 했기 때문이다. 지관을 수행하던 대승 수행자들은 일체의 공성 안에서 '아공·법공의 2공에 의해 드러나는 진여'인 '2공소현진여二空所顯眞如'를 발견하였는데, 그것이 바로 탐·진·치의 객진번뇌에 물들지 않은 중생의 본래 마음인 무구의 청정진여심이다. 그 대표적 수행자들이 바로 유가행파(瑜伽行派, Yogacara) 즉 유식학파인데, 이들은 각자의 유근신(나)과 공통의 기세간(세계)을 만들어 내는 심층 마음인 제8아뢰야식阿賴耶識을 발견하고, 일체 존재는 모두 식識이 만들어 내는 가유假有라고 논하였다. 이로써 '오직 식이 있을 뿐이고 식을 떠난 대상 경계는 따로 없다'는 '유식무경唯識無境', '일체는 오직 마음이 만든다'는 '일체유심조一切唯心造'가 대승의 기본 통찰로 자리잡게 되었다.

각각의 개별적 자아(유근신)뿐 아니라 하나의 공통의 현상세계(기세간)를 만들어 내는 식識은 개체성의 한계에 갇힌 표층 제6의식이 아니고, 각자의 개체적 의식의 한계를 넘어선 심층 마음, 즉 일체 존재를 모두 포괄하는 초개인적 우주적 마음인 일심一心이다. 이 심층 마음인 일심을 대승은 불성佛性, 여래장, 여래심, 진여심, 본래면목, 본래 마음, 진심 등 다양한 이름으로 부르는데, 이 일심이 바로 『기신론』이 논하는 '본각本覺의 마음', 원효의 '성자신해性自神解의 마음', 지눌의 '공적영지空寂靈知의 마음'이다. 모든 중생의 본래 마음이 바로 이 일심인 것이다. 그러므로 중생이 허망한 세간 너머 초탈하여 나아가고자 하는 출세간은 세간 바깥 어딘가가 아니라, 바로 세간 속 중생 내면의 보물인 본래 마음이다. 이로써 불교의 '초탈로서의 수행'은 큰 변곡점을 맞는다. 즉 무상한 세간 너머 출세간으로의 초탈은 세간 밖으로의 '외적 초월'이 아니고, 중생심의 표층에서 그 심층으로 나아가는 '내적 초월'이 되며, 출세간과 세간, 진제와 속제는 불이不二로 융합된다. 중생은 누구나 자신의 심층 마음에 일체 존재의 근원, 불생불멸의 진여심을 갖고 있으며, 중생이 수행을 통해 되고자 하는 것은 이미 중생 안에 성취되어 있다. 중생은 이미 부처이며, 수행으로써 초탈하고자 하는 목적지인 출세간은 세간 바깥이 아닌 세간 속 중생의 가장 깊은 내면이 된다.

따라서 대승에서는 탐진치를 닦아내는 수행에 앞서 자신의 본래 성품이 부처의 성품인 불성佛性과 다르지 않고, 자신의 본래 마음이 부처의 마음인 진여심眞如心과 다르지 않음을 깨닫는 것이 중시된다. 그것이 '견도見道에서의 깨달음'이다. 화엄은 수행을 세분하여 52위位

로 논하고, 유식은 크게 5위位로 논하는데, 이를 도표로 정리하면 다음과 같다.

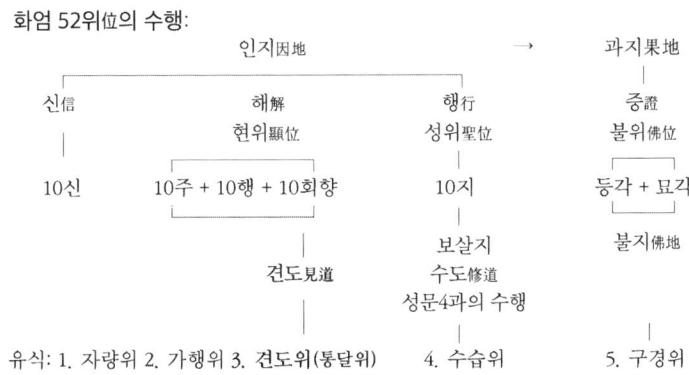

『대승기신론』은 부처의 지위에 이르기까지의 깨달음인 각覺을 단계별로 구분한다. 우선 자신의 본성을 깨닫는 견성見性의 깨달음은 '상사각相似覺'인데, 이것은 궁극의 깨달음과 유사하되 동일하지는 않기 때문이다. 견성 이후에 남겨지는 번뇌를 점차적으로 없애 가는 과정에서 얻게 되는 깨달음은 수행이 완성되는 정도(分)를 따라 일어나는 깨달음이라는 뜻에서 '수분각隨分覺'이라고 한다. 그리고 이 단계가 완성되어 번뇌가 모두 멸하면 드디어 활연관통하는 깨달음을 증득하게 되는데, 이것을 궁극적 깨달음인 '구경각究竟覺'이라고 한다. 상사각은 견도見道 상의 깨달음이기에 '해오解悟'이고, 구경각은 수도를 거쳐 부처가 되는 단계에서 불성을 증득하는 깨달음이기에 '증오證悟'라고 한다. 이 과정을 다시 위에서 정리한 화엄의 신信·해解·행行·증證의 과정에 배대하면 다음과 같다.

화엄의 수행:　　　　신信　　→　　　해解　　　→　　　행行　　　→　　　증證
　　　　　　　　　　　　　　　해오解悟
기신론의 시각始覺: 불각不覺　　상사각相似覺　　수분각隨分覺　　구경각究竟覺

　견도의 깨달음과 수도의 깨달음 그리고 궁극의 깨달음의 차이를 설명하기 위해 『능엄경』은 집의 비유를 든다. 집을 직접 보기 전까지는 그냥 소문으로만 듣고 아는 믿음 신信의 단계이다. 그런데 그 믿음을 따라서 집 앞까지 걸어가서 드디어 그 집과 대문 너머의 안방까지를 바라보는 것은 집을 보고 아는 해解에 해당한다. 그 다음 대문을 넘어 집 안으로 들어가고 마당을 거쳐 방까지 걸어가는 것은 몸소 실행하는 행行이다. 그리고 마지막으로 안방에 들어가 그 중심에 앉으면 그것이 증득하는 증證이다. 이를 다시 산행에 비유해 보자. 지도만 보고 경주 남산의 지형을 아는 것은 신信에 해당하고, 실제로 경주 남산에 도착해서 산 아래에서 정상을 바라보는 것은 봄으로써 아는 해解이다. 그리고 실제로 산을 걸어 올라가는 과정은 수행하는 행行이고, 드디어 정상에 도착하여 정상에 서는 것이 바로 증득하는 증證이다.
　그런데 집 앞에 도착하여 대문 너머 바라본 방과 마당을 거쳐 걸어 들어가 도달한 방은 결국 같은 방이고, 산 아래에서 본 산 정상과 끝까지 걸어 올라가서 도달한 산 정상은 결국 같은 산이다. 수행(행) 전에 이미 본성本性을 본 것이다. 그러므로 문 밖에서 본 방 이외의 다른 방을 구하거나 산 아래에서 바라본 산 정상 이외의 다른 정상을 구한다면, 그것은 잘못된 길이다. 그래서 『대승기신론』은 수행자가 구경각에서 깨닫는 것은 결국 수행을 통해 얻는 시각始覺이 바로 중생이 본래 갖고 있던 본각本覺과 다르지 않다는 '시각즉본각'이라고 강조한다. 그리고 『화엄경』도 믿음에 기반한 초주에서의 발심發心이 곧 10지의 수행을 통해 얻은 불지佛地에서의 정각正覺과 다르지 않다는 '초발심시변성정각初發心時便成正覺'을 말한다. 이것은 모두 '본성의 깨달음'인 '견성見性'의 중요성을 강조한 말이다. 이 견성을 특별히 강조하여 그것이 곧 성불이라는 '견성성불見性成佛'을 말하는 것은 바로 선불교이다.

4. 선과 수행: 돈오와 점수

대승 수행의 핵심은 중생이 번뇌를 없애 부처가 되는 것에 있지 않고, 오히려 번뇌가 있어도 중생은 이미 부처라는 '중생즉부처'의 깨달음에 있다. 그렇다면 '중생즉부처'의 깨달음인 견성見性 내지 해오解悟는 어떻게 성취될 수 있는가? 그 깨달음은 중생 마음속의 번뇌를 하나씩 모두 없애야 그때 비로소 얻어지는가, 아니면 마음속 번뇌의 유무와 상관없이 단박에 성취될 수 있는가? 바로 이것이 당나라 선종禪宗 5대조 홍인弘忍 이후 신수(神秀, 606~706)를 이은 북점선北漸禪과 혜능(慧能, 638~713)을 이은 남돈선南頓禪이 갈리게 되는 지점이다. 신수는 본래 성품의 깨달음인 견성見性보다는 번뇌를 열심히 닦아야 한다는 "시시근불식時時勤拂拭"을 강조하였다. 반면 혜능은 본래 마음은 번뇌가 붙을 수 있는 사물이 아니라는 "본래무일물本來無一物"을 말하며, 마음은 그 마음을 둘러싼 번뇌가 있든 없든 상관없이 자신을 홀연히 깨달을 수 있음을 강조하였다. 깨닫고자 하는 여래심이 중생 마음의 본래 성품이기 때문이다. 중생의 마음에 번뇌가 있어도 그 번뇌는 밖에서 들어온 객진번뇌일 뿐이고, 마음의 본바탕은 번뇌 없는 무구의 청정심이며, 따라서 중생은 누구나 번뇌와 상관없이 자신의 본래 마음을 깨달을 수 있다는 것이다.

신수가 강조한 번뇌 닦음은 점진적 수행인 점수漸修이고, 혜능이 강조한 번뇌 너머 무구無垢의 마음의 깨달음은 홀연한 깨달음으로서 돈오頓悟이다. 혜능 이후 선종은 돈오 중심의 남돈선으로 이어진다. 그런데 번뇌가 있어도 본성의 깨달음이 가능하다는 것은 곧 본성의 깨달음이 있어도 번뇌는 남아 있다는 말이다. 구름 너머 해가 있어서 구름 사이로 해를 볼 수 있지만, 그렇게 해를 본다고 해서 그 순간 구름이 모두 사라지는 것은 아닌 것과 같다. 그러므로 견성의 돈오 이후에는 그래도 남아 있는 번뇌를 점차적으로 제거하는 점수가 요구된다. 본성을 깨닫는 돈오가 선행하고, 그 뒤에 번뇌를 없애 가는 점수가 따라오는 것이다. 이는 화엄의 신·해·행·증 그리고 『기신론』의 시각 4단계와 맞물리는 통찰이다.

화엄:	신信	→	해解	→	행行	→	증證
기신론:	불각不覺		상사각相似覺		수분각隨分覺		구경각究竟覺
선:			돈오頓悟	→	점수漸修		
			견성(본성의 깨달음)		번뇌의 제거		

혜능 이후 선종은 점수에 앞선 돈오 견성을 강조한다. 스승은 제자의 돈오를 위해 일상적인 분별적 사유 너머로 제자를 몰아가는 문답을 주고받는다. 선문답이나 방棒이나 할喝 등의 장치로써 스승은 제자가 불현듯 마음의 본성을 깨닫는 견성見性에 이르도록 돕는데, 이런

수행법을 조사선祖師禪이라고 한다. 북송 말 대혜(大慧, 1089~1163)가 창안한 간화선看話禪은 조사선의 문구인 화두를 이용하여 화두로써 의심疑心을 걸어 그 의심을 의정疑情으로, 다시 의단疑團으로 몰고 가 결국 화두를 타파함으로써 단박에 본성을 깨닫게 만드는 방법이다. 고려의 지눌(知訥, 1158~1210)은 간화선이 견성에 이르는 '가장 빠른 길'인 '경절문徑截門'임을 강조하였다. 스승은 화두를 걸어 제자를 의심에 빠뜨리며, 제자는 그 의심을 끝까지 밀어붙임으로써 자신의 본래 마음 내지 본래면목을 깨닫는 견성에 이른다. 간화선에서는 돈오 견성이 중시되며, 점진적으로 번뇌를 제거해 가는 수행은 돈오 이후의 수행인 '오후수悟後修'로서 성립한다. 이렇게 보면 선禪은 본성의 깨달음인 돈오에 방점을 두고, 수행은 번뇌의 제거인 점수에 방점을 두는 것으로 구분해 볼 수도 있다.

돈오頓悟 → 점수漸修
본성의 깨달음　　　　번뇌의 제거
= 선禪　　　　　　= 수행修行

5. 초탈과 치유, 함께 가야 하는 이유

세간이 우리 일반 중생이 주변 사람들과 함께 먹고 마시고 만나고 헤어지는 욕망의 현상세계, 일상 삶의 세계라면, 불교가 수행으로써 도달하고자 하는 출세간은 그런 탐진치의 번뇌에 물들어 생사윤회를 반복하는 중생의 무상하고 허망한 세계가 아닌 세계, 즉 번뇌가 지멸한 열반 내지 해탈의 세계이다. 부처님 당시부터 수행자들은 세간에서 출세간으로 나아가기 위해, 열반과 해탈에 이르기 위해, 부처가 되기 위해 계戒를 지키고 지止와 관觀을 닦았다. 이러한 수행이 바로 세간에서 출세간으로 나아가고자 하는 '초탈로서의 수행'이다.

그런데 우리 중생의 일상의 삶, 생로병사의 삶이 아무리 한계 지어진 무상하고 허망한 것이라고 해도 그런 세간적 삶이 전적으로 부정되어야 할 만큼 아무것도 아닌 것은 아니다. 태어나서 성장하고 늙어가면서 죽음에 이르게 되는 과정에도 나름의 질서와 아름다움과 소중함이 들어 있기 때문이다. 우리가 일상적 삶의 무상성과 허망함을 안타까워하는 것도 사실은 그 삶이 귀하고 중함을 이미 알기 때문이다. 가정에서 먹고 마시고 학교에서 배우고 익히고 사회에서 일하고 놀면서 사람들과 만나고 헤어지고 사랑하고 다투는 그런 일상적 삶의 소중함이 우리가 지켜내야 할 마지막 가치일지도 모른다. 일상적 삶의 안정과 평화를 깨는 심리적 불안과 우울과 절망은 그래서 더욱 고통스러운 것이며, 그 고통은 반드시 치유되어야 한다. 평온한 세간적 삶을 방해하는 장애를 극복하기 위한 수행이 바로 '치유로서의 수행'이다.

초탈과 치유의 관계는 곧 출세간과 세간, 진眞과 속俗의 관계이기도 하다. 대승은 부처님의 공空과 연기緣起의 가르침을 '진속불이眞俗不二'의 가르침으로 읽는다. 수행을 통해 초탈하여 나아가고자 하는 출세간인 열반과 해탈의 경지, 부처의 경지가 세간 바깥 어딘가에 따로 있는 것이 아니라, 바로 초탈하고자 하는 중생 마음의 본래 자리라고 보기 때문이다. 중생의 마음이 본래 일체의 자타분별과 주객분별을 넘어 우주 전체를 그 안에 품는 '일미진중함시방一微塵中含十方'의 마음, 원융圓融한 부동不動의 마음, 일심一心이기 때문이다.[3]

이 부동의 마음자리에 거하는 것이 바로 세간의 움직임에 휩쓸리지 않는 '초탈'이며, 세간에서 느끼는 불안과 우울을 넘어서는 '치유'의 길이다. 이 부동의 마음자리를 내 안에서 발견하는 것이 바로 견성見性이고 돈오頓悟이며, 이렇게 함으로써만 우리는 세간적 삶의 무상함과 허망함을 감내하면서 서로 아끼고 보살피는 평온한 삶을 살 수 있게 된다. 결국 우리는 초탈함으로써만 치유될 수 있다. 치유의 근거가 곧 초탈이고, 치유의 완성이 곧 초탈이다. 초탈 없이 치유는 불가능하고, 또 치유 없이 초탈 또한 불가능하다. 우리가 사는 세계가 진속불이의 세계이기 때문이다.

여기까지는 〈수행, 초탈인가 치유인가〉라는 제목의 책을 내놓으면서 그 서문으로 수행에 관한 편집자의 생각을 정리해 본 것이다. 초탈과 치유를 둘러싼 수행에 대한 본격적 논의는 책의 본론에서 각 분야의 전문가를 통해 전개된다. 이하에서는 다섯 분야의 발표를 간략히 언급하면서 서문을 마무리하겠다.

6. 이 책의 전개

〈1〉 초기불교 분야에서는 정준영 교수가 〈초기불교 수행과 심리치료 명상의 현대적 의의〉라는 제목으로 수행과 명상을 다룬다. 그는 우선

---

3 이 표현들은 '법성원융무이상法性圓融無二相', '제법부동본래적諸法不動本來寂', '일미진중함시방一微塵中含十方'을 말하는 의상(625~702)의 「법성게法性偈」에서 가져왔다.

초기불교 수행과 현대 심리치료 명상이 서로 연결되어 있지만 그럼에도 불구하고 그 둘 간에 존재하는 근본적 차이점이 무엇인지를 밝힌다. 주된 것만 정리하면 아래와 같다.

1. 초기불교에서 수행은 인간의 무지와 갈애를 제거하여 인간 존재에 대한 깊은 통찰과 해방을 얻는 전인격적인 실천과정인 데 반해, 현대의 명상은 주로 심리적 안정, 스트레스 완화, 집중력 향상, 정서조절 등 일상 삶에서의 실용적 목적 달성에 편중된 것으로서 그 의미와 목표가 다르다.

2. 초기불교 수행은 8정도를 중심으로 계·정·혜 3학을 유기적으로 닦아나가면서 궁극적으로 지혜를 얻고자 하는 데 반해, 선정이나 마음챙김(sati, Mindfulness)에 기반한 현대 명상, 예를 들어 집중원리를 활용한 벤슨의 '초월명상(TM)'이나 마음챙김에 기반한 '자기연민(MSC)', '마음챙김에 기반한 스트레스 감소(MBSR)', '마음챙김에 기반한 인지치료(MBCT)', '수용전념치료(ACT)' 등은 집중 위주의 정학定學에 치우쳐 있으며, 결국 윤리 방면의 계학이나 지혜 추구의 혜학을 소홀히 하는 한계를 갖는다.

이에 정준영은 현대의 명상이 3법인 등 진리를 알아차리는(pajānāti) 통찰 위주의 위빠사나 수행을 더 많이 보충하여 지혜 추구의 혜학으로 나아갈 필요가 있으며, 그렇게 함으로써 계·정·혜 3학을 두루 갖추어야 한다고 주장한다. 그는 위빠사나 수행에서의 알아차림이 현대 심리치료 명상에서의 메타인지나 탈동일시와 상통하므로 이를 통해 서로 보완될 수 있는 여지가 적지 않다고 논한다.

〈2〉 선불교 분야에서는 월암 스님이 〈선의 수행과 깨달음〉이라는 제목 하에 조사선 그리고 간화선에서의 수행과 깨달음을 각각 논한다. 월암 스님에 따르면 선禪은 우주와 인간의 궁극적 근원에 통달하는 생사해탈을 강조하고, 명상은 심리적 고통을 치유하여 얻는 심신안정을 중시하므로 둘이 표면적으로는 서로 다른 것 같지만, 심신안정을 통해 견성성불과 생사해탈에 이르므로 추구되는 목적은 결국 다르지 않다고 말한다.

1. 조사선은 돈오견성과 견성성불을 말한다. 평상시 견문각지의 즉각적 마음인 일념一念 위에서 스승의 일언지하에 망심을 돌이켜 부처의 진심인 진여 자성을 깨닫는 것이 곧 '언하변오言下便悟'의 '돈오頓悟'이며, 이것을 '일념수행', '일념해탈'이라고 한다. 돈오에는 해오解悟와 증오證悟가 있는데, 해오 이후 증오로 나아가는 것을 '선오후수先悟後修'라고 한다. 본성을 깨닫는 견성은 단박에 일어나도 다생의 습기는 시간을 두고 차제로 닦아야 하기 때문이다. 그는 조사선에서 견성의 성性은 상의 비어 있음인 공空에 붙인 이름에 불과하고, 견성의 견見은 무념無念·무상無相·무주無住의 견見인 정견正見임을 강조한다.

2. 간화선에서의 수행과 깨달음을 논하기 위해 월암 스님은 수행으로 나아가는 과정과 화두 참구의 과정 그리고 화두가 타파된 이후의 과정으로 구분하여 설명한다. 1) 간화선 수행으로 나아가기 위해 우선 필요한 것은 상구보리 하화중생을 서원하는 발심發心이다. 발심함으로써만 깨달음이 가능하기 때문이다. 그다음 생사윤회를 벗어나 해탈열반을 구하고자 출가하고는, 수행에 앞서 연기중도의 정견正見

을 확립해야 한다. 그리고 선지식을 찾아 참문하며 수행을 지도받아야 한다. 2) 선지식으로부터 화두를 받는 것이 화두의 결택決擇이다. 납자는 결택 받은 화두를 참구參究하되 활구活句로서 참구해야 한다. 즉 일체 생각의 길이 모두 끊어져 간절히 사무치게 의심해야 한다. 화두일념에 들어가 의심이 저절로 의정이 되고 의단이 되면, 은산철벽에 갇힌 채 화두삼매에 이른다. 그렇게 화두삼매가 지속되다가 어느 순간 화두 의심이 타파되는 것을 개오開悟라고 하는데, 이것은 자신에게 본래 갖추어져 있던 본각진심을 깨닫는 것이다. 3) 화두 타파 이후 납자는 깨달음이 바른 것인지를 선지식과의 법거량法擧量을 통해 점검받고, 바른 깨달음일 경우 선지식으로부터 인가印可받게 된다. 깨달음 이후에도 남아 있는 번뇌망상의 습기를 닦아나가는 보림保任이 필요하며, 나아가 하화중생의 자비행인 교화敎化를 실천해야 한다.

월암 스님은 선禪도 현대사회에서는 일반 대중들과 소통해야 함을 강조하며, 현대 명상이 추구하는 마음치유가 구경에는 선禪이 추구하는 생사해탈로 나아갈 것이라고 논한다.

〈3〉 불교 전반과 명상과학 분야에서 **미산 스님**은 〈불교 수행과 명상과학: 초탈과 치유의 메타 융복합적 통합〉이라는 제목 하에 전통 불교에서의 수행이 현대 명상에서의 치유와 어떤 방식으로 융합될 수 있는지를 논한다. 불교의 초탈은 열반과 해탈과 깨달음이라는 초월적 목적을 추구하고, 현대 명상의 치유는 스트레스 감소와 심신 건강과 웰빙 등 실용적 목적을 추구하므로 일견 둘의 지향점이 달라 보이지만 그래도 둘이 서로 통합될 수 있는 지점이 있음을 보이고자 한다. 이를 밝히기 위해 미산 스님은 초기불교와 대승불교와 선불교 그리고 한국 간화선의 핵심을 요약하고 그것이 현대 심리치료의 어떤 점과 상통하는지를 논한다.

1. 초기불교의 계정혜 3학은 수행에 있어 윤리적 실천과 명상과 지혜의 상호의존성을 보여준다. 초기불교의 대표적 수행인 4념처관은 현대의 마음챙김 명상의 원형이 되어 현상의 본질을 꿰뚫어보는 통찰지를 개발하게 한다.

2. 대승불교 중관의 수행론에서 희론의 해체는 현대 인지치료에서의 인지적 재구조화와 유사하며, 고정된 자아개념과 세계관을 벗어나 유연한 개방적 관점을 갖게 한다. 유식에서의 전의轉依는 현대 심리치료에서의 인지적 정서적 재구조화와 연관되며, 8식의 분석은 정신분석학과도 통한다. 또 여래장 사상에서 중생 내면의 불성의 강조는 인간의 본질적 선함과 완전성에 대한 믿음으로서 심리치유 과정에서 희망과 동기를 제공한다. 나아가 화엄의 법계연기는 개인의 고통을 개인을 넘어선 관계적, 사회적 차원에서 접근해야 함을 시사하며, 화엄의 불이중도는 생사와 열반, 중생과 부처의 불이로서 이분법적 사유를 넘어서게 한다. 마지막으로 간화선에서의 화두 참구와 화두 타파는 현대 인지치료에서의 인지적 고착 타파와도 상통하며, 의심의 활성화와 화두의 역설적 성격은 심리치료에서의 탐구활동 및 역설적 개입과도 통한다.

3. 현대의 명상과학은 신경과학, 인지과학, 심리학 등의 분야에서 명상의 효과를 과학적으로 검증하는데, 특히 불교에 기반한 마음챙김

명상, 자비명상, 간화선 등에 대한 과학적 검증을 활발히 진행한다. 나아가 인공지능 분야에서는 인간의 내적 성장을 돕는 AI의 가능성을 탐구하는데, 예를 들어 불교 수행에서 중요한 '여리작의如理作意', 즉 '올바른 주의'를 수학적으로 모델링하고 이것을 AI에 구현하면, 인간은 AI의 도움으로 개인 맞춤형 수행프로그램을 제공받아 수행해 나갈 수 있게 된다.

미산 스님은 이와 같은 방식으로 불교 수행이 현대의 명상치유 및 명상과학과 통합됨으로써 치유의 도구로 활용되어 현대인의 삶에 기여하는 바가 있으리라고 결론 내린다.

〈4〉 서양철학 분야에서의 수행에 대해서는 **성해영** 교수가 〈'신성한 독서'와 수행 전통의 회복〉이라는 글에서 논의한다. '신성한 독서'는 서양 가톨릭 수도원을 중심으로 행해진, 신과의 내적 합일인 관상에 이르고자 하는 신비적 수행법이다. 이는 3세기경 이집트 사막에서 수행한 사막 교부들로 시작되었는데 안토니우스가 대표적 인물이며, 12세기 수도사 귀고 2세가 『수도승의 사다리』라는 저술에서 이를 독서-묵상-기도-관상 4단계로 체계화하였다. 마지막 단계인 관상, contemplatio은 그리스의 theoria에서 온 것이며, 4단계는 다음과 같이 정리된다.

① 독서(lectio): 성경 구절을 읽음
② 묵상(默想, meditatio): 성경 구절의 의미를 성찰하여 내적 삶과 연결시킴

③ 기도(oratio) : 신과의 만남을 향한 전면적 기다림과 주의집중
④ 관상(觀想, contemplatio) : 신과 합일하는 영적 직관. 일종의 변형의식 상태

그러나 수도원 중심의 신비적 관상 수행은 신비체험에 대한 가톨릭 교회의 경계, 가톨릭의 타력신앙 및 사후 구원 중심의 교리, 16세기 종교개혁 이후 개신교의 확산, 근대 합리주의와 계몽주의의 등장 등으로 인해 수도원 안에서만 제한적으로 전승되다가 수도사의 감소와 더불어 점차 쇠퇴하였다. 그리고 그와 함께 '관상'의 의미도 점차 망각되어 갔다.

19세기 후반부터 인도의 명상이나 선불교를 접하면서 서양은 '선(禪, dhyāna)'을 신적 합일의 '관상' 아닌 내적 집중의 심사숙고인 '묵상'으로 번역하였고, 이로써 선정은 주로 '집중력 훈련(concentration practice)'이나 스트레스 완화와 같은 심리적 의미로 해석됨으로써 영적 직관 내지 신비적 합일 등 종교적 의미는 약화되었다. 한편 20세기 후반 '반문화 운동'과 '뉴에이지'를 겪으면서 서양의 젊은 세대는 선불교나 힌두교 등 동양사상에 심취하였으며, 마하리쉬(1917~2008, 초월명상의 창시자), 라즈니쉬(1931~1990, 탄트라 수행), 묵타난다(1908~1982, 탄트라 수행) 등 미국에서 활동하던 동양 구루에 열광하였는데, 그 과정에서 그들의 '투사'와 지나친 '이상화' 및 구루의 타락으로 인한 적지 않은 문제들이 발생하기도 했다.

이러한 동서양의 만남 이후 서양인들은 다시 신성한 독서와 같은 서양 전통의 수행법을 재발견하려고 노력하여 일반 신자들에게까지

보급함으로써 명상 공동체나 기도 공동체를 형성하는 등 영성 운동이 일어나기도 하고, 이를 바탕으로 명상과 관상을 명확하게 구분하게 되었다. 이상과 같이 서양에서의 명상의 흐름을 설명한 후 성해영은 관상이 뜻하는 바 '신비적 합일'의 체험이 갖는 인식론적 위상은 무엇인지, 또 그런 체험이 과연 보편성을 가지는지, 그런 체험이 갖는 사회·윤리적 의미는 무엇인지 등의 질문을 던진다.

⟨5⟩ 심리학 분야에서는 **권석만** 교수가 ⟨구도적 수행의 심리학⟩이란 글에서 초월과 치유에 관하여 논한다. 권석만은 부귀영화라는 세속의 가치를 좇지 않고 존재의 의미와 삶의 목적을 알기 위해 인격적 성숙과 영적 성장을 추구하는 노력을 '구도적 수행'이라고 정의하면서, 구도적 수행을 심리학적으로 해명한다. 그는 우선 구도의 동기를 심리적 상처, 죽음 불안, 자기애로 분석한다. 그리고 구도의 길을 크게 둘로 구분하여 설명하는데, 하나는 초월적 신과의 합일을 추구하는 유신론적 구도이고, 다른 하나는 자아초월을 통한 해탈과 자유를 추구하는 무신론적 구도이다.

그는 종교적 영적 체험에 특별한 관심을 갖고 탐구해 온 '자아초월심리학(Transpersonal Psychology)'을 설명하는데, 아브라함 매슬로우, 켄 윌버, 로저 월시 등이 거기 속한다. 이에 따르면 인간의 의식발달 수준은 다음과 같이 정리된다.

의식 단계:	전개인적 수준	→	개인적 수준	→	초개인적 수준(자아초월적 수준)
	전자아, 전인습적		자아, 인습적		자아초월적, 후인습적
	원초아(id)		ego+superego		transpersona=초개인

이러한 의식의 발달 수준에 따르면 신비체험은 일종의 의식의 변형상태로서 초개인적 수준에 해당한다. 권석만은 자아초월과 영적 성장을 위해 서양에서 개발된 수련 프로그램들을 소개한다.

① 통합적 변형수련(ITP, Integral Transformative Practice) : 마이클 머피, 딕 프라이스
② 통합적 삶을 위한 수련(ILP, Integral Life Practice) : 캔 윌버, 몸, 마음, 그림자, 영성의 4영역
③ 자기확장치료(SET, Self Expansiveness Therapy) : 해리스 프리드먼

영적 성장을 향한 구도의 길은 결국 개인적 자아의 한계를 뛰어넘어 자신을 초개인적, 자아초월적 수준으로 확장시키는 것이라고 할 수 있다. 이런 의미에서 권석만은 어떤 수행이든 그 궁극 목표는 자아의 초월에 있다고 말한다.

기획자 서문 · 5
　　성찰과 정진을 통해 성장하고 평안하길 기원하며

편집자 서문 · 9
　　수행, 초탈인가 치유인가

초기불교 | 수행과 명상의 현대적 의미　　　　　　　　　　　정준영 · 39

1. 무엇을 얻고자 하는가? · 40
2. 초기불교 수행과 명상 · 41
　　1) 수행과 명상 · 42
　　2) 선정과 외도 수행 · 67
3. 초기불교 수행의 현대적 적용 · 77
　　1) 삼학과 정학 · 77
　　2) 초기불교의 수행과 현대 심리치료의 명상 · 87
4. 초기불교 수행과 현대 심리치료의 상호보완 · 99
　　1) 초기불교와 현대 심리치료의 한계 · 99
　　2) 수행과 명상의 상호보완성 · 109
5. 집중에서 지혜로 · 116
참고문헌 · 119

선불교 | 선禪의 수행과 깨달음　　　　　　　　　　　　　월암 · 125

1. 심신치유와 생사해탈의 길 · 126
2. 조사선의 수행과 깨달음 · 129
　　1) 수행과 깨달음 · 129
　　2) 수와 오의 선후와 견성성불 · 142

3. 간화선의 수행과 깨달음 · 155
　　1) 화두 참구로 나아가기 · 155
　　2) 화두 참구의 과정 · 164
　　3) 화두 타파 이후 · 175
4. 선—대동세상의 실현 · 182
참고문헌 · 185

불교&명상과학 | 불교수행과 명상과학　　　　　　미산·엄성민 · 187

프롤로그 · 188
1. 무엇을 얻고자 하는가? · 190
　　1) 해탈·열반·깨달음 vs 심신의 건강 · 190
　　2) 현대인의 삶과 수행의 접점 · 192
2. 불교 전통과 수행의 목적 · 193
　　1) 초기불교의 해탈과 열반 · 193 ｜ 2) 대승불교의 보살도와 중생구제 · 195
　　3) 선불교의 견성과 일상의 깨달음 · 197
　　4) 한국불교의 특수성과 선명상의 등장 · 199
3. 불교수행과 치유의 만남 · 201
　　1) 대승불교의 수행 이론과 실제 · 201
　　2) 중관·유식·여래장 사상의 수행론과 치유관 · 203
　　3) 화엄사상의 법계연기와 불이중도 · 204 ｜ 4) 선수행과 심리치료 · 206
　　5) 조계종 미래본부의 선명상 선양 · 207 ｜ 6) 전통 간화선과 현대 수불선 · 210
4. 불교수행과 현대 심리치료의 접점 · 217
　　1) 불교와 현대 심리치료의 충돌과 조화 · 217
　　2) 초월적 목적과 현실적 치유의 통합 · 221
　　3) 불교수행과 명상과학 · 222
　　4) 불교수행 기반 현대 심리치료 프로그램 · 225
　　5) 불교수행 기반 한국 심리치료 연구 및 학회 활동 현황 · 227

6) 자비명상을 통한 긍정성 함양 · 231
5. 인공지능시대의 불교: 불교 용어의 수학적 정의 · 235
   1) 연구 배경과 목적 · 235 ǀ 2) 불교용어의 수학적 정의 방법론 · 239
   3) 올바른 주의의 수학적 정의 · 243 ǀ 4) 명료한 알아차림의 수학적 정의 · 247
   5) 올바른 주의와 명료한 알아차림의 관계에 대한 수학적 정의 · 251
   6) 최적화 에이전트로서의 올바른 주의와 명료한 알아차림 · 254
   7) 인공지능 시스템을 통한 실천적 구현 · 258 ǀ 8) 한계점과 미래 연구 방향 · 262
6. AI 디지털 시대에 초탈과 치유의 메타 융복합적 전망 · 269
   1) WisX AI 장르를 통한 지혜 전통과 현대 과학의 창조적 만남 · 270
   2) 미래 사회에서 불교수행의 역할 · 273
   3) 공진화를 향한 메타 융복합적 여정 · 276
에필로그 · 281
부록: 수학 용어집 · 285 ǀ 참고문헌 · 287

종교학 ǀ '신성한 독서(Lectio Divina)'와 수행 전통의 통합적 이해   성해영 · 299

1. 들어가는 글: '수행' 개념을 통해 본 동·서양의 만남 · 300
2. 가톨릭의 '신성한 독서'와 '관상' · 301
   1) '신성한 독서'란? · 301
   2) '신성한 독서'의 네 단계 · 303
   3) 테오리아에서 관상으로 · 308
   4) '신성한 독서'와 신비주의 · 314
3. '영적 수행' 전통의 상실과 오해 · 318
   1) '신성한 독서'와 엘리트주의 · 318
   2) 동양 명상의 전파와 오해의 시작 · 319
4. 동서양의 역동적 만남 · 321
   1) 서양, 동양의 구루를 만나다 · 322
   2) 미국이 기다렸던 동양의 스승들 · 324

3) 동양 구루들은 왜 큰 인기를 끌었을까? · 328

　　4) 파티가 끝난 후 · 330

5. 현대인과 명상 수행 · 332

　　1) '신성한 독서'의 재발견과 '관상학' · 332

　　2) 치유 혹은 초탈?: 영적 우회와 명상의 세속화 · 335

　　3) 여전히 남는 물음들 · 339

6. 나가는 말: '신성한 독서'와 '대극의 통합' · 343

참고문헌 · 346

심리학 | 구도적 수행의 심리학　　　　　　　　　　　　　　　권석만 · 351

1. 구도적 수행의 의미 · 352

2. 구도적 수행의 심리적 여정 · 355

　　1) 구도의 동기 · 355

　　2) 구도의 길과 수행 방법의 선택 · 361

　　3) 수행의 정진과 위기 · 374

　　4) 수행의 결과 · 385

3. 자아초월 심리학과 구도적 수행 · 393

　　1) 자아초월 심리학 · 393

　　2) 의식의 발달 수준 · 394

　　3) 자아초월과 영적 성장을 위한 통합적 수련 · 399

　　4) 죽음에 대한 세 가지 자세 · 408

4. 21세기 현대사회와 구도적 수행 · 417

　　1) 초고령사회에서의 구도적 수행 · 418

　　2) 노년기의 수행: 노년 초월 · 420

　　3) 수행을 통한 치유와 초탈 · 425

참고문헌 · 428

{초기불교에서의 수행}

수행(bhāvanā)과 명상(meditation)의 현대적 의미:

초기불교 수행과 심리치료 명상의 비교연구

정준영(서울불교대학원대학교 불교학과 교수)

◆ ◆ ◆

본 연구는 초기불교 수행의 본질과 명상의 의미, 그리고 이들이 현대 심리치료적 명상과 어떻게 접목·변형되고 있는지를 고찰한다. 먼저 초기불교에서 '수행(bhāvanā)'은 계戒·정定·혜慧의 삼학 구조 속에서 전인격적 변화와 해탈을 추구하는 실천임을 밝힌다. 이어 초기불교 수행이 현대 사회에서 주로 마음챙김이나 집중 등 정학의 일부로 축소되어 실용적 치유·안정에 편중되는 경향이 있음을 지적한다. 현대 심리치료적 명상과의 비교를 통해, 수행의 전통적 목표와 윤리(戒學)·지혜(慧學)의 기반이 약화될 때 발생할 수 있는 한계를 논의한다. 마지막으로 두 접근이 '메타인지'와 '탈동일시'라는 공통기제를 바탕으로 상호보완 가능한 지점을 모색한다. 이를 통해 초기불교 수행의 깊이 있는 통찰과 현대 명상의 실용적 이점을 결합함으로써, 통합적 내적 성장과 심리적 건강 증진의 가능성을 제시한다.

1. 무엇을 얻고자 하는가?

현대 사회는 빠르게 변화하는 삶의 환경 속에서 불안, 스트레스, 자기소외와 같은 심리적 어려움을 겪는 이들이 점점 증가하고 있다. 이러한 시대적 상황에서 종교적 전통을 넘어선 치유의 방법으로 '명상(瞑想, meditation)'이 대중적인 관심을 끌고 있다. 특히 불교 수행은 종교 전통의 구도의 길에서 벗어나 심리치료, 교육, 자기성찰 등 다양한 분야로 적극 활용되고 있다. 그러나 오늘날 실현되는 명상은 대체로 심리적 안정, 스트레스 완화, 집중력 향상 등 실용적 목적에 편중되는 경향이 있으며, 이로 인해 불교전통의 '수행(修行, bhāvanā)'이 가지고 있는 본래 의미와 목표가 왜곡되거나 축소되는 문제 역시 발생하고 있다. 건강과 치유를 위한 명상의 필요성은 분명하나, 건강을 회복한 사람이 성장을 위한 수행 역시 중요하다.

따라서 본 연구는 초기불교에서의 '수행'을 현대적 명상의 관점과 비교·분석함으로써, 불교 수행의 본질을 다시 조망하고 그 현대적 적용 가능성을 모색하고자 한다. 초기불교의 수행은 단순한 수행 기법이나 정신 안정이 아니라, 삶의 근원적 변화를 이끄는 전인격적 실천이며, 고통의 원인을 통찰하고 해탈에 이르기 위한 철저한 자기변형의 여정이다. 동시에 계戒, 정定, 혜慧의 삼학三學이라는 안정적인 실천구조로 구성되어 있다. 이를 유기적으로 실천하는 것이 초기불교 수행의 핵심이다. 이를 위해 본문에서는 먼저 초기불교 수행의 핵심 사상과 구조를 살피려고 한다. 초기불교 수행은 명상이나 특정 체험에 국한되기보다, 무지와 갈애를 제거하는 통찰의 과정임을 밝힐 것이다. 두 번째로 이러한 초기불교 수행이 현대에 어떻게 활용 및 적용되고 있는지 살펴보고자 한다. 특히 '마음챙김'이나 '집중' 중심의 실천방법이 계학과 혜학을 소외시키거나, 수행의 의미를 협소화할 수 있다는 문제를 제기하고자 한다. 마지막으로 초기불교 수행과 현대 심리치료 명상 사이의 공통점과 차이를 분석하고, 양자가 상호보완적으로 결합될 수 있는 가능성을 탐색하고자 한다. 이러한 논의를 통해, 본 연구는 초기불교 수행이 단순한 명상이나 심신의 건강을 위한 기법이 아니라, 인간 존재에 대한 깊은 통찰과 해방을 추구하는 실천과 성장과정임을 밝히고자 한다. 동시에 이러한 접근을 통해, 불교 수행의 방향을 이해한 가운데, 붓다의 지혜를 현대적으로 적용하는 방법을 논의하는 데 목적이 있다.

2. 초기불교 수행과 명상

본 장에서는 초기불교의 '수행(bhāvanā)'이 특정의 명상법이나 활용기법에 그치지 않고, 수행자의 성장과 변화 그리고 지혜의 성취를 목표로 하는 과정임을 밝히고자 한다. 수행의 의미를 지닌 빠알리어 '바와나(bhāvanā)'의 의미와 활용사례들을 살펴, 붓다의 시대 '수행(bhāvanā)'이 지니는 다양한 의미와 목적을 파악하고자 한다. 특히 삼학과 바와나(수행)의 관계를 통해, 초기불교 수행의 구조적 안전성을 확인하고자 한다. 또한 일반적으로 수행과 동의어처럼 사용하는 명상의 의미를 파악하고 수행과의 차이점 등을 논의하게 될 것이다. 오늘날 한국불교 안에서 일반적으로 사용하는 '선禪'이나 '선정禪定'은 수행보다는 오히려 명상과 유사한 사전적 의미를 지닌다. 이러한 차이점을 살피고, 선정에 대한 붓다의 두 가지 입장에 대해 논의할 것이다.

1) 수행(bhāvanā)과 명상(meditation)

(1) 수행(修行, bhāvanā)

빠알리(Pāli)어 바와나(bhāvanā)는 사역동사 'bhāveti'에서 유래한 용어로, '개발하다', '기르다', '발전시키다', '증진시키다' 등의 의미를 가지고 있다. 영어로는 주로 'cultivation(성장, 양성)', 'development(개발, 발전),' 'meditation(명상)'으로, 한자로는 주로 '수행修行'이라 번역한다. 초기불교전통에서는 단순한 어원적 의미를 넘어 변화와 성장, 그리고 마음의 발전이라는 깊은 의미를 내포한다. 일례로 '사마타(止) 수행'과 '위빠사나(觀) 수행'을 '사마타 바와나(Samatha bhāvanā)', '위빠사나 바와나(Vipassanā bhāvanā)'라고 불렀다. 붓다는 제자들이 노력하여 지혜를 얻어 변화, 발전, 성장하는 과정을 '바와나'로 부르셨다. 우리에게는 한역 용어인 '수행'이 익숙하다.

붓다의 시대, 인도인들은 특유의 신분제도(caste)를 가지고 있었다. 부모에 의해 태어나며 결정된 계급은 바꿀 수 없었고 받아들여야만 했다. 하지만 붓다는 태어날 때부터 숙명처럼 정해지는 운명을 거부했다. 그는 '바라문', '크샤트리아', '바이샤', '수드라'라는 철저한 계급사회를 떠나 '사문'으로 출가했다. 붓다는 인간은 누구나 평등하며, 노력을 통해 발전과 변화를 일으킬 수 있음을 강조했다. 이처럼 계급은 태어나면서 숙명처럼 정해지는 것이 아니라, 자신의 노력 여하에 달린 것이다. 이러한 가르침은 모든 것이 변한다는 '무상無常'을 통해서도 나타난다.

"모든 행들은 무상하다(諸行無常)라고 지혜로 보면, 괴로움이 싫어 떠나게 된다. 이것이 청정의 길이다."[1]

실재하는 모든 현상은 변한다. 이 세상에 어느 것도 변하지 않는 것은 없다. 수행은 자신의 노력 여하에 따라 스스로를 발전, 변화, 성장시킬 수 있다. 처음부터 숙명적으로 정해져 고정불변하는 것은 없다는 설명이다. 특히 붓다는 감관을 다스리고, 도덕성(戒)을 바탕으로 집중(定)과 지혜(慧)를 계발할 것을 제안하셨다. 자신의 의지와 노력으로 스스로를 변화시키는 과정이 바로 '바와나'인 것이다. 본고에서 '수행'은 '개발', '발전', '성장'의 의미를 포함하는 용어로 바와나와 함께 사용한다.

초기경전 안에서 '수행(bhāvanā)'은 다양하게 나타난다. 이들은 삼학三學(八正道)의 구조 안에서 진행된다. 먼저 감관을 다스리는 수행을 통해 외적 대상을 통제하고, 자애 수행을 통해 사랑과 이완을 계발한다. 이들은 계학戒學의 범주 안에서 진행하는 수행의 과정이라고도 볼 수 있다. 그리고 더 나아가 정학定學의 수행이 소개된다. 정학은 '바른 노력'으로 마음을 다스리고, '바른 마음챙김'으로 사념처를 통해 마음챙김을 계발하며, '바른 집중'을 통해 사선정을 계발하는 수행이 나타난다. 이러한 수행 과정은 지혜가 함께하고 있다(慧學).

---

1 Dhp. v.277.

이처럼 삼학의 '수행'은 마음을 다루는 '자애', '집중', '마음챙김'이라는 기제뿐만 아니라, 법수로 구성된 다양한 방법론으로도 소개된다. 특히 37조도품助道品과 칠각지七覺支를 구체화하는 수행을 통해 깨달음을 얻는다. 이들 역시 사마타(止)와 위빠사나(觀) 수행(bhāvanā)의 발전과정이라고 볼 수 있다. 초기불교 안에서의 '수행'은 삼학을 계발하고, 지혜를 얻어 번뇌를 소멸하는 것을 목적으로 하고 있다. 초기경전에서 나타나는 수행을 구체적으로 살펴보면 다음과 같다. 『맛지마 니까야(Majjhima Nikāya)』의 「인드리야바와나 숫따(Indriyabhāvanā Sutta)」에서 수행자는 자신의 눈, 귀, 코, 혀, 몸, 마음(六根)을 통해 육경六境을 만났을 때, 있는 그대로 알아차릴 뿐이며, 생각의 확산으로 인해 나타나는 탐욕과 근심 등의 불선함이 들어오는 것을 제어해야 하고, 평온을 찾을 수 있어야 한다고 설명한다. 이를 '감관 수행'이라고 부른다.

"아난다여, 성자의 계율에서 최고의 '감관 수행(indriya bhāvanā)'이란 무엇인가? 여기서, 아난다여, 비구가 눈으로 색을 볼 때, 즐거움이 일어나기도 하고, 불쾌함이 일어나기도 하며, 즐겁지도 불쾌하지도 않은 느낌이 일어나기도 한다. 그는 이렇게 알아차린다(pajānāti). '내게 지금 즐거운 느낌이 일어났구나, 불쾌한 느낌이 일어났구나, 즐겁지도 불쾌하지도 않은 느낌이 일어났구나. 하지만 이 모든 것은 조건 지어진 것이고, 거칠고, 인연 따라 일어난 것이다. 이 가운데 고요하고 뛰어난 것은 바로 평정(upekkhā)이다.' 그리하여 그에게 일어난 즐거움, 불쾌함, 즐겁지도 불쾌하지도 않은 느낌이 사라지고, 평정이 머문다. 아난다여, 마치 누군가가 눈을 떴다가 감거나, 감았다가 뜨는 것처럼, 이와 같이 누구든지 이처럼 빠르고, 이처럼 쉽게, 일어난 즐거움이나 불쾌함, 혹은 즐겁지도 불쾌하지도 않은 느낌이 사라지고 평정이 머문다면, 이것을, 아난다여, 성자의 계율에서 최고의 감관 수행(indriya bhāvanā)이라 한다."[2]

수행자의 육근을 다스려 마음을 제어하는 것을 '감관 수행(indriya bhāvanā)'이라고 부른다. 이처럼 계율을 지키고 감관의 문을 다스리는 수행법은 초기경전의 여러 곳에서 나타난다.[3] 감관 수행은 초기불교 수행의 시작인 동시에, 수행을 통해 얻은 결과라고도 볼 수 있다. 왜냐하면 외적 대상과 만났을 때 계율을 지켜 육근을 다스리는 것은 수행의 시작점이다. 동시에 자신이 어떤 상태에 있는지 분명히 아는 것(pajānāti)은 지혜와 함께하는 수행이라고 볼 수 있다. 초기불교 수행은 팔정도를 통해 구체적으로 구조화된다. 『상윳따니까야(Saṃyutta Nikāya)』는 팔정도八正道의 여덟 가지 요소 각각을 실천하고 성장시키는 과정을 '수행한다(bhāveti)'고 표현한다. 팔정도(道聖諦)는 '수행'의 방법이자 목표이다.

---

2 MN, III. 299.
3 MN, III. 1: 바라문이여, 수행승이 모름지기 계행을 갖추고, 계율의 항목을 수호하고 지켜서 행동규범을 완성하고, 사소한 잘못에서 두려움을 보고 학습계율을 받아 배우면, 여래는 그를 다시 이와 같이 길들입니다. '오라 수행승이여, 그대는 감각 능력의 문들을 수호하라.'; SN, III. 66; Ud. 8.

"아난다여, 비구가 훌륭한 벗, 훌륭한 동반자, 훌륭한 교우를 갖추었을 때, 그는 성스러운 팔정도를 수행하고(bhāveti), 성스러운 팔정도를 자주 실천하게 된다. 여기서, 아난다여, 비구는 '바른 견해'를 수행한다, 출리(멀리함), 탐욕 없음, 소멸, 버림에 근거하여 수행하고, '바른 사유'를 수행한다, 출리, 탐욕 없음, 소멸, 버림에 근거하여 수행하고, '바른 말'을 수행하고, '바른 행위'를 수행하고, '바른 생계'를 수행하고, '바른 노력'을 수행하고, '바른 마음챙김'을 수행하고, '바른 집중'을 수행한다. 이 모든 것을 출리, 탐욕 없음, 소멸, 버림에 근거하여 수행한다. 이와 같이, 아난다여, 비구가 훌륭한 벗, 훌륭한 동반자, 훌륭한 교우를 갖추었을 때, 성스러운 팔정도를 수행하고, 성스러운 팔정도를 자주 실천하게 되는 것이다."[4]

수행자는 훌륭한 벗, 훌륭한 동반자, 훌륭한 교우와 함께 팔정도를 수행한다. 팔정도는 계정혜戒定慧 삼학三學의 수행구조로 이해할 수 있다.[5] 삼학 중 계(戒, sīla)는 외부로 표출되는 언행이라는 감정과 행위를 조정하여, 윤리적 완성을 추구하고, 이완을 촉진하기 위한 작업이다. 정(定, samādhi)은 마음을 선택한 대상으로 모아, 과거와 미래 등으로 방황하는 마음을 다스리고 놓쳤던 현상들을 파악하는 작업이다. 이 과정에서 수행자는 마음의 힘을 키워 평온함을 만들 수 있다. 혜(慧, paññā)는 윤리적 완성과 집중을 바탕으로, 연기緣起를

---

4 SN, V. 2.
5 MN, I. 299.

이해하고, 생멸의 과정을 분명하게 파악하며, 불교 수행의 궁극적 목표를 실현하는 작업이다. 이 삼학의 훈련과정을 구체화한 것이 팔정도이고, 팔정도를 닦아나가는 것을 수행이라 부른다. 붓다는 스스로 깨달은 이 과정은 이성적 추론만으로는 이해될 수 없는 것으로, 어떤 외부의 힘이나 성스러운 전승에 의존하지 않고, 오직 자신 스스로의 통찰로 얻어진 것임을 강조했다.[6] 『디가니까야(Dīgha Nikāya)』의 「까싸빠시하나다 숫따(Kassapa Sīhanāda Sutta)」는 계심혜戒心慧 삼학을 갖춘 자를 진정한 사문이나 바라문이라고 부른다. 특히 '바웨띠(bhāveti, 수행·개발한다)'라는 동사를 통해 삼학의 완성을 위해서는 자애의 마음을 수행하여(bhāveti) 심해탈과 혜해탈을 얻고 번뇌를 제거할 수 있다고 설명한다.

"까싸빠여, 만일 어떤 이가 다양한 인식의 상태나 무덤에서 머물거나, 또는 물에 들어가는 등의 고행을 실천하더라도, 그의 계율(sīla)의 완성, 마음(citta)의 완성, 지혜(paññā)의 완성이 수행되지 않고 실현되지 않았다면, 그는 사문이나 바라문과는 멀리 떨어진 사람일 뿐이다. 그러나 까싸빠여, 비구가 원한이 없고 해치려는 마음이 없는 자애로운 마음을 수행하고(metta cittaṃ bhāveti), 번뇌의 소멸

---

6 SN, V. 422: 전에 들어본 적 없는 법들에 대해, 눈이 열리고, 지식이 생기고, 지혜가 생기고, 통찰이 생기고, 빛이 생겼다.; Vin, I. 4: 이 법은 내가 얻은 것이며, 심오하고, 이해하기 어렵고, 깊고, 논리로는 헤아릴 수 없는 것, 미묘하고, 현자만이 알 수 있는 것이다.; MN, II. 211: 전에 들어본 적 없는 법들을 스스로 직접 깨달아 알게 되었다.

로 인해 번뇌 없는 마음의 해탈과 지혜의 해탈을 이 현세에서 스스로 체득하여 실현하고 머문다면, 그는 '사문'이라 불리고, '바라문'이라 불리게 된다."[7]

경전은 자애의 마음을 수행하는 것이 계심혜의 완성을 도모하는 것으로 설명한다. 초기불교 안에서 자애 수행 역시 수행의 시작점이자 결과라고도 볼 수 있다. 특히 사무량심(四無量心, brahmavihāra)은 '자애(mettā, 慈)', '연민(karuṇā, 悲)', '기쁨(muditā, 喜)', '평정(upekkhā, 捨)'으로 수행자가 함양해야 할 온전한 마음 상태로 간주된다. 수행자는 자신의 마음 안에서 이러한 생각들을 의도적으로 일으키고, 그 선한 생각을 제한 없이 확장해야 한다. 이러한 주제를 수행의 대상으로 삼는 목적은 마음의 불선함을 다스리고, 선한 성질을 기르는 데 있다. 자애 수행은 증오심과 분노를 대치하여, 자애를 배치하고 선한 마음의 발전(수행)에 적용하는 방법이다. 『이띠웃따까(Itivuttaka)』는 자애 수행의 이익을 다양한 각도에서 설명한다.

"자애의 마음을 수행하는 자는 한량없는 자애를 수행하고(bhāvayati), 마음이 평온하여 속박이 점차 사라지고 통찰력을 키워 집착을 버린다. 만약 누군가 어떠한 생명도 해치려는 마음 없이 자애로운 마음을 지닌다면, 그는 선한 이라 불리며 모든 존재를 평등하게 여기는 자이다. 이처럼 위대한 성인은 많은 공덕을 쌓는다."[8]

---

[7] DN, I. 167f.

[8] It. v.27.

수행자가 자애의 마음을 수행하면 마음의 평온에서 시작할 뿐만 아니라, 집착을 버리고 평등심을 얻으며, 공덕을 쌓게 된다. 이러한 이득을 보면 자애 수행은 다양한 수준으로, 점진적으로 발전하며, 성장하는 과정임을 알 수 있다.『숫따니빠따(Sutta Nipāta)』의 「멧따숫따(Mettā Sutta)」를 통해, 자애 수행이 자애를 발전, 성장시키는 과정에 적용되고 있음을 알 수 있다.

"어머니가 자신의 목숨을 걸고 외아들을 지키듯이, 이와 같이 모든 존재에게 한량없는 (자애) 마음을 길러야 한다(bhāvaye)."
"그리고 온 세상에 한량없는 자애의 마음을 위로, 아래로, 옆으로, 장애 없이, 원한 없이, 적대감 없이 펼쳐야 한다."[9]

마치 어머니가 외아들을 목숨 바쳐 구하듯이, 모든 존재를 향해 자애의 마음을 길러야 한다는 경구는 자애 수행의 절실함과 점진적인 성장을 보여준다. 이처럼 수행은 계학의 범주 안에서 시작된다. 물론 자애 수행을 삼학 중 어디에 포함시키느냐에 대해서는 논의가 필요하지만, 오계五戒를 지키는 것이 살아있는 존재에 대한 보호와 사랑에서부터 시작한다는 점을 감안한다면, 자애는 계학의 자리에서 시작한다고 보는 것에 문제가 없다.

수행자는 감관을 다스리고 자애를 계발하여, 자신의 성장을 위해 집중의 영역으로 나아간다.『맛지마니까야(Majjhima Nikāya)』의「쭐

---

[9] Sn v.149~150.

라웨달라 숫따(Cūḷavedalla Sutta)」는 팔정도를 삼학으로 설명하며, 정학의 구성과 집중수행을 구체화한다.

> "어떤 것이 집중(samādhi)입니까? 어떤 것이 집중의 표상(토대, samādhinimitta)입니까? 어떤 것이 집중의 수단(samādhiparikkhāra)입니까? 어떤 것이 집중의 수행(samādhibhāvanā)입니까?"
> "벗이여, 위사카여, 마음이 한곳으로 모아진 상태가 바로 집중입니다. 네 가지 사념처(四念處, satipaṭṭhāna)가 집중의 표상(토대)입니다. 네 가지 바른 노력(四正勤, sammappadhāna)이 집중의 수단입니다. 이러한 법을 자주 익히고 닦고 많이 실천하는 것이, 그것이 바로 집중의 수행입니다."[10]

집중은 마음이 한곳으로 모아진 상태를 말하고, 집중에는 사념처와 사정근을 포함하고 있으며 이들을 닦는 것을 집중(samādhi)의 수행(bhāvanā)이라고 설명한다. 『앙굿따라니까야(Aṅguttara Nikāya)』의 「빤짠기까 숫따(Pañcaṅgikasutta)」는 바른 집중의 다섯 가지 수행을 구체적으로 설명한다. 집중수행의 '바른 집중(sammā samādhi)'은 팔정도八正道의 '정정正定'에 해당하며, 초기경전은 사선정四禪定의 구조로 구체화한다.

> "비구들이여, 나는 성자의 다섯 가지를 갖춘 '바른 집중(正定)의 수행(sammā samādhissa bhāvana)'을 설하겠다. 잘 듣고, 마음에

---
10 MN, I, 301.

새겨라. 내가 말하겠다." "예, 세존이시여." 하고 비구들은 부처님의 말씀을 받들었다. 부처님께서 이렇게 말씀하셨다. "비구들이여, 성자의 다섯 가지를 갖춘 바른 집중의 수행이란 무엇인가?" "여기서 비구는 욕망에서 벗어나 … 첫 번째 선정(初禪)에 들어 머문다. … 네 번째 선정(四禪)에 들어 머문다. 그는 이 몸을 청정한 마음으로 두루 적셔 앉아 있으니, 몸 전체 중 청정한 마음으로 적셔지지 않은 곳이 없다. … 비구들이여, 비구는 관찰의 표상이 잘 파악되어 있고, 잘 마음에 새겨져 있고, 잘 간직되어 있고, 지혜로 잘 꿰뚫어져 있다. 비유하자면, 비구들이여, 어떤 사람이 다른 사람을 관찰하듯이, 서 있는 사람을 앉아 있는 사람이 관찰하거나, 앉아 있는 사람을 누워 있는 사람이 관찰하는 것과 같다. 이와 같이 비구의 관찰의 표상이 잘 파악되어 있고, 잘 마음에 새겨져 있고, 잘 간직되어 있고, 지혜로 잘 꿰뚫어져 있다. 이것이 성자의 다섯 가지를 갖춘 바른 집중의 다섯 번째 수행(pañcamā bhāvanā)이다. … 이와 같이, 비구들이여, 비구가 성스러운 다섯 가지를 갖춘 바른 집중을 닦고 자주 실천하면, 그가 어떤 법을 직접 체득해야 할 때 마음을 그쪽으로 기울이면, 바로 그 체험을 얻게 된다. 조건이 갖추어진 곳에서는 언제나 그 체험이 이루어진다."[11]

본 경전은 바른 집중을 갖춘 다섯 가지 수행에 대해 설명한다. 첫 번째 바른 집중의 수행은 첫 번째 선정을 성취하여 이 몸을 희열과

---

11 AN, III. 25~28.

즐거움이란 선지로 가득 채우고 충만하게 하여 경험하지 않은 곳이 없도록 하는 것이다. 그리고 첫 번째 선정에서 네 번째 선정까지 성취하는 것이 바른 집중의 수행 네 가지다. 다섯 번째로, 사선정을 성취한 이후에 수행자의 관찰 표상이 잘 파악되어 있고, 잘 마음에 새겨져 있고, 잘 간직되어 있고, 지혜로 잘 꿰뚫어져 있는 것이다. 『앙굿따라니까야』의 「사마디바와나 숫따(Samādhibhāvanā Sutta)」는 집중수행의 영역을 더 확장한다. 경전은 집중수행을 '사선정의 성취를 통한 현세의 즐거운 머묾'으로 시작하여 '지혜와 통찰의 성취', '마음챙김'과 '분명한 알아차림', 그리고 '번뇌의 소멸'에 이르기까지로 확장한다.

"비구들이여, 이것이 집중수행(samādhi bhāvanā)이다. 어떤 네 가지인가? 비구들이여, 집중수행이 닦이고 자주 실천되면, 현세에서 즐겁게 머무는 데 이르게 된다. 지혜와 통찰의 성취에 이르게 된다. 마음챙김과 분명한 알아차림에 이르게 된다. 번뇌의 소멸에 이르게 된다. 비구들이여, 집중수행이 충분히 닦이고 자주 실천될 때, 무엇이 현세의 즐거움에 이르게 하는가? 여기서 비구들이여, 비구는 욕망에서 벗어나 … 네 번째 선정에 들어 머문다. 비구들이여, 집중수행(samādhi bhāvanā)이 충분히 닦이고 자주 실천되어 현세의 즐거움에 이르게 한다. … 집중수행이 현상을 직접보고 아는 지혜의 성취에 이르게 한다. … 집중수행이 마음챙김과 분명한 알아차림에 이르게 한다. … 집중수행을 충분히 닦고 자주 실천하면 번뇌의 소멸에 이르게 한다."[12]

집중수행의 네 가지 가운데, 첫 번째는 사선(四禪, jhāna)의 단계에 들어 마음의 평온을 얻는 것으로 현세에서의 즐거움과 평온함을 위해 집중수행을 하는 것이다. 이것은 사마타(samatha, 고요함) 수행의 흐름이라고 이해할 수 있다. 두 번째는 현상을 직접보고 아는 지혜(ñāṇa-dassana, 如實知見)를 얻는 것이다. 세 번째는 감각(vedanā), 지각(saññā), 생각(vitakka) 등이 일어남, 머묾, 사라짐을 있는 그대로 관찰하여, 순간순간의 변화에 대한 마음챙김(sati)과 알아차림(sampajañña)을 키우는 집중이다. 네 번째는 오온(五蘊, pañcupādāna khandha)의 생멸을 관찰함으로써, 모든 번뇌(āsava)의 소멸(해탈)을 위해 집중수행(samādhibhāvanā)을 하는 것이다. 초기불교 안에서 집중수행은 중요하다.[13] 팔정도의 정학은 선정을 다루는 '정정正定'뿐만 아니라 '정념正念'을 통해서도 진행된다. 『맛지마니까야』의 「사띠빳타나 숫따(Satipaṭṭhāna Sutta, 念處經)」는 사념처를 설명하는 중요한 경전이다. 물론 본 경전에서 '수행', 즉 '바와나(bhāvanā)'나 '바웨띠(bhāveti)'라는 동사 등의 형태는 네 가지 주요 수행법(四念處)에 직접 언급되지 않는다. 하지만 결론부에서 '수행을 한다면(bhāveyya)'이라는 미래형의 가정법을 통해 수행의 과보가 나타난다.

---

12 AN, II. 44f.

13 DN, I. 156: '존자시여, 그러면 이 집중의 수행을 직접 체득하기 위해 비구들이 세존께 출가하여 수행하는 것입니까?' '마할리여, 비구들이 이 집중의 수행을 직접 체득하기 위해서만 나에게 출가수행을 하는 것은 아니다. 마할리여, 이보다 더 뛰어나고 고귀한 다른 법들이 있어서, 그 법들을 직접 체득하기 위해 비구들이 나에게 출가수행을 하는 것이다.'

"비구들이여, 만약 누구든지 이 네 가지 염처(四念處)를 이와 같이 수행한다면(bhāveyya), 일곱 날 안에 두 가지 결과 중 하나를 기대할 수 있다. 이생에서 아라한이 되거나, 혹은 집착이 남아 있을 경우 아나함이 된다."[14]

이처럼 수행은 정학의 자리에서 집중과 마음챙김을 통해 왕성하게 진행된다. 더 나아가 수행은 혜학의 범주 안에서 완성된다. 『디가니까야』의 「상기띠숫따(Saṅgīti Sutta)」는 지혜의 세 가지 종류에 대해 다음과 같이 설명한다.

"세 가지 지혜가 있으니, 사유로 얻은 지혜, 들음으로 얻은 지혜, 수행으로 얻은 지혜이다."[15]

이들은 문사수聞思修 삼혜(三慧, Tisso paññā)에 대한 설명이다. 특히 세 번째 수혜에 있어 수행 실천을 통해 직접적으로 얻은 지혜(bhāvanā-maya paññā)로 설명한다. 이처럼 수행은 계정혜 삼학의 진행과정에 모두 나타난다. 특히 수행은 지혜를 통해 깨달음과 해탈을 얻기 위한 조건이 된다. 『앙굿따라니까야(Aṅguttara Nikāya)』의 「바와나 숫따(Bhāvanā Sutta, 修行經)」는 '37조도품'에 해당하는 '사념처', '사정근', '사여의족', '오근', '오력', '칠각지', '팔정도'를 계발하고 자주 닦는 것이 집착으로부터 벗어나 마음의 해탈(心解脫)을 얻을 수 있는

---

[14] DN, II. 290f; MN, I. 63.
[15] DN, III. 219f; Vism. 437.

길이라 설명한다.

"수행(bhāvanā)에 전념하지 않는 비구가 있어, 그가 머무는 동안 '아, 내가 아무런 집착 없이 번뇌로부터 마음이 해탈되면 얼마나 좋을까'라는 바람이 일어날지라도, 그의 마음은 집착 없이 번뇌로부터 해탈되지 않는다. 왜 그런가? '마음이 닦이지 않았기 때문'이라고 말할 수 있다. 무엇이 닦이지 않았다는 것인가? 네 가지 사념처(四念處, satipaṭṭhāna), 네 가지 바른 노력(四正勤, sammappadhāna), 네 가지 신족(四如意足, iddhipāda), 다섯 가지 근(五根, indriya), 다섯 가지 힘(五力, bala), 일곱 가지 깨달음의 요소(七覺支, bojjhaṅga), 성스러운 팔정도(八正道, ariya aṭṭhaṅgika magga)의 수행이 닦이지 않았기 때문이다."[16]

수행자가 집착을 벗어나 해탈을 이루고자 한다면, 그는 지혜로 이끄는 수행을 닦아야 한다. 그리고 상기 경전이 언급하는 해탈을 위한 수행은 '사념처', '사정근', '사여의족', '오근', '오력', '칠각지', '팔정도'를 꾸준히 닦아 나가는 과정을 말한다. 『맛지마니까야』의 「삽바사와 숫따(Sabbāsava sutta)」는 번뇌(āsava, 漏)를 제거하기 위해서 일곱 가지 깨달음의 요소, 즉 칠각지七覺支를 수행해야 한다고 설명한다.

"비구들이여, 번뇌(āsava) 가운데는 바른 견해로 버려야 할 번뇌가

---

[16] AN, IV, 125.

있고, 수행의 제어로 버려야 할 번뇌가 있으며, 접하지 않음으로 버려야 할 번뇌가 있고, 인내로 버려야 할 번뇌가 있으며, 멀리함으로 버려야 할 번뇌가 있고, 제거로 버려야 할 번뇌가 있으며, 마음의 수행으로 버려야 할 번뇌가 있다. … 비구들이여 어떤 번뇌를 마음의 수행으로 버려야 하는가? 비구들이여, 비구는 바르게 사유하여 마음챙김의 깨달음 요소(satisambojjhaṅga)를 수행하고, 출리, 탐욕 없음, 소멸, 버림에 근거하여 수행하고 (일곱 가지 깨달음의 요소 반복) … 비구들이여, 수행하지 않을 때 일어나는 번뇌와 괴로움이, 수행으로써 일어나지 않는다. 비구들이여, 이와 같이 마음의 수행으로 버려야 하는 번뇌가 있다고 말한다."[17]

상기 경전의 가르침에 따르면, 번뇌를 제거하기 위해서는 '일곱 가지 깨달음의 요소(七覺支, bojjhaṅga)'인 '염각지(念覺支, sati sambojjhaṅga)', '택법각지(擇法覺支, dhamma vicaya sambojjhaṅga)', '정진각지(精進覺支, vīriya sambojjhaṅga)', '희각지(喜覺支, pīti sambojjhaṅga)', '경안각지(輕安覺支, passaddhi sambojjhaṅga)', '정각지(定覺支, samādhi sambojjhaṅga)', '사각지(捨覺支, upekkhā sambojjhaṅga)'를 바르게 사유하며 닦는 수행이 필요하다. 칠각지의 요소들은 수행의 과정이자 깨달음(bodhi)을 이루는 결과이다. 처음 수행을 시작한 초보 수행자는 칠각지를 지니지 못한다. 수행의 점진적 발전을 통해 칠각지를 얻게 되고, 칠각지를 수행하여 깨달음을 얻게 된다. 물론 후에 논의하겠지만, 칠각지의 요소는 수행자의 집착 정도에 따라 긍정적인 역할을

---

17 MN, I. 8~11.

할 수도 있고, 부정적인 역할을 할 수도 있다. 이처럼 수행은 특정의 방법이나, 수준, 상태를 제한적으로 표현하는 용어가 아니다. 수행은 수행자가 점진적으로 닦아 성장하고 발전하는 구조와 과정을 위한 용어로 볼 수 있다. 『맛지마니까야』의 「아나빠나사띠 숫따(Ānāpānasati sutta)」는 입출식념의 사념처 수행을 통하여 칠각지를 계발하고, 칠각지를 수행함으로 해탈을 통해 수행이 완성되는 구조를 설명한다.

"(신수심⋯) 법을 관찰하며, 열심히 마음챙김과 알아차림을 지니고, 세상에 대한 탐욕과 싫어함을 버릴 때, 마음챙김(sati)이 일어나더라도 산란하지 않다. 비구들이여, 산란하지 않는 마음챙김이 일어날 때, 마음챙김 깨달음의 요소(sambojjhaṅgaṃ)가 일어난다. 그때 비구는 마음챙김 깨달음의 요소를 수행한다(bhāveti). 마음챙김 깨달음의 요소는 그때 비구에게 수행(bhāvanā)의 완성을 이룬다."[18]

수행자는 호흡을 대상으로 사념처를 정진하여 마음챙김과 알아차림을 지니고, 이 과정을 통해 염각지를 얻는다. 그는 염각지를 더욱 수행하여 수행의 완성을 이룬다. 즉, 입출식념 그 자체로 수행의 완성을 이루는 것이 아니라, 입출식념 수행을 통해 사념처를 확립하고, 사념처를 통해 칠각지를 일으키고, 칠각지를 수행하여 해탈로 이어지는 과정을 지닌다. 이를 통해 수행은 성장과 발전을 의미한다는 사실이 확인된다. 『맛지마니까야』의 「마하살아야따니까 숫따(Mahā-

---
[18] MN, III. 86.

saḷāyatanika sutta)」는 팔정도를 수행하면 사념처의 확립을 시작으로 37조도품이 완성되고, 사마타와 위빠사나 수행이 작용한다고 설명한다. 특히 경전은 지혜로써 수행하는 혜학의 역할을 소개한다.

"그가 이와 같이 성스러운 팔정도를 닦아 수행할 때(bhāvayato), 사념처 수행(bhāvanā)의 완성에 이르고, 네 가지 바른 노력도 수행의 완성에 이르고, 네 가지 신족도 수행의 완성에 이르고, 다섯 가지 근기도 수행의 완성에 이르고, 다섯 가지 힘도 수행의 완성에 이르고, 일곱 가지 깨달음의 지(七覺支)도 수행의 완성에 이른다. 이때 두 가지 법, 즉 사마타(samatha, 止)와 위빠사나(vi-passanā, 觀)가 함께 작용한다. 그는 수승한 지혜(abhiññā)로써 완전히 이해해야 할 법들을 이해하고, 지혜로써 버려야 할 법들을 버리며, 지혜로써 수행해야 할(bhāvetabbā) 법들을 수행하고 (bhāveti), 지혜로써 증득해야 할 법들을 증득한다. 비구들이여, 지혜로써 완전히 이해해야 할 법들은 무엇인가? 그것은 오취온, 즉 색취온, 수취온, 상취온, 행취온, 식취온이다. 이것들이 지혜로써 완전히 이해해야 할 법들이다. 비구들이여, 지혜로써 버려야 할 법들은 무엇인가? 무명과 존재에 대한 갈애이다. 이것들이 지혜로써 버려야 할 법들이다. 비구들이여, 지혜로써 수행해야 할 법들은 무엇인가? 사마타와 위빠사나이다. 이것들이 지혜로써 수행해야 할 법들이다. 비구들이여, 지혜로써 증득해야 할 법들은 무엇인가? 앎(明, vijjā)과 해탈(vimutti)이다. 이것들이 지혜로써 증득해야 할 법들이다."[19]

수행자는 지혜를 통해 이해하고, 버리고, 수행하고, 증득하는 네 가지 수행을 설명한다. 먼저 지혜를 통해 오취온을 이해하고, 무명과 갈애를 버려야 하며, 사마타와 위빠사나를 수행하고, 앎과 해탈을 증득해야 한다. 상기 경전은 지혜를 통해 해탈을 이루게 하는 수행으로 사마타와 위빠사나 수행을 설명한다. 『앙굿따라니까야』는 사마타와 위빠사나 수행의 역할과 관계에 대해 구체적으로 설명하고 있다.

"비구들이여, 두 가지 법이 지혜에 이르는 것이다. 무엇이 두 가지인가? 사마타와 위빠사나이다. 비구들이여, 사마타를 수행하면(bhāvito) 어떤 이익이 있는가? 마음이 수행된다(bhāvīyati). 마음이 수행되면(bhāvitaṃ) 어떤 이익이 있는가? 탐욕이 사라진다. 비구들이여, 위빠사나를 수행하면 어떤 이익이 있는가? 지혜가 수행된다. 지혜가 수행되면 어떤 이익이 있는가? 어리석음이 사라진다. 비구들이여, 탐욕에 물든 마음은 해탈하지 못한다. 어리석음에 물든 지혜는 닦여지지 않는다. 그러므로 비구들이여, 탐욕이 사라져야 마음이 해탈되고, 어리석음이 사라져야 지혜로 해탈된다."[20]

사마타를 수행하면 마음을 계발하여 탐욕을 제거하고, 위빠사나를 수행하면 지혜를 계발하여 무지를 제거한다. 그리고 사마타와 위빠사나 수행은 심해탈과 혜해탈로 이끌어 준다. 이처럼 초기불교에서

---

[19] MN, III, 290.
[20] AN, I, 61.

수행(bhāvanā)은 삼학의 구조 안에서 사마타와 위빠사나의 형태로 다양하게 나타난다.

　지금까지 수행과 삼학(팔정도)의 구조에 대해 살펴보았다. 수행자는 먼저 감각기관을 다스리는 실천을 통해 외부 자극과 언행을 제어한다. 특히 자애 수행을 통해 사랑과 이완을 키우는 과정으로 확장하는데, 이는 계학에 속하는 수행으로 볼 수 있다. 이어서 집중을 통해 선정에 이르는 수행, 사념처를 통한 마음챙김을 확립하는 수행으로 발전한다. 특히 37조도품과 칠각지와 같은 수행 항목을 실천하면서 수행자는 지혜를 얻는다. 또한 언급된 사마타 수행은 계학을 바탕으로 정학을 키워 진행하는 수행, 위빠사나 수행은 사마타를 바탕으로 진행하는 혜학의 수행이라고 볼 수 있다. 이처럼 초기불교 안에서 수행은 삼학의 구조와 함께 성장한다. 그리고 이 과정에서 윤리, 자애, 집중, 지혜, 사마타, 위빠사나 등과 결합하여 다양한 복합어로 나타나는 것을 확인할 수 있다. 초기불교의 수행은 다양한 수행법과 마음의 기제들을 다루며, 사마타와 위빠사나를 통해 현상의 '무상(無常, anicca)', '고(苦, dukkha)', '무아(無我, anatta)'를 이해하는 지혜의 개발로 성장한다.

　초기불교 수행의 특징은, 긍정과 부정이라는 판단을 떠나 마음에 일어나는 반응을 억누르지는 않는다는 점이다. 뒤에 3장에서 다루겠지만, 수행자가 경험하는 현상들에는 호불호가 있을 수 없다. 현상에 대한 수행자의 판단과 집착이 호불호를 만드는 것이지 상황에 따라 발생하는 현상 자체에는 문제가 없다. 만약 어떤 장애나 현상이 나타나면 있는 것이요, 사라지면 없는 것이다. 지금 이 순간, 있으면 알아차리고, 없으면 알아차릴 수 없다. 수행자는 있고 없는 현상의 발생 원인을 탐색하거나 추론하지 않는다. 단지 현재 인연에 따라 발생한 현상을 있는 그대로 알아차릴 뿐이다. 그것이 초기불교 수행자의 역할이다. 이 과정의 반복을 통해 수행자는 특정 현상이나 반응이 다른 요인들과 맺는 상호의존적 관계(緣起)를 이해할 수 있게 된다. 바로 지금 이 순간 마음의 실제 상태가 드러나고 이것을 알아차리는 것이 수행의 목적이 될 수 있다. 예를 들어, 분노가 일어나면 분노를 없애는 것이 목적이 아니라, 분노가 일어났음을 알아차리는 것이 목적이 된다. 물론 나타나는 분노를 수행자의 알아차림으로 다스릴 수 없다면, 분노가 아닌 다른 대상으로 주의를 전환하여 분노로부터 잠시 벗어나게 할 수도 있다. 이러한 경우 집중을 기반으로 하는 사마타 수행을 할 수도 있다. 사마타 수행은 실재하는 현상이 아니더라도, 이완이나 평온, 문제로부터의 우회를 위해 집중의 대상을 임의로 선정할 수 있다. 하지만 집중을 통해 높은 경지에 도달하거나 몰입하는 것이 일시적으로 세속적 갈등에서 벗어나는 도피처가 될 수는 있으나, 궁극적 해결책이 되지는 않는다. 따라서 사마타 수행을 통해 키운 집중력은 실제로 발생하는 현상에 적용되어야 한다. 이를 위해 위빠사나 수행이 진행된다. 현상을 있는 그대로 보는(아는) 것이다. 초기불교 수행(bhāvanā)의 본질은 수행을 통해 통찰이 자연스럽게 성숙할 수 있는 조건을 마련하는 데 있다. 수행은 단순한 평온이나 일시적 만족에 머무르지 않고, 진정한 통찰과 깨달음을 향해 나아가는 역동적인 과정이다.

(2) 명상(暝想, meditation)

이제 수행과 동의어처럼 사용되는 명상에 대해 살펴보자. 오늘날 명상은 많은 사람들에게 널리 퍼져 있는 문화적 현상에 가깝다. 따라서 명상이 무엇이라고 정의하는 일도 쉽지 않다. 왜냐하면 명상의 의미에 대해 서로 다른 기준과 관점을 가지고 있기 때문이다. 마치 누군가에게 '밥을 먹었냐?'고 물었을 때, '먹었다' 혹은 '안 먹었다'라는 대답은 명확히 할 수 있어도, 실제로 먹은 '밥'이 무엇인지는 명확하지 않을 수 있다. 이때의 '밥'이 쌀을 익히거나 찐 '밥'일 수도 있고 여러 '음식' 중의 하나일 수도 있다. 음식이 쌀밥, 잡곡밥, 국수, 샌드위치 등 다양할 수 있는 것처럼, 명상 역시 종교, 목적, 방식, 대상에 따라 그 모습이 매우 다르기에 정의하기 어렵다.

정의가 모호할 때는 우선 사전적 의미를 살펴보는 것이 필요하다. 한자로 '명상(冥想, 暝想)'은 '어둡다' 또는 '눈을 감다'는 뜻의 '명(冥, 暝)'과 '생각하다'의 '상想'이 결합된 단어로, '조용히 눈을 감고 깊이 생각함' 또는 '그런 생각'이라는 의미가 있다. 명상(meditation)의 'meditate'는 라틴어 'meditari'에서 유래했으며, '깊고 지속적인 성찰' 또는 '집중된 사고'를 의미한다. *The Oxford English Dictionary*는 'meditation'을 "하나의 주제나 일련의 주제에 대해 지속적으로 생각하거나 숙고하는 것", "진지하고 지속적인 성찰 또는 정신적 관조"로 정의한다. 종교적 담론에서 명상은 "종교적 진리, 신비, 숭배의 대상 등 어떤 것에 대해 마음을 지속적으로 적용하여, 영혼이 신에 대한 사랑과 삶의 거룩함을 더할 수 있도록 하는 헌신적 이행"을 의미한다.[21] 따라서 유대교, 기독교, 이슬람교 등에서 '명상'이란 신에 대한 사랑과 경건함을 키우기 위해, 종교적 진리나 신비 혹은 신성한 대상을 깊이 숙고하는 마음의 작용, 혹은 그런 경건한 실천이나 행위를 의미한다. 다시 말해, 유일신교에서 명상은 신과의 영적 교감을 준비하거나 돕는 역할을 한다. 여기서 흥미로운 점은 신을 믿는 종교에서 명상이 '기도의 한 방법'으로 적극적으로 활용되었다는 사실이다. 이들 전통에서 명상은 '관조(contemplation)'하고 기도에 기여하는 과정으로 여겨진다.

"명상은 보통 특정 종교적 주제에 대한 숙고이며, 관조는 논리적 사고를 넘어 영적 통찰력을 통해 직접적으로 대상을 보는 것이다."[22]

명상은 본래 불교에서 유래한 용어가 아니다. 하지만 일부 유일신교는 명상을 불교적 용어로 간주해 사용을 꺼리는 경우가 있다.[23] 하지만

---

21 J. A. Simpson, E. S. C. Weiner ed., *The Oxford English Dictionary*, 2nd Edition, Clarendon Press, Oxford, 1989, Vol. IX, p.553.

22 Mircea Eliade ed., *The Encyclopedia of Religion*, Simon & Schuster Macmillan, New York, 1995, Vol. 9, p.325.

23 Vatican (1989), "Letter to the Bishops of the Catholic Church on Some Aspects of Christian Meditation" Congregation for the Doctrine of the Faith.: "동양에서 유래한 다양한 형태의 명상은 살아 계신 하느님과의 인격적인 만남을 방해하는 심리적 공허로 타락할 가능성이 있다. … 어떤 신체적 수련은 자동적으로 고요함과 이완의 느낌, 쾌적한 감각, 심지어는 빛이나 따뜻함 같은 현상을 불러일으킬 수 있다. 이것이 영적 안녕 상태와 비슷해 보일 수도 있지만, 이러한 느낌을 성령으로부터 오는 참된 위안으로 여기는 것은 영적 삶을

이는 'meditation'의 본래 의미를 고려할 때 쉽게 이해하기 어려운 현상이다. 실제로 붓다는 '명상瞑想'이라는 한자나 'meditation'이라는 영어 단어를 알지 못했다. 물론 불교에도 '명상'과 유사한 용어가 있다. 빠알리(Pāli)어로 '자나(jhāna; sk. dhyāna)'가 가장 가깝다. '자나'는 '명상하다', '생각하다'의 의미를 지닌 동사 '자야띠(jhāyati)'에서 나온 중성명사로 '선나禪那'로 음사되었다가, '선정禪定'으로 한역되었다. 현재는 여러 가지 '선禪'을 다루는 의미로 확대되어 최근 불교계에 '선명상禪瞑想'이라는 신조어까지 등장했다. 아마도 선과 명상을 위계로 놓아 대중적 명상 이후의 불교적 선으로의 발전을 표현한 용어로 보이지만, 사실 선명상은 어원적으로 동의어의 합성이다. 이런 신조어는 현대 사회에서 명상법의 다양화, 차별화 시도를 반영한 것으로 명상법의 브랜드화, 실천법의 세분화와 관련된 현대적 현상으로 볼 수 있다.

  동시에 '명상'은 불교와 관련하여 '수행(bhāvanā)'과 등가어처럼 사용된다. 하지만 앞서 살펴본 바와 같이, 수행은 '생각'이 아닌 '성장'의 의미를 담고 있다. 많은 사람들이 명상과 수행을 동일한 용어인 것처럼 사용하지만,[24] 초기불교 수행에 있어 선정(명상)이 중요한

    완전히 잘못 이해하는 것이다."; Southern Baptist Convention (2014), "Resolution on the Sufficiency of Scripture Regarding the Practice of Mysticism." Baptist Press.: "우리는 '마음챙김(mindfulness)'과 '동양 명상(eastern meditation)'의 일부 수행법들이 비기독교적 종교에 뿌리를 두고 있다는 것을 인식하고 있으며, 교회 내에서 이러한 방법들을 고려할 때에는 분별력을 가질 것을 권장합니다."

24 Adam, M. T. (2006). "A Problem of Translation: Two Concepts of Meditation

요소임에도 불구하고, 수행과 같다고는 볼 수 없다. 그럼에도 불구하고, 인지행동치료의 제3동향 이후에 발생하는 심리치료적 명상이나 불교 수행의 여러 영역에서 이러한 차이를 구분하려 하지 않는 것 같다. 이 문제를 명확히 이해하려면 불교 수행의 주요 개념을 불교사상의 전체적 맥락에서 살펴볼 필요가 있다.

'명상'과 '수행'이 지니는 뉘앙스를 찾기 위해 잠시 자가 실험을 해보자. 다음에 나타나는 용어들을 보면 '명상'이 떠오르는지 '수행'이 떠오르는지 확인해 보는 것이다. '명상'과 '수행' 중에 어느 것에, 무엇의 역할에 가까운지 생각해 보는 것이다. 물론 주관적 판단이기에 정답은 없다.

> '혈압 조정', '불면증 개선', '스트레스 해소',
> '만성통증, 우울, 불안, 강박증 등의 치유', '심리치료.'

'명상'과 '수행', 둘 중에 무엇이 먼저 떠오르는가? '명상'과 '수행' 중에 무엇의 역할에 가깝다는 생각이 드는가? 그럼 용어들을 바꾸어 다시 한번 해보자. 다음에 나타나는 용어들을 보면 '명상'이 떠오르는지 '수행'이 떠오르는지 확인해 보자. '명상'과 '수행' 중에 무엇의

---

and Three Kinds of Wisdom in Kamalasila's Bhavanakramas," *Buddhist Studies Review*, 23(1), 71-92.; Chano, J. (2023). "Correlation between Meditation and Buddhism," *Asian Journal of Research in Education and Social Sciences*, 3(2), 33-39; Awasthi, B. (2013). "Issues and Perspectives in Meditation Research", *Frontiers in Psychology*, 4, 367.

역할인지 생각해 보는 것이다.

> '집중', '통찰', '지혜', '평정', '평온',
> '희열', '깨달음', '해탈', '열반.'

 '명상'과 '수행', 무엇이 먼저 떠오르는가? '명상'과 '수행' 중에 무엇의 역할에 가까울까? 개인적으로는 전자의 용어들은 '명상', 후자의 용어들은 '수행'이 떠오른다. 즉, 오늘날 '명상'은 '힐링'이나 '치유'의 의미와 잘 어우러져 그 영역이 확장되고 있는 것이다. '명상'은 이 세상을 즐겁고 건강하게 잘 사는 것이 중요하다. 결국 이완과 힐링이 수반되어야만 한다. 반면에 '수행'은 집중, 몰입, 구도의 길, 성장, 지혜의 성취 등, 인간의 근원적인 문제, 존재의 괴로움으로부터 벗어나는 방법 등을 다루는 것 같다. '명상'보다는 상대적으로 좀 무겁고, 이해하기 쉽지 않은 깊은 의미를 지닌 것으로 보인다. 물론, '수행'이 '치유적 기능'을 갖추지 못한다거나, '명상'을 통해 '지혜'를 얻지 못한다는 얘기는 아니다.[25] 하지만 우리 안에서 이미 '명상'과 '수행'은 나름의

---

[25] Cheng Wang, (2025), "Beyond mindfulness : how Buddhist meditation transforms consciousness through distinct psychological pathways" *Frontiers in Psychology*.: 사마타 위빠사나 자애수행이 스트레스 완화나 증상의 감소를 넘어, 주의 안전성, 자기 인식, 감정 조절, 자기 탐구 등을 촉진해 의식과 자기개념에 심층적 변화를 일으킨다고 설명한다. 그는 불교수행이 서구 심리치료나 현대 마음챙김에 비해 윤리적 통합성, 자기 해체, 깊은 내적 성찰을 강조하며 단순히 상황의 완화적 접근이 아니라 근본적으로 다른 변화양식을 다룬다고 주장한다.

기준으로 구분되어 있다.

초기불교 수행의 궁극적 목표는 고통에서 해방되는 것이다. 물론 명상 역시 고통에서 벗어나는 것이 목적이다. 하지만 이 두 가지 고통은 서로 다르다. 초기불교 수행은 존재에 내재된 궁극적 고통(생로병사, 윤회, 무지와 갈애)을 근원적으로 해결하려는 목표를 지니고, 명상은 일상적 혹은 상대적인 고통(스트레스, 감정, 우울, 불안, 불면 등)의 완화에 중점을 둔다. 초기불교는 존재의 고통을 무지(avijjā)와 갈애(tanhā)라는 두 가지 근본 원인에서 비롯된다고 본다. 따라서 인간은 무지와 갈애로부터 벗어날 때 고통을 멈추게 되고, 깊은 자기변형이 일어난다고 본다. 따라서 수행은 인격의 개발이나 함양, 종성위(種姓位, Gotrabhū)의 변화 등의 측면을 포괄하는 의미를 지닌다. 수행은 단순히 지성이나 지적 측면에 국한되지 않고, 인간의 모든 측면, 즉 몸과 마음을 포함하여 의식적이고 의지적인, 습관을 변화시키려는 훈련이다. 따라서 신구의身口意 삼행三行의 인과적 상호 연결을 알아차리는 데 주목한다.

2) 선정(禪定, jhāna)과 외도 수행

(1) 선정

초기불교의 수행은 현대의 심리치료 명상은 물론, 인도철학에서 유행하던 명상법과도 그 성격을 달리한다. 초기불교 수행의 이론과 실천은 연기(緣起, paṭiccasamuppāda)라는 불교의 핵심 개념과 밀접하게 연결되어 있다. 붓다의 가르침에 따르면, 연기는 중도中道이다. 붓다의 중도사상은 상주론(sassatavāda)과 단멸론(ucchedavāda)을 모두 거부함에서 시작된다. 붓다는 「담마짝까빠왓타나 숫따(Dhammacakkappa-vattana Sutta, 初轉法輪)」를 통해 이 두 견해를 양극단으로 보았다.²⁶ 먼저 고행주의(attakilamathanuyoga)는 아뜨만(atman)이라는 고정불변의 실체를 인정한다. 그들은 몸이 죽어도 아뜨만은 영원히 산다고 믿었다. 붓다는 이들에 대해 '다른 영혼, 다른 몸(aññaṁ jīvaṁ aññaṁ sarīraṁ)'이라고 표현했다. 반대로 쾌락주의(kamāsukhallikānuyoga)는 업의 과보와 윤회를 부정하며, 죽으면 그만이라고 믿었다. 붓다는 이들에 대해 '그 영혼이 그 몸(taṃ jīvaṁ taṃ sarīraṁ)'이라고 표현했다.²⁷ 초기불교를 기준으로 누군가 내세로의 윤회를 부정하고, 현실 세계를 즐겁게 살자는 것이 붓다의 가르침이라고 주장한다면, 중도와 윤회에

---

26 SN, V. 420ff.

27 DN, I. 157; MN, I.430; AN, V. 193; SN,II, 17.; 첫 번째 견해는 '모든 것이 존재한다(sabbam atthi)'로, 두 번째는 '아무것도 존재하지 않는다(sabbam natthi)'로 표현된다. 상주론을 따르는 이들은 영원한 실체를 탐구했고, 그들이 명상 실천에서 추구한 것은 영원한 자아(Self)가 속박에서 해방되는 것이었다. 두 번째 견해는 '모든 것이 존재하지 않는다(sabbaṃ natthi)'라는 주장으로 표현되었다. 이 견해를 가진 이들은 인과적 조건에 따른 현상의 연속성을 인정하지 않았다. 두 견해 모두 인간의 본성에 대한 철학적 입장을 내포한다. 첫 번째 견해에 따르면, 진정한 인간은 영원하고 파괴되지 않는 본질이다. 이 견해의 한 형태는 산키야(Saṃkhya) 철학에서처럼 육체와 영혼의 엄격한 이원론을 따른다. 두 번째 견해에 따르면, 인간은 오직 육체일 뿐이며, 육체가 소멸하면 인간도 소멸한다. 붓다는 첫 번째 견해를 육체가 영혼과 구별되는 실재로 보는 입장, 두 번째 견해를 육체가 곧 영혼과 동일하다고 보는 입장이라고 설명했다. 붓다에 따르면, 이 두 가지 잘못된 견해는 집착(upāyupādānābhinivesavinibandho), 교조주의에 묶여 있기 때문이다.

대한 오해에서 비롯된 것이다. 이러한 생각은 쾌락주의, 즉 단멸론에 가깝다.[28] 따라서 명상이 감각적 즐거움을 추구하는 방향으로 나아간다면 붓다가 부정한 양극단 중 하나에 가까워질 수 있다. 앞서 언급한 것처럼 명상에 가장 가까운 빠알리어는 '자나(禪定)'이다. 마치 인도 고대의 다양한 명상처럼 선정禪定 역시 불교의 발생 이전부터 있었다. 특히 선정 상태는 고요함의 극치 혹은 황홀경으로 묘사되기도 한다. 그러나 불교는 그러한 명상적 황홀의 체험만으로는 궁극적 목표에 이를 수 없다고 보았다. 왜냐하면 황홀한 경험은 매우 행복할 수 있지만, 그러한 체험에서 벗어난 뒤에 집착이 일어날 수 있기 때문이다. 동시에 이들은 일시적인 체험이다. 이러한 이유로 붓다는 선정(명상)의 황홀한 체험만으로는 해탈에 이를 수 없다고 설했다.

물론 붓다가 선정, 즉 선정을 닦는 수행 자체를 부정한 것은 아니다. 붓다는 선정만을 궁극의 목표로 삼거나 선정의 의미를 다르게 해석하는 수정주의修定主義적 경향을 부정한 것이다. 붓다의 시대에는 깊은 선정, 특히 무색계無色界 선정과 같은 상태를 최고의 해탈로 여기는 경향이 있었다. 하지만 붓다는 이러한 선정 절대주의를 비판했다. 그는 선정 상태에 머무르는 것만으로는 근본적인 괴로움에서 벗어날 수 없으며, 해탈을 위해서는 선정에서 얻는 평정심과 집중을 바탕으로 위빠사나 수행을 해야 가능하다고 보았다. 우리는 초기경전을 통해 붓다 역시 선정을 성취하고 제자들에게 권하는 장면을 자주 볼 수

---

[28] 본 장의 핵심 논의는 수행과 명상이기에 무아윤회無我輪廻에 대한 논의는 생략한다. 참고) 정준영, 「나라고 할 만한 것이 있는가」, 『나, 버릴 것인가 찾을 것인가』, 운주사, 2008.

있다. 앞서 살펴본 것처럼 선정은 집중수행의 중요한 결과이다. 앞서 살펴본 것처럼 팔정도의 '정정正定'은 네 가지 선정(四禪定)으로 정의된다. 따라서 선정의 필요 유무는 상황별 논의가 필요하다. 마치 고타마가 무색계 선정을 가르쳐준 두 스승 알라라 깔라마(Āḷāra Kālāma)와 웃다까 라마뿟따(Uddaka Rāmaputta)를 떠났던 것처럼, 깨달음을 얻기 이전의 붓다는 선정을 버렸다. 하지만 깨달음을 얻은 이후의 붓다는 선정을 취했다.[29] 왜냐하면 선정 수행이 목적은 아니지만 깨달음에 도움이 되었기 때문이다.

  그러나 불교가 발전하면서 일부 전통이나 해석자들은 선정 수행을 요가나 브라만교의 명상법과 동일시하거나, 선정만을 해탈의 길로 보는 식으로 본래 의미를 벗어나기도 한다.[30] 붓다는 이러한 수정주의적 선정관을 비판하며, 선정은 지혜와 함께할 때 진정한 해탈로 이어진다고 강조했다. 즉, 초기불교 안에서의 선정(명상)은 수단이지 목적이 아니다. 초기경전에서 네 가지 선정을 닦는 이는 자연스럽게 열반으로 기울어진다는 비유가 등장하지만, 오직 선정만을 추구하는 것은 강을 거슬러 오르는 것처럼 무의미하다.[31] 붓다는 선정의 기쁨이나 평온에

---

29 MN, I. 164: 두 스승으로부터 무소유처정(無所有處定, akiñcaññāyatana)과 비상비비상처정(非想非非想處定, nevasaññānāsaññāyatana)을 성취했다.; Winston L. King (1992), *Theravada Meditation: The Buddhist Transformation of Yoga*, Motilal Banarsidass.

30 Wynne, A. (2007), *The Origin of Buddhist Meditation*, Routledge.; Bronkhorst, J. (1993) *Buddhist Meditation and Buddhist Origins*, Motilal Banarsidass.

31 SN, V. 308.; Gunaratana, Henepola (1980), *A Critical Analysis of the Jhanas in Theravada Buddhist Meditation*. Ph.D. diss., The American University.

집착하는 것도 또 다른 집착임을 지적하며, 선정 수행 후 반드시 삼법인에 대한 통찰(위빠사나)로 나아가야 한다고 지도했다. 선정 없는 통찰도, 통찰 없는 선정도 있을 수 없다는 것이 요지이다. 선정은 해탈의 조건이지 목표가 아니다. 붓다는 집중을 통해 장애를 벗어나, 선정이라는 높은 수준의 평온을 유지하는 마음의 수행을 활용했다. 그리고 더 나아가 족쇄를 근절하는 통찰에 도달하는 독창적 수행법을 찾아낸 것이다. 해탈이라는 불교의 목표를 달성하려면, 고요함으로 이끄는 사마타 수행 그리고 지혜로 이끄는 위빠사나 수행 모두를 닦아야 한다. 물론 행복을 추구하는 명상이나 선정을 추구하는 수행은 불교 수행의 진행과정에서 나타날 수 있다. 하지만 이들은 불교 수행의 목표가 아니다.

(2) 외도 수행

『디가니까야』의 「브라흐마잘라 숫따(Brahmajāla Sutta, 梵網經)」는 62가지 세계관을 언급하는데, 고대 인도가 명상적 체험을 바탕으로 사상체계를 형성하고 있음을 보여준다. 특히 경전은 붓다의 시대 인도에 존재하던 다양한 종교적·철학적 견해를 설명한다. 불교는 이들을 62가지 잘못된 견해(사견邪見)로 정리한다. 이들은 '육십이견六十二見' 또는 '62제견六十二諸見' 등으로 불리며 명상에 근거한 여러 가지 견해들을 포함하고 있다.[32] 고대 인도의 일부 지도자들은 형이상학적 질문에 대한 답을 얻기 위해 명상적 체험을 활용했지만, 붓다는

---

32 DN, I, 22.

명상적 체험을 통해 세계가 유한한지 무한한지 등에 답하는 것을 인정하지 않았다. 하지만 명상적 경험을 통해 세계가 유한하거나 무한하다고 결론을 내린 이들은, 그 경험을 근거로 믿음을 키워나갔고 집단을 형성했다. 또한 이전 과거의 생을 기억하는 등의 초월적 능력을 개발한 사람들은 이러한 경험을 바탕으로 소멸하지 않는 자아(自我, atman)가 지속적으로 존재한다(常住論)는 결론을 내리기도 했다. 이는 육체가 소멸해도 영적인 자아가 남아 있다는 주장의 근거가 되었다.[33]

이러한 62가지 견해는 크게 두 범주로 나누어 설명하는데, 하나는 과거 18견이고 다른 하나는 미래 44견이다. 과거는 4가지 영원주의, 4가지 부분적 영원주의, 4가지 세계 유한·무한론, 4가지 끝없는 의문론, 2가지 우연적 발생설이다. 미래는 16가지 사후 유상론, 8가지 사후 무상론, 8가지 사후 비유상비무상론死後非有想非無想論, 7가지 단멸론斷滅論, 5가지 현법열반론現法涅槃論이다. 이 62가지 견해는 모두 자아(我), 아상, 혹은 세계에 대한 잘못된 집착에서 비롯된 사견邪見으로, 붓다는 이 모든 견해의 그물(jāla, 網)에 걸리지 않는 것이 바른 법(正見)임을 강조한다. 특히 붓다는 이러한 형이상학적 견해의 구성 자체를 명상 경험의 남용으로 간주하며,[34] 자신의 주관적

---

[33] Christopher Johnson (1949), *Yoga: The Method of Reintegration*, London: Alcuin Press. p.7: 초기경전에서 '요가'라는 용어는 형이상학적 의미 없이 단순히 '노력'이나 '적용'을 뜻했다. 인도철학에서 요가로 알려진 학파는 "개별 자아와 최고의 자아의 합일"이라는 의미를 부여했다. 초기불교의 명상법과 고전 인도 요가의 명상법은 마음을 진정시키고 집중과 평정의 깊은 경지에 도달한다는 점에서 유사점이 있다. 그러나 초기불교 수행의 궁극적 목표는 요가와 근본적으로 다르다.

명상체험을 잘못 해석하고 우주의 특성을 교조적 입장에서 확증하려는 잘못된 시도에서 비롯된 것이라고 보았다. 초기불교는 명상을 통해 다른 차원의 현실에 대한 통찰을 얻으려 하지 않는다. 오히려 내 안의 몸과 마음에서 나타나는 현상의 특성에 대한 통찰을 얻으려 하며, 신, 자아, 브라흐마의 실체나, 경험 세계를 넘어선 초월적 성질에 대한 인식을 추구하지 않는다. 초기불교는 '영속성(nicca, 常)', '행복(sukha, 樂)', 그리고 소멸하지 않는 실체적 '자아(atta, 我)'라는 잘못된 특성으로 인식하려는 왜곡에 빠지지 않도록 노력한다.

『디가니까야』의 「뽓타빠다 숫따(Poṭṭhapāda Sutta)」는 점진적 수행 단계를 설명한다. 특히 첫 번째 선정(初禪)에서 시작해, 가장 높은 상수멸정(想受滅定, saññāvedayita nirodha)에 이르기까지의 단계를 구체적으로 설명한다. 그 과정에서 명상의 진행을 통해 경험의 미묘함 정도가 아무리 높아져도, 그것만으로는 여실지견을 체험하는 데 한계가 있음을 보여주고 있다. 물론 붓다 역시 깊은 선정의 상태에서 주객의 이원성이 사라지는 황홀경적 체험이 매우 행복하다는 점을 인정했다.[35] 그러나 붓다의 관점에서는 이런 체험도 여전히 조건 지어진 것이며, 의존적으로 발생하는 것에 불과했다. 인간이 경험할 수 있는 최고 단계(想受滅定)에 도달하면, 오히려 모든 지각적 경험의

---

34 DN, I. 22: 열심히, 노력하고, 실천하여, 게으르지 않음으로, 올바른 주의 기울임으로, 그러한 마음의 집중을 체험한다. 그리고 마음이 고요하게 모아졌을 때(smāhite citte), 그는 세상에서 내면의 인식(antasaññī lokasmiṁ)으로 머문다.

35 DN, I. 86f.

소멸에 다다른다. 색계, 무색계 그리고 상수멸정의 진행과정에서 수행의 단계가 높아질수록 기쁨이나 행복을 찾기는 어려우며 점진적인 소멸의 과정만이 있을 뿐이다. 따라서 이러한 중지(滅)의 체험은 영원한 실체를 부정하는 초기불교의 입장을 대변한다. 이를 통해 불교 이전의 명상 체계와 불교 수행의 체계가 분명히 대조된다. 불교 이전의 명상 체계는 미묘한 기법을 통해 어떤 영원한 실체를 발견하려 했다.[36] 반면, 불교는 아무리 미묘한 명상적 경험이라도 조건 지어진 것이라면 영원할 수 없다고 본다. 초기불교는 명상적 경험에 집착하거나 집착이 생기는 것을 경계한다. 이런 집착은 괴로움의 발생을 반복하고 연장시킬 뿐이다. 초기불교의 수행은 영원한 실체를 체험하기 위한 수단이 아니라, '무상(anicca)', '고(dukkha)', '무아(anatta)'의 삼법인三法印을 통찰하는 수단이다. 이러한 통찰을 통해 세 가지 갈애, 즉 '감각적 욕망에 대한 갈애(欲愛, kāma taṇhā)', '존재에 대한 갈애(有愛, bhava taṇhā)',[37] '비존재에 대한 갈애(無有愛, vibhava taṇhā)'의 소멸

---

[36] Mircea Eliade (1958), *Yoga—Immortality and Freedom*, Princeton University Press, p.14f: 불교 이외의 명상 체계를 따르는 이들의 목표는, 깊은 집중의 상태에 도달하는 것이었다. 그들은 이를 개별 영혼이 최고 존재 또는 우주적 정신과 합일되는 것으로 설명했다(梵我一如). 파탄잘리(Patañjali)가 체계화한 인도 요가 전통은, 불교 수행과 비불교의 명상 목표가 다름을 보여준다. 요가(Yoga) 철학은 파탄잘리가 상키야(Sāṅkhya) 학파의 형이상학적 기초를 받아들여, 고통으로 이끄는 무지는 영혼과 심신적 경험의 혼동에서 비롯된다고 보았다. 요가 철학은 "이 무지(형이상학적 무지)를 끝내는 형이상학적 지식이 있어야 한다"고 주장했다. 형이상학적 지식은 수행자를 깨달음의 문턱, 즉 진정한 '자아(Self)'에 이르게 한다고 보았다.

[37] 명상을 통해 범아일여를 주장하는 경우, 존재에 대한 갈애(bhavataṇhā)가

로 이끌어 준다. 사성제의 멸성제는 이러한 갈애의 소멸을 의미한다. 초기불교에서 소멸은 삼법인을 통찰하기 위한 조건이자 결과이다. 무엇보다 나라고 할 만한 것이 없다는 '무아(anatta)'가 경험되어야 한다. 마음이 고요해지면(samatha), 모든 정신적·물질적 구성 요소들이 일어나고 사라지는 성질을 관찰하는 것이 가능해진다. 이러한 관찰을 통해 번뇌가 제거(āsavakkhayā)되거나 해탈에 이르는 지혜와 통찰(vimutti ñāṇadassana, 解脫知見)이 생겨난다. 불교 수행은 지혜(paññā)를 최종 목표로 삼으며, 붓다가 제자들에게 집중(samādhi)을 닦으라고 권한 이유는, 집중 자체가 목적이 아니라 마음이 집중(samāhito)되면 현상을 있는 그대로 분명히 알 수 있기 때문이다.

"비구들이여, 집중을 수행하라(bhāvetha). 비구들이여, 집중된 비구는 현상을 있는 그대로 지혜로 볼 수 있다(yathābhūtam pajānāti)."[38]

초기불교 수행은 힐링이나 기쁨을 추구하지 않는다. 선정의 성취와 함께 일시적으로 경험하는 황홀경이나 평온함을 목적으로 삼지도 않는다. 더 나아가 명상의 체험을 기반으로 형이상학적 견해나 상주

남아 있기에, 자아가 소멸될 수 있다는 생각에 불안해질 수 있다. 그래서 이런 황홀경적 체험을 형이상학적 자아에 관한 전제 위에서 해석하려는 경향이 나타난다. 불교는 이러한 형이상학적 자아를 전제하지 않는다. 따라서 자아의 소멸이라는 문제 자체가 불교에는 성립하지 않는다.

[38] SN, III. 13.

론, 단멸론을 주장하지도 않는다. 물론 자아(아뜨만)를 확장하여 바라문과 합일을 추구하지도 않는다. 초기불교의 수행은 이들로부터 벗어나 현재의 순간을 여실지견如實知見하고 무아를 체험하기 위해 진행한다. 따라서 오늘날의 심리치료적 명상뿐만 아니라, 붓다 시대의 명상과 초기불교의 수행은 그 방향과 목적이 다르다. 오늘날 명상의 열기가 뜨겁다. 하지만 '수행'을 본래 의미를 모르고 '명상'에만 집착한다면, '명상'을 자칫 행복하고자 하는 갈애의 불쏘시개 정도로 전락시킬지도 모른다.

초기불교에서 '수행'은 힐링이나 치유, 평온을 위한 명상이 아니라, 지혜의 성취를 위한 실천과정이다. 삼학을 통해 윤리성을 갖추고, 집중의 마음을 개발하여 번뇌를 제거해 해탈에 이르는 성장과정이다. 반면 현대적 '명상'은 주로 심리적 안정, 힐링, 스트레스 완화에 초점이 맞춰진 실용적 수단으로 사용되고 있다. 따라서 명상은 수행을 대변할 수는 없다. '선정(jhāna)'은 고요한 집중의 상태지만, 초기불교는 선정 자체를 수행의 목표로 삼지 않는다. 선정은 위빠사나(통찰)와 결합되어야만 참된 지혜로 이어질 수 있다. 또한 붓다는 선정이나 명상체험에서 비롯된 형이상학적 주장(영혼불멸, 세계의 유한·무한성 등)을 사견邪見으로 간주하고, 있는 그대로의 통찰(如實知見)을 강조했다. 초기불교 수행은 경험의 깊이뿐만 아니라 집착과 갈애가 사라지는 통찰적 변화를 지향하는 것이다. 결국 초기불교 수행은 단순한 명상이나 평온 추구를 넘어, 무아를 체험하고 고통의 뿌리를 뽑아 자유에 이르기 위한 실천적 여정이다.

3. 초기불교 수행의 현대적 적용

본 장에서는 초기불교 수행의 현대적 적용에 대해 접근하고자 한다. 삼학이 어떻게 팔정도를 기반으로 유기적으로 실천되는지, 그리고 전통적 수행구조가 현대의 명상과 심리치료 안에서 어떻게 변화하고 있는지 살펴볼 것이다. 초기불교는 윤리적 기반 위에 집중과 통찰이 조화를 이루며 수행이 전개되지만, 현대 명상에서는 마음챙김과 집중 중심으로 실천이 마음을 다루는 기술로 축소되고, 그 과정에서 계학과 혜학의 요소가 약화되는 경향이 나타난다. 특히 마음챙김이나 집중이 명상의 대중화와 임상적 활용 측면에서 가지는 의의와 더불어, 초기불교가 지향한 해탈과 괴로움의 소멸이라는 궁극적 목적과의 차이도 검토할 것이다. 이를 통해 초기불교 수행이 지닌 의미를 재조명하고, 불교 수행을 온전히 진행하기 위한 필요조건들을 볼 것이다.

1) 삼학三學과 정학定學

앞서 살펴본 것처럼, 「담마짝까빠왓타나 숫따」에서 붓다는 열반에 이르는 길로서 단상斷常의 중도中道를 설했다. 이 중도의 길은 구체적으로 '아리야 앗타앙기까 막가(ariya aṭṭhaṅgika magga)', 즉 '팔정도(八正道, Noble Eightfold Path)'로 제시된다.[39] 여기서 'aṭṭhaṅgika'는 '여덟 가지로 이루어진'이라는 의미로, 팔정도의 각 요소들이 모두 함께 실천되어야 함을 나타낸다. 「쭐라웨달라 숫따(Cūḷavedalla Sutta)」 등에

---

[39] SN. V, 420.

서 팔정도는 다시 계정혜戒定慧의 '삼학三學'으로 요약된다.[40] 삼학은 마치 과실수의 뿌리, 줄기, 열매처럼 유기적으로 연결되어 있으며, 어느 하나만 닦는 것이 아니라 모두 함께 실천해야 한다.[41] 삼학은 '띠쏘 식카(tisso sikkhā)'이며 '띠소'는 '삼三'을, '식카'는 '훈련', '공부', '교육', '규율', '학문' 등을 의미한다. 먼저 '계학(戒學, adhisīla sikkhā)'은 팔정도의 '바른 언어(sammā vācā, 正語)'와 '바른 행위(sammā kammanta, 正業)' 그리고 '바른 생계(sammā ājīva, 正命)'로 구성되어 있고, '정학(定學, adhicitta sikkhā)'은 팔정도의 '바른 노력(sammā vāyāma, 正精進)', '바른 마음챙김(sammā sati, 正念)', '바른 집중(sammā samādhi, 正定)', 그리고 '혜학(慧學, adhipaññā sikkhā)'은 팔정도의 '바른 견해(sammā diṭṭhi, 正見)'와 '바른 사유(sammā saṅkappa, 正思惟)'로 구성된다.[42] 삼학은 다시 칠청정(七淸淨, satta visuddhi)이라는 구체적 실천 단계로 세분화된다. 『맛지마니까야』의 「라타위니따 숫따(Rathavinīta sutta)」는 사리뿟따와 만따니뿟따의 대화를 통해, 열반에 이르기 위해서는 일곱 가지 청정의 단계가 모두 필요함을 설명한다. 이 과정은 일곱 대의 수레를 갈아타며 먼 거리를 이동하는 비유가 제시되며, 각각의 교대 수레가 청정의 과정으로 모두 필수적임을 상징한다.[43]

---

[40] MN. I, 299.

[41] MN. I, 353.; Kheminda Thera (1982), *The Way of Buddhist Meditation*, Colombo: Lake House Pub, 2nd and enlarged edition.

[42] 팔정도와 삼학의 차이는 삼학의 범위가 팔정도에 비해 넓다. 따라서 팔정도가 삼학에 포함되는 것이지 삼학이 팔정도에 포함되는 것은 아니다. 참고) MN. I. 301; SN. V. 421; DN. II. 81; SN. V. 421.

[43] MN. I, 147.

칠청정은 7가지로 1) '계청정(戒淸淨, sīla visuddhi)', 2) '심청정(心淸淨, citta visuddhi)', 3) '견해의 청정(見淸淨, diṭṭhi visuddhi)', 4) '의심 극복의 청정(度疑淸淨, kankhāvitaraṇa visuddhi)', 5) '도와 도 아님을 지혜로 보는 청정(道非道智見淸淨, maggāmaggañāṇadassanā visuddhi)', 6) '도를 지혜로 보는 청정(行道智見淸淨, paṭipadāñāṇadassanā visuddhi)', 7) '지혜로 보는 청정(智見淸淨, ñāṇadassanā visuddhi)'으로 구성되어 있으며 이들 가운데 계청정은 계학, 심청정은 정학, 나머지 다섯 가지 혜청정은 혜학과 대응한다. 결과적으로 초기불교 수행의 중도는 삼학, 팔정도, 칠청정으로 정리될 수 있다. 특히 이들의 구성 요소들은 모두 함께 갖추어야 하며, 수행 과정에서 점진적 성장과 더불어 각 요소가 상호 포섭적이고 중첩적으로 작용한다. 따라서 삼학 수행은 서로 분리된 것이 아니라 조화를 이루며 통합적으로 실천되어야 한다.

  삼학 중에 정학은 직접적인 집중의 실천의 방법으로 소개되고 있다. 정학은 사정근四正勤을 설명하는 '정정진', 사념처四念處를 설명하는 '정념' 그리고 사선정四禪定을 설명하는 '정정'으로 구성되어 있다. 이들은 계학의 바탕 위에 안전하게 자리잡으며 혜학을 향해 성장한다. 정학의 세 가지는 서로 분리된 것이 아니라 함께 실천되어야 한다. 정학은 노력을 통해 산란하지 않고, 마음챙김과 집중을 계발하는 훈련이다. 대상과 함께 마음을 다루기에 불교 수행의 핵심적인 역할을 한다.[44]

  먼저 정정진의 사정근은 '막으려는 노력', '끊으려는 노력', '계발하

---

[44] SN, Ⅵ, 80.

려는 노력', '유지하는 노력'으로 불선법(akusalā dhammā, 不善法)은 내 마음으로 들어오지 못하도록 막고, 이미 들어왔으면 끊어내고, 선법(kusalā dhammā, 善法)은 내 마음에서 나타나도록 계발하고, 계속 지속될 수 있도록 유지하려는 노력을 말한다.[45] 팔정도에서 정정진으로 사용하는 '삼마 와야마(sammā-vāyāma)'는 악하고 불선한 것들을 제거하기 위한 노력과 정념을 위한 노력[46]으로 나타난다. 이처럼 정진은 마음을 게으르지 않게 하고, 열심히 노력하는 것을 의미한다. 『맛지마니까야』의「마하살아야따니까 숫따(Mahāsaḷāyatanika sutta)」는 여섯 감역에 대한 단속을 정진의 역할로 설명한다.[47] 이는 앞 장에서 살펴본 감관 수행(indriya bhāvanā)과도 유사하다. 그리고「삿짜위방가 숫따(saccavibhaṅga sutta)」는 정정진의 사정근을 구체적으로 설명한다.

"정정진이란 무엇인가? (비구들이여) 세상에서 (비구가) 아직 생겨나지 않은 악하고 불건전한 상태들이 생겨나지 않도록 의욕을 생겨나게 하고 노력하고 정근하고 마음을 책려하고 정진하고 이미 생겨난 악하고 불건전한 상태들을 제거하기 위하여 … 아직 일어나지 않은 착하고 건전한 상태를 일으키기 위하여 … 이미 생겨난 착하고 건전한 상태를 유지하여 잊어버리지 않고 증가시키고 충만하도록 … 정진한다면, (비구들이여) 이것을 정정진이라

---

45 AN. II, 16; MN. III, 251; MN. II, 11.
46 PED. 676; MN. III, 296.
47 MN. III, 289.

고 한다."⁴⁸

정정진은 선과 불선을 다루는 마음을 다스리는 노력이기에 마음집중을 다루는 정학의 자리를 차지했다.

정학의 두 번째인 정념은 초기불교 수행의 주요기능에 해당한다.⁴⁹ 정념의 염송은 빠알리어로 사띠(sati)이고 국내에서는 다양한 번역어를 사용한다.⁵⁰ 국내외에서 주로 사용하는 용어는 '마음챙김(mindfulness)'이지만 '주시', '마음지킴', '새김', '알아차림', '수동적 주의집중' 등으로도 번역하고 있다. 또한 「마하사띠빳타나 숫따(Mahāsatpaṭṭhana sutta, 大念處經)」를 통해 사념처 수행으로 잘 알려진 마음챙김은

---

48 MN. III, 251.
49 Rupert Gethin (1992), *The Buddhist Path to Awakening*. New York: E.J. Brill. p.36.: 빠알리어 '사띠(sati)'는 산스크리트어의 '√smṛ(기억하다)'에서 파생된 명사로, '기억하다'는 뜻의 동사 '사라띠(sarati)'와도 관련이 있다. 초기불교에서 사띠는 주로 두 가지 방식으로 이해된다. 하나는 '과거를 기억하는 것'이고, 다른 하나는 '지금 이 순간의 경험에 주의를 기울이는 것'이다. 이처럼 서로 다른 의미이지만, 수행에서는 이 두 측면이 함께 논의될 수 있다. 루퍼트 게틴(Rupert Gethin)은 사띠의 '기억'이라는 측면이 수행에도 적용될 수 있음을 지적한다. 그는 우리가 현재의 경험을 알아차리는 그 순간, 그 경험은 이미 과거가 되므로, 수행에서의 사띠란 결국 과거의 경험을 기억하는 작용과도 연결된다고 설명한다.; Rupert Gethin (2011), "On Some Definition of Mindfulness" *Contemporary Buddhism: An Interdisciplinary Journal*. Routledge, p.265.: 사띠가 현재 있는 동안에 수행자는 대상을 잊을 수 없다. 만약 수행자가 대상을 놓쳤다면, 그 순간 사띠는 없는 것이며 불선(不善, akusala)한 마음이 일어날 수 있다.
50 정준영, 「사띠논쟁」, 『불교평론』 62호, 불교평론지, 2015.

알아차림의 의미를 지닌 '삼빠잔냐(sampajañña)'와 주로 짝을 이루며, 신수심법의 현상에 대해 '분명하게 안다(pajānāti)'는 동사와 함께한다.[51] 상기 경전에 따르면 수행자는 몸(身, kāya), 느낌(受, vedanā), 마음(心, citta), 그리고 법(法, dhamma)을 '아누빠사나(anupassanā, 隨觀)'한다. 이를 사수관四隨觀 혹은 사념처라고 부른다. 신념처身念處는 몸에 대해서 몸을 따라가며 반복적으로 수관隨觀할 수 있도록 6가지 방법(入出息念, 行住坐臥, 正知, 厭逆作意, 四大, 不淨觀)을 제안한다. 수념처受念處는 9가지 느낌을 대상으로 수관한다. 세 번째로 심념처心念處는 16가지 마음을 대상으로 수관한다. 그리고 네 번째로 법념처法念處는 5가지 방법(五蓋, 五蘊, 六處, 七覺支, 四聖諦)으로 수관한다.[52] 이들 네 가지 수관은 현상들의 생멸을 분명하게 알아(pajānāti) 삼법인三法印을 깨닫도록 도와준다. 염처 수행에서 중요한 것은 네 가지 범주나 마음챙김이라기보다, 지금 여기에서 그 현상들을 '분명하게 안다(pajānāti)'에 있다.

"무엇이 정념正念인가? 비구들이여, 여기서 어떤 비구가 몸에서 몸을 따라 관찰하며(隨觀) 머문다. 열심히, 분명한 앎을 지니고, 마음챙김(sati)을 지니고, 세상에 대한 탐착심과 싫어하는 마음을

---

[51] 하지만 여기서 '알아차림'은 사띠의 우리말 번역 중에 하나인 알아차림과 같기에 혼동될 수 있다. 사실 사띠에는 어원적으로 '안다'는 의미가 들어 있지 않다. 반면에 '삼빠잔냐'에는 '안다(jānāti〈jñā)'는 의미가 포함되어 있다. 따라서 '앎'의 의미를 지닌 '알아차림(awareness)'은 '사띠'보다 '삼빠잔냐'에 가까운 번역이다. 하지만 실제 수행 장면에서 이러한 구분은 쉽지 않다.

[52] SN. IV, 423; SN. V, 8, 141; DN. II, 311; MN. III, 251.

제어하면서 머문다. … 느낌에서 느낌을 따라 관찰하며 머문다. … 마음에서 마음을 따라 관찰하며 머문다. … 법에서 법을 따라 관찰하며 머문다. 열심히, 분명한 앎을 지니고, 마음챙김을 지니고, 세상에 대한 탐착심과 싫어하는 마음을 제어하면서 머문다. 이것을 정념이라고 한다."[53]

사념처의 네 번째인 법념처(法隨觀)는 칠각지七覺支를 설명한다. 칠각지는 깨달음을 위한 요소일 뿐만 아니라, 심신의 치유와 치병의 원리로도 나타난다.[54] 정념 수행의 핵심은 마음챙김과 알아차림을 통해 현상을 '분명히 안다(pajānāti)'에 있다. 이를 통해 마음챙김이 지혜와 연결되어 있음을 알 수 있다.

정정은 사선정의 성취를 말한다. 정定의 빠알리어는 '사마디(samādhi)'로 '마음을 확고히 세운다'는 '드하(dha)'를 어근으로 하는 명사로 주로 '집중'이라고 번역했다. 집중은 마음을 모으는 과정 혹은 방법이며 동시에 마음이 모아진 상태를 나타낸다. 따라서 초기경전에서 집중과 선정 그리고 심일경성心一境性은 동의어처럼 사용한다. 동시에 집중은 지혜를 성취할 수 있도록 도와준다.[55] 상기 언급한

---

[53] DN. II, 313.
[54] SN. V, 81.; 『상윳따니까야』의 「빠타마길라나 숫따(Paṭhamagilāna sutta)」는 붓다와 깟싸빠의 대화를 통해 칠각지가 중병에 치유적 역할을 할 수 있음을 설명한다. 또한 붓다 역시 중병에 걸렸을 때 칠각지를 통해 극복했음을 설명한다.
[55] MN. I, 301.: 경전은 사마디를 마음의 한 정점(cittassa ekaggata, 心一境性)이라고 설명한다.; DN. I, 87.: '사마디'는 '행위(caraṇa)'라는 말로 대체하여 사용될

「마하사띠빳타나 숫따」와 「까야가따사띠 숫따(Kāyagatāsati sutta)」 등은 집중의 계발을 통해 얻은 사선정의 특징, 그리고 선정의 발전에 따른 선정요소(禪支, jhānāṅga)의 중지(止)를 설명한다.

"비구들이여, 바른 집중(Sammā samādhi, 正定)이란 무엇인가? … 그는 마음의 번뇌이며 또 지혜를 약화시키는 이 다섯 가지 장애들을 버리고, 감각적 욕망에서 벗어나고 불선한 법으로부터 떠나서, 일으킨 생각(vitakka)이며 머무는 생각(vicāra)이며, 벗어남(viveka)에서 일어난 희열(pīti)과 즐거움(sukha)인 첫 번째 선정을 성취하며 머무른다. 일으킨 생각(vitakka)과 머무는 생각이 가라앉음으로써 내적인 고요(sampasāda)와 마음이 한곳으로 집중된(ekodibhāva), 일으킨 생각과 머무는 생각이 없는 집중(samādhi)에서 생겨나는 희열과 즐거움을 갖춘, 두 번째 선정을 성취하며 머무른다. 희열이 사라짐으로써 평정(upekhā)과 마음챙김(sati)과 바른 알아차림(sampajāno)으로 머문다. 그리고 몸으로 즐거움을 느낀

수 있으며 '행위'는 '감관에 대한 보호(indriyesu guttadvāratā)', '사띠와 알아차림(sati-sampajañña)', '만족(santuṭṭhi)', '다섯 가지 장애(nīvaraṇa)에 대한 극복', 그리고 '네 가지 선정'의 계발이다.; SN. III, 13.: "비구들이여, 집중을 계발하라! 비구들이여, 집중된 비구는 현상을 있는 그대로 볼 수 있다."; Vism. p.84.; '사마디(samādhi, 三昧)'는 '자나(jhāna, 禪定)'와 유사한 의미를 지닌다. 왜냐하면 초기경전의 정정은 언제나 사선정의 상태로 설명하기 때문이다. '자나'는 산스크리트어 'dhyāna'와 같은 용어로 '생각하다', '숙고하다' 등의 의미를 지닌 어근 'dhī'로부터 파생되었다. 그리고 빠알리 용어 'jhāna'는 '숙고하다', '명상하다', '생각하다'의 의미를 지닌 'jhāyati'라는 동사에서 나온 중성명사다.

다. 성인들은 이것을 일컬어 '평정과 마음챙김이 있는 즐거움으로써 머무는 자'라고 말하는 세 번째 선정을 성취하며 머무른다. 즐거움과 괴로움이 끊어짐으로써, 그리고 예전의 정신적인 즐거움(somanassa)과 정신적인 괴로움(domanassā)이 제거됨으로써 괴롭지도 않고 즐겁지도 않은, 맑고 청정한 평정과 마음챙김인 네 번째 선정을 성취하며 머무른다."[56]

정정은 사선정으로 다섯 가지 장애(五蓋)를 제거하고, 선지禪支를 얻으면서 진행된다. 수행자가 첫 번째 선정을 성취하면 다섯 가지 장애들은 사라지고 네 가지 선정요소들이 나타난다. 이들은 '일으킨 생각(尋)', '머무는 생각(伺)', '희열(喜)', 그리고 '즐거움(樂)'이다. 수행자는 선정의 요소와 함께 더 깊은 고요함으로 발전한다. 그리고 두 번째 선정의 성취에 따라 '일으킨 생각', '머무는 생각'을 제거한다. 초선을 얻는데, 도움이 되었던 구행口行의 요소를 제거하는 것이다. 이처럼 색계선정은 집중의 점진적 상승을 통해 장애와 선지를 제거하며 진행한다. 즐거운 느낌(sukha)은 두 번째 선정에서 부각되고, 세 번째 선정에서 (온몸으로 느껴지는) 절정의 시기를 지나 네 번째 선정에서 소멸한다.[57] 특히 네 번째 선정은 느낌의 다섯 가지 요소들 중에 네 가지, 육체적으로 즐거운 느낌, 육체적으로 괴로운 느낌, 정신적인 즐거운 느낌, 정신적인 괴로운 느낌이 모두 소멸한다. 명상을 통해 기대하는 기쁨, 즐거움 등의 요소들 역시 선정이 높아지면서

---

56 DN. II, 313; SN. II, 211; MN. I, 347; DN. I, 71; MN. III, 94.
57 MN III, 299f.

점차 소멸한다.[58] 동시에 선정의 단계가 높아질수록 마음챙김(sati)과 바른 알아차림(sampajāno), 평정심이 깊어짐을 알 수 있다. 이를 통해 선정과 마음챙김이 연결되어 있음을 확인할 수 있다. 무엇보다 선정의 성취는 괴로운 느낌에서 벗어나 기쁨이나 즐거움을 누리는 것이 목적이 아니다. 초기경전의 정정은 장애의 극복뿐만 아니라, 선지의 점진적 소멸을 의미한다. 선정의 성취와 발전을 통해 기쁨이 아닌 소멸로 가는 불교 수행의 방향에 대해서는 앞 장에서 논의했다. 하지만 오늘날 대중적으로 확장되고 있는 명상은 정학의 일부인 '바른 마음챙김'과 '바른 집중'이 지니는 의미로부터 멀어져 있다. 초기경전에서 나타나

---

[58] Vism. 150.: '첫 번째로 일어나기 때문에 처음이라 했다. 대상을 정려(靜慮, upanijjhāna, 고요히 생각)하기 때문에, 반대되는 것을 태우기(jhāpana) 때문에 선(禪, jhāna)이라고 한다.'; Ñyāṇamoli(1976), p.156 참고) 『위숫디막가(淸淨道論)』의 번역서에서 냐나몰리가 'upanijjhāna'를 '빛(lighting, 조명)'으로 번역한 것에 대해서는 앎의 상징으로 빛을 사용한 것인지 아니면 빛이나 조명을 만드는 불과 연관을 짓기 위해 빛을 사용한 것인지 명확하지 않다.; Gunaratana(1985), p.35.: '위대한 주석가 붓다고사는 빠알리어 jhāna를 두 가지 동사의 형태로 추적하고 있다. 하나는 '생각하다', '명상하다'의 의미를 지닌 동사 'jhāyati'에서 어원적으로 바르게 파생되었다고 보는 것이고, 다른 하나는 어원적인 의미보다는 '밝게 비춘다'는 의도를 담고 있다는 것이다. 이 부분에 대해 부연설명을 하자면, jhāna는 '관찰', '응시'와 '태우다'라는 두 가지 의미를 가지고 있고 이들은 수행의 과정과 밀접한 연관성이 있다. 수행자가 마음을 대상에 고정시킴으로 수행자는 다섯 가지 장애와 같은 낮은 정신적인 장애를 줄여나가거나 제거하게 된다. 그리고 그 대상에 더욱 마음을 전념할 수 있도록 선정의 요소라는 높은 요소들이 계발된다. 또한 위빠사나를 통하여 현상의 특징을 관찰함으로 수행자들은 결국 네 가지 과果라는 출세간의 선정에 도달하게 되고, 이 선정으로 오염들을 태워 제거하여 해방의 경험을 얻는다.'

는 이들의 위치와 맥락을 파악하기보다, 마음챙김과 집중이라는 기제가 지니는 특징 자체에 주목한 것으로 보인다.[59] 이러한 과정에서 마음챙김은 지혜와의 조화를 잃었고, 집중은 마음챙김과의 알아차림과 분리되었다. 특히 계학과 혜학은 명상의 실천에서 종종 소외되기도 한다.

2) 초기불교의 수행과 현대 심리치료의 명상

이러한 현상은 현대 심리학과 명상의 치유적 적용에서 비롯된다. 서구의 심리학, 인지행동치료의 제3동향(MBSR, MBCT 등), 그리고 현대 명상 프로그램은 불교의 전통적 맥락을 세속화하고 단순화하여 임상과 치료 현장에 적용하기 쉽게 만들었다. 이 과정에서 도덕적 규율(戒學)이나 지혜(慧學)보다는, 주의집중과 현재 순간에 머무는 마음챙김이 스트레스 완화와 정신건강 증진의 실용적 도구로 강조된다. 현대 심리학은 불안, 우울, 충동조절 등 구체적이고 측정 가능한 효과에 초점을 두기 때문에, 마음챙김과 집중은 실험적 연구와 임상적 평가가 용이하지만, 도덕성과 지혜는 추상적이고 가치판단적이어서 연구와 적용이 난해하다. 또한 불교의 계와 혜는 종교적·윤리적 맥락에 깊이 뿌리내리고 있어 다양한 문화권과 세속적 환경에서는 적용이 제한적이다. 이런 이유로 명상 프로그램에서 계학과 혜학은 종종 생략되거나 약화된다. 결국 마음챙김은 스트레스 해소, 생산성 향상,

---

59 문종현, 「정신과 임상에서 명상의 활용: 마음챙김 명상을 중심으로」 『대한신경정신의학회지』 제54권 4호, 2015.; 백련불교문화재단, 「불교 수행의 목적과 초기불교 수행법」 『월간고경』 5월호, 2025.

웰빙 증진 등 실용적 효과를 내세워 대중적인 명상법으로 확산되었고, 이 과정에서 불교의 통합적 수행체계인 삼학, 팔정도, 칠청정이 분절적으로 이해되었다. 명상의 연구방향도 마음챙김이라는 단일 요소의 효과를 집중적으로 검증하면서, 명상은 곧 마음챙김이라는 인식이 강화되고, 명상은 '마음챙김의 기술'로 축소되는 결과를 낳고 있다. 결국 현대의 마음챙김 명상은 초기불교의 통합적 수행체계와 달리, 정학의 일부만을 강조하는 경향이 뚜렷해지고 있다. 물론 이러한 현상은 정신세계의 세속화, 임상적 실용성, 문화적 차이, 상업화, 연구 방법론 등 다양한 요인에서 비롯된다. 붓다의 마음챙김(sati)은 스트레스 해소, 심신의 치유, 웰빙, 힐링, 혹은 생산성 향상 등의 실용적 효과를 위해 만들어진 것이 아니다. 초기불교의 마음챙김은 다른 정학의 요소들과 함께, 그리고 계학의 바탕과 혜학의 조화로 완성되는 것이다.

현대 사회에서 집중과 마음챙김은 다양한 심리치료와 자기 돌봄 프로그램에 실질적으로 적용되고 있다. 정정을 기반으로 하는 집중수행의 현대적 활용으로는 다음과 같은 사례들이 있다.[60] 허버트 벤슨이 제안한 이완 반응은 전통적인 사마타 명상의 집중 원리를 현대적 관점에서 재해석한 대표적 사례다. 벤슨은 초월명상(TM) 연구를 통해 얻은 생리학적 근거를 바탕으로, 한 대상에 주의를 기울이고 호흡이나 '옴' 같은 만트라를 반복함으로써 사고의 과잉활동을 억제하고 부교감신경계를 활성화시켜 신체적 이완을 유도하는 방식을 체계

---

60 정준영, 「사마타와 위빠사나 수행의 현대적 활용 재고」, 『한마음연구』 15집, 대행선연구원, 2025.

화했다. 그는 사마타의 평정심을 수동적 태도로 새롭게 정의하며, 생각이 흘러가도록 두고 다시 집중 대상으로 돌아오는 반복적 과정을 스트레스 감소의 핵심 메커니즘으로 설명했다. 이완 반응은 의도적으로 대상을 반복적으로 집중하고, 관찰을 수동적으로 전환함으로써 스트레스 관리에 효과적임이 과학적으로 입증된 최초의 사례에 속한다.[61] 크리스토퍼 거머의 마음챙김 자기연민(MSC) 프로그램 역시 계학이나 정학의 집중수행 활용에 가깝다. 무엇보다 불교의 자비명상 전통을 현대 심리치료에 맞게 구조화한 예다. MSC에서는 편안한 자세로 사랑하는 존재를 떠올리며 '당신이 행복하기를'과 같은 자애 문구를 반복해 주의를 한 대상에 집중시키고, 참가자가 자신만의 자애 문구를 개발하도록 유도한다. 이는 전통 만트라 명상과 유사하게 인지적 유연성을 높이고, 뇌의 전전두엽과 대상피질 간 신경 연결을 강화하는 데 도움이 된다.[62] 또한 손을 심장에 올리는 신체적 제스처는 집중을 돕고 정서적 안정을 유발하는 신경생리학적 효과를 가진다.[63]

---

61 Benson Herbert (1975), *The Relaxation Response*, New York: William Morrow and Company.; Benson Herbert & Proctor, W. (2010), *Relaxation Revolution: Enhancing Your Personal Health through the Science and Genetics of Mind Body Healing*, New York: Scribner.

62 Germer Christopher (2009), *The Mindful Path to Self-Compassion: Freeing Yourself from Destructive Thoughts and Emotions*, New York: The Guilford Press.; Germer Christopher, Neff Kristin (2019), *Teaching the Mindful Self-Compassion Program: A Guide for Professionals*, New York: The Guilford Press.

63 Pascarella Annalisa, Philipp Tholke (2025), "Meditation induces shifts in neural oscillations, brain complexity and critical dynamics" *BioRxiv*.(Preprint

자비명상은 사랑하는 존재에서 자신, 그리고 어려운 사람으로 대상을 점차 확장하는데, 이는 점진적으로 집중력을 강화하는 사마타의 원리를 현대적으로 적용한 것이다. 반복적 주의 훈련을 통해 자기비판적 사고를 줄이고 정서조절 능력을 향상시키는 데 효과적이다. 다만 자비 문구의 반복이 과거와 미래로의 인지적 확산을 유발할 수 있어, 마음을 현재에 머무르게 하는 데 균형이 필요하다. MSC는 선정이나 해탈이 아닌, 일상에서 자기연민과 심리적 안녕, 삶의 만족도를 높이는 것을 목표로 하는 통합적 명상 및 심리치료 프로그램이다.

정념을 바탕으로 마음챙김 수행 역시 현대 심리치료에서 중요한 역할을 한다. 위빠사나 수행에서 착안한 마음챙김 명상은 인지행동치료(CBT) 제3동향의 핵심요소로 자리잡았다. 전통적 CBT가 사고의 내용 변화에 초점을 두었다면, 제3동향은 사고와 감정, 신체 감각을 있는 그대로 관찰하고 수용하는 태도를 강조한다. 마음챙김은 현재 순간에 주의를 기울이고 경험을 판단 없이 받아들이는 연습을 통해, 부정적 사고나 감정에 자동적으로 반응하지 않고 심리적 유연성을 기를 수 있도록 돕는다. 대표적인 마음챙김 기반 치료법은 MBSR(Mindfulness Based Stress Reduction)로 명상, 요가, 바디스캔 등 다양한 기법을 활용해 스트레스, 불안, 만성 통증 등 신체적·정신적 문제를 완화한다.[64] MBCT(Mindfulness Based Cognitive Therapy)는 마음챙김 명상과 인지치료를 결합해 우울증 재발을 예방하고, 현재의

---

server), Article ID: 2025.03.18.643795v1.
[64] Kabat-Zinn John (1990), *Full Catastrophe Living*. New York: A Delta Book.

생각과 감정을 비판단적으로 관찰하는 능력을 강화한다.[65] ACT (Acceptance and Commitment Therapy)는 불편한 생각이나 감정을 억제하지 않고 수용하며, 개인의 가치에 따라 행동하도록 돕는다. 마음챙김은 현재 경험을 수용하고 가치 지향적 행동을 실천하는 데 핵심전략으로 작용한다.[66] 그리고 DBT(Dialectical Behavior Therapy)는 감정 조절, 대인관계 기술, 고통 감내력 향상에 중점을 두며, 마음챙김을 통해 현재 순간에 집중하고 감정적 반응을 조절하는 능력을 높인다.[67] MBSR과 MBCT는 마음챙김 자체를 주요 메커니즘으로 삼아 현재 순간의 인식을 체계적으로 적용하는 반면, ACT와 DBT는 마음챙김의 원리를 다양한 치료도구 중 하나로 활용한다. 위빠사나의 마음챙김이 궁극적으로 해탈과 열반을 추구하는 불교 수행법이라면, 현대 심리치료 프로그램들은 사띠(sati)의 원리를 차용하지만, 심리적 고통 완화, 정서조절, 자기수용, 삶의 질 향상 등 실용적 목표에 맞게 구조화되어 있다. 이들 프로그램은 불교 수행의 종교 철학적 맥락을 최소화하고 임상적 효과와 일상적 적용 가능성에 초점을 맞추는 점에서 차이가 있다. 또한 현대 심리치료에서의 마음챙김은 전통 사마타나 위빠사나에서의 사띠(sati)와는 역할과 적용 방식이 다르다.

---

[65] Teasdale John D. (2002), *Mindfulness Based Cognitive Therapy for Depression*, New York: The Guilford Press.

[66] Hayes, Steven. c .(2005), *Get Out of Your Mind & Into Your Life*, Oakland: New Harbinger Publications.

[67] Linehan Marsha M. (1993), *Skills Training Manual for Treating Borderline Personality Disorder*, New York: The Guilford Press.

빠알리어 '사띠(sati, 念)'를 우리말로 옮길 때, '마음'과 '챙김'이 합쳐진 신조어가 만들어졌고, 이후 서구 심리치료 분야에서 '마인드풀니스(Mindfulness)'의 번역어로 널리 사용되고 있다. 이러한 변화는 명상이 미국에 전해지고, 그 생리적·심리적 효과가 과학적으로 입증되면서 급격히 가속화되었다. 미국 내 명상 시장은 수조 원 규모로 성장했고, 마음챙김을 활용한 앱 시장도 매년 두 자릿수 성장률을 기록하며 앞으로도 확대될 전망이다. 이처럼 마음챙김 명상이 치유의 기제로 주목받으면서, 명상 전체를 포괄하는 대체용어로 자리잡으려는 움직임이 나타나고 있다.[68] 심지어 명상이 치유적 기능을 하지 못하면 그 자체로 가치를 인정받지 못하는 분위기까지 조성되고 있다. 서구 심리치료 영역에서는 마음챙김의 정의 자체보다, 마음챙김을 위한 훈련법과 인지치료적 방법들의 실제적 효과가 더 중요시된다. 이 과정에서 불교의 사띠나 위빠사나 같은 전통적 의미는 점차 약화되고, 치료적 측면만이 강조되는 현상이 두드러진다. 마음챙김은 '현재 경험에 대한 주의'나 '자각' 등 다양한 정의로 사용되고, 연구자에 따라 구성개념이나 주요 요인도 다르게 설정된다.

현대의 '마음챙김 명상(mindfulness meditation)'이나 '알아차림 명상(awareness meditation)'에는 불교의 사띠와 삼빠잔냐(정지, 분명한 앎)의 의미가 혼재되어 있다. 특히 심리치료 관련 분야에서 이 두 개념은 자주 혼용된다. 심리학자들은 알아차림이 마음챙김의 자연스러운 결과라고 보고, 별도의 기능으로 구분하지 않는 경향이 있다. 사띠를

---

[68] https://www.forbes.com/health/mind/mindfulness-vs-meditation/ (검색일자: 2025-7-14).

주의(attention)로 번역되기도 하며, 주의와 집중의 의미를 명확히 구분하지 않고 포괄적으로 사용하려는 의도도 보인다. 예를 들어, Brown과 Ryan이 개발한 '마음챙김 주의 알아차림 척도(MAAS)'에서도 마음챙김, 주의, 알아차림이 혼용되어 있다.[69] 하지만 초기불교 수행의 과정은 이들과 다르다. 수행자는 특정 대상에 마음을 향하고(manasikāra), 그 대상을 마음챙김하며(sati), 분명히 알아차리는(sampajañña) 과정을 거쳐 지혜(paññā)를 키운다.[70] 이 과정들은 동시에 일어나는 것처럼 보이지만, 각기 다른 내적 기제로 구분된다. 불교 수행은 수행자의 관찰 과정을 세밀하게 분석하며, 좋은 현상이든 싫은 현상이든 분별하지 않고 있는 그대로 알아차리는 것을 강조한다. 이는 부정적 정서를 긍정으로 바꾸려는 심리치료의 목적과는 다르다.

이처럼 불교 수행의 사띠와 현대 심리치료의 마음챙김은 의미와 역할에서 차이가 있다. 마음챙김의 활용이 심리치료적 적용에는 유익할 수 있지만, 불교 수행에서 인간의 괴로움 극복과 성도聖道를 목표로 한다는 점을 간과하게 만든다. 최근에는 오히려 마음챙김의 심리치료적 역할만이 부각되고 있다고 해도 과언이 아닐 것이다. 물론 두 영역의 마음챙김을 별개의 것으로 보는 세상이 오고 있는지도 모르겠다. 하지만 마음챙김 명상은 규모 확장에만 주목할 것이 아니라,

---

[69] Brown, W. K., & Ryan, M. R. (2003), "The Benefits of Being Present: Mindfulness and Its Role in Psychological Well-Being", *Journal of Personality and Social Psychology*, vol 84, No 4.

[70] 정준영·박성현, 「초기불교의 사띠와 현대심리학의 마음챙김」, 『한국상담심리학회지』 제22권, 1-32, 한국상담심리학회, 2020.

불교 수행에서 마음챙김이 지니는 고유한 특징과 역할을 재조명하고, 심리치료적 마음챙김의 한계와 문제점을 검토할 필요가 있다. 또한 불교 수행은 모든 중생을 위한 수준별 수행법을 제시해야 한다. 이 과정에서 붓다의 가르침에 대한 현실적 접근법이 구체적으로 제안되어야 한다. 동시에 심리치료는 불교 자체가 자력신앙으로 스스로의 성장을 위해 삼학의 구도를 가지고 있음을 이해해야 한다. 즉, 마음챙김의 적합한 작용을 위해서는 마음챙김이 활성화될 수 있는 계학과 혜학의 장을 연결시켜 줘야 한다. 현대 명상 프로그램은 대중화와 상업화, 시간적·자본적 제약 등 현실적 요인으로 인해 표준화된 방식으로 진행되는 경우가 많다. 이 과정에서 도덕적 준비 없이 곧바로 집중이나 마음챙김 훈련에 들어가는 경우가 많고, 참가자 개개인의 발달 수준이나 경험을 충분히 고려하지 못하는 문제가 발생한다. 붓다는 제자들의 근기와 성향에 따라 맞춤형 설법과 수행법을 제시했지만, 오늘날의 명상은 일률적으로 적용되는 경향이 있다. 이러한 방식은 실제 체험보다는 사전지식이나 인지적 이해에 치우치게 만들고, 내면의 변화가 충분히 이루어지지 않는 상황을 초래할 수 있다.

다니엘 브라운과 잭 엥글러는 마음챙김을 활용하는 위빠사나 수행에 대해서 계정혜 삼학을 통하여 진행된다고 설명한다.[71] 불교의 수행

---

[71] Brown Daniel & Engler Jack (1986), "The States of Mindfulness Meditation: A Validation Study", *Transformation of Consciousness: Conventional and Contemplative Perspectives on Development*, ed. Ken Wilber, Daniel Brown & Jack Engler. New Science Library. p.145.; 김재성 옮김, 「불교심리학과 서양심리학」, 『마음챙김과 심리치료』, 무우수, 2009, p.79, p.87.

은 단순히 집중력을 키우는 것이라기보다 수행자의 윤리적인 삶을 중요시한다. 오계를 비롯한 윤리적 실천은 생명에 대한 연민과 자애의 마음을 기르는 데 초점을 두며, 이완과 안정된 마음 상태를 마련해준다. 계학 없는 집중은 수행자가 집중에 대한 강박이나 과도한 힘을 쓰게 만들 수 있고, 이는 신체적·정신적 불편이나 불균형을 초래할 수 있다. 불교는 윤리를 속박이 아닌 해방의 길로 보며, 계율은 마음을 수련하는 첫걸음이자 행복의 초석으로 여긴다. 로널드 시걸은 일부 심리치료방법과 불교 수행에 있어서의 차이점이 계학에 있음을 설명한다.

"대부분의 심리치료에서 심리치료자들은 환자의 특정 행동을 다른 사람에게 보고할 위임을 받았음에도 불구하고, 환자의 행동에 대해서는 평가하지 않는 태도를 취한다. 불교전통에서 치료는 여덟 가지 길로 알려진 일련의 원리들로 설명된다. 8개의 원리 가운데 3가지는 마음수행으로 제시되며, 다른 3가지는 도덕적 행위를 말한다. 이러한 윤리적 지침에는 서양종교에서 발견되는 금지조항도 많이 포함되어 있지만, 불교에서는 조금 다르게 제시되어 있다. 수행자는 이러한 지침을 따르거나 따르지 않는 것에 의해 의식의 자질에 어떤 영향이 있는지 보기 위해서 주의 깊게 마음을 관찰하도록 지도받는다. 비윤리적인 행위를 하는 사람은 평화와 고요함을 발견하기 어려울 것이라는 관찰에 근거해서 마음챙김 명상을 위한 초석으로 윤리적 지침들이 권장되는 것이다. 따라서 도덕적 행위 자체가 곧 수행이며 심지어는 심리치료적

이라고 여겨진다."[72]

계학을 통한 윤리와 이완을 고려하지 않은 집중은 명상을 인위적이고 자기중심적인 사고의 틀에 얽매이도록 만들 수 있다. 인본주의 심리치료 전통의 수행자 데이비드 브레이저는 동양과 서양문화의 차이점이 이러한 문제를 일으키고 있다고 지적한다.

"이 같은 두 가지 다른 입장 때문에 윤리의 역할에 대한 관점 또한 다르게 받아들이게 된다. 서양의 관점에서 윤리와 도덕은 일반적으로 개인의 과도함을 억누르는 제한요소로 인식된다. … 선은 이와는 매우 다른 그림을 그린다. 불성은 모든 존재와 따로 떨어질 수 없는 하나이기 때문에 윤리는 속박이 아니라 해방으로 간주된다. 윤리는 우리의 핵심 성품을 깨닫도록 이끄는 길이며 따라서 진리와 행복이다. … 부처님은 자신이 가르친 도에 대해 알려달라는 요청이 있을 때마다 계율의 문제를 가장 먼저 설파하였다. 계율은 우리의 근본적인 윤리적 성품을 계발하는 것을 의미한다. 이것은 마음을 수련하는 첫걸음일 뿐만 아니라 미래의 행복을 위한 초석이기도 하다."[73]

최근 왕청(Cheng Wang)의 연구 역시 계학의 중요성을 강조한다.

---

[72] Paul R. Fulton & Ronald D. Siegel (2005), "Buddhist and Western Psychology" *Mindfulness and Psychotherapy*, The Guilford Press, p.35.

[73] David Brazier (1995), *Zen Therapy*, John Wiley & Sons, p.37.; 김용환 외 공역, 『선치료』, 학지사, 2007, p.68.

그의 연구에 따르면, 불교수행은 내면적 자각과 윤리적 기반에 의해 근본적 변형을 추구하며, 메타인지적 경험을 통찰하는 반면 서구의 마음챙김은 실용과 임상적 도구로 발전하면서 전통적 불교의 가르침〔계율, 자비〕을 배제하여 깊은 의식의 변형보다는 증상의 경감에 초점을 둔다. 특히 윤리적 기반이 불교수행과 서구 심리치료의 결정적인 차이점이라 강조한다.[74]

초기불교적 관점에 따르면, 명상의 올바른 목적과 과정, 그리고 윤리적 기반이 갖추어질 때 비로소 수행의 본질적 가치가 실현된다. 『맛지마니까야』의 「가나까목갈라나(Gaṇakamoggallāna sutta)」는 수행자에게 권유되는 단계적 수행의 실천과정에 대해서 설명한다.

"바라문이여, 가르침에도 단계적인 배움, 단계적인 실천, 단계적인 발전을 설하는 것이 가능합니다. 이를테면, 현명한 조련사가 성질이 좋은 우량한 말을 얻어서 먼저 고삐에 능숙해지도록 하고 길들이는 것과 같이, 여래가 길들일 사람을 얻으면 먼저 이와 같이 '오라, 수행승이여, 모름지기 계행을 닦고 계율을 갖추어라 …'라고 길들입니다. 바라문이여, 수행승이 모름지기 계행을 갖추고, 계율의 항목을 수호하고 지켜서 행동규범을 완성하고, 사소한 잘못에서 두려움을 보고 학습계율을 받아 배우면, 여래는 그를 다시 이와 같이 길들입니다. '오라 수행승이여, 그대는 감각 능력의 문들을 수호하라.'"[75]

---

74 Cheng Wang (2025), p.3ff.
75 MN, III. 1; 전재성, 『맛지마니까야』, 한국빠알리성전협회, 2009, p.1205.

불교 수행의 시작은 계학이다. 계학은 정학을 위한 기반이자 뿌리가 된다. 계학을 갖추어야 육근에 대한 조절과 알아차림이 가능해진다. 점진적으로 수행의 영역이 확장되는 것이다. 이것이 불교 수행의 발전과정이다. 따라서 계학 없는 정학은 뿌리 없는 줄기와 같다. 서양의 심리치료가 집중 혹은 마음챙김이라는 요소만을 강조한다면 뿌리 없이 줄기를 키우겠다는 것과 같다. 명상의 진행을 위해서는 명상자의 수준과 점진적 성장과정을 신중히 고려해야 한다.

초기불교 수행은 스트레스 해소나 이완이 아닌 궁극적인 괴로움의 소멸과 해탈을 목표로 하며, 이를 위해 윤리적 기반이 전제되어야 함을 강조한다. 불교에서 해결하고자 하는 고통은 일반적인 괴로움을 의미하는 고고성苦苦性만을 얘기하는 것이 아니다. 존재 자체에 대한 괴로움인 행고성行苦性과 변화에 대한 불만족에서 생겨나는 괴고성壞苦性을 함께 포함하고 있다.[76] 괴고성에는 심리치료의 명상이 추구하는 즐거움과 행복도 포함된다. 즉, 불교의 괴로움은 스트레스라는 심리적 괴로움 보다는 실존적인 괴로움의 소멸을 의미하는 것이다. 심리치료의 명상과 불교의 수행은 그 목적이 서로 다르다. 따라서 명상과 수행은 그 시작에서부터 차이가 있다.

---

[76] SN, IV. 259; 전재성, 『쌍윳따니까야』 4권, 한국빠알리성전협회, 2007, p.802.; 정준영, 「붓다의 괴로움과 그 소멸」, 『괴로움, 어디서 오는가』, 운주사, 2013, p.41.

4. 초기불교 수행과 현대 심리치료의 상호보완

초기불교 수행과 현대 심리치료의 상호 관계를 이해하기 위한 논의는, 최근 불교명상과 마음챙김이 서구 심리치료와 융합되는 흐름 속에서 중요성을 더해 가고 있다. 초기불교의 대표적 수행법인 사마타와 위빠사나는 오랜 전통 속에서 지혜와 통찰의 개발을 목적으로 해왔으나, 이러한 수행이 현대 심리치료의 실천적 방법과 어떤 차별성을 지니는지에 대한 체계적인 비교는 아직 충분히 이루어지지 않았다. 특히 불교 수행에 등장하는 다양한 심리적 현상 및 그에 따른 긍정적·부정적 경험이 심리치료 영역에서 어떻게 해석되고 적용될 수 있는지, 그리고 이 과정에서 어떤 한계와 가능성이 발견되는지에 대한 탐색이 필요하다. 아울러 양 접근 모두에서 중심이 되는 '경험에 대한 객관적 인식', '탈동일시' 및 '메타인지' 등의 태도가 실제 수행과 치료의 결과에 어떤 영향을 미치는지도 중요한 연구 주제라 할 수 있다. 이와 같은 문제의식을 바탕으로, 초기불교 수행과 현대 심리치료적 명상이 각자의 맥락에서 드러내는 한계와 장점, 그리고 상호보완적 가능성을 다각적으로 접근하고자 한다. 궁극적으로 본 장은 두 영역의 접점이 개인의 내적 성장과 심리적 건강 증진에 어떠한 시너지를 창출할 수 있는지에 대한 의문에서 시작한다.

1) 초기불교와 현대 심리치료의 한계

초기불교의 대표적인 수행법으로는 사마타와 위빠사나 수행이 있다. 최근 불교 수행이 대중적으로 확산되면서, 위빠사나 수행에 대한 연구가 전통적인 문헌 중심에서 벗어나 현대 심리치료와 실증적 연구 분야로 확장되고 있다. 이러한 변화 속에서 불교 수행 중 발생할 수 있는 부정적 경험이나 부작용에 대한 연구도 진행되었다. 미국 브라운대학교의 자레드 린달(Jared Lindahl)과 윌로비 브리튼(Willoughby Britton) 연구팀은 위빠사나를 포함해 1만 시간 이상 불교명상(Buddhist Meditation)을 경험한 서양인 60명을 대상으로 명상과정에서 나타난 부작용을 조사했다.[77] 참가자들은 이 연구에서 두려움, 불안, 경련, 인지 왜곡, 메스꺼움, 불면증, 과민반응, 환각 등 총 59가지 이상의 예기치 못한 부정적 경험을 보고했다. 연구진은 이러한 현상들이 불교명상의 숨겨진 어두운 측면임을 지적하며, 수행으로 인한 피해 사례에 대한 체계적 연구의 필요성을 강조했다. 후속 연구에서는 불교명상 중 나타나는 두려움이 단순한 신경생리학적 반응이 아니라, 불교 경전에서 말하는 '무상無常'과 '무아無我'에 대한 통찰 과정에서 발생할 수 있는 정서적 체험으로 해석될 수 있음을 시사했다. 즉, 두려움은 수행 과정에서 자연스럽게 나타날 수 있는 현상이라는 점이 제기되었다. 다만 이런 경험이 외상 후 스트레스와 같은 심리적 문제와는 구분되어야 하며, 수행자와 지도자는 두려움이 수행의 정상적인 일부인지, 아니면 치료적 개입이 필요한 문제인지 신중히 판단할 필요가 있음을 강조한다.[78] 이처럼 불교명상 부작용에 대한 연구들은,

---

[77] 정준영, 「명상의 부작용과 불교적 해결방안에 대한 연구」, 『불교학보』 제68집, 2017.; 정준영, 「사마타와 위빠사나 수행의 현대적 활용 재고」 『한마음연구』 15집, 대행선연구원, 2025.

[78] Lindahl Jared, Britton Willoughby, David J, Cooper (2022), "Fear and Terror

위빠사나 수행 중 나타나는 부정적 정서 등을 과거에는 '숨겨진 어두운 측면(부작용)'으로 경고했으나, 최근에는 같은 현상이 수행 과정에서 나타날 수 있는 자연스러운 변화이기도 하다는 입장으로 해석이 변화했음을 보여준다. 특히 수행 중 두려움을 단순 부작용이나 이상현상이 아니라, 불교적 관점에서는 수행 과정(무상, 무아)에 따른 작용으로 설명하고 있다. 아울러, 명상 참여자의 수준에 따라 치료적 개입 여부를 신중하게 판단해야 한다는 점은, 근기에 따라 수행법을 제시하는 불교의 전통적 접근과도 맥이 닿아 있다.

오늘날 마음챙김 명상에 대한 비판적 논의는 대승불교적 시각을 가진 학자들 사이에서도 활발하게 이루어지고 있다. 로널드 퍼서(Ronald Purser)는 현대 마음챙김 명상이 '혁명'이 아니라 산업화된 프랜차이즈 명상으로 변질되었다고 지적한다. 그는 현재 마음챙김이 불교적 윤리와 맥락에서 벗어나 단순히 스트레스 해소나 자기계발을 위한 상품으로 소비되고 있다고 비판한다. 이렇게 상업화된 명상은 사회적 고통이나 구조적 문제를 외면한 채, 개인의 행복과 수용만을 강조함으로써 오히려 사회적 불평등이나 구조적 문제를 심화시킬 수 있다고 주장한다.[79] 로버트 샤프(Robert H. Sharf)도 위빠사나 수행 체험의 주관성에 대해 비판적인 입장을 보인다. 그는 상좌부불교

---

in Buddhist Meditation: A Cognitive Model for Meditation-Related Changes in Arousal and Affect." *Journal of Cognitive Historiography*. Vol. 7, No. 1-2, 147-170. Journal of Cognitive Historiography.

[79] Purser Ronald (2019), *McMindfulness: How Mindfulness Became the New Capitalist Spirituality*, London: Watkins Media Limited.

전통에서 열반涅槃이나 도과道果와 같은 경험이 수행처나 지도자에 따라 다르게 해석될 수 있음을 지적하며, 일부 지도자들이 선정(jhāna) 상태의 몰입을 도과道果의 성취로 오해하게 만드는 사례를 예로 든다. 이런 현상은 위빠사나 수행 체험의 객관성이 부족하다는 점에서 비롯된 것으로, 그는 수행 체험의 검증이 개인적 차원을 넘어서 승가 공동체의 역사적·교리적 맥락에서 재정립되어야 한다고 주장한다.[80] 또한 현대 마음챙김 명상이 미얀마 마하시 사야도의 수행법에서 유래했으나, 그 일부만이 추출되어 치료적·심리학적 맥락에 맞게 재구성되었다고 설명한다. 이 과정에서 삼보三寶(佛·法·僧)에 대한 신앙이나 불교적 교리 요소들이 배제되었을 뿐만 아니라, 마음챙김이 불교 수행 전체를 대표하지도 않는다고 강조한다. 그는 마음챙김의 본래 의미와 기능을 온전히 활용하기 위해서는 서구의 비종교적 명상 지도자들도 불교전통의 맥락과 수행의 깊이를 이해할 필요가 있다고 조언한다.[81] 같은 불교 안에서도 상좌부불교와 대승불교 사이에 서구의 마음챙김 명상을 바라보는 입장이 조금 다르다. 그럼에도 불구하고 불교 수행의 역할을 상업적으로 활용한다거나, 특별한 체험에 무게를 실는 진행에 대한 지적은 설득력을 지닌다.

초기불교 수행에서 나타나는 다양한 현상들은 단순히 긍정적이거나 부정적인 결과, 또는 순기능과 역기능이라는 이분법적 틀로만

---

[80] Sharf Robert H. (1998), "Experience" Ed. Mark C. Taylor ed., *Critical Terms for Religious Studies*. 94-116. The University of Chicago Press.

[81] Sharf Robert H. (2015), "Is Mindfulness Buddhist? (and why it matters)" *Transcultural Psychiatry*, Vol. 52, No. 4, 470-484. Transcultural Psychiatry.

해석되지 않는다. 앞서 살펴본 것처럼 초기불교의 선정 수행에서, 수행자는 먼저 다섯 가지 장애(감각적 욕망, 악의, 혼침과 졸음, 들뜸과 불안, 회의적 의심)를 극복함으로써 첫 번째 선정을 이룬다. 이 장애들이 사라진 상태에서는, 맑은 물에 비친 자신의 모습을 보듯이 수행자는 자신의 신체와 마음에서 일어나는 현상을 명확하게 관찰할 수 있다. 첫 번째 선정이 성취되면, '일으킨 생각(尋, vitakka)', '머무는 생각(伺, vicāra)', '희열(喜, pīti)', '즐거움(樂, sukha)'이라는 네 가지 선정 요소가 나타난다. 장애가 멈춤으로써 수행자는 이 요소들과 함께 한층 더 깊은 평온에 이르게 된다. 두 번째 선정에 진입하기 위해서는 첫 번째 선정의 요소 중 '일으킨 생각'과 '머무는 생각'이 사라진다. 즉, 이 두 가지 요소는 혼침과 졸음, 회의적 의심과 같은 장애를 제거하는 데 중요한 역할을 했지만, 두 번째 선정에서는 오히려 더 깊은 집중을 방해하는 요소로 작용하게 된다.[82] 따라서 선정의 각 단계가 상승할수록, 이전 단계에서 필수적이었던 선정의 요소들마저 점진적으로 소멸시키는 구조가 이어진다. 두 번째 선정은 '일으킨 생각'과 '머무는 생각'이 완전히 사라진 상태를 의미한다. 첫 번째 선정에서 도움이 되었던 요소들이 두 번째 선정에서는 더 이상 필요하지 않게 되는 것이다. 이러한 선정 요소의 변화는 세 번째 선정에서도 계속된다. 세 번째 선정에서는 '희열(pīti)'이 더 이상 유지되지 않고, 수행자는 즐거움(sukha)과 집중(samādhi)에 머무르게 된다. 헤네폴라 구나라트나는 "기쁨(희열)이 싫증이 난다는 건 상상하기 어려운 일이지만 세

---

[82] Richard Shankman (2008), *The Experience of Samādhi*, Shambhala, p.43.

번째 선정에서 그런 일이 일어난다. 환희는 흥분에 가깝고, 그 상태는 더 미세한 즐거움이나 집중에 비하면 거칠다"고 설명한다. 즉, 더 깊은 지복을 경험하기 위해 수행자는 희열을 버리게 된다. 희열은 성냄이라는 장애를 제거하는 데 순기능적으로 작용했지만, 그 지속은 더 깊은 선정에 들어가는 데 방해가 된다. 결과적으로 수행자는 고요함에 방해가 되는 희열을 내려놓고 세 번째 선정을 성취한다.[83] 선정의 각 단계에서 나타나는 요소들은 수행의 발전에 따라 점차 드러나고, 다시 소멸한다. 첫 번째 선정에서 느꼈던 즐거움(sukha)은 두 번째 선정에서 집중을 통해 강조되고, 세 번째 선정에서 절정에 이르렀다가 네 번째 선정에 이르면 완전히 사라진다. 특히 네 번째 선정에서는 육체적·정신적 즐거움·괴로움의 모든 느낌이 소멸한다. 결과적으로, 선정 수행의 각 단계에서 장애를 제거하는 데 중요한 역할을 했던 선정의 요소들조차, 더 깊은 선정에 이르기 위해서는 점진적으로 버려져야 하는 대상이 된다.[84] 다시 말해, '일으킨 생각', '머무는 생각', '희열', '즐거움'은 장애를 극복하는 데 필수적이지만, 동시에 더 높은 선정의 성취를 위해서는 극복되어야 할 장애로 전환된다. 선정의 발달과정에서 집중의 대상과 수행 방법은 그 자체로 장애가 될 수 있다. 각 선정 단계에서 집중의 대상, 기능, 그리고 선지의 역할은 어느 단계에 위치하느냐에 따라 긍정적으로 작용하기도 하고, 오히려 방해 요인이 되기도 한다. 이처럼 수행자의 숙련도와 상태에 따라

---

[83] 헤네폴라 구나라트나, 이재석 옮김, 『사마타명상』, 아름드리미디어, 2013, p.133.
[84] MN. III, 299.

장애의 성격과 영향은 달라진다. 초기불교 안에서 수행자가 경험하는 다양한 현상들은 단순히 긍정적이거나 부정적인 결과, 또는 순기능과 역기능이라는 이분법적 틀로만 해석되지 않는다.[85] 따라서 힐링이나 치유를 목적으로 하는 명상의 방향과 불교 수행의 방향성은 다르다.

위빠사나 수행 역시 불교 수행의 단계적이고 체계적인 특징을 잘 보여준다. 앞서 살펴본 「라타위니따 숫따」에서는 칠청정七淸淨이 일곱 대의 수레에 비유되어, 완전한 열반(parinibbāna)에 이르기까지, 점진적 성장과 더불어 각 요소가 상호 포섭적이고 중첩적으로 작용하는 것을 확인했다. 칠청정의 개념은 상좌부 불교의 대표적 수행론서인 『위숫디막가(Visuddhimagga, 청정도론)』에서 구체적인 수행 방법론으로 체계화된다. 앞서 살펴본 계학은 계청정(1), 사마타 수행과 선정의 성취는 칠청정 중 두 번째 단계인 심청정(2)에 해당하며, 집중수행의 핵심적 위치를 차지한다. 그리고 위빠사나 수행은 그 이후의 다섯 가지 청정 단계(3~7)를 통해 전개되며, 이 단계들은 혜청정이라는 이름 아래 지혜 수행의 영역을 담당한다. 특히 『위숫디막가』는 위빠사나 수행에 해당하는 다섯 청정이 다시 17가지의 세분화된 지혜로 나뉘어, 수행의 진전 과정에서 경험하게 되는 다양한 통찰의 단계를 상세히 제시한다.[86] 위빠사나 수행에서 혜청정의 시작인 3) 견해의 청정은 (1)'정신과 물질을 구별하는 지혜'(名色區別知, nāmarūpa pariccheda ñāṇa)로, 몸과 마음의 상호작용을 명확히 인식하는 단계다.

---

85 정준영, 「장애의 두 가지 기능에 대한 연구」 『한국불교학』 86, 한국불교학회, 2018.

86 Vism. 630.

4) 의심 극복의 청정은 ⑵'조건을 파악하는 지혜'(緣把握知, paccayapariggaha ñāṇa)로 설명된다. 5) '도와 도 아님을 지혜로 보는 청정'은 ⑶'현상의 무상·고·무아에 대한 사유지혜(思惟知, sammasanañāṇa)'와 ⑷-1'일어남과 사라짐을 관찰하는 지혜(生滅隨觀知, udayabbayānupassanā ñāṇa)'를 포함한다. 이 단계에서는 올바른 길과 그렇지 않은 길을 분별한다. 6) '도를 지혜로 보는 청정' 단계에서는 위빠사나 수행의 정점에 해당하는 9가지(혹은 8.5가지) 지혜가 전개된다. 이 지혜들은 다음과 같다. ⑷-2① 일어남과 사라짐을 관찰하는 지혜(生滅隨觀知, udayabbayānupassanā ñāṇa), ⑸② 소멸을 관찰하는 지혜(壞隨觀智, bhaṅgānupassanā ñāṇa), ⑹③ 두려움으로 나타나는 지혜(怖畏隨觀智, bhayatupaṭṭhāna ñāṇa), ⑺④ 위험함을 관찰하는 지혜(過患隨觀智, ādīnavānupassanā ñāṇa), ⑻⑤ 싫어함을 관찰하는 지혜(厭離隨觀智, nibbhidānupassanā ñāṇa), ⑼⑥ 해탈을 바라는 지혜(脫欲智, muccitukamyatā ñāṇa), ⑽⑦ 성찰을 관찰하는 지혜(省察隨觀智, paṭisaṅkhānupassanā ñāṇa), ⑾⑧ 모든 현상에 대해 평온한 지혜(行捨智, saṅkhārupekkhā ñāṇa), ⑿⑨ 진리에 수순하는 지혜(隨順智, saccānulomika ñāṇa), 특히 평온한 지혜는 위빠사나 수행의 마무리 단계로, 출정(出起觀智, vuṭṭhāgāminī vipassanā)과도 연결된다. 마지막 7) '지혜로 보는 청정' 단계에서는 ⒀고뜨라부의 지혜와 함께, ⒁~⒄네 단계의 도道와 과果에 해당하는 지혜가 포함되어 있다. 이로써 수행자는 깨달음의 완성에 이르게 된다.

위빠사나 수행이 본격적으로 전개되는 과정 중, 특히 ⑷-1일어남과 사라짐을 따라 관찰하는 지혜가 나타날 때, 수행자에게는 10가지 번뇌(十觀隨染, vipassanūpakkilesa)가 발생할 수 있다. 이들은 ①광명(光明, obhāsa), ②지혜(知, ñâṇa), ③희열(喜, pīti), ④평안(輕安, passaddhi), ⑤즐거움(樂, sukha), ⑥결정(勝解, adhimokkha), ⑦노력(努力, paggaho), ⑧현기(現起, upaṭṭhāna), ⑨평온(捨, upekkhā), ⑩욕구(欲求, nikanti)이다. 이러한 현상들은 위빠사나 수행을 꾸준히 정진하는 수행자에게서 나타나며, 수행 과정에서 자연스럽게 경험될 수 있다.[87] 반면, 진리에 대한 깊은 통찰을 얻은 성스러운 제자, 잘못된 방법으로 수행하는 자, 또는 명상 주제를 잃은 게으른 수행자에게는 이러한 번뇌가 나타나지 않는다. 수행 중에 이와 같은 현상을 경험할 때, 만약 그 현상에 집착하거나 미세한 욕망이 생긴다면, 그것이 곧 번뇌임을 자각하고 다시 수행에 집중하는 것이 중요하다. 이러한 번뇌들은 주로 사마타와 위빠사나를 함께 열심히 실천하는 수행자에게 나타나는 경향이 있다. 무엇보다 수행자가 꾸준한 노력 끝에 ①광명 등과 같은 특별한 체험을 하게 된 것이기에, 이전에 겪어보지 못한 새로운 경험이라는 점에서 자신이 도(道, magga)나 과(果, phala)에 도달했다고 오인할 수 있다. 이로 인해 이러한 광명의 상태에 머무르며 그 경험 자체를 즐기기도 한다.[88] 따라서 현명한 수행자는 광명 등(十觀隨染)이 일어날 때 "나에게 이런 광명이 일어났구나. 그러나 이것은 무상하고, 형성된 것이고, 조건에 따라 일어났고, 부서지기 마련인 법이고, 사라지기 마련인 법이고, 소멸하기 마련인 법이다"라고 이러한 현상들의 한계를 정한 뒤 면밀히 조사해야 한다.[89]

---

[87] Vism. 633.
[88] Jack Kornfield (1993), *A Path with Heart*, Bantam New Age book, p.122.

이처럼 수행의 결과나 즐거운 현상조차 내려놓고 "이것은 도"이고 "이것은 도가 아니다"라고 지혜로써 구분할 때 6) '도를 지혜로 보는 청정'으로 성장한다.

우리는 앞서 칠각지를 살펴보았다. 선정 수행에서 다섯 가지 장애를 극복하고 열반에 이르는 과정에서 칠각지七覺支는 중요한 역할을 한다. 칠각지는 ①마음챙김, ②법의 고찰, ③노력, ④희열, ⑤평안, ⑥집중, ⑦평온의 일곱 가지로 구성된다. 이 중 희열, 평안, 노력, 평온은 위빠사나 수행에서 언급되는 10가지 번뇌(十觀隨染)와도 겹치거나 유사한 특성을 갖는다. 깨달음의 요소라고 할지라도, 이들이 수행 과정에서 반드시 긍정적으로만 작용하는 것은 아니다. 동일한 현상이나 경험일지라도, 수행자가 그것과 어떻게 관계하느냐에 따라 순기능이 될 수도, 역기능이 될 수도 있다. 다시 말해, 깨달음의 요소라 하더라도, 집착이 개입되면 오히려 번뇌로 전환될 수 있다. 위빠사나의 10가지 번뇌에도 지혜와 즐거움 같은 긍정적 현상이 포함되어 있다. 하지만, 이 역시 사견이나 자만, 갈애 등으로 집착할 경우 장애로 작용한다. 사마타와 위빠사나 수행에서 나타나는 특별한 체험이나 현상도 집착의 대상이 되면 수행을 방해하는 장애가 된다. 따라서 장애란 단순히 부정적이거나 역기능적인 측면에만 국한되는 것이 아니라, 수행자의 태도와 집착에 따라 그 의미와 역할이 달라진다. 이러한 맥락에서 초기불교 수행은 긍정적인 경험만을 추구하지 않는다. 괴로움이나 부정적인 정서 역시 수행자의 성장 단계에 따라

---

89 대림, 『청정도론』, 초기불전연구원, 2004, p.278.

긍정적으로 작용할 수도 있고, 반대로 방해 요소가 될 수도 있다. 만약 현대 심리치료 명상에서 누군가가 괴로움이나 부정적인 감정을 더 강하게 경험한다면, 과연 명상의 발전과정에서 나타나는 현상이라 설명할 수 있을지 모르겠다.[90]

2) 수행과 명상의 상호보완성

오늘날 마음챙김은 명상 실천의 핵심요소로 자리잡았다. 특히 존 카밧진(Jon Kabat-Zinn)이 개발한 마음챙김 기반 치유 프로그램(MBSR)은 마음챙김 명상의 대중화에 큰 기여를 했다. 그는 마음챙김 명상이 자기이해와 신체적·정신적 치유에 효과적인 방법임을 꾸준히 강조해 왔다.[91] 동시에, 마음챙김의 개념이 초기불교의 사띠(sati, 念)에서 비롯되었다는 점도 잘 알려져 있다. 그러나 불교전통에서의 사띠와 현대 심리학 및 치료 현장에서 적용되는 마음챙김은 분명한 차이가 있다. 무엇보다 초기불교에서 마음챙김(사띠)의 실천 목적은 자기이해나 질병의 치유가 아니라, 지혜의 계발에 있다. 초기불교의 사띠(마음챙김)은 사마타(집중)와 위빠사나(통찰) 수행에서 핵심적 역할을 하며, 수행자는 이를 통해 현상을 있는 그대로 분명히 알고, 모든 것이 무상하며 '나'라고 할 만한 실체가 없다는 점(無我)을 직접

---

[90] 정준영, 「장애의 두 가지 기능에 대한 연구」, 『한국불교학』 86, 한국불교학회, 2018.

[91] Jon Kabat-Zinn (1990), *Full Catastrophe Living*, New York, A Delta Book, p.12: Mindfulness stands on its own as a powerful vehicle for self-understanding and healing.

경험한다. 특히 붓다는 긍정적이거나 부정적인 감정에 집착하지 않고, 모든 현상을 객관적으로 관찰할 것을 강조했다. 이러한 태도를 통해 궁극적으로 필요한 것은 바로 여실지견하는 지혜의 성장이다. 불교 수행의 핵심 목표는 '빤냐(paññā, 般若)', 즉 지혜의 계발에 있다. '빤냐'는 '빠자나띠(pajānāti)'의 명사형으로, '빠(pa, 강조)'와 '냐(jñā, 앎)'가 결합된 형태다. 이 두 용어 모두 '알다'라는 의미의 어근 'jñā'에서 파생되었으며, 불교 수행에서 독특하고 중요한 인지 작용을 가리킨다. 특히 이러한 객관적인 알아차림은 현재 교육학이나 심리학에서 다루고 있는 메타인지와 유사하다.

초기불교 경전 가운데 널리 알려진 「마하사띠빳타나 숫따(大念處經)」는 현대 상좌부불교에서 위빠사나 수행의 근거로 자주 인용된다. 미얀마의 마하시 사야도(Ven. Mahasi Sayadaw)는 사념처 수행과 위빠사나 수행을 사실상 동일하게 여긴다. 위빠사나를 세계로 전파하는 데 기여한 고엔카(S.N. Goenka) 역시 위빠사나 수행이 곧 사념처 수행이라고 설명한다.[92] 실제로 많은 수행자들은 사념처 수행을 위빠사나 수행과 동의어로 받아들이고 있다. 수행자가 신身, 수受, 심心, 법法의 네 가지 대상에 대해 반복적으로 '사띠(sati, 念)'를 실천하고, 이를 확립할 것을 강조한다. 경전은 신수관, 수수관, 심수관, 법수관이

---

[92] Mahasi Sayadaw (1990), *Satipaṭṭhāna Vipassanā Insight through Mindfulness*. Kandy, Sri Lanka: BPS.; Mahasi Sayadaw (1984), *Practical Insight Meditation*. Kandy, Sri Lanka: BPS. (4th printing); S. N. Goenka (1993),*Mahāsatipaṭṭhāna Suttaṃ*. Bombay, India: Vipassana Research Publications. p.69, introduction. xi, xiii.

라는 네 가지 아누빠사나를 중심으로 구체적인 수행법을 제시하지만, 정작 '사띠(mindfulness)'는 등장 빈도가 많지 않다. 신수관에서는 들숨과 날숨을 관찰하는 부분에서 세 번 나타나고, 걷기·서기·앉기·눕기, 동작에 대한 알아차림, 몸의 혐오스러운 부분, 네 가지 요소, 시체의 더러움 관찰 등에서는 추가로 언급되지 않는다. 수수관과 심수관의 다양한 항목에서도 '사띠'는 직접적으로 나타나지 않는다. 법수관에서는 칠각지의 염각지(sati sambojjhaṅga)를 설명하는 부분에서 여섯 번, 팔정도의 정념正念을 설명할 때 등장한다. 이처럼 실제 수행법의 맥락에서 '사띠'는 경전 전체에서 제한적으로 언급된다. 반면, '빠자나띠(pajānāti, 그는 분명히 안다)'는 훨씬 더 자주 등장한다. 신수관의 들숨과 날숨 관찰에서는 열 번, 걷기·서기·앉기·눕기에서는 다섯 번 나타난다. 동작에 대한 알아차림 등에서는 직접적으로 사용되지 않는다. 수수관의 아홉 가지 느낌에서는 각각 한 번씩, 심수관의 열여섯 가지 마음에서도 각각 한 번씩 '빠자나띠'가 등장한다. 법수관에서는 오장애에서 각 장애마다 다섯 번씩 모두 스물다섯 번, 육처에서 서른여섯 번, 칠각지에서 스물여덟 번, 사성제에서 네 번 나타난다. 오온에서는 사용되지 않는다. 이러한 분포를 보면, 「마하사띠빳타나숫따」는 사수관 수행법을 구체적으로 설명하는 과정에서 '사띠'를 10회, '빠자나띠'를 133회 언급하는 것이다. '사띠'보다 '빠자나띠'의 실천을 더 구체적으로 강조하고 있음을 알 수 있다.

　경전은 단순히 현상에 주의를 기울이는 것만이 아니라, 그 현상들을 객관적으로 분명히 인식하고, 이해하는 것이 수행자의 중요한 역할임을 보여준다.[93] 수행자는 신수심법의 다양한 현상에 주의를 기울이고 머무르는 것에서 나아가, 그 현상을 명확히 알아차리는 태도를 가져야 한다. 수행자의 역할은 더 좋게 느끼려는 것이 아니라, 더 분명히 알아차리는 것이다. 예를 들어, 법수관의 오장애, 육처, 칠각지, 사성제는 모두 '빠자나띠'를 강조한다. 법수관의 첫 번째인 오장애(五蓋)의 경우 감각적 욕망(kāmacchanda), 성냄(byāpāda, 악의), 혼침과 졸음(thīna middha), 들뜸과 회한(uddhacca kukkucca) 그리고 회의적 의심(vicikicchā)이다. 이들은 모두 부정적 현상들이라 볼 수 있다. 하지만 수행자에게 이러한 현상들이 나타나는 것은 지극히 정상이며, 붓다는 제자들에게 이들을 제거하기보다, 분명히 아는 것을 선행과제로 지도했다.

"비구들이여, 여기에 내적으로 감각적 욕망이 있으면, '나에게 내적으로 감각적 욕망이 있다'라고 분명히 안다(pajānāti). 또는 내적으로 감각적 욕망이 없으면, '나에게 내적으로 감각적 욕망이 없다'라고 분명히 안다. 그리고 생겨나지 않은 감각적 욕망이 일어나면 바로 그것을 분명히 알고, 생겨난 감각적 욕망이 사라지면 바로 그것을 분명히 안다. 그리고 이미 사라진 감각적 욕망이 이후에 생겨나지 않으면, 바로 그것을 분명히 안다."[94]

초기불교 수행을 진행함에 장애가 있고 없음이 중요한 것이 아니라,

---

93 정준영, 「초기불교 수행의 주요기제 연구 - '빠자나띠(pajānāti)'를 중심으로」 『명상심리상담』 28호, 2022.

94 DN, II. 300f.

있으면 있는 그대로, 없으면 없는 그대로 분명히 알아차리는 것이 더욱 중요하다. '빠자나띠(pajānāti)'는 3인칭 단수 현재형 동사로, 문자 그대로는 '그는 분명히 안다'라는 의미다. 수행자는 자신의 경험을 객관적으로 알아차려야 한다는 것이다. 물론 수행 초기에는 대부분의 수행자들이 신수심법身受心法을 대상으로 통증, 졸음, 망상과 싸우며 집중하기에도 벅찰 것이다. 또한 이 과정에서 마주하는 다양한 현상과 감각을 주관적으로 해석하려 한다. 예를 들어, 몸에 통증이 생기면 본능적으로 불쾌하거나 피하고 싶은 감정이 앞서고, 부정적 정서 역시 거부하고 싶은 마음으로 다가온다. 이처럼 초보 수행자는 자신의 경험과 자신을 쉽게 동일시하곤 한다. 그러나 수행이 깊어질수록 수행자는 현상의 주관적 판단에서 벗어나, 보다 객관적으로 바라보는 능력을 키운다.[95] 이때 수행자가 인식하는 대상은 자기 자신의 경험임에도 불구하고, '이 경험이 곧 나다'라고 동일시하지 않는다. 수행자는 신수심법의 사수관을 통해 나타나는 각종 경험들을 객관적 현상의 하나로 바라보게 된다. 때로는 몸에서 일어나는 현상을 '물질(色, rūpa)'로, 이를 아는 마음을 '정신(名, nāma)'으로 구분하여 명확히 이해하는 것이다. 이러한 이해는 위빠사나 수행에서 혜청정의 시작인 (1)'정신과 물질을 구별하는 지혜(名色區別知, nāmarūpa pariccheda ñāṇa)'와도 견줄 수 있다. 이러한 객관적 알아차림은 '메타인지(meta cognition)'라는 개념으로 설명할 수 있다. 메타인지는 자신의 인지 과정을 마치 한 단계 위에서 바라보고 관찰하는 상위인지 작용이다.

---

[95] 일창 담마간다 옮김, 『위빳사나 수행 방법론』 2, 이솔출판, 2013, p.76f.

즉, 단순히 감각이나 생각을 경험하는 것(1차 인지)에서 나아가, 그 경험 자체를 의식적으로 알아차리고 조망하는 것이다. 예를 들어, 신체적 통증이 있을 때, 단순히 아프다고 반응하는 대신, 그 통증을 객관적으로 인식하면 '아픔을 겪는 나'라는 동일시에서 벗어날 수 있다. 이처럼 통증은 존재하지만, 통증에 사로잡혀 괴로워하는 주체는 사라진다. 메타인지적 접근은 심리치료 영역에서도 활용된다.[96] '거리두기 마음챙김(Detached Mindfulness)'은 자신의 감각이나 생각, 감정을 관찰자적 입장에서 바라보는 실천이다. 자신을 외부에서 지켜보듯 객관적으로 접근하면, 경험에 대한 불필요한 해석이나 통제 시도가 줄어든다.[97] 이러한 태도는 인지적 주의 증후군에 대응하는 메타인지치료에서도 강조된다. 의식의 흐름과 자신을 분명히 구별함으로써 감정이나 생각의 흐름에 휩쓸리지 않고 필요에 따라 조절할 수 있는 힘이 생긴다.

  붓다는 수행자가 자신의 경험에 대해 주관적 판단이나 동일시에서 벗어나, 있는 그대로의 현상을 관찰하는 태도를 갖추길 바랐다. 즉, 수행 중에 부정적 감각이나 정서가 있느냐 없느냐보다, 그것을 객관적으로 인식할 수 있느냐가 더 중요하게 여겨진다. 초기불교 수행에서

---

[96] 정지현 역, 『메타인지치료』, 학지사, 2016, p.20, p.129, p.136.; 참고) 정인석, 『트랜스퍼스널 심리학』, 대왕사, 1998, p.170.; Wells, A (2000), *Emotional Disorders and Metacognition: Innovative Cognitive Therapy* Chichester: Wiley; Roberto Assagioli (1976), *Psychosynthesis*. Penguin Books, p.116.

[97] Tomasz Jankowski, Pawel Holas (2014), "Metacognitive model of mindfulness" *Consciousness and Cognition* 28C, pp.64~80.

'빠자나띠'는 현상을 분명하게 인식하고 이해하는 것을 의미한다. 수행자는 자신의 경험을 '나' 혹은 '나의 것'이라는 생각에 얽매이지 않고, 마치 타인을 바라보듯 객관적으로 관찰하는 태도를 지닌다. 이러한 자세를 통해 수행자는 모든 현상에 집착하지 않고 바라볼 수 있게 되며, 변화하는 현상들 속에서 실체적 자아가 없다는 사실을 직접 체험하게 된다.[98]

오늘날 마음챙김 명상이 주로 치유나 건강 증진의 수단으로 활용되는 경향이 있지만, 명상의 목적을 자기이해나 치유로 한정할 경우 또 다른 문제점을 낳을 수 있다. 앞서 논의한 것처럼 수행 과정에서 나타나는 다양한 현상을 충분한 이해 없이 단순히 긍정적 효과와 부작용으로 판단하는 것은 위험할 수 있다. 앞서 살펴본 것처럼 초기불교 수행의 핵심은 더 좋은 감각이나 기분을 얻는 것이 아니라, 현상을 있는 그대로 명확하게 알아차리는 데 있다. 불교 수행은 자기치유나 기분 전환을 위한 것이 아니라, 집착을 넘어선 통찰과 자각을 지향한다.

이러한 점에서 불교 수행과 심리치료적 명상은 서로를 보완할 수 있다. 두 영역 모두 경험을 '나'와 동일시하지 않고 한 걸음 떨어져 바라보는 탈동일시와, 자신의 생각과 감정, 감각을 한 단계 위에서 조망하는 메타인지의 태도를 강조한다. 이러한 공통된 기제를 바탕으로, 수행과 명상은 개인이 경험에 집착하지 않고 객관적이고 유연하게 자신을 바라보며 내적 성장과 심리적 건강을 함께 도모할 수 있도록

---

[98] 정준영, 「추론적 위빠사나 수행의 실천 재고 – 외적수관의 메타인지적 접근」, 『불교학연구』 63, 2020.

돕는다. 만약 객관적 알아차림이 어렵다면, 집중하지 못하는 자신을 탓하기보다, 명상자 스스로의 윤리적 태도를 점검하는 것이 필요할 수 있다. 2,500여 년의 역사적 전통을 가지고 있는 불교 수행은 집중(정학)의 힘을 쌓기 위해, 그 아래 먼저 윤리(계학)를 기반으로 한다. 만약 누군가 붓다의 마음챙김을 현존과 자각의 힘으로 사용하고자 한다면, 무엇보다 먼저 자신과 타인에 대한 사랑과 언행의 다스림을 선행해야 할 것이다.

5. 집중에서 지혜로

본 연구는 '초기불교 수행과 명상', '초기불교 수행의 현대적 적용' 그리고 '초기불교 수행과 현대 심리치료의 상호보완'이라는 세 가지 주제를 중심으로 논의를 전개하였다.

   제2장에서는 초기불교에서 '수행(bhāvanā)'이 단순한 기법적 명상이나 심신 안정이 아니라, 계戒·정定·혜慧 삼학을 통한 전인격적 변화와 해탈을 지향하는 실천임을 확인하였다. 특히 명상(meditation)과 수행(bhāvanā)이 근본적으로 지향하는 목표와 구조에서 차이가 있음을 밝히며, 초기불교에서 '명상' 자체는 수행의 한 방법론적 요소에 지나지 않음을 강조하였다. 더 나아가 명상과 선정의 관계, 그리고 인도의 외도 수행을 통해 불교 수행의 목적이 긍정적 감각이나 정서, 황홀경과 같은 특별한 체험이 아니라는 점을 확인했다.

   제3장에서는 이러한 초기불교 수행이 현대 사회에서 어떻게 활용되고 있는지 살펴보았다. 현대 명상은 주로 마음챙김(mindfulness)이나

집중력 증진 등 정학定學의 일부 요소에 편중되어 있고, 그 과정에서 윤리(계학)와 지혜(혜학)라는 기반이 약화되는 경향이 있음이 드러났다. 또한 심리치료 장면에서는 명상이 스트레스 감소, 심신 치유 등 실용적 목적에 집중되어 윤리적 전제나 통찰의 단계가 배제되는 경향이 있음을 비판적으로 분석하였다.

마지막으로 제4장에서는 초기불교 수행과 현대 심리치료적 명상의 상호보완 가능성과 한계를 다루었다. 불교 수행이 지향하는 '통찰'과 '집착에서 벗어난 알아차림'은 현대 심리치료의 메타인지·비동일시적 접근과도 연결될 수 있다. 양자는 접근방식과 목적에 있어 차이를 보이지만, '경험의 탈동일시'와 '메타인지'라는 공통 요소를 통해 상호보완이 가능함을 밝혔다. 초기불교의 수행이 통찰의 깊이를 제공한다면, 현대 명상은 접근성과 심리적 안정에 기여할 수 있으며, 두 접근은 통합될 때 보다 풍부한 내적 성숙과 심리적 건강을 가능하게 할 수 있다. 다만 수행의 전통적 목표와 구조가 약화될 때 현대 명상은 개별적 심리치유에 국한될 수 있으며, 반대로 불교 수행의 심오한 통찰은 현대 명상에 심층적 의미를 더해줄 수 있음을 논의했다. 최근 연구들에서는 명상의 다양한 부작용과 부정적 경험에 대한 새로운 해석도 제시되어, 불교적 맥락 안에서 근기에 따른 수행 지도의 중요성이 강조된다.

초기불교 수행은 신체적·심리적 건강 증진을 넘어서 인간 존재의 근본적 변형과 해탈을 추구하는 실천적 여정이다. 현대적 명상이나 심리치료적 명상과의 접점에서, 삼학이 유기적으로 결합된 불교 본래의 수행구조를 활용하는 것이 중요하다. 또한 근기별·상황별 맞춤형

지도, 수행 중 나타나는 다양한 경험에 대한 올바른 파악과 해석, 그리고 무엇보다 명상의 본질을 집중을 통한 치유나 실용의 차원을 넘어 통찰과 지혜의 성장에 두는 태도 역시 요청된다. 향후 불교 수행 전통은 현대 명상과의 비판적 대화 속에서 그 심오한 지향점을 보다 넓은 사회적·심리적 장에 확장·적용할 수 있을 것이다.

참고문헌

약호 및 원전류

※ PTS Pāli Texts의 약어는 A Critical Pāli Dictionary의 약어(Abbreviation) 기준을 따랐다.

AN: *Aṅguttaranikāya* 5 vols. ed. R. Morris and E. Hardy. London: Pali Text Society (PTS), 1985-1990.
DN: *Dīghanikāya* 3 vols. T.W. Rhys Davids and J.E. Carpenter. London: PTS. 1890-1911.
Dhp: *Dhammapada* S. Sumangala Thera. London: PTS. 1914.
It: *Itivuttaka* Ernst. Windisch. London: PTS. 1889-1975.
MN: *Majjhimanikāya* 3 vols. ed. V. Trenkner and R. Chalmers. London: PTS. 1948-1951.
SN: *Saṃyuttanikāya* 6 vols. ed. M. Leon Feer. London: PTS. 1884. 1904.
Sn: *Sutta Nipāta*. ed. D. Anderson and H. Smith. London: PTS. 1948, 1965.
Ud: *Udāna*. ed. Paul. Steinthal. London: Oxford University press. 1948.
Vism: *Visuddhimagga* C.A.F. Rhys Davids and D. Litt. London: PTS. 1975.
PED: *Pali English Dictionary*. T. W. Rhys Davids & William Stede. 1986.

Ñāṇamoli, Bhikkhu. trans.(1976) *The Path of Purification*. (Visuddhimagga). London: Shambhala Publications.
대림, 『청정도론』, 초기불전연구원, 2004.
전재성, 『맛지마니까야』, 한국빠알리성전협회, 2009.
_____, 『쌍윳따니까야』 4권, 한국빠알리성전협회, 2007.

단행본

김용환 외 공역, 『선치료』, 학지사, 2007.
김재성 옮김, 「불교심리학과 서양심리학」, 『마음챙김과 심리치료』, 무우수, 2009.
백련불교문화재단, 「불교 수행의 목적과 초기불교 수행법」『월간고경』 5월호, 2025.
일창 담마간다 옮김, 『위빳사나 수행 방법론』 2, 이솔출판, 2013.
정인석, 『트랜스퍼스널 심리학』, 대왕사, 1998.
정준영, 「나라고 할 만한 것이 있는가」『나, 버릴 것인가 찾을 것인가』, 운주사, 2008.
_____, 「붓다의 괴로움과 그 소멸」『괴로움, 어디서 오는가』, 운주사, 2013.
정지현 역, 『메타인지치료』, 학지사, 2016.
헤네폴라 구나라트나, 이재석 옮김, 『사마타명상』, 아름드리미디어, 2013.

A. Wynne (2007), *The Origin of Buddhist Meditation*, Routledge.
Bronkhorst, J.(1993), *Buddhist Meditation and Buddhist Origins*, Motilal Banarsidass.
Benson Herbert(1975), *The Relaxation Response*. New York: William Morrow and Company.
Benson Herbert & Proctor, W.(2010), *Relaxation Revolution: Enhancing Your Personal Health through the Science and Genetics of Mind Body Healing*. New York: Scribner.
Brazier David (1995), *Zen Therapy*. John Wiley & Sons.
Eliade, Mircea ed. (1995), *The Encyclopedia of Religion*, Simon & Schuster Macmillan, New York, Vol. 9.
Germer, Christopher (2009), *The Mindful Path to Self-Compassion: Freeing Yourself from Destructive Thoughts and Emotions*. New York: The Guilford Press.
Germer, Christopher; Neff, Kristin (2019), *Teaching the Mindful Self-Compassion Program: A Guide for Professionals*. New York: The Guilford Press.

Gethin Rupert (1992), *The Buddhist Path to Awakening*. New York: E.J. Brill.

Goenka. S. N.(1998), *Satipaṭṭhāna Sutta Discourses: Talks from a Course in Mahāsatipaṭṭhāna Sutta*. Igatpuri: Vipassana Research Institute.

Gunaratana, Henepola(1980), *A Critical Analysis of the Jhanas in Theravada Buddhist Meditation*. Ph.D. diss., The American University.

Hayes, Steven C. (2005), *Get Out of Your Mind & Into Your Life*. Oakland: New Harbinger Publications.

Johnson Christopher (1949), *Yoga: The Method of Reintegration*, London: Alcuin Press.

Kabat-Zinn, John (1990), *Full Catastrophe Living*. New York: A Delta Book.

Kheminda Thera (1982), *The Way of Buddhist Meditation*. Colombo: Lake House Pub, 2nd and enlarged edition.

King, Winston L. (1992), *Theravada Meditation: The Buddhist Transformation of Yoga*, Motilal Banarsidass.

Kornfield Jack (1993), *A Path with Heart*. Bantam New Age book.

Linehan, Marsha M. (1993), Skills Training Manual for Treating Borderline Personality Disorder. New York: The Guilford Press.

Mahasi Sayadaw (1984), *Practical Insight Meditation: Basic and Progressive Stages*, Kandy: Buddhist Publication Society.

Mahasi Sayadaw (1990), *Satipaṭṭhāna Vipassanā: Insight through Mindfulness*. Kandy: Buddhist Publication Society. The Wheel Publication No. 370/371.

Purser, Ronald (2019), McMindfulness: *How Mindfulness Became the New Capitalist Spirituality*. London: Watkins Media Limited.

Roberto Assagioli (1976), *Psychosynthesis*. Penguin Books.

Shankman Richard (2008), *The Experience of Samādhi*. Shambhala.

Simpson, J. A., & Weiner, E. S. C. eds. (1989), *The Oxford English Dictionary*, 2nd Edition. Clarendon Press, Oxford, Vol. IX, p.553.

Teasdale, John D. (2002), *Mindfulness Based Cognitive Therapy for Depression*. New York: The Guilford Press.

Wells, A (2000), *Emotional Disorders and Metacognition: Innovative Cognitive Therapy* Chichester: Wiley.

논문류

문종현, 「정신과 임상에서 명상의 활용: 마음챙김 명상을 중심으로」, 『대한신경정신의학회지』 제54권 4호, 2015.

정준영, 「명상의 부작용과 불교적해결방안에 대한 연구」, 『불교학보』 제68집, 2014.

_____, 「사띠논쟁」, 『불교평론』 62호. 불교평론지, 2015.

_____, 「장애의 두 가지 기능에 대한 연구」, 『한국불교학』 86, 한국불교학회, 2018.

_____, 「추론적 위빠사나 수행의 실천 재고 - 외적수관의 메타인지적 접근」, 『불교학연구』 63, 2020.

_____, 「초기불교 수행의 주요기제 연구 - '빠자나띠(pajānāti)'를 중심으로」, 『명상심리상담』 28호, 2022.

_____, 「사마타와 위빠사나 수행의 현대적 활용 재고」, 『한마음연구』 15집, 대행선연구원, 2025.

정준영, 박성현, 「초기불교의 사띠와 현대심리학의 마음챙김」, 『한국상담심리학회지』 제22권, 1-32, 한국상담심리학회, 2020.

Adam, M. T. (2006), "A Problem of Translation: Two Concepts of Meditation and Three Kinds of Wisdom in Kamalasila's Bhavanakramas." *Buddhist Studies Review*, 23(1), 71-92.

Brown, W. K., & Ryan, M. R. (2003), "The Benefits of Being Present: Mindfulness and Its Role in Psychological Well-Being," *Journal of Personality and Social Psychology*, Vol. 84, No 4.

B. Awasthi,(2013), "Issues and Perspectives in Meditation Research", *Frontiers in Psychology*, 4, 367.

Brown Daniel & Engler Jack(1986), "The States of Mindfulness Meditation: A

Validation Study". *Transformation of Consciousness: Conventional and Contemplative Perspectives on Development*, ed. Ken Wilber, Daniel Brown & Jack Engler. New Science Library.

Fulton Paul R. & Siegel Ronald D. (2005), "Buddhist and Western Psychology" *Mindfulness and Psychotherapy*. The Guilford Press.

Gethin Rupert (2011), "On Some Definition of Mindfulness" *Contemporary Buddhism: An Interdisciplinary Journal*. Routledge.

J. Chano, (2023), "Correlation between Meditation and Buddhism." *Asian Journal of Research in Education and Social Sciences*, 3(2), 33-39.

Lindahl, Jared, Britton, Willoughby; David J. Cooper (2022), "Fear and Terror in Buddhist Meditation: A Cognitive Model for Meditation-Related Changes in Arousal and Affect." *Journal of Cognitive Historiography*. Vol. 7, No. 1-2, 147-170.

Pascarella, Annalisa; Philipp Tholke (2025), "Meditation induces shifts in neural oscillations, brain complexity and critical dynamics." *BioRxiv* (Preprint server). Article ID: 2025.03.18.643795v1.

Robert H. Sharf (1998), "Experience" in Critical Terms for Religious Studies. University of Chicago Press.

Robert H. Sharf (2015), "Is Mindfulness Buddhist? (and why it matters)." T*ranscultural Psychiatry*, Vol. 52, No. 4, 470-484.

Southern Baptist Convention (2014). "Resolution on the Sufficiency of Scripture Regarding the Practice of Mysticism." Baptist Press.

Tomasz Jankowski, Pawel Holas(2014), "Metacognitive model of mindfulness" *Consciousness and Cognition* 28C.

Vatican (1989), "Letter to the Bishops of the Catholic Church on Some Aspects of Christian Meditation" Congregation for the Doctrine of the Faith.

Wang Cheng (2025), "Beyond mindfulness : how Buddhist meditation transforms consciousness through distinct psychological pathways" *Frontiers in Psychology*.

기타자료

https://alumni-friends.brown.edu/news/2019-08-19/britton-lindahl-meditation-research (검색일자 2025.7.27.)

https://qz.com/993465/theres-a-dark-side-to-meditation-that-no-one-talks-about (검색일자 2025.7.27.).

https://www.forbes.com/health/mind/mindfulness-vs-meditation/ (검색일자: 2025-7-14).

{선불교에서의 수행}

선禪의 수행과 깨달음

월암(한산사 용성선원장)

◆ ◆ ◆

선禪은 인간과 우주의 근원을 깨달아 생사문제를 해결하고자 하고, 명상은 심리적 고통을 치유함으로써 심신안정을 얻고자 하므로, 겉으로는 서로 다른 것 같지만, 근본에 있어서는 서로 다르지 않다. 심신안정을 통해 견성성불과 생사해탈에 이르게 되기 때문이다.

본 글에서는 조사선에서의 수행과 깨달음 그리고 간화선에서의 수행과 깨달음을 차례로 논하여, 선수행의 특징을 밝히도록 한다. 조사선은 돈오견성과 견성성불을 지향한다. 납자는 스승의 일언지하에 망심을 돌이켜 부처의 진심인 진여 자성을 깨닫는데, 이것이 곧 '돈오頓悟'이며, 이를 '일념수행', '일념해탈'이라고 한다. 그러나 본성을 깨닫는 견성은 단박에 일어나도 다생의 습기는 시간을 두고 차제로 닦아야 하므로, '선오후수先悟後修'가 요구된다. 조사선에서 견성의 성性은 상相의 비어 있음인 공空에 붙인 이름에 불과하며, 견성의 견見은 무념無念과 무상無相의 견으로서 정견正見에 해당한다.

간화선에서의 깨달음은 화두 참구의 과정을 거쳐 화두가 타파되는 순간 성취된다. 간화선 수행으로 나아가기 위해서는 상구보리 하화중생을 서원하는 발심發心이 필요하며, 연기중도의 정견正見이 확립되어야 한다. 그리고 선지식으로부터 화두를 받아 화두 결택決擇을 이루고 활구活句로서 참구해야 한다. 화두 참구 끝에 화두삼매를 이루다가 어느 순간 화두 의심이 타파되어 개오開悟에 이르면 깨달음을 얻게 된다.

불교적 초탈과 현대 명상의 치유가 하나로 화합하기 위해서는 선은 더 활발히 일반 대중과의 소통의 길로 나아가야 하며, 현대 명상 또한 마음치유를 통해 대중을 궁극적인 생사해탈의 길로 안내해야 할 것이다.

---

1. 심신치유와 생사해탈의 길

현대사회에서 명상이 정신문화의 대세이다. 한국불교는 전통적으로 선수행을 강조한다. 조계종에서는 선명상을 선양하고 있다. 명상은 무엇이고, 선은 무엇인가? 그리고 선과 명상의 조합인 선명상이란 말은 타당한가? 이러한 질문을 던지는 사람들이 있다.

명상(Meditation)은 라틴어 meditatio에서 유래하고 있으며, "숙고하다", "깊이 생각하다"는 의미를 가지고 있다. 명상의 기원은 인도의 베다와 우파니샤드로 거슬러 올라간다. 베다에서의 명상은 브라만과 아트만의 합일을 중시하며, 우파니샤드에서는 내면적인 자기 탐구로 발전하게 된다.

불교의 명상은 팔리어 'jhana', 산스크리트어 'dhyana'를 중국식으로는 선나禪那로 음역되어 선禪이 되고, 정신집중에 의한 마음의 고요함을 뜻하는 정定으로 의역되었다. 이와 같이 명상과 선이 정신을 집중한다는 어원과 의미의 입장에서는 별다른 차이점이 없음을 알 수 있다.

20세기 이후 현대에 있어서의 명상은 종교적 맥락을 벗어나 심리치유의 의학과 자기개발로 확장되어 Meditation, Mindfulness 등으로 불리고 있다. 선은 사마타와 위빠사나로부터 여래선, 조사선, 묵조선, 염불선, 간화선 등으로 다양하게 분화되어 발전되었다.

현대적 의미로서의 명상은 마음의 안정과 깨달음(열반)을 추구하고 있으며, 선은 안심입명安心立命, 즉 심신의 안정과 깨달음(생사해탈)을 목표로 하고 있다. 근래 펼쳐지고 있는 표면적인 현상에서 볼 때, 명상은 심신안정과 심리치유를 중시하고, 선은 생사해탈을 강조하는 것처럼 보이지만, 결국 추구하는 바의 목적은 동일하다고 말할 수 있다.

이와 같이 명상과 선이 다르지 않다는 관점이 정당하지만, 굳이 지금 조계종에서 선과 명상을 조합한 선명상이란 용어를 사용하는 것은 명상에서 강조되는 심신안정을 매개로 하여 구경에 선의 생사해탈로 나아가고자 하는 선교방편이 적용되고 있다고 할 수 있다.

즉 현대사회가 안고 있는 여러 가지 심리적 고통을 치유하고 자기개발을 통해 정체성을 확립하는 명상을 바탕으로 하여 견성성불, 생사해탈이라는 선의 구경으로 인도하는 수증의 단계를 설정하고 있다고 하겠다. 이러한 의미에서 선명상의 흐름을 역사적 관점에서 세 종류로 분석하여 이해할 수 있겠다.

첫째, 산란한 마음을 고요하게 하는 선정禪定이다. 특정한 하나의 대상에 집중함으로 해서 마음의 고요함을 얻는 것을 말한다. 사마타 수행에 의해 번뇌가 끊어지는 상태(止: 집중명상)를 이르는 것이다.

둘째, 집중과 통찰을 겸하는 지관구행(止觀俱行: 定慧雙修)을 말한다. 선정과 지혜를 함께 닦아 고요함(寂: 선정)과 비춤(照: 지혜)을 동시에 닦는 것이다. 선정과 지혜를 쌍수한다는 것은 고요한 가운데 항상 깨어 있고(寂而常照), 깨어 있는 가운데 항상 고요한(照而常寂) 경지를 말한다.

셋째, 화두를 참구하는 간화선의 관점이다. 이를 참구선參究禪이라 하며 일반적으로 참선參禪이라고 말한다. 이것은 굳이 선을 참구參究한다는 의미인데, 정확하게는 화두를 참구하는 것이다. 즉 화두하는 주체와 화두라는 객체가 하나 되어 중도실상을 깨치는 것이 참선이다. 따라서 참선은 화두를 참구하여 우주와 인간의 궁극적인 근원을 통달하여 생사를 해탈하는 것을 말한다.

시대의 변화에 따라 선명상의 의미와 방법이 다르게 전승되어 왔지만, 궁극의 목적은 생명의 자유, 해탈이라는 대명제로 귀결되고 있음을 알 수 있다. 역사적으로 다양하게 전개되어 온 선명상의 기제를 현대인의 근기에 상응하는 선교방편으로 활용하여 인류로 하여금 안심입명安心立命에 이르게 하는 것이 선자의 과제이다.

이와 같은 논점의 바탕 위에 본문에서는 견성성불과 생사해탈을 구경의 목표로 하는 조사선과 또한 조사선에서 파생된 간화선의 수행과 깨달음에 대해 논구해 보고자 한다.

2. 조사선의 수행과 깨달음

1) 수행과 깨달음

조사선祖師禪의 수행과 깨달음을 논구하기 위해 먼저 조사선의 토대를 이루고 있는 『단경』에 기술되고 있는 내용을 천착해 보도록 하겠다. 『단경』의 말미에 혜능 선사가 원적에 들기 전에 법해, 신회 등 10대 제자를 불러 근본종지를 잃지 않게 위촉한 설법, 즉 삼과법문三科法門과 삼십육대법三十六對法이 소개되어 있다.

> "먼저 삼과법문三科法門과 움직여 쓰는 데 삼십육대법對法을 들어 말하리니, 나오고 들어감에 양변兩邊을 여의고 온갖 법을 설할 때 자기 성품을 여의지 말라. 갑자기 어떤 사람이 너희에게 법을 묻거든, 말을 하되 다 두 법으로 하여 서로 상대하는 법을 모두 취해서 오고 감이 서로 원인이 되게 하고, 마침내는 두 가지 법을 모두 없애되 다시 갈 곳마저 없게 하라."[1]

여기서 언급한 삼과법문이란 오온·십이처·십팔계를 말하는 것이며, 삼십육대법이란 자기 성품으로부터 작용되어 서로 대립된 두 가지 법을 말한다. 『단경』에서 삼과법문으로 명명된 오온·십이처·십팔계는 초기불교로부터 선불교에 이르기까지 중요하게 설해진 핵심

---

[1] 종보본 『六祖法寶壇經』(이하 『壇經』), "先須擧三科法門, 動用三十六對, 出沒卽離兩邊, 說一切法, 莫離自性. 忽有人問汝法, 出語盡雙, 皆取對法, 來去相因, 究竟二法盡除, 更無去處."

법문으로서 연기되는 인간 삶의 실상을 보여준 법문이다.

온蘊·처處·계界로 분류된 삼과의 법이 함께 어우러져 존재의 자기 동일성을 드러내기 때문에 존재 자체는 무아無我의 아我가 되는 것이다. 또한 존재의 자기 동일성을 나타내는 제법諸法 자체도 실체로 존재하는 법(요소)이 아니라 인연으로 일어나는 존재의 자기 활동으로서의 법이므로 그 법마저 공空일 수밖에 없다.

이른바 삼과법문의 요지는 인연으로 이루어져 자기 동일성을 유지하고 있는 각 법은 자기 스스로 존재하지 못하고 다른 것을 의지해 이루어지는 연기법이므로 실로 있는 것이 아니면서(非有), 다른 것을 의지해 자기 동일성을 이루고 있으므로 실로 없음도 아니다(非無). 즉 삼과법문은 비유비무非有非無의 중도실상을 드러내는 법문이다.

십이처와 십팔계는 안·이·비·설·신·의라는 인식주체(六根)와 색·성·향·미·촉·법의 인식대상(六境)이 부딪쳐 한 생각(一念)이 일어나는 인식활동의 장(六識)을 말하는 것이다. 즉 자아인 육근과 세계(경계)인 육경이 부딪쳐 일어나는 인식활동으로서의 육식은 서로 의지해 있으므로 있되 있음 아님이요, 없되 없음 아님이므로 인간의 삶 자체는 연기중도의 드러남이다. 육근·육경·육식이 있되 있음 아닌 것을 법의 성품(性)이라 하고, 실체가 없되 인연으로 연기되어진 모습을 법의 모습(相)이라 한다.[2]

다시 말하면, 삼십육대법은 양변을 여읜 불이중도不二中道를 말하는 것이며, 삼과법문은 인식활동으로 드러나는 일념 수행의 구체적

---

2 학담鶴潭 해의, 『六祖法寶壇經』, 큰수레, 2016, p.422 참조.

내용으로 오온·십이처·십팔계의 연기적 중도를 말하는 것이다. 즉 삼과법문이 양변을 여읜 중도로서 일어나되 일어난 바가 없는 일념불생一念不生의 도리를 실천하는 것을 설하고 있다.

그러면 인간 활동으로 주어진 삼과법문과 삼십육대법은 결국 법의 성품이 작용으로 드러난 법(일념)의 모습이 실로 비유비무非有非無의 중도실상이라는 것을 일깨워 성性을 여읨도 없고 상相에 집착함도 없는 해탈열반의 삶을 살게 하는 법문인 것이다.

여기서 한 가지 착안해야 할 점은 법의 모습(相)은 법의 성품(性)을 떠나지 않고, 법의 성품(性)이 법의 모습(相)을 머금고 있으므로 이를 함장식含藏識이라 한다. 함장식에서 전식轉識 작용이 일어나 육식이라는 의식성으로 나타나는 것이다. 즉 우리의 의식은 성품의 작용으로 일어나는 한 생각(一念)의 모습으로 표현되어지는 것이다. 그러므로 『단경』은 말한다.

"자신의 성품이 능히 만법을 머금으므로 함장식含藏識이라 하는 것이니, 만약 실체적으로 생각을 일으키면 이것이 전식轉識이라, 육식六識을 내어 육문六門을 나와 육진六塵을 보게 된다."[3]

즉 전식轉識의 작용이 바로 육식으로 드러나는데, 육식은 한 생각(思量)으로 작용하는 용심用心으로 구체화된다. 즉 용심이라는 일념의 작용 가운데서 미혹과 깨달음이 일어나는 것이다. 그러므로 혜능

---

3 『壇經』, "自性能含萬法, 名含藏識. 若起思量, 卽是轉識, 生六識, 出六門, 見六塵."

선사 또한 "보리의 자성이 본래 청정하니, 다만 이 마음을 쓰면 곧 깨달음이 이루어진다"[4]라고 말하고 있는 것이다.

다시 말하면, 삼과법문과 삼십육대법은 모두 자성으로 좇아 일어나는 일념으로 작용되기 때문에 "자성이 삿되면 열여덟 가지 삿됨이 일어나고, 자성이 바르면 열여덟 가지 바름이 일어난다"[5]라고 설하는 것이다. 따라서 근본종지로 설해진 삼과법문과 삼십육대법은 수증의 측면에서 보면 결국 일념수행一念修行과 일념해탈一念解脫로 귀결된다고 말할 수 있다.

(1) 일념수행一念修行

불교의 수증론에서 보면 그 가장 큰 관심은 고통의 현실에서 어떻게 고통을 벗어난 깨달음의 해탈을 실현하느냐에 있다. 혜능 선사는 『단경』에서 "자성청정自性淸淨"의 기초 위에 "식심견성識心見性"하는 "돈오성불頓悟成佛"의 해탈법문을 제시하고 있다.

> "선지식아, 내가 홍인 화상 처소에서 한 번 듣고 언하言下에 바로 깨달아 단박에 진여본성을 보았다. 이러한 까닭에 이 가르침을 유행시켜 도를 배우는 자가 보리를 단박에 깨달아 각기 스스로 마음을 살펴 자기의 본성을 보게 하려 한다."[6]

---

[4] 위의 책, "菩提自性, 本來淸淨, 但用此心, 直了成佛."
[5] 위의 책, "自性若邪, 起十八邪, 自性若正, 起十八正."
[6] 위의 책, "善知識, 我於忍和尙處, 一聞言下便悟, 頓見眞如本性. 是以將此敎法流行, 令學道者, 頓悟菩提, 各自觀心, 自見本性."

혜능 선사는 돈오성불의 방법에 대해 말하기를, "말 아래 바로 깨닫는다"라는 의미의 "언하변오言下便悟"를 설하고 있다. 언하에 바로 진여자성을 깨치는 것이 돈오선법이다. 그런데 혜능 선사가 주장한 돈오는 오悟와 수修를 아우르는 절대적인 "돈중돈頓中頓"이다. 오와 수를 아우른다는 말은 닦음(修)이 깨달음(悟)이 되고, 깨달음이 닦음이 되는 수오일여修悟一如를 말하는 것이다. 그러므로 혜능의 돈오선이 강조하고 있는 수증의 핵심은 돈중돈의 "돈오돈수頓悟頓修"라고 할 수 있다.

"자신의 성품을 스스로 깨달아 단박에 깨닫고 단박에 닦아버리므로(頓悟頓修) 또한 점차가 없다. 그러므로 일체의 법을 세우지 않는다. 제법이 적멸한데 어떻게 차제가 있겠는가?"[7]

『단경』에서 설하고 있는 "진여불성을 단박에 깨달음(頓見眞如佛性)"은 돈오선법의 심지법문心地法門이다. 상근기 보살은 "돈견불성"함에 있어서 차제점수가 필요하지 않아서 단도직입으로 일찰나에 구경의 불경계佛境界에 돈입頓入한다.

"진여불성"은 "중도불성中道佛性"을 지칭하는 말이다. 중도불성을 돈오하고 중도정견中道正見을 돈수함이 혜능 돈오선의 근간이다. 돈오의 구체적 방법이 바로 "식심견성識心見性"이라고 할 수 있다. 돈오는 중생을 초월하여 부처에 이르는 관문이기 때문에 철저히 마음을 알고

---

7 위의 책, "自性自悟, 頓悟頓修, 亦無漸次. 所以不立一切法, 諸法寂滅, 有何次第."

성품을 보아야만 깨달음의 해탈 경계에 도달할 수 있는 것이다.

여기서 "마음을 알고 성품을 본다(識心見性)"는 것이 바로 위에서 혜능 선사가 언급한 온·처·계로 표현되어진 삼과법문의 수증인 것이다. 따라서 이른바 "식심견성"이 혜능이 주창한 돈오의 수증 방편이다.

돈오는 평상심의 일념 위에서 자심의 본성을 깨닫는 것이다. 즉 중생의 일상생활의 견문각지見聞覺知의 즉각적인 마음(當下之心: 一念) 위에서 중생의 망심을 돌이켜 부처의 진심을 증득하는 것이다. 돈오견성이 즉각적으로 이루어지는 지점이 바로 일념당체一念當體이며, 일념지간一念之間이기에 이를 일념수행, 일념해탈이라고 말하는 것이다.

"닦지 않으면 곧 범부요, 일념을 수행하면 자신이 곧 부처와 같다."[8]
"앞생각이 미혹하면 범부요, 뒷생각에 깨달으면 곧 부처이다. 앞생각이 경계에 집착하면 곧 번뇌요, 뒷생각이 경계를 떠나면 곧 보리이다."[9]
"깨닫지 못하면 곧 부처가 중생이요, 일념을 깨달을 때 중생이 부처이다."[10]

혜능 선사가 천명한 일념수행一念修行이란 중생과 제불의 차이를 단지 일념一念의 미오迷悟에 있다고 보고, 미와 오의 차이는 다만

---

8 위의 책, "不修卽凡, 一念修行, 自身等佛."
9 위의 책, "前念迷卽凡夫, 後念悟卽佛. 前念著境卽煩惱, 後念離境卽菩提."
10 위의 책, "不悟卽佛是衆生, 一念悟時衆生是佛."

일념당하一念當下(一念之間)에 있으므로 일찰나에 전미개오轉迷開悟 하는 것이 돈오선이 강조하는 바의 수증방법이라 할 수 있다.

돈오선의 수증이론은 모두 이러한 일념의 수증으로 귀결되는 것이다. 즉 돈오의 실현은 "일념상응一念相應"의 혁명적인 인식전환을 통하여 이루어진다는 것이다. 일념수행과 일념해탈一念解脫이 혜능 선사의 "돈오" 수증론의 심지법문이며, 남종선의 핵심종지라는 결론을 알 수 있다.

『단경』에서는 분명하게 일념에 의거하여 일념생사一念生死, 일념수행一念修行, 일념해탈一念解脫, 일념성불一念成佛의 법문을 설하고 있다. 일념생사의 중생이 일념해탈을 성취하기 위해서는 일념수행이 반드시 이루어져야 하는 것이다. 그러면 일념수증의 구체적 방법을 살펴보기로 하자.

(2) 염기즉각念起卽覺

『단경』의 일념수증의 연장선에서 신회 선사는 "염기즉각念起卽覺 각지즉무覺之卽無"라는 말로 그 수증 방편을 세우고 있다. 즉 "생각이 일어나면 바로 깨달아라. 깨달으면 바로 없어진다"는 것은 일념생기一念生起에 즉각적으로 일념불생一念不生을 깨닫게 하는 수증 방편으로 제시된 것이다. 한 생각이 일어나면 곧바로 생각 이전 자리를 반조하여 필경공畢竟空을 깨닫게 하는 것이다.

무릇 형상 있는 것은 모두 공空하다. 형상이 형상 아닌 줄 아는 그 자리를 깨달으면 불성은 찬연히 빛으로 드러난다. 생각 이전으로 돌아가기 위해서는 분별망념이 공함을 철저히 깨달아야 한다. 즉 망념이 죽어야(念起卽覺) 무념이 드러난다(覺之卽無). 중요한 것은 일념一念, 곧 한 생각이다. 일체 경계의 형상(생각)으로부터 한 생각을 돌이켜 공성空性을 깨닫는 데 그 열쇠가 있다.

하택종이 강조하고 있는 일념반조一念返照에 의한 무념無念의 종지에 대해 종밀 선사는 이렇게 설하고 있다.

"만약 선지식의 가르침을 받아 공적의 지(空寂之知)를 단박 깨닫게 되면 모든 것이 생각이 없고(無念), 형상이 없음(無形)을 알게 되니, 누가 무엇으로 아상我相과 인상人相을 삼을 수 있겠는가. 모든 상相이 공함을 깨달으면 마음에 스스로 생각(망념)이 없고 생각이 일어나면 바로 깨달아라(念起卽覺), 깨달으면 바로 없어지니(覺之卽無) 수행의 오묘한 문이 오직 여기에 있다. 그러므로 비록 만 가지 행을 갖추어 수행하더라도 오직 무념無念으로써 근본을 삼는다."[11]

여기서 종밀 선사는 하택종의 수행문을 "생각이 일어나면 곧 깨닫고(念起卽覺), 깨달으면 바로 없어진다(覺之卽無)"라는 정형구로 정리하고 있다. 결국 깨달음은 생각의 반조를 통한 견見의 의미로 볼 수 있다. 이것은 망념의 한 생각을 돌이켜 비추어 보는 반조返照의 한 방법이다. 다시 말하면 생각(망념)이 일어나면 생각을 돌이켜 비추어

---

11 종밀, 『都序』, "若得善友開示, 頓悟空寂之知, 知且無念無形, 誰爲我相人相. 覺諸相空, 心自無念, 念起卽覺, 覺之卽無. 修行妙門, 唯在此也. 故雖備修萬行, 唯以無念爲宗."

보는(卽覺=卽見) 반조를 거쳐, 그 생각이 소멸됨으로써 견마저 소멸하게 되어(卽無=見滅) 무념에 이르게 된다는 것이다. 이와 같이 즉견卽見하는 반조返照의 단계와 견멸見滅하여 소멸하는 두 단계를 거쳐 무념의 불성을 깨닫게 되는 것이다.[12] 이것이 조사선에서 실행한 선의 수증방법론이다.

자각종색 선사 또한 『좌선의坐禪儀』에서 하택종을 계승하여 "염기즉각念起卽覺 각지즉실覺之卽失"을 말하고 있다. 이 또한 같은 내용으로서 "망념이 일어나면 바로 깨달아라. 깨달으면 망념이 사라진다"는 것이다.

조사선의 수증의 요체로서 "염기즉각念起卽覺 각지즉무覺之卽無"의 일구는 『원각경』 「보현보살장」에서 그 의미를 찾아볼 수 있다.

"환인 줄 알면 곧 여의어져서 방편 지을 것이 없고, 환을 여의면 곧 각覺이므로 또한 점차漸次도 없느니라."[13]

한 생각 일어남에 있어서 그 한 생각이 환인 줄 알면 바로 여의게 된다. 여기서 다른 방편을 빌릴 필요가 없으며, 환을 여의게 되면 이것이 바로 깨달음이니 여기서는 점차의 차제가 없게 되는 것이다.

비유하여 말하면, 마음에 생각이 일어나는 것은 곧 물에 거품이 일어나는 것과 같아서 물에 거품이 일면 물의 맑음을 상실하듯이 마음에 한 생각 일어나면 이미 청정심이 오염된다. 다만 거품이라는

---

12 인경, 『쟁점으로 살펴보는 간화선』, 명상상담연구원, 2011, p.125.
13 『圓覺經』 「普賢菩薩章」, "知幻卽離, 不作方便, 離幻卽覺, 亦無漸次."

환幻만 여의면 그대로가 물인 것이다. 즉 거품이 환인 줄 알면 거품 그대로 물이다. 그래서 선문에서는 염불기念不起의 일념불생一念不生을 소중히 여기는 것이다.

달마 대사 또한 오도송 가운데서 "마음이 일어나면 곧 죄가 생기는 때이다(心生則是罪生時)"라고 읊고 있다. 혜능 선사 역시 『단경』의 「무상송」에서 "보리의 본래 자성에 마음을 일으키면 곧 이것이 망념妄念이다"[14]라고 하였다.

일념의 상相이 일어나면 바로 일념의 성性인 공空을 깨닫는 것이 일념 위에서 바로 수행과 깨달음이 즉각적으로 이루어지는 일념수증론의 방편이다. 이로 인해 상相 가운데서 성性을 보는 성상융회性相融會와 용用 가운데서 체體를 증득하는 체용일여體用一如가 실현되는 불이중도不二中道의 삶이 발현되는 것이다.

(3) 돈오해탈頓悟解脫

위에서 언급하였듯이 조사선의 수증 방편은 일념의 돈오견성頓悟見性이라고 하였다. 즉 한 생각 일어나면 일어나는 상相 가운데서 그 상이 공空함을 깨달아서, 상이 공함이 바로 성性임을 알기에 견상見相에서 바로 견성見性이 이루어지는 것이다. 그래서 "염기즉각念起卽覺 각지즉무覺之卽無"라고 말하는 것이다. 신회 선사는 이러한 일념수증의 기조 위에서 돈오해탈, 즉 육진삼매를 강조하고 있다.

---

14 『壇經』, "菩提本自性, 起心卽是妄."

"눈으로 색(色: 사물, 대상)을 볼 때 색을 분명하게 분별하되 분별을 따라 망념을 일으키지 않으면 색으로부터 자재하게 된다. 귀로 소리를 들을 때 소리를 분명하게 분별하되 분별을 따라 망념을 일으키지 않으면 소리로부터 자재하게 된다. … 뜻으로 생각을 헤아릴 때 생각을 분명하게 분별하되 분별을 따라 망념을 일으키지 않으면 생각으로부터 자재하게 된다. 눈·귀·코·혀·몸·뜻의 인식 기관이 그 대상을 분명하게 잘 분별하는 것이 본래의 지혜이며 그 분별을 따라 망념을 일으키지 않음이 본래의 선정이다."[15]

신회 선사가 설하고 있는 돈오해탈, 육진삼매는 다름 아닌 혜능 선사가 설한 삼과법문이며, 또한 일념수행의 구체적 내용이다. 즉 눈으로 색을 보되 색에 집착하지 않고, 귀로 소리를 들되 소리에 집착하지 않고, 코로 향기를 맡되 향기에 집착하지 않고, 혀로 맛을 보되 맛에 집착하지 않고, 몸으로 감촉하되 감촉에 집착하지 않고, 뜻으로 생각하되 생각에 집착하지 않는 것이 참된 수증이다.

신회 선사는 보되 보는 바 없이 보고, 들되 듣는 바 없이 듣고, 생각하되 생각한 바 없이 생각하는 것이 돈오법문이고, 육진삼매이

---

15 신회, 『壇語』, "若眼見色 善分別一切色, 不隨分別起, 色中得自在 色中得解脫色塵三昧足. 耳聞解 善分別一切聲, 不隨分別起 聲中得自在, 聲中得解脫聲塵三昧足. 鼻聞香 善分別一切香 不隨分別起 香中得自在, 香中得解脫香塵三昧足. 舌嘗味, 善分別一切味 不隨分別起, 味中得自在, 味中得解脫味塵三昧足. 身覺種種觸, 善能分別觸, 不隨分別起 觸中得自在 觸中得解脫觸塵三昧足. 意分別一切法 不隨分別起 法中得自在, 法中得解脫法塵三昧足. 如是諸根善分別, 是本慧. 不隨分別起, 是本定."

며, 자재해탈이라고 말하고 있다. 일념수행에서 보면, 육근인 인식주체가 육진인 객관대상을 접촉하여 한 생각(一念)을 일으킬 때 잘 분별하면(善分別) 본래의 지혜가 되고, 그 분별을 따라(隨分別) 망념을 일으키지 않으면(不隨分別) 본래의 선정이 되는 것이다. 이것이 바로 일상의 삶 그대로 정혜쌍수가 되는 일념수증의 도리이다.

즉 일념생기一念生起할 때 분명하게 있는 그대로 잘 분별하는 것을 선분별善分別이라 하고, 그 분별을 따라 집착하는 것을 수분별隨分別이라 하였다. 선분별은 해탈이요, 수분별은 고통이다. 이것은 조사선에서 말하는 수증의 방편이 삶 자체를 떠나서 따로 있는 것이 아니라, 일체처 일체시라는 삶의 전체 영역에서 한 생각(一念) 일으킴에 있어 그 경계를 잘 분별하면 본래 지혜의 발현이며, 그 분별을 따라가지 않고 고요하면 본래 선정의 발현인 것이다. 즉 분별의 상相 가운데서 공적의 성性을 보면 선정이요, 공적의 성性 가운데서 분별의 상相을 보면 지혜인 것이다.

한 생각이 일어날 때, 일어나되 일어난 바 없음을 보면 선정이 되고, 또한 일어난 바 없이 일어남을 보게 되면 지혜가 되어 일념 가운데 바로 정혜쌍수가 이루어져 생각 생각에 해탈의 삶을 살아갈 수 있게 되는 것이다.

다시 말하면, 안·이·비·설·신·의가 색·성·향·미·촉·법을 대하여 안식眼識 내지 의식意識의 일념을 일으킬 때, 일으킨 바 없이 일으켜 잘 분별하되 그 분별을 따라 집착하지 않음이 바로 육진삼매六塵三昧로서의 선정이 되며, 자재해탈自在解脫로서 지혜가 되는 것이다. 이것이 조사선에서 말하는 돈오해탈頓悟解脫인 것이다.

『능엄경』「염불원통장」에서도 "도섭육근都攝六根"을 설하고 있다. 그 내용을 살펴보면, 눈으로 보되 색 경계를 따라가지 않는 것을 안근섭수眼根攝受라 하고, 귀로 듣되 소리 경계를 따라가지 않는 것을 이근섭수耳根攝受라 하며, 뜻으로 생각하되 생각을 따라가지 않는 것을 의근섭수意根攝受라고 한다. 안근眼根에서 의근意根까지 육근六根 모두가 경계를 따라가지 않음을 도섭육근이라고 하였다.

이와 같이 "육근을 모두 섭수하여 정념이 서로 이어져서 삼매를 얻는 것이 제일이다"[16]라고 설하고 있다. 『오성론』에서도 육근이 육진을 대함에 있어서 집착함이 없어 자재한 해탈의 경지를 이렇게 말하고 있다.

"눈이 색色을 볼 때 색에 물들지 않고, 귀가 소리를 들을 때에 소리에 물들지 않으면 모두 해탈하게 된다. 눈이 색에 집착하지 않으면 눈은 선문禪門이 되고, 귀가 소리에 집착하지 않으면 귀도 선문이 된다. 다시 말하면 색의 성품을 보는 자는 항상 해탈을 이루고, 색의 현상을 보는 자는 항상 얽매이게 된다. 번뇌에 얽매이지 않는 것을 곧 해탈이라 말하고, 별도로 해탈이 있는 것이 아니다. 색을 잘 관찰하면 색이 마음에서 생긴 것도 아니고, 마음이 색에서 생긴 것도 아니며, 곧 색과 마음이 함께 청정한 줄 보게 된다. 망상이 없을 때는 하나의 마음이 바로 하나의 불국토요, 망상이 있을 때에는 하나의 마음이 바로 하나의 지옥이다."[17]

---

16 『楞嚴經』, "都攝六根, 淨念相繼, 得三摩地, 斯爲第一."
17 『悟性論』, "眼見色時, 不染於色, 耳聞聲時, 不染於聲, 皆解脫也. 眼不着色,

색이 본래 공한 성품을 보면 해탈이요, 색의 모양에 집착하면 구속이다. 즉 견상見相하면 얽매이는 중생이요, 견성見性하면 해탈한 부처이다. 한 생각의 마음이 공한 줄 알아 마음으로써 마음을 낸 바 없이 내면 불국이며, 한 생각 마음이 공한 줄 모르고 마음으로써 마음을 내면 지옥이 되는 것이다.

2) 수修와 오悟의 선후와 견성성불
(1) 선오후수先悟後修

영명연수 선사는 『종경록』에서 사공본정 선사의 법문을 인용해 선오후수先悟後修의 수증론을 주창하고 있다.

"어떤 학인이 사공본정 화상에게 물었다.
'화상께서는 아직 수행하십니까?'
본정 화상이 대답했다.
'나의 수행은 그대의 입장과는 다르다. 그대들은 먼저 수행한 뒤에 깨닫지만(先修後悟), 나는 먼저 깨닫고 난 뒤에 수행한다(先悟後修). 만약 먼저 수행한 뒤에 깨달으면 이것은 공功의 자취가 남아 있는 공功이기(有功之功) 때문에 그 공이 생멸로 돌아가지만, 먼저 깨닫고 뒤에 수행하면 이것은 공功의 자취가 없는 공功이라서(無功之功) 그 공은 헛되이 없어지지 않는다.'"[18]

眼爲禪門, 耳不着聲, 耳爲禪門, 總而言之, 見色性者는 常解脫, 見色相者는 常繫縛, 不爲煩惱繫縛者, 卽名解脫, 更無別解脫. 善觀色者는 色不生於心, 心不生於色, 卽色與心俱是淸淨, 無妄想時, 一心是一佛國, 有妄想時, 一心是一地獄."

영명연수 선사는 이치를 돈오한 연후에 현상을 점수하는 것을 돈오원수頓悟圓修라고 정의하고 있다. 이는 근원을 깨달은 후에 또한 원만한 닦음을 폐기하지 않는다는 것이다. 즉 먼저 깨닫고 후에 닦는 선오후수가 돈오원수라고 주장하고 있는 것이다.

일반적으로 생각하면, 먼저 수행하고 그 수행의 결과로 깨닫는 선수후오先修後悟가 옳다고 생각하기 쉽다. 그러나 조사는 분명하게 먼저 깨닫고 난 뒤에 그 깨달음에 의거하여 수행해야 한다는 선오후수를 주장하고 있다. 사공본정 선사는 육조혜능 선사의 상수 제자이며, 영명연수 선사는 예로부터 종문의 정안으로 칭송받는 분이다.

선수후오에서의 수행은 깨달음의 원인으로 주어지는 수단이므로 아직 수행의 자취가 남아 있다. 수단으로서의 수행은 반드시 그 공력功力의 자취가 깃들게 되어 공이 있는 공(有功之功)이 되어 생멸심으로 떨어지게 된다는 것이다. 이렇게 되면 수행과 깨달음이 이원화二元化되어 수행은 단지 깨달음을 이루는 수단으로 전락하고, 깨달음은 수행의 목적이 되는 대상경계로 남게 된다.

깨달음을 대상화하게 되면 일상의 삶과 이원화되어 불이법문不二法門에 어긋나게 된다. 돈오에는 해오解悟와 증오證悟가 있다. 해오와 증오를 비유하여 말하면, 해오는 한 치 앞을 볼 수 없는 캄캄한 밤길을 걸어가는데 문득 벼락이 쳐서 길과 주변이 일시적으로 밝아지는 것과 같고, 증오는 아침에 해가 떠올라 온 대지가 밝아지는 것과 같다.

---

18 연수, 『宗鏡錄』 卷第十五, "如有學人, 問本淨和尙云, 師還修行也無. 對云, 我修行與汝別. 汝先修而後悟, 我先悟而後修. 是以若先修而後悟, 斯則有功之功, 功歸生滅. 若先悟而後修, 此乃無功之功, 功不虛棄."

해오를 하든 증오를 하든 이미 밝음을 체득하고 가는 길이기 때문에 무명의 밤길을 걸어가는 것과는 차원이 다르다.

물론 해오는 일시적 밝음이라 다시 어두운 길을 걸어가야 한다. 해오하고 난 뒤에 이 해오에 의거해서 증오로 나아가는 것이 해오 이후의 선오후수이고, 증오하고 난 뒤에 이 증오를 의거해서 불지佛地로 나아가면 증오 이후의 선오후수가 되는 것이다.

어두운 밤길을 가려면 온몸으로 더듬어 나아갈 수밖에 없다. 이것을 닦음(修)에 비유하면 번갯불이 번쩍하기 전이기 때문에 이러한 닦음은 온몸으로 어둠 속을 더듬어 가는 '더듬수(摸黑修)'에 지나지 않는다. 이것이 선수후오의 닦음이다.

그러나 아침 햇살이 빛나는 밝은 길을 가는 것은 정안正眼을 갖추어 정도正道를 걸어가는 것이다. 이것이 선오후수의 닦음이다. 즉 먼저 깨닫고 난 뒤에 닦음은 이미 깨달음에 의거하여 닦는 닦음이라 사도邪道와 외도外道의 길로 떨어지지 않고 정도正道로 나아가게 된다. 특히 증오 이후의 닦음은 지혜와 방편의 안목으로 닦되 닦음의 자취가 없이 닦는 '무수지수無修之修'가 되는 것이다. 조사는 깨닫고 난 뒤의 닦음이 진실한 닦음(眞修)이라고 말하고 있다.

선오후수에 대해 하택신회 선사는 비유로 말하고 있다. "수행자는 반드시 단박에 불성을 깨달아 인연을 점차로 닦아 이생을 떠나지 않고 해탈을 얻는다. 마치 어미가 자식을 낳아 젖을 먹여 점차로 양육하면 그 자식이 지혜로 자연히 증장하는 것과 같다. 단박에 깨달아 불성을 보는 것 또한 이와 같다"[19]라고 하여 선오후수로서의 돈오점수를 말하고 있다. 하택종을 계승한 종밀 선사 또한 선오후수의 규범인 돈오점수를 천성의 궤철(軌轍: 법칙, 모범)이라고 주장하였다.

종밀 선사가 말한 천성의 궤철로서의 돈오점수(선오후수)는 번뇌가 공한 이치는 단박에 깨닫지만 다생의 습기는 그 깨달음에 의거해 점차적으로 소멸해 나가야 한다는 것이다. 『능엄경』에도 또한 다음과 같이 설하고 있다.

"이치는 비록 단박에 깨달아 깨달음에 의해 함께 소멸되지만, 현상은 단박에 제거되지 않아 차제로 닦음으로 인하여 다한다."[20]

이치는 단박에 깨달을 수 있으며, 그 깨달음에 의거하여 망념을 여의고 본성을 드러낼 수 있다. 그러나 다겁생으로 익혀 온 업식은 단박에 제거되지 않으니, 반드시 깨달음의 힘을 빌려 점차로 소멸해 나가야 한다는 것이다.

이러한 경전의 의미는 단박에 깨치는 이치의 영역과 점차로 없애 가는 현실법의 영역을 개인의 해탈과 사회적 실천(보현행)으로 이해할 수 있다. 이치(理)는 현상(事)의 이치이며, 현상은 이치의 현상이라는 이사불이理事不二의 입장에서 보면 현실의 사법事法은 항상 연기된 것이기 때문에 공空이다. 사사로 규정된 일체법이 공이라는 이치를 단박에 깨달으면 현상의 실체성과 닦음과 깨달음의 인과적 필연성마저 깨달음에 의해 단박에 사라지므로 인간의 행위는 모습(相)과 닫힌

---

19 신회, 『壇語』. "夫學道者須頓見佛性, 漸修因緣, 不離是生, 而得解脫. 譬如母頓生子, 與乳, 漸漸養育, 其子智慧自然增長. 頓悟見佛性者, 亦復如是."
20 『楞嚴經』. "理卽頓悟, 乘悟倂消, 事非頓除, 因次第盡."

개념의 틀을 벗어나 머묾 없는 실천행(無住行), 즉 보현행으로 전환되는 것이다.

이와 같이 이理와 사事, 돈頓과 점漸을 이해하게 되면 이理 가운데 사事가 있고 사 가운데 이가 있는 이사원융理事圓融이 되며, 돈頓 가운데 점漸이 있고 점 가운데 돈이 있어 돈점쌍입頓漸雙入이 되는 것이다. 이렇게 되면 이치와 현상, 돈오와 점수가 융회되어 원증원수 圓證圓修의 수증이 이루어지게 된다.

존재의 실상은 늘 고요하되 비추고(常寂而照), 늘 비추되 고요하다 (常照而寂). 이것이 상적상조常寂常照이며, 적조불이寂照不二이다. 그러므로 선정을 닦아 지혜를 밝히는 수증은 결국 닦음의 방편과 깨달음의 실상이 둘이면서 하나요, 하나이면서 둘이 되는 것이다. 아울러 온전한 닦음이 그대로 깨달음이 되고(全修卽性), 온전한 깨달음이 그대로 닦음이 된다(全性卽修).

닦음과 깨달음이 둘이 아닌 수오일여修悟一如의 경지에서 말하면, 돈점을 함께 닦되(頓漸雙入) 돈점을 함께 버리며(頓漸雙亡), 돈과 점을 세우지 않되(無頓無漸) 돈과 점을 원만하게 닦아서(圓頓圓漸), 닦음 없이 닦고 깨침 없이 깨치니(無修無證) 모든 수행과 모든 깨달음이 그대로 구경원만究竟圓滿의 수증이 된다.

(2) 견성성불見性成佛

선수증의 방편은 견성성불見性成佛하여 생사해탈生死解脫하는 데 목적이 있다. 선禪에서는 한 생각 일어남이 생生이요, 한 생각 사라짐이 사死이다. 일념의 생사로부터 벗어나는 것이 해탈이다. 생사해탈을 위해서는 먼저 견성하여 성불해야 한다. 그래서 선종에서는 견성성불이 제일의 종지가 되는 것이다. 혜능 선사가 『단경』에서 "오직 견성만 논하고 선정과 해탈은 논하지 않는다"[21]라고 말하고 있는 것도 같은 의미인 것이다.

이른바 견성見性이라는 말은 "성품(性)을 본다(見)"는 것이다. 그러면 과연 성품이란 무엇인가? 종밀 선사가 말했다.

> "망령된 생각이 본래 고요하고 바깥 경계가 본래 공하지만, 텅 비고 고요한 마음 가운데 신령스런 앎은 어둡지 않다. 바로 이 공적한 앎(空寂之知)이 그대의 참된 성품이다."[22]

중생의 망상이 실체가 없이 일어났으므로 본래 텅 비어 고요하다(空寂). 이 공적한 가운데 신령스런 앎이 있음이 참된 성품이다. 이 공적영지空寂靈知의 성품을 깨닫는 것이 견성이다. 선불교에서 성품을 본다(見性)는 것과 부처를 이룬다(成佛)는 것은 구체적으로 무엇을 의미하는가? 성품을 본다고 했을 때 본다(見)는 것은 깨닫는다(悟)는 것이며, 부처를 이룬다고 했을 때 이룬다(成)는 것은 본래 갖추어진 깨달음(本覺)을 견성見性을 통해 다시 깨닫는다(始覺)는 의미이다.

불성은 본래 갖추어져 있으나(佛性本有), 객진번뇌에 오염되어(客塵所染) 드러나지 않으므로 불성을 새로 만들어 성불하는 것이 아니라, 다만 참구를 통해 공적영지한 성품을 드러내 보이는 것(見性)이 성불成

---

21 『壇經』, "惟論見性, 不論禪定解脫."
22 종밀, 『都序』, "妄念本寂, 塵境本空, 空寂之心, 靈知不昧, 卽此空寂之知, 是汝眞性."

佛이 되는 것이다. 이와 같이 견성성불에서의 관건은 성품을 보는 것(見性)이 되기 때문에 "성품을 보면(見性) 곧 그대로 부처를 이룬다(成佛)"라고 말하는 것이다.

성품(性)이란 일체법의 모양(相)이 텅 비어 공한 것에 붙인 이름에 불과하다. 『금강경』에서 "무릇 형상 있는 모든 것(凡所有相)은 모두 허망하다(皆是虛妄). 만약 모든 형상이 형상 아님으로 보면(若見諸相非相) 바로 여래를 보리라(卽見如來)"고 설했다.

여기서 모든 형상이 허망하다는 것은 형상이 텅 비어 공空하다는 말이며, 모든 형상(諸相)이 형상 아님(非相)으로 본다(見)는 것은 모든 상相이 텅 빈 공空함을 본다는 말이다. 모든 상相이 공空한 그 자체가 바로 성性인 것이다. 이때 상相을 고정된 실체로 보면 집착이 되고, 상相이 공空한 성性을 보면 집착을 여의어 해탈이 된다. 그래서 견상見相하면 중생이 되고, 견성見性하면 부처가 되는 것이다.

대승불교나 선종에서 말하는 성품(性)으로서의 불성이나 여래장은 외도들이 말하는 실체實體로서의 자아(아트만)가 아니라, 무아無我, 연기緣起, 필경공畢竟空의 다른 표현이고, 중도실상中道實相의 기술적인 언표이다. 선종에서는 존재의 참성품이 무엇인지 직접 체달하기 위해 정견正見을 확립하는 것이며, 견성見性을 강조하는 것이다.

그러므로 선종에서는 "직지인심直指人心, 견성성불見性成佛"을 핵심 종지로 내세워 가장 중요한 수증의 덕목으로 삼고 있는 것이다. 마음의 성품이 부처임을 깨쳐서 생사를 해탈하는 것이 선의 수증이다.

그러면 견성見性의 견見, 즉 본다(見)는 것의 의미는 무엇인가?

"참되게 본다(眞見)는 것은 보지 않는 바가 없고 또한 보는 바가 없어서, 보는 것이 시방에 두루하여 일찍이 보는 것이 있지 않다. 왜냐하면 보는 바가 없기 때문이며 보아도 보는 것이 없기 때문이다. 보아도 보는 것이 아니기 때문에 범부가 보는 바는 모두 망상이라 한다. 만약 적멸하여 보는 바가 없으면 비로소 참되게 본다(眞見)고 한다. 마음과 경계가 상대하여 그 가운데 본다는 것이 생기나니, 만약 안에서 마음을 일으키지 않으면 곧 밖에서 경계가 사라진다. 그러므로 마음과 경계가 함께 고요하니 이에 참되게 본다(眞見)고 하며, 이러한 것을 알게 될 때를 이에 바르게 본다(正見)라고 한다."[23]

보되 보는 바가 있으면 망상이며, 보는 바가 없으면 참되게 보는 것이 된다. 범부는 보는 대상이 있어 집착하기 때문에 보는 모든 경계가 망상이 되며, 정견인은 보는 주체와 보이는 대상이 적멸(공)하여 보는 바가 없게 된다. 이것이 참되게 보는 것이라고 말하는 것이다. 마치 거울이 만약 형상을 대하지 않으면 끝내 형상을 볼 수 없는 것과 같이 보는 물건이 없어야 참되게 보는 것(眞見)이다.

신회 선사는 본다는 것은 남이 없음을 곧바로 보는 것(見卽直見無生)이라고 하였다. 눈으로 색을 보되 한 생각도 일어남이 없음(一念無生)

---

23 『悟性論』, "夫眞見者, 無所不見, 亦無所見, 見滿十方, 未曾有見. 何以故, 無所見故, 見無見故. 見非見故, 凡夫所見, 皆名妄想. 若寂滅無見, 是名眞見. 心境相對, 見生於中. 若內不起, 則外不生境, 故心境俱淨, 乃名爲眞見. 作此解時, 乃名正見."

이 무념無念이며, 진견眞見이다. 밝은 거울의 자성이 대상이 있고 없음에 관계없이 비추는 것과 같이 중생의 마음이 청정하면 자연히 반야의 광명이 나와서 진리의 세계를 비추는 것이 무념을 체득하는 것이며, 참되게 보는 것(眞見)이라고 주장하고 있는 것이다.

이러한 무념의 견見은 대상을 보되 대상에 집착하여 머무름이 없으므로 또한 무주無住의 견見이 되는 것이다. 경에 말하기를, "마땅히 머문 바 없이(應無所住) 그 마음을 내라(而生其心)"고 하였듯이 머무는 바가 없기에 한 생각도 낸 바 없이 보게 되는 것이다.

신회 선사는 견見에 대한 성격을 자성견自性見과 수연견隨緣見으로 나누어 설명하고 있다. 자성에 본래 갖추어진 반야의 작용으로서의 견을 자성견이라 하였다. 마치 밝은 거울이 온갖 모양을 비추는 것과 같다. 수연견은 대상을 따르는 견을 말한다. 일상생활에서 견문각지見聞覺知로써 감응하는 측면을 가리킨다. 자성견이 본체적인 면을 나타낸다면, 수연견은 작용적인 면을 나타내고 있다고 할 수 있다. 즉 자성견은 밝고 어두움에 관계없이 보는 견이지만, 수연견은 밝고 어두움 등의 주위 환경에 영향을 받게 되는 견이다. 어두운 방에서 대상을 볼 때 어둠만 보이고 아무것도 볼 수 없는 것은 자성견은 작용되고 있지만 수연견은 작용되고 있지 않기 때문이다.

마음이 색을 본다고 할 때, 색은 마음의 색이요, 마음은 색의 마음이다. 색이 마음에서 생긴 것도 아니고, 마음이 색에서 생긴 것도 아닌 줄 알아 색과 마음이 함께 청정(空)한 줄 보게 되는 것이 곧바로 견성이다.

그러므로 마음으로써 마음을 내지 않는 보살은 색과 마음이 공한 줄 알아서, 마음이되 마음 아닌 마음으로 돌려쓰기 때문에 불국토를 장엄하게 되고, 마음으로써 마음을 내는 중생은 경계와 마음이 공한 줄 몰라서, 마음이되 생각 생각에 집착된 마음을 쓰기 때문에 지옥을 만들게 된다. 성품(性)이란 일체의 형상(相)이 공空함에 갖다 붙인 이름이기 때문에 상을 보면 중생이요(見相衆生), 성을 보면 부처를 이루게 된다(見性成佛)고 하는 것이다.

견성하여 성불하기 위해서는 먼저 일체의 분별 망념을 벗어나, 생각 이전으로 돌아가 곧장 자신의 마음이 부처임을 단박에 깨달아야 한다. 즉 밖으로 일체의 상을 취하지 않고(不取外相), 자신의 마음을 돌이켜 비추는 것(自心返照)이 선수행이다. 바깥 경계(대상)를 향하는 생각을 돌이켜 생각 이전의 자리, 즉 생각이 일어나는 그 자리를 비춰보면 거기에 진여의 성품이 온전히 드러나 보여(見性) 부처를 이루게 된다(成佛).

(3) 무념無念·무상無相·무주無住

지금 여기 아는 마음인 육식六識의 활동은 인식주체인 육근六根에도 없고 인식대상인 육경六境에도 없으며, 육근과 육경이 부딪치는 곳에도 없다. 그러나 육근과 육경을 떠나 있는 것도 아니다. 그러므로 인식주체와 인식대상을 실체화하거나 이것이 공하다고 하는 것에 집착하는 것은 정견正見에 어긋난다.

그러므로 아는 마음인 한 생각에 머물러 생각 생각에 집착하는 자나 또는 생각 너머에 생각을 일으키는 자성을 따로 찾는 자는 모두 일념이 무념인 도리를 제대로 터득하지 못한 것이다. 이러한 무념의 종지를 신회 선사는 이렇게 말하고 있다.

"말한 바 생각(念)이란 진여의 작용이며, 진여란 곧 생각의 본체이다. 이러한 뜻으로 생각 없음을 세워 종지로 삼는 것이다(無念爲宗). 만약 생각 없음을 본 자는 비록 보고 듣고 느끼고 알지만 늘 공적한 것이다."[24]

생각은 육근과 육경이 연기되어 일어나므로 실체가 없어 공空하다. 이것을 진여라고 한다. 그러나 진여 또한 공하기 때문에 그 자성을 지키지 않고 생각으로 작용하게 된다. 「법성게」에서 "자성을 지키지 않고 인연 따라 이루어진다(不守自性隨緣成)"라는 것이 이 뜻이다. 따라서 진여자성은 생각 너머의 생각을 일으키는 절대적 성품이 아니라, 생각이되 생각 아니며, 생각 아니되 생각 아님도 아닌 향상의 중도의中道義에 붙인 이름인 것이다.

그러므로 신회는 『단어』에서 작의(作意: 의도)하지 않음이 곧 무념(不作意就是無念)이라고 주장하고 있는 것이다. 즉 "다만 작의하지 않고 마음에 일어남이 없음이 참된 무념이다"[25]라고 말하고 있다.

마조 선사는 이원二元으로 작의하고 분별하는 마음이 없음을 평상심平常心이라고 하였다. "곧바로 도를 알고자 하는가? 평상심이 곧 도이다. 무엇을 일러 평상심이라 하는가? 조작하지 않고, 옳고 그름을

---

24 신회, 『壇語』, "所言念者, 是眞如之用, 眞如者, 卽是念之體. 以是義故, 立無念爲宗. 若見無念者, 雖有見聞覺知而常寂."
25 신회, 『壇語』, "但不作意, 心無有起, 是眞無念."

따지지 않으며, 취하거나 버리지도 않고, 끊어지거나 항상함이 있다고 헤아리지 않으며, 범부도 아니고 성인도 아닌 것이 평상심이다."[26] 즉 무념이 일상의 삶 속에서 이원적 분별인 작의가 없이 작용되는 것이 바로 평상심인 것이다.

혜능 선사는 무념의 종지와 더불어 무상과 무주의 법문을 설하고 있다.

"선지식이여, 나의 이 법문은 위로부터 내려오면서 먼저 생각 없음(無念)으로 종지를 삼고, 모습 없음(無相)으로 본체를 삼으며, 머묾 없음(無住)으로 근본을 삼는다."[27]

혜능 선사는 이를 이렇게 해석하고 있다. 모습 없음(無相)이란 모습에서 모습 떠남이며(於相離相), 생각 없음(無念)이란 생각에서 생각 없음이다(於念無念). 그리고 머묾 없음(無住)이란 사람의 본성이 세간의 선과 악, 고움과 미움, 나아가서는 원수거나 친함에 대해서 그리고 말로 상처 주거나 속이고 다툴 때 그 모두를 공으로 삼아 해칠 것을 생각하지 않으며, 생각 생각 속에 앞의 경계를 생각하지 않음이다.

연기법에서 볼 때 마음은 경계의 마음이며, 경계는 마음의 경계이다. 지금 사람이 일으키는 마음으로서의 한 생각은 실체로 주어진

---

26 『馬祖語錄』, " 若欲直會其道, 平常心是道. 何謂平常心. 無造作, 無是非, 無取捨, 無斷常, 無凡無聖."
27 『壇經』, "無念爲宗, 無相爲體, 無住爲本."

생각이 아니라 경계(대상)인 생각이다. 즉 생각에 드러난 경계는 생각 밖에 따로 존재하는 경계가 아니라 생각인 경계에 불과하다.

생각이 경계인 생각이므로 경계의 상에서 상을 여의면 생각은 생각 아닌 창조적 생각으로 발현되며, 경계가 생각인 경계이므로 생각에서 생각을 떠나면 경계 아닌 경계의 참모습이 나타나게 된다. 생각이 생각 아닌 생각으로 발현되는 것이 바로 무념無念이며, 경계의 모습이 모습 아닌 모습으로 드러나는 것이 바로 무상無相인 것이다.

그리고 생각 생각이 서로 이어져 끊어짐이 없으면 묶임이라 하고, 모든 법에 대하여 생각 생각이 머물지 않으면 곧 묶임 없으니 이것이 바로 무주無住인 것이다. 즉 무주란 무념과 무상의 도리를 깨달아 생각 생각에 머묾 없음인 것이다. 그래서 보살은 지혜로 생사에도 머물지 않고(無住生死), 자비로 열반에도 머물지 않는(無住涅槃) 무주묘행無住妙行을 실현하는 것이다. 따라서 마조 선사도 경을 인용해 "범부의 행도 아니고 현성의 행도 아닌 것이 바로 보살행이다"[28]라고 하였다.

그러므로 조사선의 돈오법문에서는 생각하되 생각함이 없는 무념無念과 모습 속에 있되 모습 없는 무상無相(실상)의 바탕 위에 머묾 없는 무주행無住行으로써 바라밀 실천의 핵심 가르침을 삼고 있다.

---

28 『馬祖語錄』, "經云, 非凡夫行, 非賢聖行, 是菩薩行."

3. 간화선의 수행과 깨달음

간화선은 조사선의 바탕 위에 성립된 수증 방편이다. 따라서 조사선 수증 방편의 연장선에서 간화선 수증의 과정을 살펴보면 대개 다음과 같이 전개되고 있다. 간화선 수증에서 이루어지고 있는 다양한 방편을 요약하여 그 내용을 정리해 보는 것으로써 간화선 수행과 깨달음에 대한 논의論議를 대신하고자 한다.

1) 화두 참구로 나아가기

(1) 발심發心

모든 불교 수행의 출발은 발심으로부터 시작된다. 특히 화두를 참구하는 간화선에서는 발심 자체가 실참실구實參實究의 전제가 된다. 따라서 간화의 종장들은 한결같이 화두 참구가 살되지 않을 때는 발심이 제대로 되었는지를 점검하라고 주장하고 있다. 화두 수행의 관건은 발심에 있다고 하겠다.

『화엄경』에서는 '처음 발심한 때 바로 정각을 이룬다(初發心時便正覺)'라고 설하였다. 『대지도론』에서도 '만일 처음 발심할 때 마땅히 성불하리라고 서원하면 이미 세간을 뛰어넘은 것이니 응당 세간의 공양을 받을 만하다'고 하였다.

천태 선사는 『차제법문』에서 '보살이 발심하는 상相은 바로 발보리심이다. 보리심이란 중도정관中道正觀으로서 제법의 실상을 보아 일체중생을 가련히 여기는 대비심을 일으켜 사홍서원을 세우는 것'이라고 설하였다.

『무량수경종요』에서 원효 대사는 두 가지 발심을 말하고 있는데, 수사발심隨事發心과 순리발심順理發心이 그것이다. 수사발심이란 번뇌를 모두 끊고, 선법善法을 모두 닦고, 중생을 모두 제도하기를 발원하는 것이다. 순리발심이란 일체법이 연기공성緣起空性으로 자성이 없지만, 그 본성 가운데 한량없는 공덕을 갖추고 있으므로 비유비무非有非無의 중도실상임을 깨달아 무량 중생을 제도할 광대한 마음을 일으킨 바 없이 일으키는 것이다.

신회 선사는 『열반경』의 게송을 인용하여 발심의 수승함을 이렇게 말하고 있다.

"발심과 깨달음은 둘이 아니다. 이 둘 가운데 발심하기가 더욱 어렵다. 내가 아직 도를 이루지 못했다 하더라도, 먼저 다른 이를 제도하라. 그러므로 초발심에 경례하는 것이다. 초발심은 이미 인천人天의 스승이라 성문과 연각을 뛰어넘었다."[29]

『법화경』에는 "일대사인연一大事 因緣"을 설하고 있다. 경에서는 "불지견佛知見을 개시오입開示悟入하는 것"이 일대사인연이라고 하였다. 그런데 조사선에서는 "생사사대生死事大 무상신속無常迅速"이 본분 일대사라고 하였다. 즉 태어나도 그 태어난 곳을 모르니 태어남의 일이 크고(生大), 죽어도 그 죽어 가는 곳을 모르니 죽음의 일이 크다(死大). 생생도 모르고 사死도 모르는 무명 중생이 생사에 윤회하

---

[29] 신회, 『壇語』, "發心畢竟二不別, 如是二心先心難, 自未得度先得他, 是故禮敬初發心, 發心已爲人天師, 勝出聲聞緣覺."

면서 끊임없이 고통을 받고 있는 것이 가장 큰일이다.

선禪에서는 한 생각 일어남이 생生이요, 한 생각 사라짐이 사死이다. 생사가 바로 일념一念의 찰나에 있다. 중생의 목숨이 찰나지간에 달려 있어 무상無常이 신속迅速하여 초로草露와 같음을 깊이 인식하여야 한다. 선수행자는 일대사인연을 깨달아 생사대사生死大事를 해결하기 위하여 발심 수행하여야 한다.

만공 선사는 '진정한 발심이란, 첫째, 내가 금생에 죽을 때까지 해야 할 일이 생사해탈하는 이 공부밖에 없다는 의지가 투철해야 하고, 둘째, 다음 생에 태어나도 다시 이 공부밖에 할 것이 없다는 마음이 견고해야 하며, 셋째, 수행하여 성불할 때까지 이 공부밖에 할 것이 없다는 결정심을 내는 것'이라고 하였다. 이와 같이 발심으로부터 일체 불보살이 출세하고 모든 중생이 성불의 기연을 증득하게 되는 것이다.

(2) 출가出家

삼세제불과 역대조사는 모두 출가한 장부였다. 출가에는 삼종의 뜻이 있으니, 애욕으로 맺어진 혈연과의 세속적 인연을 끊는 육친출가肉親出家와 일체의 욕망으로부터 떠나는 오온출가五蘊出家, 그리고 무명의 번뇌로부터 해탈하는 법계출가法界出家가 바로 그것이다. 생사윤회로부터 벗어나 해탈열반을 구하고자 출가를 단행하는 것이다. 진정한 출가란 업력業力으로 인한 업생業生을 청산하고 원력의 삶인 원생願生을 성취하는 것이다. 그러므로 출가는 깨달음에 이르는 지름길이다.

운서주굉 선사의 『죽창수필』에 의하면 출가에는 사료간四料簡이 있다고 하였다. 첫째는 출가의 출가요, 둘째는 재가의 출가요, 셋째는 출가의 재가요, 넷째는 재가의 재가다.

출가의 출가란 오욕의 집착으로부터 벗어나 출가사문이 되어 생사대사를 해탈하고 일체중생을 제도하는 것이요, 재가의 출가는 비록 세속에 머물러 있지만, 욕망과 집착으로부터 벗어나 보리심에 머물러 생사와 해탈이 둘이 아님을 체득하는 것이다. 그리고 출가의 재가는 비록 몸은 출가하였으나 세속을 그리워하고 탐진치 삼독에서 벗어나지 못하여 유위有爲의 업을 쌓아가는 것이다. 재가의 재가는 불법승 삼보를 알지 못하고 영원히 생사 가운데 머물러 생사해탈의 무위법無爲法을 구하지 않는 것이다.

모름지기 수행자는 출가의 출가자요, 재가의 출가자로서 견성성불하여 생사해탈을 증득하여야 한다. 출가자와 재가자를 막론하고 진정한 의미의 출가를 단행하여야 비로소 생사를 해탈할 수 있다.

(3) 정견正見

발심 출가한 수행자는 먼저 연기적 중도정관中道正觀을 확립하여야 한다. 즉 부처님께서 설하신 무상無常·고苦·무아無我의 연기적 도리에 대한 진정견해(眞正見解: 正見)를 확립해야 한다. 대승불교에서 설한 진공묘유眞空妙有, 선불교에서 설한 공적영지空寂靈知의 일심중도一心中道에 기초한 연기적 인생관과 세계관의 정립을 통하여 올바르게 수증 방편을 시설하여야 한다.

선종에서도 연기중도를 수행하고 깨닫는 것을 종지로 삼고 있다. 위에서 이미 고찰한 바와 같이 혜능 대사도 "삼과법문"과 "삼십육대법"

을 내용으로 하는 중도정관의 수증을 강조하였다.

또한 『단경』에서 "본래무일물本來無一物"을 말하고, 다시 여기 "한 물건(一物)"이 있다고 설하여, 이 한 물건이 무엇인가? 묻고 있다. 『선가귀감』의 서두에도 말하길, "여기 한 물건이 있는데, 본래부터 한없이 밝고 신령하여 일찍이 나지도 않고 멸하지도 않으며, 이름 지을 수 없고 모양 그릴 수도 없다. 이 한 물건이 무엇인가?"[30]라고 하였다. 이 한 물건에 투철해야 정견이 확립될 수 있다.

황벽 선사가 『전심법요』에서 견문각지見聞覺知에서 본심을 인식한다고 하였다. 실로 이 한 물건은 견문각지에 있는 것도 아니지만 견문각지를 떠나 있는 것도 아니다. 그러므로 보조 선사가 이르길, "교敎를 배우고 선禪을 배우는 자가 비록 묘지妙旨를 만나 모두 성스러운 경지(聖境: 부처의 경지)에 미루고 스스로는 겁약怯弱함을 내는 것은 자기 마음의 날마다 쓰는 견문각지의 성품이 무등등대해탈無等等大解脫인 줄을 깊이 관찰하지 못하는 까닭이다"[31]라고 하였다.

『전등록』에 이렇게 설하고 있다.

옛적에 이견왕이 바라제 존자에게 물었다. 어떤 것이 부처입니까?
존자가 대답하였다. 성품을 보면(見性) 부처입니다.
왕이 말하였다. 스님께서는 성품을 보셨습니까?

---

30 휴정, 『禪家龜鑑』, "有一物於此, 從本以來, 昭昭靈靈, 不曾生不曾滅. 名不得狀不得. 一物者何物."
31 보조, 『定慧結社文』, "但學敎學禪之者, 雖遇妙旨, 高推聖境, 自生怯弱, 未能深觀自心日用見聞覺知之性, 是無等等大解脫故."

존자가 말했다. 나는 불성을 보았습니다(見佛性).

왕: 성품이 어느 곳에 있습니까?

존자: 성품이 작용하는 데에 있습니다(性在作用).

왕: 이것이 어떻게 작용하길래 나는 지금 보지 못합니까?

존자: 지금 분명하게 작용하고 있지만 왕이 스스로 보지 못합니다.

왕, 나에게도 있습니까?

존자: 왕께서 만약 작용하신다면 이것이 아님이 없고, 만일 작용하지 않으면 체體도 또한 보기 어렵습니다.

왕: 만일 작용할 때는 몇 군데에 나타납니까?

존자: 만약 나타날 때는 마땅히 여덟 군데가 있습니다.

왕: 그 여덟 군데로 나타나는 것을 마땅히 나를 위해서 말씀하소서.

존자: 태에 있으면 몸이라 하고, 세상에 처하면 사람이라 하고, 눈에 있으면 본다 하고, 귀에 있으면 듣는다 하고, 코에 있으면 향내를 맡고, 혀에 있으면 말을 하고, 손에 있으면 잡고, 다리에 있으면 운반하여 달리니, 두루 나타나면 모래 수와 같이 많은 세계를 싸고, 거두어들이면 한 작은 티끌 속에 있으니, 아는 이는 이것을 불성佛性인 줄 알고, 모르는 이는 정혼精魂이라고 합니다. 왕이 이 말을 듣고 마음이 곧 열리어 깨달았다.[32]

---

32 『傳燈錄』, "昔利見王, 問婆羅提尊者, 王曰, 何者是佛. 尊者曰, 見性是佛. 王曰, 師見性否. 尊者曰, 我見佛性. 王曰, 性在何處. 尊者曰, 性在作用. 王曰, 是何作用. 尊者曰, 今現作用, 王自不見. 王曰, 於我有不. 尊者曰, 王若作用, 無有佛是, 王者不用, 體亦難見. 王曰若當用時, 幾處出現. 當有其八. 王曰其八出現. 在胎曰身, 處世曰人, 在眼曰見, 在耳曰聞, 在鼻辯香, 在舌談論, 在手執捉, 在足運奔. 本性徧現, 俱該沙界, 收攝在一微塵. 識者知是佛性, 不識者喚作精魂."

이 도리를 깨닫는 것이 바로 정견의 확립이다. 성상융회性相融會의 입장에서 보면, 성품(性)은 작용하는 모양(相)을 떠나 있지 않고, 모양 또한 성품을 여의지 않았다. 모양 가운데서 성품을 보고, 성품 가운데서 모양을 보는 것이 중도정견이요, 견성이다. 임제 선사는 수행자에게 참으로 중요한 것은 진정견해眞正見解를 구해서 자재해탈하여 일체 경계로부터 벗어나는 것이라고 하였다.

"오늘날 불법을 배우는 사람은 반드시 진정견해를 구해야 한다. 만약 진정견해를 얻는다면 생사에 물들지 않고, 가고 머묾에 자유로워서 수승함을 구하려 하지 않아도 저절로 수승함에 도달할 것이다."[33]

정견을 갖추지 못하고 화두 참구를 하게 되면 자못 사도에 빠지기 쉽고, 수행 중에 경계를 잘못 받아들여 외도의 길로 나아갈 우려가 크다.

(4) 참문參問

자각종색 선사의 『선원청규』에 의거하면, 옛 총림에서는 일과 중에 반드시 입실문신入室問訊하고 조참석취朝參夕聚를 행하라고 되어 있다. 입실문신이란 납자들이 의무적으로 방장실(조실)에 나아가 법을 묻고 수행을 점검받는 제도이다. 조참석취란 아침에 참문하고 저녁에

---

[33] 『臨濟錄』, "今時學佛法者 且要求眞正見解 若得眞正見解 生死不染 去住自由 不要求殊勝 殊勝自至."

모여 탁마하는 규범을 말한다. 이와 같이 선원의 청규에는 내부 규범을 정하여 일과 수행으로 방장(조실)에게 참문하게 하였던 것이다.

진정한 수행 납자는 규범으로써의 참문參問뿐만 아니라, 항상 선지식에게 참문하여 수행의 진로를 지도받아야 한다. 지금은 그 제도가 유명무실해졌지만 옛 선문에는 초참 수행자에게는 각자의 의지사依止師가 있어 언제나 참문하여 수행을 지도받을 수 있게 하였다. 특히 간화선문에서는 스승의 역할이 대단히 중요하기 때문에 선지식의 지도가 필수적이라고 하였다.

천태 선사는 말하길, 선지식에는 외호外護선지식, 동행同行선지식, 교수敎授선지식이 있다고 하였다. 외호선지식의 외호와 동행선지식의 탁마에 의거하여 반드시 교수선지식인 명안종사明眼宗師의 정안正眼에 의한 지도가 있어야 한다. 선지식이란 안목과 덕행을 갖추고 정도正道로 인도하여 정법을 깨닫게 해주는 스승을 말한다. 선지식은 납자에게 수증 방편을 제시하고, 참문납자의 수행의 이력과 발심의 정황을 점검하여 견성오도見性悟道에 나아가게 해야 한다.

근대 선문의 선지식이신 만공 선사도 참선공부를 제대로 하기 위해서는 도량道場, 도반道伴, 도사導師의 세 가지 요건을 갖추어야 한다고 말하였다. 수행에 가장 적합한 도량은 외호선지식이며, 함께 탁마해 가는 도반은 동행선지식이며, 수증의 바른 길을 인도해 주는 도사는 교수선지식을 말한다. 이 가운데에 납자를 깨달음으로 인도하는 도사(스승)의 역할이 가장 중요하다. 종문에서는 선지식의 가르침 없이 도를 성취한 사람은 아무도 없다. 뿐만 아니라 선지식에 대한 확고한 믿음 없이 무상대도無上大道를 이룬 경우 또한 드물다.

그런데 혜능 선사는 선지식을 안의 선지식(內善知識)과 밖의 선지식(外善知識)으로 나누어 설명하고 있다. 이것은 아무리 외선지식의 바른 가르침이 있다 하더라도 내선지식 스스로가 발심과 정견에 대한 내적 각성이 없다면 바른 공부가 성취될 수 없음을 강조하고 있는 것이다. 따라서 『혈맥론』에는 선지식의 중요성을 이렇게 말하고 있다.

"비록 한 물건도 얻을 수 없으나 만약 찾으려 한다면 반드시 선지식을 참문하여 간절히 힘을 써 구하여 마음을 깨치게 해야 한다. …… 만약 급히 스승을 찾지 않는다면 헛되이 일생을 보내리라. 불성은 스스로에게 있다고 하나 만약 스승을 말미암지 않는다면 끝내 밝히지 못하게 된다. 스승을 말미암지 않고 깨달은 자는 만에 하나도 드물다. …… 만약 아직 깨닫지 못했다면 모름지기 부지런히 애써 배움에 참여해야 한다. 왜냐하면 가르침을 인해야만 비로소 깨닫기 때문이다."[34]

예로부터 스승 없이 깨달은 자를 천마외도天魔外道라 하였고, 특히 간화선의 수증에는 선지식의 지도가 필수적이라는 가르침이 전승되어 오고 있다. 오랜 세월 동안 생사에 윤회하며 해탈하지 못한 연유는 참된 스승(선지식)을 만나지 못했기 때문이고, 비록 참된 선지식을 만났다 하더라도 위없는 보리심을 일으키지 않았기 때문이다.

---

34 『血脈論』, "雖無一物可得, 若求會亦須參善知識, 切須苦求, 令心會解. … 若不急尋師, 空過一生. 然則佛性自有, 若不因師, 終不明了. 不因師者 萬中希有. … 若未悟解, 須勤苦參學, 因教方得悟."

2) 화두 참구의 과정

(1) 결택決擇

화두 참구는 화두의 결택으로부터 시작된다. 간화선에서는 화두 참구가 생명인데, 이 화두는 바로 공안公案으로부터 추출된 것이다. 공안이란 부처님과 조사들의 깨달은 기연을 모아 하나의 공정한 법칙으로 만들어 놓은 안건이다. 공안을 시설하는 것은 번뇌의 알음알이를 제거하고 생사를 끊어 견성오도하는 데 있다.

그러므로 혜심 선사는 『선문염송』에서 "정법의 안목을 열고 현묘한 이치를 갖추어 삼계를 벗어나 사생의 중생을 제도하고자 하는 이라면 공안을 참구하는 것을 버리고 무슨 방법이 있겠는가?"[35]라고 하였다.

수행납자가 선지식을 참문하면 선지식은 순역順逆방편으로 접인하고 근기를 파악하여 지도한다. 참문자는 간절한 마음으로 생사해탈에 대한 길을 물어야 한다. 조사선의 진면목에서 보면, 상근납자는 한 구절의 말 아래 바로 깨달아 백억 법문을 뛰어넘을 수 있으며, 한 번 뛰어넘어 바로 여래의 지위에 들어가야 한다(一超直入如來地). 그러나 중하근기의 사람은 근기와 인연에 따라 하나의 공안을 결택 받아 참구해야 한다.

이때 선지식은 납자의 수행의 기연과 이력을 세밀히 점검하여 화두를 결택해 주어야 한다. 화두는 우주와 인생에 대한 간절한 문제의식에 입각한 현성공안現成公案으로 간택하여야 한다. 납자 자신의 현실인식에 바탕을 둔 공안, 즉 생사윤회에서 벗어나고자 하는 절체절

---

35 혜심, 『禪門拈頌集』「序文」, "則凡欲開正眼, 具玄機, 羅籠三界, 提拔四生者, 捨此奚以哉."

명의 생사화두여야만 현성공안이 될 수 있다.

어떻게 보면 인간에게는 태어나자마자 바로 생사화두生死話頭가 주어지는 것이다. 태어나 오되 온 곳을 모르고, 죽어서 가되 가는 곳을 모르니 이것이 바로 생사화두인 것이다. 생명의 근원적인 문제의식으로서의 생사화두가 바로 현성공안이 될 수 있다.

이른바 현성공안이란 외선지식外善知識이 일러준 밖에서 들어온 화두가 아니라, 자기 자신인 내선지식內善知識 스스로가 철저한 문제의식으로 지금 여기에서 간절하게 의심되어지는 화두를 말하는 것이다. 이것은 외선지식의 지도에 의해 화두를 결택하더라도 내선지식 자신의 문제의식으로 다가오지 않으면 참구에 결함이 생겨 간절한 의심이 되지 못한다는 것이다. 그래서 예로부터 밖에서 들어온 것은 보물이 아니며, 안에 갖추어진 것이 진정한 보물이라고 하였다.

아무리 부처와 조사의 깨달음에 바탕을 둔 1,700공안이라 할지라도 수행납자에게 현실적이고 구체적인 문제의식(의심)으로 다가오지 않는다면, 이는 사구死句가 되어 활구活句로써의 현성공안이 될 수가 없다. 따라서 선지식은 수행자 자신이 철두철미하게 의심이 될 수 있는 활구로써의 화두를 결택해 주어야 한다. 이미 화두를 결택해 준 스승은 반드시 의지사가 되어 납자의 향상일로向上一路에 지속적으로 지도하여야 한다.

(2) 참구參究

현성공안에 의한 화두를 간택한 납자는 간단없이 참구해야 한다. 선자禪者는 조사가 제시한 활구를 하루 24시간 끊어짐 없이 제시提撕하여야 한다(時時提撕). 선자는 오로지 화두에 전심전력할 뿐, 화두 이외에 마음을 두어서는 안 된다. 생각 생각에 간절히 화두에 대한 의단을 형성하여 일념불생一念不生의 경계에 이르러 화두삼매에 들어야 한다.

대혜 선사는 화구 참구를 세 단계로 구분하고 있는데, 첫째 화두에 대한 의정을 일으키고, 둘째 화두를 간단없이 참구해야 하고, 셋째 번뇌 망념을 끊고 투철히 깨닫는 것이다. 화두에 대한 의심은 생사문제를 해결하고야 말겠다는 발심, 용맹, 갈등, 의심, 곤혹이 한 덩어리가 되어야 한다.

참구의 방법은 이른바 "화두를 본다(看話)"는 것이다. 화두를 본다는 것은 화두를 관觀한다는 뜻이 아니라, "화두를 참구參究한다"는 말인데, 참구란 화두와 하나가 된다는 것이다. 의심하고 의심하여 만 가지 의심이 하나의 의심이 되어야 비로소 타성일편打成一片이 될 수 있다. 옛 조사가 말하기를 "큰 의심에 크게 깨닫고(大疑大悟), 작은 의심에 작게 깨닫고(小疑小悟), 의심이 없으면 깨달음도 없다(無疑無悟)"라고 하였다.

그런데 화두를 참구함에는 반드시 활구活句를 참구하여야 한다. 생각으로 답을 알 수 있는 말을 사구死句라 하고, 일체의 분별망념을 초월하여 언어의 길이 끊어지고 생각의 길마저 끊어진 것을 활구라 한다.

원오 선사는 "활구 아래에서 깨달으면 영겁토록 잊지 않고, 사구 아래에서 깨달으면 자기마저도 구제하지 못하니, 만약 부처와 조사와 더불어 스승이 되고자 한다면 반드시 활구를 밝혀야 한다"[36]라고

하여 활구의 중요성을 강조하였다. 이렇듯 본분납자는 활구를 참구하여 사량분별을 여의고, 행주좌와의 일상생활 가운데서 끊임없이 이어지게 하여 깨달음에 이르도록 해야 한다.

화두 의심이 타성일편이 되면 하늘을 보아도 하늘이 없고, 땅을 보아도 땅이 없으며, 앉아도 앉은 줄 모르고 가도 가는 줄 모르는 경지에 이르게 된다.

중생을 바꾸어 부처가 되는 일이 결코 쉬운 일은 아니다. 억천만겁 내려오는 번뇌 망념을 돌이켜 화두일념話頭一念으로 나아가는 것은 지난한 일임에 틀림없다. 고봉원묘 선사는 『선요』에서 화두 참구에 있어서 세 가지 중요한 요건을 설하고 있으니, 이것이 바로 삼요三要라고 불리는 심심信心과 분심憤心, 그리고 의심疑心이다. 이 삼요를 갖추어 타성일편을 이루어야 한다.

화두 참구에 대한 방편을 용성 선사는 이렇게 말하고 있다. "세상의 다른 공부는 다 아는 마음으로 헤아려 궁구하거니와 이 공부는 단지 알지 못하는 이 한 물건을 일심으로 의심하여 참구하는 것이다. 헤아려 알려고 하면 만년을 궁구하여도 알지 못한다. 화두를 참구할 적에 무슨 재미를 찾지 말고 모기가 쇠로 만든 소 위에 앉아 부리를 내리지 못할 곳을 향하여 신명을 돌아보지 아니하고 한 번 뚫고 들어가면 몸마저 쑥 들어가리라."[37]

본래면목이며, 주인공이며, 한 물건인 이것이 무엇인가?를 간절히

---

36 원오, 『心要』, "活句下薦得, 永劫不忘, 死句下薦得, 自救不了. 若要與佛祖爲師, 須明取活句."

37 용성, 『修心正路』.

사무치게 의심하고 의심해서 일념一念이 만년萬年 되게 해야 한다.

(3) 탁마琢磨

선가禪家에 대중이 선지식이요, 도반이 스승이란 말이 있다. 마음을 열고 보면 세상에 스승 아닌 것이 없고, 선지식 아닌 것이 없다. 특히 간화행자는 순역경계를 당하여 항상 화두가 성성惺惺한 가운데, 일체 경계에 끄달림 없이 여여하게 순일한 마음으로 공부를 지어가고 참구를 여물게 해야 한다.

　진실로 간절하게 참구하는 행자는 화두 공부로 인해 세상의 허물이 보이지 않아야 한다. 본분납자는 자기의 허물을 볼지언정 남의 허물에 대해 시비하지 않으며 도류道類와 더불어 항상 탁마하여야 한다. 『단경』에서 혜능 선사는 "도는 바로 통하여 흘러야 한다(道卽通流)"고 하였다. 탁마로 인해 천지만물과 막힘없이 소통하여 도를 증장시키는 것이 공부의 지름길이다.

　서산 대사는 일찍이 "차라리 영겁 동안 생사에 윤회하더라도 모든 성인의 해탈을 구하지 않는 것이 선가禪家의 안목眼目이요, 다른 사람의 잘못을 보지 않고 항상 자기의 허물을 보는 것이 선가의 수족手足이다"라고 하였다.

　선가의 안목에 의거하여 수행정진하며 일체 생명을 보살피고, 선가의 수족에 의거하여 상대의 허물을 보되 나의 허물로 돌리고, 나의 장점을 보되 상대의 장점으로 돌리며, 그 장단점의 양변을 모두 초월하여 중도의 입장에서 절차탁마切磋琢磨해야 한다.

　예로부터 도와 더불어 함께하는 도반은 탁마상성琢磨相成의 공덕이 있다고 하였다. 부처님께서도 『잡아함경』 「선지식경」에서 착한 벗과 함께하는 것은 수행의 전부를 이룩한 것이나 다름없다고 생각해야 한다고 하였다. 언제나 도반과 함께 탁마를 통해 도를 증장시켜야 한다.

선우善友는 순경계요, 악우惡友는 역경계이다. 순경계에서 화두 참구가 순일하더라도 역경계를 당하여 흩어져 버린다면, 화두일념이 될 수 없다. 일체처 일체시의 순역경계와 더불어 성성적적惺惺寂寂하게 끊어지지 않아야 의단이 독로하여 조사관祖師關을 투과할 수 있다.

(4) 행각行脚

행각이란 만행萬行으로 단순한 여행이나 순례가 아니다. 수선자는 수행정진을 위하여 여러 선지식을 참방하고 도반과 더불어 탁마를 행하며 행각行脚을 할 수 있다.

조주 선사가 나이 육십에 행각을 떠나며 말하기를 "10세의 어린 사미라도 나보다 나으면 기꺼이 배울 것이며, 100세의 노인이라도 나보다 못하면 기꺼이 가르치겠다"고 하였다. 이와 같은 조주 가풍이 수행납자가 행각하는 기본자세이다.

고덕古德이 말하기를 "하루 종일 밥을 먹어도 한 톨의 쌀알을 씹은 바가 없고, 하루 종일 돌아다녀도 한 뼘의 땅을 밟은 바가 없다"라고 하였다. 이렇듯 수행자는 보아도 본 바가 없고, 들어도 들은 바가 없어 일체 경계에 끄달리지 않아 오로지 여여하게 본분 일대사를 지켜 나가야 한다.

행각은 여러 곳을 돌아다니는 것이 아니다. 걸음걸음마다 일체 경계에 불착不着하되 또한 일체 경계를 수순隨順하는 수연자재隨緣自在로 화두일념話頭一念의 공부를 지어 가야 한다. 당연히 행각 중에는 항상 계·정·혜 삼학을 등지하고, 육바라밀을 호지하는 대승보살로서의 본분납자임을 망각해서는 안 된다.

일본의 일휴 선사는 임종 직전에 제자들에게 "나는 죽으면 반드시 지옥에 간다. 왜냐하면 천당에는 법문을 해봤자 귀 기울일 중생이 없다"라고 하였다. 평생을 행각으로 일관한 그는 죽어서도 지옥중생을 제도하기 위한 행각의 만행에 나서겠다고 한 것이다. 이것이 바로 생사를 초월한 대승보살의 행각유풍行脚遺風인 것이다.

(5) 삼매三昧

화두 참구는 처음에는 의도에 의해 의심疑心을 하게 되고, 그다음에는 화두를 하지 않아도 저절로 의정疑情이 이루어지게 되고, 종국에는 내가 굳이 화두를 하지 않더라도 일체가 의단疑團이 되는 타성일편打成一片의 경지에 이르는 차제가 있을 수 있다. 저절로 의정이 현전하게 되면 이를 자연화두自然話頭라고 한다.

고요한 가운데 또렷또렷하고(寂寂惺惺), 또렷또렷한 가운데 고요한(惺惺寂寂) 때에 당하여 몸과 마음과 경계가 한결같음에 이르게 된다. 이때의 경계를 흔히 동정일여動靜一如, 몽중일여夢中一如, 오매일여寤寐一如라고 한다. 여기서 말하는 일여一如는 "화두가 끊어짐 없이 늘 한결같다"는 의미로서 화두 하는 주체와 화두 되어지는 객체가 하나가 되는 것을 말한다.

조사가 말하길, 언제 어디서나 번뇌 망념이 끊어지고 의심하지 않아도 저절로 의심이 되어, 마치 여울물에 비친 달과 같아 부딪쳐도 흩어지지 않고, 헤쳐도 없어지지 않는 때에 이르면 세월이 얼마 남지 않았음을 알 수 있다고 하였다.

다시 말하면, 화두 할 때 화두 함(能)과 화두 되어짐(所)이 하나 되어, 능소能所가 끊어져 동動과 정靜이 일여하고 오寤와 매寐가 일여한 때를 동정일여, 오매일여의 경지라고 표현한 것이다.

화두가 일여한 경지에 이르러 화두 하는 자도 없고(能空), 화두 됨도 없으니(所空) 움직임과 고요함, 밝음과 어두움이 함께 공하여 실로 한 법도 얻을 것이 없으니 움직이는 가운데 고요함이 있고, 고요함 가운데 움직임이 있으며, 밝음 가운데 어두움이 있고 어두움 가운데 밝음이 있는 것이다.

이때가 바로 움직임도 없고 고요함도 없으며, 깨어 있음도 없으며 잠듦도 없는 화두삼매話頭三昧일 뿐이다. 화두삼매는 화두 하는 자와 화두가 하나가 되어 화두 참구가 순일해지는 것이다. 화두를 대상화하여 관하는 것이 아니라, 나와 화두가 하나가 되어 타성일편打成一片이 된다는 것이다. 즉 화두에 몰입되어 화두와 내가 한 덩어리가 되어 놓으려야 놓을 수 없고 버리려야 버릴 수 없는 은산철벽銀山鐵壁의 경지에 드는 것이다.

『선요』에서 고봉 선사는 화두삼매에 대해 이렇게 표현하고 있다.

"의심하고 의심함에 그 의심이 힘들지 않은 곳에 도달하면 그곳이 바로 득력처이다. 의심하지 않아도 저절로 의심이 되고 화두를 들지 않아도 저절로 들어져 아침부터 저녁까지 의심이 이어져

한 덩어리가 되니(打成一片) 털끝만치도 그 틈이 없게 되는 것이다. 흔들어도 흔들리지 아니하고 쫓아내도 쫓겨나지 아니하며 한없이 밝고 신령하여 늘 앞에 있되, 마치 물을 따라 흘러가는 배와 같아 전혀 손 쓸 데가 없는 바로 이때가 힘을 얻는 시절이다."[38]

달마 대사가 말한 마음이 장벽과 같아야(心如牆壁) 도에 들어갈 수 있다(可以入道)고 한 것이 이것을 두고 한 말이다. 하루 종일 일체시 일체처에 오직 화두일념일 때가 호시절인 것이다.

(6) 점검點檢

간화행자는 수행정진하는 중에 방장, 조실, 선덕 등 선지식을 참방하여 자신의 공부를 점검해야 한다. 특히 안거 중에는 입실하여 공부에 미진한 점과 부족한(막힌) 부분을 묻고 정로를 지시받아야 한다. 즉 수행자는 때때로 선지식을 찾아가 공부가 제대로 되고 있는지, 잘못된 길로 가고 있지는 않은지, 고칠 점과 보완할 점을 일일이 여쭈어 스승의 지도에 따라 시정하여 공부가 무르익도록 점검받아야 한다.

이때 선지식은 수행 과정에서 신심과 원력의 문제, 공부 중에 부딪치는 여러 가지 경계의 문제, 병통에 대처하는 방법, 참구를 깊고 면밀하게 하는 방법 등에 대하여 지도해 주며, 마지막 관문을 통과할 때까지

---

38 고봉, 『禪要』, "疑來疑去, 疑至省力處, 便是得力處. 不疑自發, 不擧自擧, 從朝至暮, 粘頭綴尾, 打成一片, 無絲毫縫罅. 撼亦不動, 趂亦不去, 昭昭靈靈, 常現在前, 如順水流舟, 全不犯手, 只此便是得力底時節也."

자상하게 일러주어야 한다.

선지식의 지시(점검)를 받지 않고 홀로 공부할 경우, 사도邪道에 빠질 위험이 있기에 미연에 방지하기 위함이다. 그러므로 간화 수증에서는 선지식과의 문답을 통한 점검을 매우 귀하게 여긴다.

(7) 개오開悟

화두를 참구하여 깨달음을 얻기 위해서는 실참실오實參實悟가 이루어져야 한다. 중봉 선사는 실참실오에 대해 이렇게 말하고 있다.

> "고인이 이르기를, '참參은 마땅히 실참實參이어야 하고, 오悟는 마땅히 실오實悟여야 한다'라고 하였다. 실참實參이란 것은 결정코 생사의 무상을 초월하고, 한 점의 불법의 지해知解를 구하지 않는 것을 말하고, 실오實悟라는 것은 지금 한 생각에 생사의 무상이 단박에 공空함을 깨달아 한 점의 불법 지해知解가 없어야 하는 것을 말한다. 범부와 성인이라는 망정妄情이 다하고, 미혹과 깨달음의 견해가 소멸되어, 중생과 부처 둘 다 잊어 능能과 소所가 함께 없어져서, 한 걸음 나아간즉 곧 부처와 조사가 이르지 못한 경지를 높이 뛰어넘고, 한 걸음 물러난즉 바로 범부와 성인이 물들지 않은 진찰塵刹을 멀리 떠나야 한다."[39]

---

[39] 중봉명본, 『中峰廣錄』 卷五之上 「示海印居士」(『磧砂藏』 第37冊, p.397上), "古人云, 參須實參, 悟須實悟. 謂實參者, 決欲要超越生死無常, 不求一點佛法知解. 謂實悟者, 乃當念頓空生死無常, 不存一點佛法知解. 凡聖情盡, 迷悟見消, 生佛兩忘, 能所俱泯, 進一步則高蹈佛祖所不到之境, 退一步則遠離凡聖所未染之塵."

이른바 실참실오實參實悟란 생사의 무상無常을 깨달아 초월하여 한 점의 지해知解와 정식情識이 없는 것을 말하고 있다. 범부와 성인, 미혹과 깨달음, 능과 소의 이원적 지견과 정식을 떨쳐버리고 부처와 조사의 경지마저 뛰어넘는 것이 진정한 의미의 실참실오가 되는 것이다. 이와 같이 실참실오가 이루어질 때 간화선이 제대로 수행되어 깨달음에 도달할 수 있는 것이다.

　화두삼매가 지속되어 시절인연이 도래하면 화두 의심이 타파된다. 이를 폭지일발爆地一發이라 표현한다. 화두 수행이 익어 가면 처음 의심으로부터 의정을 거쳐 의단에 이르게 된다. 화두를 참구하는 주체와 참구되어지는 화두가 하나가 되어 심식心識의 길이 끊어진 곳에 이르게 되면 문득 화두가 타파되고 심안이 열리게 된다.

　활연개오豁然開悟하게 되면 마음의 빛이 단박에 드러나서 시방세계를 환히 비추게 되니, 마치 밝은 해가 아름다운 하늘에 떠 있듯 하며, 또한 경대 위에 밝은 거울이 놓인 것과 같아서 한 생각을 넘지 않고 단박에 정각을 이루는 것이다.

　대혜 선사는 깨달음의 경지를 이렇게 말하고 있다. "확철대오하면 가슴 속 밝음이 마치 백천 개의 일월과 같아서 시방세계를 한 생각으로 밝게 통달하되 한 티끌도 분별심이 없을 것이니, 비로소 구경과 상응하게 될 것이다."[40]

　활연개오라고 하지만 이것은 단지 중생이 본래 갖추고 있는 본각진심本覺眞心을 깨친 것일 뿐 다시 새로운 깨달음을 얻은 것은 아니다.

---

40 대혜, 『書狀』「답부추밀계신」, "廓徹大悟, 胸中皎然, 如百千日月, 十方世界, 一念明了, 無一絲毫頭異想, 始得與究竟相應."

그래서 혜능 선사 또한 『단경』에서 깨달음을 "즉시활연卽時豁然, 환득본심還得本心(즉시에 활연개오하여 다시 본심을 얻음)"이라는 『유마경』의 법문을 빌려와 표현하고 있는 것이다. 대혜 선사도 『서장』에서 깨달음에 대해 "다만 번뇌의 마음을 다 없앨 뿐이지 별도의 특별한 깨달음은 없다"라고 말하고 있다.

마조 선사 또한 이렇게 말하고 있다.

"한 번 깨달으면 영원히 깨달아서 다시는 미혹하지 않는다. 마치 태양이 떠올랐을 때 어둠과 화합하지 않는 것과 같아서, 지혜의 태양이 떠오르면 번뇌의 어둠과 함께하지 않는다."[41]

화두는 문을 두드리는 기왓장이라고 했듯이 화두라는 방편을 통해 번뇌 망념을 일시에 제거해 본각진심本覺眞心을 드러내는 것이 간화선 수증의 요결이다.

3) 화두 타파 이후

(1) 거량擧量

화두 수행 중에 힘을 얻은 바가 있으면 공부가 얼마나 진척되었는지 점검받기 위하여 스승에게 수행을 점검받는 거량擧量을 할 수 있다.

간화선에서는 화두 수행이 제대로 진행되고 순숙되고 있는지 스승을 찾아가 자신의 공부 경계와 화두를 타파했는지 검증받는다. 여러 유형의 물음과 검증이 있을 수 있지만, 깨달음의 정사正邪를 판별하기

---

[41] 『馬祖語錄』, "一悟永悟, 不復更迷. 如日出時不合於暗, 智慧日出, 不與煩惱暗俱."

때문에 통칭 법거량法擧量이라 한다.

　법거량은 스승과 제자가 비밀스럽게 1대 1로 면대하여 이루어지는 경우도 있지만, 공개적으로 대중 앞에서 단독 혹은 여럿이 문답을 통해 확인하는 경우도 있다. 이때의 문답은 즉문즉답卽問卽答으로 진행되며, 문답이 격내格內와 격외格外의 언구와 행동으로 이루어지기도 한다. 어떠한 경우에도 거량은 법을 구하는 간절한 자세와 깨달음으로 인도하는 진실된 마음이 합해져 향상일로向上一路로 진적되어야 한다.

　종문에서 거량의 모범으로 전승되는 기연이 바로 영가현각 선사가 육조혜능 선사를 참문했을 때 주고받은 문답이라고 할 수 있다.

　현각이 조계로 가서 육조를 참문하였다. 조계에 도착한 날에 마침 육조께서는 마침 법상에서 법을 설하고 있었다. 현각이 선상禪床을 세 번 돌고 석장을 한 번 내리치면서 그 앞에 우뚝 섰다.
　육조가 말했다.
　"무릇 사문은 3천 가지 위의(三千威儀)와 8만 가지 세행(八萬細行)을 갖춰서 하나하나의 행에도 이지러짐이 없어야 하는데, 대덕은 어느 곳에서 왔기에 크나큰 아만을 일으키는가?"
　현각이 말했다.
　"나고 죽는 일이 큰일이며(生死事大), 무상이 신속합니다(無常迅速)."
　육조가 말했다.
　"어찌하여 무생無生을 체득해서 신속함이 없는 도리를 깨치지 못하는가?"

현각이 대답했다.

"체득하니 곧 무생이라서 본래 신속함이 없음을 요달했습니다."

육조가 말했다.

"그러하고 그러하도다."

잠깐 사이에 예를 올리고 하직 인사를 드리자, 육조가 말했다.

"돌아가는 일이 중대하고 신속한 것이더냐?"

현각이 대답했다.

"본래 스스로 움직이지 않는데 어찌 신속함이 있겠습니까?"

육조가 물었다.

"움직이지 않음을 누가 아는가?"

영가가 말했다.

"스님께서 스스로 분별을 일으키고 계십니다."

육조가 말했다.

"그대가 무생無生의 뜻을 깊이 체득했도다."

현각이 대답했다.

"무생인데 어찌 뜻(意)이 있겠습니까?"

육조가 말했다.

"뜻이 없다면 어떤 것이 분별을 일으키는가?"

현각이 대답했다.

"분별하더라도 뜻이 하는 것은 아닙니다."

육조께서 찬탄하였다.

"훌륭하고 훌륭하도다."

육조가 이와 같이 인가印可하고 그가 깊이 깨달은 것을 찬탄하자

곧바로 돌아가겠다고 하였다. 육조가 잠시 하룻밤 자고 가라고
했기 때문에 일숙각一宿覺이라고 불리게 되었다.

종문宗門의 본색종사本色宗師들은 이렇게 거량하고 이렇게 인가하
였다.

(2) 인가印可

『무문관』 제6칙에 「염화미소拈花微笑」가 기술되어 있다. 주지하는
바와 같이 세존께서 염화시중拈花示衆하시고 가섭 존자가 파안미소破
顔微笑하는 이심전심以心傳心의 인가印可가 이루어지고 있는 장면이
다. 이때 "여래에게 정법안장正法眼藏 열반묘심涅槃妙心 실상무상實相
無相 미묘법문微妙法門이 있으니, 이 도리를 마하가섭에게 부촉하노
라"고 하였다. 선종에서는 이 염화의 시중과 미소로써 최초로 인가가
이루어지고 정법안장을 부촉함으로 법맥을 전수하는 역사가 시작되
었다고 전한다.

간화선 수증에서 인가는 수행자가 화두를 타파하여 정법안장을
얻었는지를 점검하여 깨달음을 인정하고 인정받는 수행의 마지막
관문을 통과하는 의례이다. 즉 수선자가 화두 수행을 통해 견성오도見
性悟道했을 때 선지식이 그 깨달음의 경지를 점검하고 올바로 깨달았
으면 인가하여 점두點頭해 주는 것을 말한다.

간화선에서 깨달음의 경지에 대해 정正과 사邪를 판별할 수 있는
객관적 기준이 모호함으로, 수선자가 각고의 수행정진 끝에 깨달음을
성취하였을 때, 명안종사의 점검과 거량을 통하여 인가하고 점두하는

과정을 거침으로 말미암아 객관적 지위를 획득하게 되는 것이다.

선지식은 철저한 점검을 통하여 인가함으로 수행자가 작은 지견에 빠지거나 착각도인에 머물지 않게 하여야 한다. 그러므로 수행자는 자신이 체득한 깨달음에 대한 확신이 있어도, 정사正邪, 시비是非를 분명히 하는 본분종사의 마지막 절차를 통과하여 인가를 획득해야 한다. 인가받지 않는 무사도인無師道人은 자칫 외도와 사도의 함정에 빠질 수 있다.

예로부터 설사 깨달음을 얻어 인가를 받았다 하더라도 더욱 정진하여 보림保任에 힘쓰는 전통이 내려오고 있다. 조그마한 경지를 얻었다고 인가도 받지 않고 보림도 없이 함부로 망동하게 되면, 소경이 횃불을 든 것과 같이 자신도 망치고 타인도 그릇된 길로 인도하게 된다.

(3) 보림保任

보림이란 보호임지保護任持의 준말이다. 깨달은 경지를 잘 보호하여 지킨다는 의미이다. 확철대오를 했어도 아직 다겁생래에 지어온 번뇌 망상의 습기習氣가 완전히 녹아 없어진 것은 아니다. 그래서 보림의 수행 과정이 필요한 것이다. 보림이란 일상생활에서 항상 깨달은 본래 마음자리를 지켜 흔들리지 않도록 단련하는 것이다. 이것은 「십우도十牛圖」에서 열거하고 있는 과정 가운데 목우牧牛, 기우귀가騎牛歸家, 망우존인忘牛存人, 인우구망人牛俱忘, 반본환원返本還源의 과정에 해당하는 것이다.

깨달은 뒤에 보림으로써의 점수漸修가 다시 이루어져야 되는 것에 대해 보조 선사는 이렇게 말하고 있다.

"범부는 시작이 없는 옛날부터 오늘에 이르기까지 다섯 세계에 흘러 다니며 나고 죽고 하되, 아상我相에 견고하게 집착하여 뒤바뀐 망상과 무명의 습기가 오래되어 지금의 습성을 이루었다. 비록 금생에 이르러 자기의 본성이 본래 공적하여 부처와 다를 바가 없다는 것을 단박 깨달았다 하더라도, 오랜 세월 동안 익혀온 습성은 갑자기 없애기가 어렵다. 그러므로 순역順逆의 경계를 만나게 되면 성내거나 기뻐하며, 옳다 그르다 하는 생각이 불처럼 일어났다 사라졌다 하며, 객진번뇌가 그전과 다를 바가 없다. 만약 지혜로 공들이고 노력하지 않는다면 어찌 능히 무명을 다스려 크게 쉬는 경지에 도달할 수 있겠는가?"[42]

이러한 돈오 후의 점수漸修적인 보림을 강조하는 점은 경허 선사의 게송에도 똑같이 나타나고 있다. "단박 깨치면 부처와 같지만, 수많은 생의 습기가 깊구나. 바람은 고요해졌으나 파도는 여전히 솟구치듯, 진리는 드러났으나 망상은 여전히 일어나는구나."[43]

만공 선사는 개오하여 완전하게 생사가 본래 없는 본무생사本無生死

---

42 보조, 『修心訣』, "凡夫無始廣大劫來, 至於今日, 流轉五道, 生來死去, 堅執我相, 妄想顚倒, 無明種習, 久與成性, 雖到今生, 頓悟自性, 本來空寂, 與佛無殊, 而此舊習, 卒難除斷. 故逢逆順境, 瞋喜是非, 熾然起滅, 客塵煩惱, 與前無異. 若不以般若, 加功着力, 焉能大治無明, 得到代休歇之地."
43 경허, 『鏡虛語錄』, "頓悟蹤同佛, 多生習氣深, 風停波尙湧, 理現念猶侵."

의 경지를 얻어 가는 과정을 이렇게 설명하고 있다. 첫째 지무생사知無生死 ― 본래 생사가 없는 도리를 아는 단계이다. 둘째 계무생사契無生死 ― 본래 생사가 없는 도리에 계합契合하는 것이다. 셋째 오무생사悟無生死 ― 본래 생사가 없는 도리를 깨치는 것이다. 넷째 용무생사用無生死 ― 본래 생사가 없는 경지에 이르러 나고 죽고 오고 감에 활달자재豁達自在하는 것이다.

이렇게 본무생사의 개오를 네 단계로 설정하는 것은 설사 오무생사悟無生死의 깨달음에 이르렀다 하더라도 용무생사用無生死의 경지로 나아가기 위해서는 부단한 보림의 과정이 필요한 까닭이다.

(4) 교화教化

수행자가 견성성불하기 위하여 수행정진하는 것과 일체중생을 이익하게 하는 것은 결코 두 가지 일이 아니다. 항상 화두를 참구하고 널리 중생을 제도하는 두 수레바퀴를 굴려 지혜와 자비가 함께 수행되는 비지쌍운悲智雙運, 복혜쌍수福慧雙修의 가풍을 진작시켜야 한다.

수행하는 가운데서도 이러할진대 깨달음을 성취한 연후 육도중생을 널리 구제함은 대승보살의 비원일 것이다. 「심우도」에서도 깨달음을 얻고 난 후(返本還源) 마지막으로 중생의 삶의 현장인 저잣거리로 나아가(垂手入廛) 화광동진和光同塵할 것을 설하고 있다.

중국의 조사선과 달리 한국 선종의 종풍은 늘 선禪과 화엄華嚴의 결합으로 나타나고 있다. 한국불교는 선의 견성성불과 화엄의 보현행원이 결합하여 선수행과 화엄의 보현행원이 일치하는 선엄일치禪嚴一致의 가풍을 유지해 왔다. 선엄일치에서 주장된 심지법문心地法門이 바로 원효 대사의 "귀일심원歸一心源 요익중생饒益衆生"이다.

그런데 여기서 교화를 맨 마지막에 시설하는 것은 일대사를 마치고 난 후에 중생제도에 나서라는 의미는 결코 아니다. 『열반경』에서는 "내가 비록 도를 이루지 못했더라도 먼저 다른 사람을 제도하라(自未得度先得他)"고 말하고 있다. 이 경구는 불교 일반과 선문에서 널리 통용되는 교화의 원칙 가운데 하나이다. 비록 스스로 확철대오를 하지 못했다 하더라도 다른 이를 먼저 제도하는 것은 대승보살의 서원인 것이다.

나옹 선사의 「행선축원」은 말 그대로 선禪을 수행修行하는 선자禪者들이 좌선 전후에 반드시 행하던 축원문에서 비롯되었다. 그 가운데 "시방세계 어디에나 인연 따라 나투어서(十方世界無不現), 널리 모든 중생 교화하여 무위도에 들게 하며(普令衆生入無爲), 나의 이름을 듣는 이는 삼악도를 면하고(聞我名者免三途), 나의 모습 보는 이는 해탈을 얻어지이다(見我形者得解脫). 이와 같이 한량없는 오랜 세월 영원토록 교화하여(如是敎化恒沙劫), 필경에는 부처 중생 이름조차 없어지이다(畢竟無佛及衆生)"라고 하는 구절이 가장 핵심이다. 이것이 바로 수선 행자가 가져야 할 중생교화의 비원이 되는 것이다.

4. 선禪—대동세상의 실현

선수증의 종지는 "불취외상不取外相 자심반조自心返照"라고 하였다. 즉 밖으로 모양을 취하지 않고, 스스로의 마음을 돌이켜 비추라는 것이다. 모양의 경계를 취하지 않고 마음을 비추는 것은 모든 수증

방편의 대원칙이라 할 수 있다.

그러므로 달마의 게송으로 알려진 「입도방편入道方便」에 또한 말하기를, "밖으로 모든 반연을 쉬고(外息諸緣), 안으로 헐떡거림이 없어(內心無喘), 마음이 장벽과 같으면(心如牆壁), 도에 들어갈 수 있다(可以入道)"라고 하였다. 생각이 일어나면 곧바로 회광반조廻光返照하여 생각 이전 자리인 공적영지空寂靈知를 깨치는 것이 달마선의 입도방편이다.

달마 대사의 반조선返照禪으로부터 대혜 선사의 간화선看話禪에 이르기까지 여러 가지 수증의 방편은 모두 "직지인심直指人心 견성성불見性成佛"을 토대로 이루어지고 있다. 본문에서는 조사선의 수증으로 혜능 선사가 주장한 일념수행一念修行과 일념해탈一念解脫의 수증방편을 중심으로 살펴보았고, 간화선의 수증에 대해서는 화두 참구의 전 과정을 간략하게 그 요점만을 기술하는 방식을 취했다.

현대는 바야흐로 명상의 시대를 맞이하고 있다. 명상이 이 시대에 새롭게 등장한 것이 아니라, 이미 수천 년의 불교 역사에서 면면히 전승되어져 온 선수행의 연장선에 있다는 것은 분명한 사실이다. 굳이 온고지신溫故知新을 말하지 않더라도 올바른 명상의 방법은 선수행의 전통에서 찾아야 함은 당연지사일 것이다.

조계종에서 부득불 선과 명상을 합성하여 선명상이라는 용어를 사용하더라도 여전히 선과 명상은 둘 다 본질적으로 신심치유와 생사해탈을 그 목적으로 하고 있다. 명상에서 강조하는 신심치유를 통해 생사해탈의 구경으로 나아갈 수 있고, 생사해탈이라는 선의 수증이야말로 진정한 의미에서의 신심치유의 완성이 되는 것이다.

명상이니 참선이니 그 명칭이 중요한 것은 아니다. 참선과 명상에 내포된 진정한 의미를 천착하여 실제로 몸과 마음이 치유되고 생사를 해탈하는 것이 중요하다. 전통의 참선수행이 이 시대의 요청에 응답하여 명상의 대중화로 나아가 선과 명상이 융회되어 본분일대사本分一大事를 해결하는 것이 인류해방과 생명해탈의 대동세상大同世上을 만들어 가는 지름길이 될 것이다.

인류 역사상 가장 위대한 가르침(福音)이 무엇인가? "중생이 본래 성불하여(衆生本來成佛) 중생 그대로 본래 부처(本來是佛)"라는 교설일 것이다. 중생이 본래 부처임을 바로 깨달아 부처로 살아가라고 하는 것이 조사선의 핵심 종지이다. "중생이 바로 부처라는 깨달음"보다 더 위대한 가르침이 어디 있겠는가. 따라서 언제 어디서나 본래 부처로 "깨어 있고 열려 있는 삶" 그대로가 선禪이요, 명상이다.

중생이 각각 본래 부처임을 깨달아 부처와 부처가 어깨동무하고 나는 너에 의해서, 너는 나에 의해서, 너와 나는 우리 모두에 의해서 살아가는 연기적 삶을 토대로 자타불이自他不二의 동체대비同體大悲를 나누는 상락아정常樂我淨의 정토가 바로 우리 인류가 지향하는 대동세상일 것이다.

참고문헌

원전

경허, 『鏡虛語錄』
고봉, 『禪要』
『楞嚴經』
대혜, 『書狀』
『馬祖語錄』
보조, 『修心訣』
보조, 『定慧結社文』
신회, 『壇語』
연수, 『宗鏡錄』
용성, 『修心正路』
『圓覺經』
원오, 『心要』
『悟性論』
『臨濟錄』
『傳燈錄』
종밀, 『都序』
종보본『六祖法寶壇經』(『壇經』)
중봉명본, 『中峰廣錄』
『血脈論』
혜심, 『禪門拈頌集』
휴정, 『禪家龜鑑』

단행본

인경, 『쟁점으로 살펴보는 간화선』, 명상상담연구원, 2011.
학담鶴潭 해의, 『六祖法寶壇經』, 큰수레, 2016.

{불교&명상과학에서의 수행}

불교수행과 명상과학:

초탈과 치유의 메타 융복합적 통합

미산(김완두, KAIST 명상과학연구소 소장) · 엄성민(데이터리퍼블릭 대표)

◆ ◆ ◆

본 연구는 불교수행의 궁극적 목적인 '초탈'(해탈, 열반, 깨달음)과 현대 명상과학이 추구하는 '치유'(심신의 건강, 웰빙) 사이의 메타 융복합적 통합 가능성을 탐구한다.

연구는 여섯 영역으로 구성된다. 첫째, 초기불교에서 대승불교와 선불교, 그리고 한국불교까지 수행 목적의 다양한 층위를 분석한다. 둘째, 중관·유식·여래장 사상과 화엄사상, 선불교의 견성과 일상의 깨달음, 현대 명상과학을 통해 전통 수행과 현대 치유의 통합 지점을 발견한다. 셋째, MBSR, MBCT, DBT, ACT 등 불교수행 기반 심리치료 프로그램과 전통 간화선의 현대적 재해석 및 조계종 미래본부의 선명상을 검토한다. 넷째, 올바른 주의와 명료한 알아차림을 비정초 공리와 최적화 이론으로 수학적으로 정의하고, AI 시스템을 통한 실천적 구현 방안을 제시한다. 다섯째, WisX AI 장르와 명상과학 통합 플랫폼의 5영역(Mindfulness, Bodyfulness, Heartfulness, Metafulness, Grace-Creatifulness)을 통해 AI 디지털 시대 불교수행의 미래적 전망을 제시한다. 여섯째, 한국불교의 화쟁사상을 현대적으로 재해석하여 갈등과 모순을 창조의 씨앗으로 전환하는 지혜를 제시한다.

핵심은 메타 융복합적 접근을 통한 창조적 통합이다. 이는 단순한 절충이 아니라 서로 다른 영역들이 상위 차원에서 만나 새로운 가능성을 창발하는 과정이다. 특히 한국불교의 화쟁사상은 불교수행의 초탈 지향과 현대 명상과학의 치유 지향이 상호 배타적이지 않으며, 상호 강화하는 상향 나선형 발전 모델을 형성함을 보여준다.

이러한 통합적 관점은 개인적 차원을 넘어 사회적 실천과 생태적 각성으로 확장되어, AI 디지털 시대 인류 문명의 새로운 방향성을 제시한다.

프롤로그

2,600년 전 붓다가 보리수 아래에서 깨달음을 얻었을 때, 그는 인간 존재의 근본적 고통과 그 해결책에 대한 통찰을 얻었다. 이 고대의 지혜가 21세기 디지털 문명과 만나는 지점에서 우리는 흥미로운 질문과 마주한다. 과연 불교수행의 궁극적 목적인 '초탈'(해탈, 열반, 깨달음)과 현대 명상과학이 추구하는 '치유'(심신의 건강, 웰빙)는 어떤 관계에 있는가?

현대 사회에서 명상은 더 이상 종교적 실천의 영역에만 머물지 않는다. 구글의 '마음챙김 리더십', 병원의 MBSR 프로그램, 학교의 마음챙김 교육은 이미 우리 일상 깊숙이 자리잡았다. 그러나 이러한 현상을 단순히 '불교의 세속화'나 '명상의 상품화'로만 이해하는 것은 충분하지 않다.[1] 오히려 우리는 전통 지혜와 현대 과학이 만나는

---

1 Purser, R. E., *McMindfulness: How Mindfulness Became the New Capitalist*

새로운 패러다임의 가능성을 목격하고 있는 것일지도 모른다.

본 연구는 이러한 문제의식에서 출발한다. 불교수행의 깊이 있는 전통을 온전히 보존하면서도, 현대인의 실존적 필요에 응답하는 창조적 통합은 과연 가능한가? 초월적 목표와 현실적 치유가 상호 배타적인 것이 아니라 상호 강화하는 관계를 형성할 수 있는가?

이 질문들에 답하기 위해 우리는 메타 융복합적 접근을 시도한다. 이는 단순한 학제간 연구를 넘어, 서로 다른 영역들이 상위 차원에서 창조적으로 만나는 새로운 방법론이다. 초기불교의 사념처 수행에서 현대 신경과학의 뇌영상 연구까지, 선불교의 간화선에서 인공지능의 수학적 모델링까지, 화엄사상의 법계연기에서 양자물리학의 얽힘 현상까지, 이 모든 것들이 하나의 거대한 대화 속에서 서로를 비추고 풍요롭게 만든다.

특히 이 연구는 한국불교의 독특한 지혜 전통에 주목한다. 원효의 화쟁사상, 의상의 「법성게」, 그리고 현대적 재해석을 통한 간화선의 과학적 검증까지, 한국불교가 제시하는 통합적 관점은 오늘날의 복잡한 문제들에 새로운 해답을 제시할 수 있을 것이다.

하버드의 한 연구실에서 시작된 작은 실험 – AI와 함께 「법성게」를 번역하려던 시도 – 이 어떻게 'WisX AI'라는 새로운 장르로 발전했는지, 그리고 이것이 어떻게 전 지구적 지혜 네트워크의 가능성을 열어가는지를 우리는 목격하게 될 것이다.

Spirituality, 구미화 옮김, 『마음챙김의 배신: 명상은 어떻게 새로운 자본주의 영성이 되었는가』, 불광출판사, 2021, pp.9~16; 김철호, 「미국의 마음챙김 교육 프로그램의 의미와 한계」, 『윤리교육연구』 43, 2017, pp.73~100.

이 여정에서 우리는 완벽한 답을 찾으려 하지 않는다. 오히려 서로 다른 관점들이 만나 생기는 예상치 못한 공명과 창발, 그 자체가 우리의 목적이다. 왜냐하면 진정한 지혜는 고정된 교리나 체계에 있는 것이 아니라, 살아있는 탐구와 열린 대화 속에서 끊임없이 새롭게 태어나는 것이기 때문이다.

이러한 근본적 질문들을 탐구하기에 앞서, 우리는 먼저 가장 본질적인 물음으로 돌아가야 한다. 현대인들은 명상과 수행을 통해 무엇을 얻고자 하는가? 이 질문에 대한 답은 개인마다, 시대마다 다를 수 있지만, 그 다양성 속에서도 일관된 패턴을 발견할 수 있다.

1. 무엇을 얻고자 하는가?

1) 해탈·열반·깨달음 vs 심신의 건강

현대 사회에서 명상에 대한 관심이 급증하고 있다는 것은 부인할 수 없는 현실이다. 지난 수십 년간 전통적 불교수행법들이 스트레스 감소, 집중력 향상, 정서적 안정 등 다양한 심리적 효과를 가져온다는 과학적 증거가 축적되면서, 명상은 종교적 맥락을 넘어 심리치료와 웰빙의 도구로 널리 활용되고 있다. 이러한 현상은 불교수행의 궁극적 목적인 해탈과 열반이라는 초월적 가치와 현대인이 추구하는 심신의 건강이라는 실용적 가치 사이에 흥미로운 긴장관계를 형성하고 있다.[2]

---

[2] Goleman, D., & Davidson, R. J., *Altered Traits: Science Reveals How Meditation Changes Your Mind, Brain, and Body*, 2017; 김완두 외 공역, 『명상하는 뇌: 뇌를 재구성하는 과학적 마음 훈련』, 김영사, 2022, pp.14~39.

불교수행의 원래 목적이 무엇인지에 대한 근본적 질문에서 출발해 보자. 붓다의 가르침에 따르면, 수행의 궁극적 목적은 모든 고통의 원인인 무명無明과 갈애渴愛를 소멸시켜 윤회의 고통에서 벗어나는 것이다. 초기불교에서는 이를 열반(涅槃, nibbāna)이라 하고, 대승불교에서는 깨달음(菩提, bodhi)이라 표현하며, 선불교에서는 견성見性이라 칭한다. 이들은 모두 인간 존재의 근본적 전환을 지향하는 초월적 목표라는 공통점을 가진다.

반면 현대인들이 명상에서 얻고자 하는 것은 대부분 스트레스 감소, 집중력 향상, 불안과 우울의 완화, 신체적 건강 증진 등 일상생활의 질을 높이는 실용적 효과이다. 마음챙김 기반 스트레스 감소(MBSR)와 마음챙김 기반 인지치료(MBCT) 등 현대적 명상 프로그램들은 이러한 요구에 부응하여 불교수행법을 심리치료적 맥락으로 재구성하였다. 이처럼 초탈을 위한 불교의 다양한 전통 수행법들이 현대 명상과학과 결합되어 치유의 도구로 활용되는 현상은 우리로 하여금 불교수행의 현대적 의미를 재고하게 한다.[3]

---

[3] Kabat-Zinn, J., *Coming to our senses: Healing ourselves and the world through mindfulness*, 2005; 안희영 외 공역, 『온정신의 회복: 마음챙김을 통한 자신과 세계 치유하기』, 학지사, 2017, pp.35~43; Zindel V. Segal, et al., *Mindfulness-Based Cognitive Therapy for Depression* (2nd ed.), 2013; 이우경 외 공역, 『마음챙김 기반 인지치료(원서 2판): 우울증 재발 방지를 위한』, 학지사, 2018, pp.30~48.

2) 현대인의 삶과 수행의 접점

21세기를 살아가는 현대인들의 삶은 빠른 변화와 복잡성, 불확실성으로 특징지어진다. 디지털 기술의 급속한 발전으로 정보의 과부하가 일상화되었고, 팬데믹, 기후 위기, 경제적 불안정성 등은 전 지구적 차원의 불안을 가중시키고 있다. 이러한 환경에서 많은 이들이 정신적 피로, 불안, 우울, 소외감 등을 경험하고 있으며, 이는 현대인의 실존적 위기라고 불릴 만하다.[4]

이러한 상황에서 불교수행이 현대인에게 어떤 의미를 가질 수 있을까. 2,600년 전 붓다가 제시한 수행법이 21세기의 복잡한 문제들에 대한 해답을 제공할 수 있을까. 이에 대한 답은 불교수행과 현대인의 삶이 만나는 여러 접점에서 찾을 수 있다.

첫째, 심리적 차원에서 불교의 마음챙김 수행은 현대인의 산만한 주의력을 회복시키고, 자동적 반응 패턴에서 벗어나 의식적 선택을 할 수 있는 능력을 기를 수 있게 한다. 둘째, 실존적 차원에서 무상無常과 무아無我에 대한 통찰은 불확실성과 변화를 받아들이고, 고정된 자아 개념에서 벗어나 보다 유연하고 개방적인 정체성을 형성하도록 돕는다. 셋째, 윤리적 차원에서 사랑과 연민, 자비 수행은 디지털 환경에서의 소외와 분열을 극복하고, 타인 및 자연과의 연결성을 회복하는 기반이 된다. 넷째, 신체적 차원에서 호흡과 몸에 대한 알아차림은 스트레스로 인한 신체적 긴장을 완화하고, 심신의 균형을 회복하도록 돕는다.[5]

---

4 정인석, 『초월의식의 진화와 위대한 통합』, 학지사, 2025, p.10, pp.34~35
5 미산, 「대념처경을 중심으로 본 초기불교 수행법」, 『불교평론』 14호, 2003,

이러한 접점들은 불교수행이 현대인의 실존적 고통을 완화하는 데 중요한 자원이 될 수 있음을 시사한다. 동시에 현대인의 필요와 조건에 맞게 수행법을 재해석하고 적용하는 과정에서 불교수행 자체도 새로운 의미와 형태로 진화할 가능성을 보여준다.

현대인의 다양한 필요와 불교수행의 가능성을 확인했다면, 이제 우리는 불교 전통 자체로 돌아가 수행의 본래 목적과 방법론을 체계적으로 살펴볼 필요가 있다. 초기불교에서 한국불교에 이르기까지, 각 전통은 어떻게 수행의 목적을 설정하고 구체적인 방법을 발전시켜 왔는가? 이러한 이해는 전통과 현대의 창조적 통합을 위한 필수적 토대가 될 것이다.

2. 불교 전통과 수행의 목적

1) 초기불교의 해탈과 열반

초기불교에서 수행의 궁극적 목적은 해탈(解脫, vimutti)과 열반(涅槃, nibbāna)의 성취이다. 해탈은 탐진치貪瞋痴 삼독三毒으로 대표되는 모든 번뇌(煩惱, kilesa)로부터의 자유를 의미하며, 열반은 모든 고통의 원인인 갈애(渴愛, taṇhā)가 완전히 소멸된 상태를 가리킨다. 이러한 목적은 단순한 심리적 안정이나 평온함을 넘어서는 존재론적 전환을 의미한다.

초기불교 경전에서 붓다는 자신의 가르침의 목적을 명확히 하였

pp.89~111.

다. 『쌍윳따니까야』에 전하는 바에 따르면, "비구들이여, 과거에도 현재에도 나는 오직 고통(苦, dukkha)과 고통의 소멸을 가르친다"고 하였다.[6] 이 간결한 선언은 초기불교 수행의 본질을 정확히 보여준다. 붓다의 가르침은 형이상학적 사변이나 신비적 체험의 추구가 아니라, 인간 존재의 근본적 고통을 직시하고 그 해결책을 찾는 실천적 탐구였다.

초기불교에서 수행의 체계는 팔정도(八正道, aṭṭhaṅgika-magga)로 정리된다. 정견正見, 정사유正思惟, 정어正語, 정업正業, 정명正命, 정정진正精進, 정념正念, 정정正定의 여덟 가지 요소로 구성되는 팔정도는 계戒-정定-혜慧의 삼학三學으로 요약된다. 이는 윤리적 토대, 정신적 집중, 지혜의 개발이라는 체계적 접근을 보여준다. 특히 주목할 점은 이러한 수행체계가 단계적이면서도 상호의존적이라는 것이다. 윤리적 실천 없이는 안정된 명상이 어렵고, 명상 없이는 깊은 지혜를 얻기 어려우며, 지혜 없이는 진정한 윤리적 삶이 불가능하다.[7]

초기불교 수행법 중 핵심적인 것은 사념처四念處 수행이다. 몸(身), 느낌(受), 마음(心), 법法에 대한 알아차림을 통해 무상(無常, anicca), 고(苦, dukkha), 무아(無我, anattā)의 삼법인三法印을 통찰하는 이 수행법은 현대 마음챙김 명상의 원형이 되었다. 사념처 수행은 단순한 관찰이 아니라 현상의 본질을 꿰뚫어보는 통찰지를 개발하

---

6 "*pubbe c'aham bhikkhave etarahi ca dukkhan c'eva paññapemi, dukkhassa ca nirodhaṃ.*" (SN. 22:86 Saṃyutta Nikāya Anurādha Sutta); 각묵 스님, 『쌍윳따니까야 3』, 초기불전연구원, 2009, p.344.

7 미산, 『초기경전강의』, 불광출판사, 2016, pp.239~260.

는 과정이다.[8]

2) 대승불교의 보살도와 중생구제

대승불교는 초기불교의 개인적 해탈을 넘어 모든 중생의 구제를 지향하는 보살도菩薩道를 강조한다. 이는 불교수행의 목적과 방법에 중요한 전환을 가져왔다. 대승불교에서 수행의 핵심 개념은 보리심(菩提心, bodhicitta)과 반야(般若, prajñā)이다. 보리심은 모든 중생을 고통에서 구제하기 위해 깨달음을 얻고자 하는 마음으로, 자리自利와 이타利他의 통합을 지향한다. 반야는 모든 존재의 공(空, śūnyatā)을 꿰뚫어보는 지혜로, 개념적 분별을 넘어선 직관적 통찰이다. 지혜와 자비는 새의 양 날개와 같아서 티베트의 마음수련법 로종(lojong)에서는 지혜 수행인 절대적 보리심과 자비 수행인 상대적 보리심을 개발하도록 한다.[9]

대승불교의 수행법 중 특히 주목할 만한 것은 육바라밀六波羅蜜 수행이다. 보시布施, 지계持戒, 인욕忍辱, 정진精進, 선정禪定, 지혜智慧의 여섯 가지 완성된 덕목을 실천함으로써 자신과 타인의 이익을 동시에 성취하는 것이다. 이러한 수행은 개인의 깨달음과 중생 구제가

---

[8] 미산 스님, 『대념처경의 수행이론과 실제』, (사)근본불교수행도량 홍원사출판부, 2005, pp.54~55.; Anālayo, B., *Satipaṭṭhāna: The Direct Path to Realization*, 이필원 외 공역, 『Satipaṭṭhāna: 깨달음에 이르는 알아차림 명상수행』, 2014, pp.227~235.

[9] Traleg Kyabgon, *The Practice of Lojong: Cultivationg compassion through training the mind*, 2007; 이창엽 옮김, 『티베트의 마음수련법 로종』, 담앤북스, 2017, pp.61~117.

분리될 수 없음을 보여준다. 특히 보시바라밀은 물질적 보시뿐만 아니라 법시法施와 무외시無畏施를 포함하여, 가르침을 나누고 두려움을 제거해 주는 것까지 확장된다.[10]

대승불교의 유식(唯識, Yogācāra) 학파와 중관(中觀, Mādhyamika) 학파는 각각 독특한 수행관을 발전시켰다. 유식학파는 알라야식(阿賴耶識, ālaya-vijñāna)을 중심으로 한 심식心識 구조의 분석과 전의(轉依, āśraya-parivṛtti)를 통한 깨달음의 성취를 강조한다. 중관학파는 공空의 통찰을 통해 모든 극단적 견해를 떠나는 중도中道의 실천을 강조한다.[11] 이 두 학파의 수행론은 현대 심리학과 철학에도 중요한 통찰을 제공하고 있다.[12]

불교 전통이 제시해 온 다양한 수행의 목적과 방법론을 살펴보았다면, 이제 핵심 질문으로 나아갈 때이다. 초탈을 지향하는 전통적 불교수행과 치유를 추구하는 현대적 필요는 어떻게 만날 수 있는가? 대승불교의 핵심 사상들, 특히 중관·유식·여래장 사상과 화엄사상은 이러한 만남을 위한 철학적 기반을 제공한다. 또한 선수행의 구체적 방법론과 현대 심리치료의 접목 사례들은 이론적 통합이 실천적으로도 가능함을 보여준다.

---

10 안성두 역주, 『보살지(*Bodhisattvabhumi*)』, 세창출판사, 2015, pp.48~49.
11 이규완 지음, 『불교철학 길라잡이』, 운주사, 2025, pp.147~169, 209~220.; 한자경 지음, 『대승기신론 강해』, 불광출판사, 2013, pp.25~27.
12 안환기 지음, 『유식학으로 보는 몸과 마음: '정서'와 '인지' 작용의 토대』, 도서출판 운주사, 2024, pp.314~325.

3) 선불교의 견성과 일상의 깨달음

선불교(禪佛敎, Seon Buddhism)는 중국에서 발전하여 한국과 일본으로 전파된 대승불교의 독특한 전통이다. 선불교는 "교외별전敎外別傳, 불립문자不立文字, 직지인심直指人心, 견성성불見性成佛"이라는 사구로 그 본질을 표현한다. 이는 경전의 언어적 가르침을 넘어서, 직접적인 체험을 통해 본성을 보고(見性) 부처가 됨을 의미한다.

선불교에서 수행의 목적은 견성見性, 즉 자신의 본래면목本來面目을 직접 깨닫는 것이다. 육조혜능(638~713)은 "마음이 곧 부처"라는 직접적 가르침을 통해 깨달음이 멀리 있는 것이 아니라 지금 여기 일상의 마음속에 있음을 천명했다. 선불교에서 수행의 목적은 견성, 즉 자신의 본래면목을 직접 깨닫는 것이다. 육조혜능은 그의 『법보단경』에 나오는 "보리의 자기 성품이 본래로 청정하므로 단지 이 마음을 쓰기만 하면 바로 깨달음을 이루리라"[13]라는 게송에서 깨달음이 특별한 대상이나 상태가 아니라 본래부터 텅 빈 청정한 마음의 본성 그 자체임을 보여준다.

선불교의 수행법은 크게 세 가지 흐름으로 발전했다. 첫째는 조사선祖師禪으로, 역대 조사들의 깨달음의 경지를 직접 체득하게 하는 가장 원초적인 선불교 전통이다. 조사선에서는 조사의 말을 듣자마자 바로 그 자리에서 계합하여 언하대오言下大悟하는 것을 강조한다. 둘째는 묵조선默照禪으로, 조용히 앉아 마음을 비추는 수행을 강조한다. 이는 조동종曹洞宗의 전통으로 이어졌다. 셋째는 간화선看話禪으

---

13 『대정장』 48, 347c. 菩提自性 本來淸淨 但用此心 直了成佛.

로, 화두話頭라는 해결 불가능한 질문을 통해 분별심을 돌파하는 수행을 강조한다. 이는 임제종臨濟宗의 전통으로 발전했으며, 한국불교에서 특히 중요하게 계승되었다.

선불교의 혁명적 통찰은 수행과 일상의 분리를 거부한다는 점이다. 백장회해(百丈懷海, 720~814)의 "하루 일하지 않으면 하루 먹지 않는다(一日不作 一日不食)"[14]는 선언은 노동과 수행이 별개가 아님을 보여준다. 선불교에서는 물긷기, 나무하기, 밥 짓기와 같은 일상적 행위가 모두 수행의 장이 된다. 이는 "다선일미茶禪一味"-차 마시기와 선이 하나의 맛이라는 표현으로 상징되는, 차 마시기와 같은 일상과 깨달음의 둘이 아님(不二)을 의미한다.

임제의현(臨濟義玄, ?~866)의 "어디에서나 주인이 되면 서는 곳마다 모두 참되다(隨處作主 立處皆眞)"[15]는 가르침은 깨달음이 특정한 장소나 상황에 국한되지 않음을 강조한다. 이러한 관점은 현대인들에게 수행이 일상에서 분리된 특별한 활동이 아니라, 순간순간의 깨어있음 속에서 실현되는 것임을 일깨운다.

선불교의 이러한 접근은 현대 마음챙김 명상의 철학적 기반이 되었다. 특히 "지금 여기(here and now)"에 대한 강조, 비판단적 관찰, 일상 속 수행의 통합은 모두 선불교의 핵심 가르침에서 유래한다. 임제종 계통의 선사인 베트남의 틱낫한 스님이 제시한 "걷기 명상",

---

14 『대정장』 51, 259c. 師凡有所作, 必先身自執勞. 或勞大衆云: "請師息次." 師云: "吾無德, 恐累大衆" 遂日不廢作. 師常自云:「一日不作, 一日不食.」

15 『대정장』 47, 498a.「古人云: 向外作工夫, 總是癡頑漢. 爾且隨處作主, 立處皆眞, 境來回換不得.」

"설거지 명상"과 같은 개념들은 선불교의 일상적 깨달음 전통을 현대적으로 계승한 것이다.

4) 한국불교의 특수성과 선명상의 등장

한국불교는 중국과 인도에서 전래된 다양한 불교 전통을 창조적으로 통합하고 재해석하여 독특한 특성을 발전시켰다. 한국불교의 가장 중요한 특징은 "회통會通"과 "통불교通佛教" 정신이다. 이는 서로 다른 교학과 수행 전통을 배타적으로 보지 않고 상호보완적으로 이해하려는 노력으로 나타난다.

원효(元曉, 617~686)의 화쟁사상和諍思想은 한국불교 회통 정신의 철학적 기초를 마련했다. 화쟁은 단순한 절충이나 타협이 아니라, 대립되는 견해들을 일심一心의 차원에서 창조적으로 통합하는 것이다. 원효는 『열반종요』와 『십문화쟁론』, 그리고 『대승기신론소』 등을 통해 공空과 유有, 진여문眞如門과 생멸문生滅門, 이理와 사事 등의 대립을 지양하고 보다 높은 차원의 통합을 제시했다. 이러한 화쟁 정신은 이후 한국불교 전반에 깊은 영향을 미쳤다.

의상(義湘, 625~702)은 화엄사상을 한국적으로 정립하여 「법성게法性偈」를 남겼다. 210자로 구성된 이 짧은 게송은 화엄의 법계연기法界緣起 사상을 압축적으로 표현하며, "하나 중에 모두 있고 모두 중에 하나가 있으며, 하나가 곧 모두이고 모두가 곧 하나이다"[16]라는 상즉상입相卽相入의 세계관을 제시한다.

---

16 『대정장』 45, 673c. 一中一切多中一 一卽一切多卽一.

고려시대에는 보조지눌(普照知訥, 1158~1210)이 돈오점수頓悟漸修와 정혜쌍수定慧雙修를 강조하며 선교일치禪敎一致의 수행체계를 정립했다. 지눌은 깨달음은 갑자기 일어나지만(돈오) 그 후에도 지속적인 수행이 필요함(점수)을 역설했다. 또한 선禪과 교敎를 대립적으로 보지 않고, 교학을 통한 이해와 선정을 통한 체득이 함께 필요함을 강조했다. 이는 "교관겸수敎觀兼修"-교리 연구와 명상수행을 함께 한다는 한국불교의 독특한 전통으로 자리잡았다.

조선시대 휴정(休靜, 서산 대사, 1520~1604)과 유정(惟政, 사명 대사, 1544~1610)은 임진왜란이라는 국난 속에서 선불교의 사회적 실천을 보여주었다. 특히 서산 대사의 『선가귀감禪家龜鑑』은 한국 선불교의 핵심 수행서로, 간화선 수행의 체계를 명확히 제시했다.

근현대 한국불교에서는 경허(鏡虛, 1849~1912), 만공(滿空, 1871~1946), 한암(漢巖, 1876~1951), 서옹(西翁, 1912~2003)으로 이어지는 간화선의 부흥이 있었다. 특히 서옹 스님과 성철(性徹, 1912~1993) 스님은 "돈오돈수頓悟頓修"를 강조하며 한국 선불교의 정체성을 재확립했다. 서옹 스님은 참사람 결사운동을 주창하였으며, 성철 스님은 백일법문을 통해서 불이중도가 선불교의 핵심임을 천명하였다.

2024년 대한불교조계종이 주도한 국제선명상컨퍼런스와 선명상 선양 사업은 이러한 흐름의 정점이라 할 수 있다. 진우 총무원장은 "불이중도不二中道의 지혜"를 강조하며, AI 디지털 시대에 선명상이 개인의 심리적 안녕을 넘어 사회적 치유와 생태적 각성으로 확장되어야 함을 역설했다. "하루 5분 선명상" 운동은 전통 수행의 문턱을 낮추면서도 그 본질을 유지하려는 한국불교의 창조적 시도이다. 제3

장에서 미래본부의 선명상 선양에 관한 사항을 구체적으로 논의할 것이다.

　한국불교의 이러한 특수성 – 회통과 통합의 정신, 교관겸수의 균형, 사회적 실천과의 결합, 전통의 현대적 재해석 – 은 앞으로 전개될 "초탈과 치유의 통합"을 위한 철학적이고 실천적인 토대를 제공한다. 2,600년 불교 전통이 21세기 과학과 만나는 지점에서, 한국불교의 화쟁적 지혜는 특별한 의미를 갖는다.

3. 불교수행과 치유의 만남

1) 대승불교의 수행 이론과 실제

대승불교의 수행 이론은 연기緣起, 무자성無自性, 공空, 중도中道와 자비慈悲라는 핵심 개념들을 중심으로 발전되었다. 이들 개념은 상호 유기적으로 연결되어 있으며, 불교수행의 철학적 기반과 실천적 방법론을 동시에 제공한다. 특히 이러한 개념들은 현대 심리치료의 관점에서 볼 때 치유적 함의를 담고 있다.

　연기(緣起, pratītyasamutpāda)는 모든 현상이 조건에 의존하여 발생한다는 법칙으로, 독립적이고 영속적인 실체의 부재를 의미한다. 이는 현대 시스템 이론이나 생태학적 사고와 놀라운 유사성을 보인다. 무자성(無自性, niḥsvabhāva)은 모든 존재가 고유한 본질이나 자성을 갖지 않는다는 통찰이며, 공(空, śūnya)은 이러한 무자성을 깨달은 상태로 일체법이 실체적 존재가 아님을 직관하는 지혜이다. 중도(中道, madhyamāpratipad)는 존재와 비존재, 영원주의와 허무주의 등의 양극단을 떠난 균형 잡힌 관점이다.

자비(慈悲, karuṇā-maitrī)는 중생의 고통을 제거하고자 하는 비(悲, karuṇā)와 즐거움을 주고자 하는 자(慈, maitrī)의 결합으로, 대승불교 수행의 정서적·윤리적 핵심이다. 특히 공성의 깨달음과 결합된 자비는 대승불교의 독특한 특징으로, 모든 존재가 무자성하고 상호의존적이라는 연기의 통찰에서 자연스럽게 발현된다. 즉, '나'와 '타자'의 실체적 경계가 해체될 때, 타자의 고통은 곧 나의 고통이 되며, 이는 선택이 아닌 존재론적 공감으로 체험된다. 이러한 자비는 현대 심리학의 공감 능력, 친사회적 행동, 그리고 관계 중심 치료와 깊은 연관성을 가지며, 특히 자기-타자의 이분법을 초월한다는 점에서 치유적 전환을 가능케 한다.[17]

이러한 이론적 기반 위에서 대승불교는 구체적인 수행법을 제시한다. 육바라밀 수행은 이론과 실천을 통합하는 대표적 사례이다. 보시바라밀은 집착을 놓는 실천을 통해 공성을 체험하게 하고, 지계바라밀은 윤리적 토대를 마련하며, 인욕바라밀은 고난을 받아들이는 수용력을 기른다. 이러한 수행은 단순한 도덕적 실천을 넘어 존재론적 통찰로 이어진다는 점에서 치유적 의미를 갖는다.[18]

---

17 미산 저, 「진정한 자비의 실천과 선불교 자비행법의 모색」, 박찬욱·윤희조 기획, 한자경 편집, 『자비, 깨달음의 씨앗인가 열매인가』, 도서출판 운주사, 2015, pp.186~196.

18 안성두 역주, 앞의 책, 2015, pp.49~51.

2) 중관·유식·여래장 사상의 수행론과 치유관

대승불교의 세 주요 사상체계인 중관中觀, 유식唯識, 여래장如來藏 사상은 각기 독특한 수행론과 치유관을 발전시켰다. 이들 사상은 서로 다른 관점에서 인간의 고통과 그 해결책을 제시하면서도, 궁극적으로는 상호보완적인 통찰을 제공한다.

중관사상은 나가르주나(龍樹, Nāgārjuna)에 의해 체계화되었으며, 공성空性의 통찰을 통한 해탈을 강조한다. 중관의 수행론은 모든 개념적 구성물(戱論, prapañca)을 해체하는 과정으로, 이는 현대 인지치료의 인지적 재구조화와 유사한 측면이 있다. 공성을 깨달음으로써 실체에 대한 집착에서 벗어나고, 이는 심리적 고착과 강박에서의 해방으로 이어진다. 중관사상의 치유적 의미는 고정된 자아 개념과 세계관에서 벗어나 유연하고 개방적인 관점을 갖게 한다는 데 있다.

유식사상은 아상가(無著, Asaṅga)와 바수반두(世親, Vasubandhu)에 의해 발전되었으며, 알라야식阿賴耶識을 중심으로 한 의식 변화의 과정을 중시한다. 유식의 핵심 수행인 전의轉依는 번뇌의 씨앗을 지혜의 씨앗으로 전환하는 과정으로, 이는 현대 심리치료의 인지적, 정서적 재구조화와 깊은 연관이 있다. 특히 팔식八識 구조에 대한 이해는 의식의 층위별 접근을 가능하게 하여 체계적인 치유 과정을 제시한다. 유식사상은 무의식적 패턴의 변화를 통한 근본적 치유를 강조한다는 점에서 정신분석학뿐만 아니라 인본주의 심리학, 특히 칼 로저스의 내담자 중심 치료와 게슈탈트 치료와도 대화할 수 있는 지점을 제공한다.[19]

여래장 사상은 모든 중생의 내재된 불성佛性을 강조하며, 이는 현대 인본주의 심리학의 자기실현 개념과 유사하다. 여래장 사상의 수행론은 본래 청정한 마음을 가리는 객진번뇌客塵煩惱를 제거하는 것에 초점을 맞춘다.[20] 이는 치유를 병리의 제거가 아닌 본래 건강성의 회복으로 보는 관점과 일치한다. 여래장 사상은 인간의 본질적 선함과 온전성에 대한 믿음을 바탕으로 하며, 이는 치유 과정에서 희망과 동기를 제공한다.[21]

3) 화엄사상의 법계연기와 불이중도

화엄사상은 법계法界의 무애원융無礙圓融을 강조하는 대승불교의 극치라 할 수 있다. 특히 「법성게法性偈」에 담긴 법계연기法界緣起와 불이중도不二中道의 사상은 현대적 치유 관점에서도 중요한 통찰을 제공한다.[22]

법계연기는 일반적인 업감연기나 아뢰야연기를 넘어, 모든 현상이 상호 포함하고 상호의존하는 총체적 관계망을 의미한다. '일미진중

---

19 안환기 지음, 앞의 책, 2024, pp.247~260.
20 이석환 지음, 「수행체계로서의 여래장사상에 대한 시론적 연구」, 『동아시아불교문화』 vol, no.66, 2024, pp.149~172.
21 이석환, 「여래장삼부경의 현대적 의미」, 『불교학보』 vol, no.79, 2024, pp.61~84; 고승학, 「『대승기신론』에서 여래장의 수행론적 의미」, 『불교학리뷰』 vol. 10권, 2011, pp.69~91.
22 Misan W.D. Kim and Hee Jung Min, "The Heart-Smile Training: The Compassion-Based Intervention Program of Korean Sŏn in the AI Digital Era" In Hyangsoon Yi & Dal Yong Jin, Eds., *Buddhism, Digital Technology and New Media in Korea: Ŭisang's Ocean Seal Diagram*, Routledge, 2025, pp.44~57.

함시방一微塵中含十方, ⋯ 일념즉시무량겁一念卽是無量劫' 등 의상 대사의 「법성게」에 나오는 표현처럼, 공간적으로 가장 작은 존재 속에도 전 우주가 들어 있고, 시간적으로 한 생각 찰나 속에 무량겁이 함께함을 드러내어, 과거·현재·미래 및 개인과 공동체, 부분과 전체의 관계에 새로운 이해를 제공한다. 이러한 관점은 개인의 고통을 고립된 현상이 아닌 전체 맥락 속에서 이해하게 하며, 치유 또한 개인적 차원을 넘어 관계적·사회적 차원에서 시공을 초월하여 접근해야 함을 시사한다.[23]

불이중도는 대립되는 개념들이 궁극적으로는 하나의 실재의 두 측면임을 보여준다. 생사와 열반, 번뇌와 보리, 중생과 부처가 둘이 아니라는 통찰은 치유 과정에서 증상과 건강, 문제와 해결책을 이분법적으로 보지 않는 통합적 관점을 제시한다. 이러한 화엄사상은 현대의 시스템 접근법, 생태학적 관점, 통합의학 등과 깊은 공명을 일으킨다. 개인의 문제를 고립된 현상이 아닌 전체 맥락 속에서 이해하고, 치유를 부분적 개선이 아닌 전체적 조화의 회복으로 보는 관점을 제공한다.[24]

---

23 Yeonshik Choe and Richard D. McBride, "Ŭisang's Understanding of the Avataṃsaka-sūtra as Seen through the Seal-Diagram Symbolizing the Dharma Realm of the One Vehicle" Hyangsoon Yi & Dal Yong Jin, Eds., 위의 책, 2025, pp.19~43.

24 박서연, 「의상계 화엄수행론의 심리치유 가능성 고찰」, 『불교학보』 vol, no.75, 2016, pp.9~28.

4) 선수행과 심리치료

선불교의 핵심 수행법인 화두話頭와 공안公案은 전통적으로 깨달음을 위한 도구였지만, 현대적 맥락에서는 심리치료적 기능도 가지고 있음이 주목받고 있다. 화두는 논리적으로 풀 수 없는 역설적 질문이나 문장으로, '무無', '본래면목本來面目', '마삼근麻三斤' 등이 대표적이다. 공안은 선사와 제자 간의 문답이나 일화를 기록한 것으로, 『무문관』, 『벽암록』 등의 공안집이 유명하다. 이들의 기능은 분별심을 초월하고 직관적 깨달음에 이르도록 하는 것이다.[25]

화두와 공안의 심리치료적 기능은 다음과 같은 측면에서 나타난다. 첫째, 인지적 고착 타파의 기능이다. 논리적으로 풀 수 없는 역설을 제시함으로써 고정된 사고 패턴과 인지적 틀을 깨뜨린다. 이는 현대 심리치료에서 말하는 인지적 융통성을 증진시키는 효과가 있다. 둘째, 의심과 탐구의 활성화이다. 화두 참구는 '의정疑情'이라는 근본적 의심을 일으켜 자동적 사고와 반응을 멈추고 깊은 탐구를 촉진한다. 셋째, 역설적 개입의 효과이다. 화두의 역설적 성격은 심리치료에서 사용되는 역설적 개입과 유사하여, 증상에 대한 과도한 통제 시도를 포기하게 함으로써 오히려 변화를 가능하게 한다.[26]

---

25 Magid, B., *Nothing is hidden: The psychology of Zen koans*, Wisdom Publications, 2013; Kets de Vries, M. F. R., "Wrestling with ambiguity: Koans as agents of change and their application to the helping professions", *INSEAD Working Paper*, 2020, pp.1~27. 이 논문은 철학적 통찰력과 실용적 가치는 인정되나, 경험적 증거 부족과 문화적 맥락에 대한 고려 부족으로 학술적 엄밀성이 제한적인 탐색적 연구임.

26 Suler, J. R., "Paradox in psychological transformations: The Zen koan and

5) 조계종 미래본부의 선명상 선양

대한불교조계종 총무원장 진우 스님은 2024년 국제선명상컨퍼런스 기조강연에서 현대 한국 사회가 직면한 심각한 정신적 위기를 직시하였다. 세계 최고 수준의 자살률, 극심한 경쟁사회로 인한 스트레스, 디지털 시대의 소외와 분열 등은 단순한 사회적 문제를 넘어 영적 차원의 대응을 요구하고 있다. 이러한 시대적 배경에서 조계종이 선명상에 집중하게 된 것은 개인의 내적 평화와 사회적 치유를 동시에 추구하는 불교 본연의 사명에서 비롯된다.[27]

불이중도 사상과 실천 방법

조계종 선명상 선양의 핵심은 '불이중도不二中道'의 사상이다. 이는 원효와 의상부터 서옹과 성철에 이르기까지 한국불교의 핵심 사상으로, AI 디지털 시대의 이분법적 사고를 초월하여 인간과 기술의 조화로운 공존을 추구한다.

"수처작주 입처개진隨處作主 立處皆眞"의 임제선 정신에 바탕한, 진우 스님이 제시한 구체적인 선명상 일상 실천법은 다음과 같다:

일상 수행법: ①괴로운 감정 시 5~6초 멈춤-방하착, ②삼수야

---

psychotherapy", *Psychologia*, 32(3), 1989, pp.221-229. (PDF: https://johnsuler.com/article_pdfs/paradox.pdf); Fung, K., & Wong, J. "Acceptance and commitment therapy and Zen Buddhism", In A. Shigaki, M. K. p.Ng, & K. W. Y. Chan (Eds.), *Handbook of Zen, mindfulness, and behavioral health*, 2017, pp.147~162. Springer. (PDF: ResearchGate 공개).

27 대한불교조계종 총무원장 진우 스님, 「기조강연문: 불이중도의 지혜: 디지털 시대의 선명상과 자비 실천」, 『국제선명상컨퍼런스』, 2024.

가라 명상(세 가지 감정 놓기), ③쉘패스 명상("이 또한 지나가리라"), ④무시로 명상(하루 5분 이상), ⑤자비명상(모든 존재의 행복 기원)

미래 비전과 국제적 확산

조계종은 세 가지 핵심 비전을 제시했다. 첫째, 모든 국민의 '하루 5분 선명상' 운동으로 국민행복 프로젝트를 추진한다. 둘째, 전국 선명상센터 운영을 통해 지역사회 치유 공간을 구축하고 사회적 비용을 절감한다. 셋째, 'UN 세계명상의 날' 제정을 통해 명상을 종교를 넘어선 평화운동으로 확산시킨다.[28]

2024년 국제선명상컨퍼런스에는 조안 할리팩스, 툽텐 진파, 차드 멩 탄, 팝루 스님, 직메 린포체 등 세계적 명상 지도자들이 참여하여 글로벌 네트워크를 구축했다.

2025년 국제선명상컨퍼런스는 더욱 구체적인 교육 현장 적용을 목표로 개최되었다. 2025년 10월 29일 대한민국 국회의원회관 대회의실에서 22명의 국회의원[29]과 대한불교조계종이 공동 주최한 이

---

[28] 2024 국제선명상대회 선명상컨퍼런스 결의문; UN은 2023년 12월 6일 제79차 총회에서 12월 21일을 '세계 명상의 날(World Meditation Day)'로 지정하는 결의안을 통과시켰다. 이는 리히텐슈타인, 인도, 네팔, 몽골 등 18개국이 주도하고 한국을 포함한 79개국이 동의한 안건으로, UN 193개 회원국의 만장일치로 승인되었다.

[29] 국회 마음챙김 포럼 대표, 조승래 의원을 비롯하여, 주호영 국회부의장, 이헌승 국회정각회장, 김영배 국회정각회 수석부회장, 김영호, 고민정, 조정훈, 문정복, 김대식, 김준혁, 정을호, 김용태, 추미애, 김형동, 이수진, 염태영, 김동아, 문진석, 박희승, 이만희, 임호선, 한지아 의원이 대한불교조계종과 함께 공동

행사는 "깨어나는 교육, 연결되는 우리: 전인적 발달을 위한 교육 전환의 제안"이라는 주제로 성황리에 진행되었다. 관심있는 교육계 종사자와 교사, 사회정서교육 분야 관계자들이 참석하여 활발한 논의를 하였다.

진우 스님(대한불교조계종 총무원장)의 기조연설 "한국 전통 명상과 공교육의 미래"를 시작으로, 킴벌리 A. 쇼너트 라이클(일리노이대학교 심리학과 교수)은 사회정서학습의 과학적 배경을 제시했고, 김누리(중앙대학교 교수)는 경쟁사회를 넘어 공감사회로의 교육 전환 필요성을 역설했다. 로버트 로저(에모리대학교 연구책임자)는 전인적 발달을 위한 명상의 역할을 탐색했으며, 민희정(혜주 스님, 동국대학교 아동인성교육연구소 소장)은 한국형 관계 중심 통합적 사회정서교육 모델(RISEL-T)을 제안했다.

이 컨퍼런스는 명상기반 교육의 공교육제도화 방안을 구체적으로 논의하고, 한국적 명상교육 모델의 과학적 타당성과 실천 가능성을 국제 학계와 공유하는 중요한 전환점이 되었다.

K-정신문화로서의 선명상

진우 스님은 K-pop, K-드라마에 이어 "K-정신문화 한류"의 가능성을 제시했다. 한국불교의 화쟁사상, 「법성게」, 간화선 등의 통합적 지혜가 현대 디지털 문명과 만나 새로운 영적 패러다임을 창조할 수 있다는 것이다. 이는 단순한 문화 수출을 넘어 "인류의 정신문명사적 발전에

주최하였다.

기여"하는 것을 목표로 한다.[30]

조계종의 선명상 선양은 개인의 내적 평화에서 시작하여 사회적 치유, 나아가 문명 전환의 비전까지 아우르는 통합적 접근을 통해 "자비와 지혜가 충만한 세상" 실현을 지향한다.

6) 전통 간화선과 현대 수불선

밝은사람들연구소 간화선 연구의 차별화된 방향성(2027년)

2025년 2월 *Nature Humanities and Social Sciences Communications*에 게재된 베단타 자기탐구 논문(Exploring "Who am I": the potential of applying the Indian Vedanta philosophical practice of self-enquiry in psychotherapy)[31]은 동양철학과 심리치료 통합 연구의 중요한 이정표가 되었다. 그러나 이 연구는 주로 이론적 탐구에 머물렀으며, 경험적 검증과 신경과학적 메커니즘 규명이 부족했다. 밝은사람들연구소의 2027년 간화선 연구는 이러한 한계를 뛰어넘어 세계 최초의 종합적 간화선 과학 연구로 차별화될 수 있다.

베단타와 간화선의 근본적 사상적 차이

베단타 철학과 간화선의 자아 탐구는 표면적으로 유사해 보이지만,

---

30 진우 스님, 위의 글, 2024.

31 Zhao, C. Y., "Exploring 'Who am I': the potential of applying the Indian Vedanta philosophical practice of self-enquiry in psychotherapy." *Nature Humanities and Social Sciences Communications*, 12, Article number: 252, 2025, pp.1-10, https://doi.org/10.1057/s41599-025-04387-w

존재론적 전제에서 근본적인 차이를 보인다. 베단타의 "나는 누구인가"라는 질문은 거짓 자아를 벗겨내어 영원불변의 참자아인 아트만을 발견하는 과정을 의미한다. 이 접근법에서는 개별 자아인 지바트만을 넘어선 파라마트만이 브라만과 본질적으로 동일한 우주적 자아로 실현되는 것을 궁극적 목표로 설정한다. 따라서 베단타의 수행론은 네티-네티의 부정법을 통해 순수의식인 삿-칫-아난다의 상태에 도달하고자 하며, 이는 본질적으로 참자아의 발견과 확립을 지향한다.

반면 간화선의 "이뭣꼬" 화두는 자아의 실체성 자체를 부정하는 무아 체득과 공성 실현을 목표로 한다. 이 접근법에서는 찾을 자아가 애초에 존재하지 않음을 깨닫게 하는 공성 체험이 핵심이 된다. 간화선의 수행은 의심덩어리를 통해 질문하는 주체마저 해체되는 철저한 자아 소거를 추구하며, 이는 모든 개념적 구성물의 해체를 통한 공성 실현을 지향한다. 여기서 중요한 것은 자아를 찾거나 확립하는 것이 아니라, 자아라는 것 자체가 허상임을 직접 체득하고 모든 현상의 공성을 깨닫는 것이다.

이러한 근본적 차이는 심리치료 적용에서 완전히 다른 함의를 갖는다. 베단타의 접근법은 서구 심리학의 자아 통합과 자기실현 개념과 여전히 양립 가능한 측면이 있지만, 간화선의 무아 체득과 공성 실현은 서구 심리학이 추구하는 건강한 자아 발달과 정체성 강화 목표와 정면으로 충돌할 수 있다. 따라서 간화선의 임상 적용에는 더욱 신중하고 체계적인 과학적 검증이 필요하다.

전통 간화선과 현대 수불선의 연속성과 혁신

전통 간화선과 현대적으로 재해석된 수불선 프로그램은 이론적 연속성과 혁신적 발전을 동시에 보여준다. 전통 간화선은 송대 중국에서 발전하여 고려시대 때 한국에 전래되었으며, 화두 참구를 통한 의심의 발현과 돌파를 핵심 원리로 한다. 그 수행 구조는 화두 들기에서 시작하여 의심이 일어나고, 이를 깊이 참구하여 궁극적으로 무아와 공성의 깨달음에 이르는 체계적 과정을 거치며, 선불교의 종지인 교외별전敎外別傳-가르침 밖에서 따로 전함, 불립문자不立文字-문자에 의존하지 않음, 직지인심直指人心-곧바로 사람의 마음을 가리킴, 견성성불見性成佛-본성을 보아 부처가 됨이라는 철학적 기반 위에 서 있다.

현대의 수불선 프로그램은 이러한 전통 간화선의 본질을 유지하면서도 현대적 적응과 대중화를 위한 혁신적 교육 방법을 창안하였다.[32] 이 프로그램은 개념적인 접근을 원초적으로 차단하기 위해 참가자들에게 모두 손가락을 들어 움직이도록 한다. 그리고 바로 질문을 던진다. 누가 이 손가락을 움직이게 했는가? 참가자들의 답변을 유도하여, 몸이, 마음이, 혹은 내가 등 다양한 답변을 모두 부정하고 머리가 아닌 가슴으로 답만 찾으라고 요구한다. 생각으로 헤아려 낸 답은 모두 부정함으로써 가슴으로 의심하라고 하며 답답하여 간절히 알고 싶어 할 때 의심이 의정이 되고 온몸으로 집중하여 알고자 할 때

---

[32] Min, Hee Jung, et al., Just Do It! The Art of Teaching Enlightenment: A Study of a Korean Ganhwa Seon Master, *Religions*, 14(5), 2023, p.573. (PDF: https://doi.org/10.3390/rel14050573)

의단이 되도록 유도한다. 이때 기존의 명상법에서 활용하는 호흡법, 몸 알아차림, 일상 마음챙김, 자비 수행 등과 같은 방법은 일체 사용하지 않도록 한다.

한국에서는 이러한 흐름과 함께 선 심리상담, 마음챙김 기반 한국형 심리치료 등이 개발되어 한국 선불교 전통 수행법과 현대 심리치료를 통합하는 다양한 시도가 이루어지고 있다.[33] 이들 프로그램은 정신건강 증진, 자기 성장, 의미 탐색에 광범위하게 적용되며, 한국 내 다양한 센터와 기관에서 지속적으로 발전하고 있다. 수불 간화선은 이 모든 것을 포함하면서 한 차원 높은 곳에서 독특한 방법으로 한국 현대 간화선의 지평을 열어갈 것이다.

핵심 연구 영역 제안

본 연구의 핵심은 화두 참구 과정에서 일어나는 무아와 공성 체득의 인지신경학적 메커니즘을 규명하는 것이다. 뇌파, f-MRI, PET 등 다양한 신경영상 기법을 활용하여 화두 참구 시 나타나는 뇌 활동 패턴을 분석하고, 특히 자아참조적 사고와 관련된 기본모드 네트워크의 변화와 억제 메커니즘을 규명할 것이다. 또한 화두 수행이 주의집중과 인지유연성에 미치는 영향의 신경학적 기반을 탐구하여, 전통적 수행법이 어떻게 공성 인식으로 이어지는지를 현대적으로 이해할

---

33 Park Y.-C., et al., Seven-Day Intensive Buddhist Meditation Reduces Existential Isolation and Increases Prosocial Behavior, *Journal of Applied Social Psychology*, 2023; 김말환, 「선 심리치료의 방향과 그 실제-좌선, 호흡 그리고 '마음 밝힘'을 중심으로」, 『정토학연구』 11, 2008, pp.271~319.

것이다.

 의심의 다차원적 이해 또한 중요한 연구 영역이다. 간화선 특유의 의정과 일반적 의심 사이의 신경학적 차이점을 규명하고, 의심덩어리 형성 과정을 인지과학적으로 모델링할 것이다. 특히 불안과 구별되는 건설적 의심의 심리학적 특성을 분석하여, 의정이 단순한 회의나 의문과 어떻게 다른지, 그리고 이것이 어떻게 공성 체득으로 이어지는지를 과학적으로 입증할 것이다.

 돈오와 창발적 인지 현상의 관계 탐구는 본 연구의 독창적 측면이다. 갑작스러운 무아와 공성의 깨달음 체험이 가져오는 신경생물학적 상관관계를 규명하고, 이것이 창의성, 통찰, 문제해결 능력과 어떤 연관성을 갖는지 분석할 것이다. 또한 계산모델링을 통해 비선형적 인지변화를 예측하는 모델을 개발하여, 무아와 공성 체득의 돈오 현상에 대한 과학적 이해를 심화시킬 것이다.

수불선 프로그램의 과학적 검증 제안

안국선원에서 진행하는 이뭣꼬 화두 7박 8일 수불선 집중수행 프로그램을 통해 무아와 공성 체득의 체계적인 과학적 검증을 수행할 것이다. 이 프로그램은 전통적 간화선 수행의 핵심인 이뭣꼬 화두를 중심으로 하면서도 현대적 연구 방법론을 적용할 수 있도록 설계되었다. 수행 참가자들을 대상으로 다층적 측정 체계를 구축하여 생리적 지표인 심박변이도, 코르티솔 수치, 염증마커 등을 측정하고, 고밀도 EEG, f-MRI 등을 활용한 신경학적 측정을 병행할 것이다. 또한 주의력, 작업기억, 인지유연성 등의 인지기능 평가와 마음챙김, 자기 자비,

심리적 웰빙 등의 심리학적 척도를 종합적으로 활용하여 무아와 공성 체득 과정을 다각도로 분석할 것이다.

다양한 대상군 비교연구를 통해 무아와 공성 체득의 효과를 검증할 것이다. 초심자와 숙련 수행자 간의 신경가소성 차이를 분석하고, 일반인과 우울 및 불안 임상군에서의 치료효과를 비교 검토할 것이다. 또한 연령대별 수행 반응성을 분석하여 생애주기에 따른 무아와 공성 체득 효과의 차이를 규명할 것이다.

장기 추적 연구를 통해 무아와 공성 체득의 지속성을 검증할 것이다. 수행 전후 3개월, 6개월, 1년에 걸친 추적조사를 통해 신경구조적 변화의 시간적 궤적을 파악하고, 일상생활에서의 지속효과를 측정하여 각찰覺察, 즉 본질을 통한 알아차림과 휴헐休歇, 망념과 번뇌를 쉬고 내려놓아 흘려보내는 과정이 원활하게 진행되는지 살펴볼 것이다. 간화선 수행을 통한 무아無我와 공성空性 체득의 장기적 영향을 과학적으로 입증하고자 한다.

기존 연구와의 차별점

본 연구는 베단타 논문을 포함한 기존 연구들과 여러 측면에서 근본적으로 차별화된다. 첫째, 이론적 추론에 머물지 않고 실증적 데이터에 기반한 객관적 측정을 통해 무아와 공성 체득 과정을 과학적으로 규명한다. 둘째, 전통 간화선 방법론을 그 문화적 맥락과 철학적 기반과 함께 온전히 보존하면서 연구를 진행한다. 셋째, 신경과학, 인지과학, 심리학을 통합하는 다학제적 접근을 통해 무아와 공성 체득에 대한 포괄적 이해를 도모한다. 넷째, 치료적 효과를 과학적으로 입증하여 임상적 적용 가능성을 탐구하되, 서구 심리학적 자아 강화와는 완전히 다른 패러다임의 치유 접근법을 제시한다. 다섯째, 베단타의 자아 발견과 구별되는 무아 체득과 공성 실현의 독특한 메커니즘을 명확히 규명하여 두 전통의 근본적 차이를 과학적으로 입증한다. 마지막으로, 천년의 한국 간화선 전통을 현대 과학으로 검증하는 독창적인 한국형 모델을 제시하여 전통과 현대의 창조적 융합을 시도한다.

이러한 종합적 접근을 통해 간화선을 단순한 명상 기법이 아닌, 무아와 공성 체득을 통한 독특한 인지적 혁신을 가져오는 정교한 의식 훈련법으로 규명할 수 있을 것이다. 특히 이뭣꼬 화두를 통한 자아 해체와 공성 실현의 메커니즘을 신경과학적으로 밝혀내어, 베단타의 자아 발견과는 완전히 다른 패러다임인 무아와 공성 체득의 과학적 기반을 세계 최초로 제공할 수 있을 것이다.

불교 전통의 철학적 기반과 실천적 방법론이 치유와 어떻게 연결되는지 살펴보았다. 이제 우리는 이러한 통합이 현대 심리치료라는 구체적 맥락에서 어떻게 전개되어 왔는지 탐구해야 한다. 불교와 현대 심리치료의 만남은 때로 충돌하고 때로 조화를 이루며 발전해 왔다. 특히 MBSR, MBCT, DBT, ACT 등 불교 기반 심리치료 프로그램들의 등장과 명상과학으로서의 발전, 그리고 한국에서의 독특한 심리치료 적용 사례들은 초탈과 치유의 통합이 단순한 이론적 가능성이 아니라 검증된 현실임을 입증한다.

4. 불교수행과 현대 심리치료의 접점

1) 불교와 현대 심리치료의 충돌과 조화

불교수행과 현대 심리치료는 서로 다른 문화적, 역사적 맥락에서 발전했지만, 인간의 고통 완화와 웰빙 증진이라는 공통된 관심사를 가지고 있다. 이 두 전통의 만남은 때로는 충돌을, 때로는 조화로운 통합을 이루며 발전해 왔다. 불교와 서양 심리학의 만남은 역사적으로 여러 단계를 거쳤다. 20세기 초 윌리엄 제임스는 『종교적 경험의 다양성』에서 불교명상 경험에 주목했고, 칼 융은 동양사상과 만다라 등 불교 상징체계에 관심을 보였다.[34] 1960~1970년대에는 아브라함 매슬로우의 최고 경험(peak experience) 연구[35]와 스탠 그로프의 변형 의식 상태 연구[36]가 불교적 통찰과 연관되었다. 1970년대 후반~1990년대에는 존 카밧진의 마음챙김 기반 스트레스 감소(MBSR) 프로그램을 비롯한 마음챙김 개입법,[37] 마샤 리네한의 변증법적 행동치료(DBT)

---

[34] James, W., *The Varieties of Religious Experience: A Study in Human Nature*, Longmans, Green & Co. 1902, pp.400~420: 불교명상 경험과 만다라 상징에 대한 논의; PDF: https://archive.org/details/varietiesofrelig00jameuoft.

[35] Maslow, A. H., *Religions, Values, and Peak-Experiences*. Columbus: Ohio State University Press. 1964, pp.59~68: 최고 경험과 불교적 통찰의 유사성; PDF: https://archive.org/details/religionsvaluesp0000abra.

[36] Grof, S., *Realms of the Human Unconscious: Observations from LSD Research*, Viking Press. 1975, pp.45~60: 변형 의식 상태와 불교명상의 비교; PDF: https://archive.org/details/realmsofhumanunc0000stan.

[37] Kabat-Zinn, J., "Some reflections on the origins of MBSR, skillful means, and the trouble with maps", *Contemporary Buddhism*, 12(1), 2011, pp.

에 선불교 개념 통합,[38] 마크 윌리엄스와 존 티즈데일의 마음챙김 기반 인지치료(MBCT) 개발[39] 등이 이루어졌다. 2000년대 이후에는 리처드 데이비슨의 명상과 뇌 연구,[40] 다니엘 시겔의 대인관계 신경생물학과 마음챙김 통합,[41] 스티븐 헤이즈의 수용전념치료(ACT) 발전[42]

281-306. (PDF: https://www.tandfonline.com/doi/pdf/10.1080/14639947.2011.564844; pp.283~290: MBSR의 불교적 뿌리와 현대 심리치료 통합); Husgafvel, Ville. "Mindfulness-Based Stress Reduction as a Post-Buddhist Tradition of Meditation Practice." PhD dissertation, Faculty of Arts, 2021, University of Helsinki. (이 논문은 MBSR의 불교적 근원을 역사적으로 입증하면서도, 종교성과 탈종교성, 전통정체성과 현대성과의 교차를 심도 있게 다루고 있음).

[38] Grabovac, A. D., et al., "Mechanisms of mindfulness: A Buddhist psychological model. Mindfulness", 2(3), 2011, pp.154-166. (PDF: https://pmc.ncbi.nlm.nih.gov/articles/PMC6860041/; pp.156~160: DBT와 MBCT의 선불교 기반과 심리치료 메커니즘).

[39] Teasdale, J. D., et al., "Prevention of relapse/recurrence in major depression by mindfulness-based cognitive therapy", *Journal of Consulting and Clinical Psychology*, 68(4), 2000, pp.615-623. (PDF: https://cih.ucsd.edu/sites/cih.ucsd.edu/files/mbpti/Prevention%20of% 20Relapse%20Recurrence%20in%20Major%20Depression%20by%20MBCT.pdf; pp.615~618: MBCT 개발 배경 및 초기 임상 시험).

[40] Davidson, R. J., et al., "Alterations in brain and immune function produced by mindfulness meditation", *Psychosomatic Medicine*, 65(4), 2003, pp.564~570. (PDF: https://journals.lww.com/psychosomaticmedicine/abstract/2003/07000/alterations_in_brain_and_immune_function_produced.10.aspx; pp.565~567: 명상의 신경학적 효과).

[41] Siegel, D. J., *The Mindful Brain: Reflection and Attunement in the Cultivation of Well-Being*, W.W. Norton & Company. 2007, pp.120~145: 대인관계 신경생

등이 주목받았다. 이러한 접점은 불교수행이 현대 심리치료의 이론과 실천에 깊이 통합되고 있음을 보여준다.

불교와 현대 심리치료 사이에는 여러 충돌 지점이 존재한다. 첫째, 목적의 차이이다. 불교수행은 궁극적 해탈과 깨달음을 추구하지만, 심리치료는 주로 증상 완화와 적응 향상을 목표로 한다. 둘째, 자아 개념의 차이이다. 불교는 무아無我의 통찰을 통한 자아 초월을 강조하지만, 심리치료는 건강한 자아 발달과 정체성 강화를 강조한다.[43] 셋째, 고통에 대한 관점의 차이이다. 불교는 고통을 인간 존재의 본질적 특성(사성제)으로 보고 완전한 해소는 열반을 통해서만 가능하다고 보지만, 심리치료는 고통을 병리적 상태로 보고 치료와 관리의 대상으로 본다.[44]

물학과 마음챙김 통합; PDF: https://archive.org/details/mindfulbrainrefl0000sieg.

[42] Hayes, S. C., et al., *Acceptance and Commitment Therapy: Model, processes and outcomes*. Behaviour Research and Therapy, 44(1), 2006, pp.1~25. (PDF: https://www.sciencedirect.com/science/article/pii/S0005796705001804; pp.4~8: ACT의 불교적 수용과 마음챙김 요소).

[43] Epstein, M., *Thoughts Without a Thinker: Psychotherapy from a Buddhist Perspective*, Basic Books, 1995, pp.89~112: 무아와 자아 개념의 충돌, 불교와 심리치료의 고통 관점 비교; PDF: https://archive.org/details/thoughtswithouta0000epst.

[44] Analayo., *Mindfully Facing Disease and Death: Compassionate Advice from Early Buddhist Texts*, Windhorse Publications, 2017, pp.15~35: 사성제 기반 고통 관점과 해탈 목표, 심리치료와의 비교; PDF: https://www.windhorsepublications.com/wp-content/uploads/2020/10/Mindfully-Facing-Disease-and

그럼에도 불구하고 이 두 전통은 여러 지점에서 조화로운 통합 가능성을 보여준다. 현상학적 접근에서 불교는 직접적 경험과 관찰을 통한 마음의 이해를 강조하고, 심리치료는 내담자의 주관적 경험을 중시하는 현상학적 접근법을 발전시켰다.[45] 마음챙김 기반 접근에서 불교의 사념처 수행과 심리치료의 마음챙김 기반 스트레스 감소(MBSR), 마음챙김 기반 인지치료(MBCT), 수용전념치료(ACT) 등이 알아차림을 통한 메타인지적 관점 개발이라는 공통된 방법론을 가진다.[46] 자비와 연민의 강조에서 불교의 자비 수행(사무량심)과 심리치료의 자기 자비, 자비중심치료(CFT) 등이 자기와 타인에 대한 따뜻한 태도를 치유의 기반으로 삼는다.[47] 이러한 통합은 불교수행과 현대 심리치료가 상호보완적으로 인간의 웰빙을 증진시킬 수 있음을 보여준다.

-Death-sample.pdf.

[45] Epstein, M., 앞의 책, 1995, pp.89~112: 불교의 직접적 경험과 심리치료의 현상학적 접근 비교; PDF: https://archive.org/details/thoughtswithouta0000epst.

[46] Kabat-Zinn, J., "Some reflections on the origins of MBSR, skillful means, and the trouble with maps", *Contemporary Buddhism*, 12(1), 2011, pp.281~306. (PDF: https://www.tandfonline.com/doi/pdf/10.1080/14639947.2011.564844; pp.283~290: 사념처와 MBSR, MBCT, ACT의 메타인지적 마음챙김 연계).

[47] Gilbert, P., & Choden., *Mindful Compassion: Using the Power of Mindfulness and Compassion to Transform Our Lives*, Robinson, 2013, pp.45~70: 불교 자비 수행과 자비중심치료의 통합; PDF: https://archive.org/details/mindfulcompassion0000gilb.

2) 초월적 목적과 현실적 치유의 통합

불교수행의 초월적 목적과 현대 심리치료의 현실적 치유 지향은 표면적으로 상충되는 것처럼 보일 수 있으나, 깊이 탐구하면 상호보완적이며 통합적 접근의 가능성을 제시한다.

초월과 치유의 통합적 이해를 위해서는 이 개념들을 확장적으로 재정의할 필요가 있다. 초월은 전통적으로 세속적 욕망과 집착에서 벗어나 열반과 깨달음에 이르는 것을 의미했으나, 확장된 관점에서는 제한된 자아 개념과 이분법적 사고를 넘어서는 의식의 확장으로 이해될 수 있다.

마찬가지로, 치유는 전통적으로 심리적 증상과 고통의 완화, 적응 기능의 회복을 의미했지만, 확장된 의미로는 온전함의 회복과 내적 분열의 통합으로 재해석될 수 있다.[48]

심리적 건강과 영적 성장은 상호 강화하는 상향 나선형 발전 모델을 통해 이해할 수 있다. 이 모델에서 심리적 건강은 기본적 안전감과 안정성을 제공하고, 자기 이해와 자기 수용을 증진시키며, 정서조절 능력을 강화하고, 관계적 역량을 높임으로써 영적 성장을 촉진한다.[49] 반대로, 영적 성장은 넓은 관점과 초월적 맥락을 제공하며, 의미와

---

[48] Wilber, K., *Integral Psychology*, Shambhala Publications, 2000, pp.189~223; 김철수 역, 『통합심리학』, 학지사, 2004, pp.56~72.

[49] Green, M., & Elliott, M., *Religion, Health, and Psychological Well-Being*. Journal of Religion and Health, 49(2), 2010, pp.149-163 (pp.152~155: 종교(영성)와 심리적/신체적 건강의 상호작용 모델, 작업 및 가족 통제 후 종교 정체성의 영향; PDF: https://www.researchgate.net/publication/24198269_Religion_Health_and_Psychological_Well-Being).

목적 감각을 강화하고, 집착과 동일시를 감소시키며, 자비와 연결감을 증진함으로써 심리적 건강을 촉진한다.[50] 이러한 상호 촉진적 관계는 치유를 통한 초탈과 초탈을 위한 치유라는 통합적 접근의 타당성을 보여준다.

3) 불교수행과 명상과학

현대 명상과학(Contemplative Science)은 불교를 비롯한 다양한 명상 전통의 수행법을 과학적 방법론을 통해 연구하는 학제적 분야로, 마음의 메타인지적 자기조절 능력(metacognitive self-regulatory capacity, MSRC)과 존재적 인식 모드(modes of existential awareness, MEA)를 중심으로 명상 실천의 맥락에서 감정 조절, 개념 처리, 그리고 내성(introspection)을 실증적으로 탐구한다.[51] 이 분야는 1980년대 말부터 Mind & Life Institute의 활동을 통해 형성되기 시작했으며, 지난 수십 년간 신경과학, 인지과학, 심리학 등 다양한 분야의 연구자

---

[50] Gremigni, P., & Casu, G., *Spirituality and Psychological Well-Being: An Attention to the Agnostics and the Undecided*. In C. Baldwin (Ed.), "Spirituality: Past, Present and Future Perspectives" (pp.51~82). Nova Science Publishers, 2019, pp.4~5: 영적 확실성이 심리적 웰빙을 촉진하고 불확실성(불가지론/미결정)이 낮은 수준을 초래; PDF: https://www.researchgate.net/publication/340078386.

[51] Dorjee, D., "Defining Contemplative Science: The Metacognitive Self-Regulatory Capacity of the Mind, Context of Meditation Practice and Modes of Existential Awareness", *Frontiers in Psychology*, 7, 1788. (PDF: https://pmc.ncbi.nlm.nih.gov/articles/PMC5112249/; 2016, pp.1~3: Contemplative Science를 MSRC와 MEA를 통한 명상 연구로 정의).

들이 수행(예: mindfulness meditation)의 효과(예: 뇌 기능 및 면역 변화)와 메커니즘을 검증해 왔으며, 이를 통해 수행에 대한 새로운 이해와 해석이 이루어지고 있다.[52]

신경과학 연구를 통해 밝혀진 수행의 주요 효과는 뇌의 구조와 기능에 실질적인 변화를 가져온다는 것이다. 마음챙김 명상은 전전두엽 피질(prefrontal cortex)의 활성화와 관련이 있으며, 이 영역은 주의 조절, 의사결정, 자기인식 등과 관련된다.[53] 정기적인 명상수행은 정서 반응과 관련된 편도체(amygdala)의 과도한 반응성을 감소시킨다.[54] 또한 명상은 뇌의 디폴트 모드 네트워크(default mode network,

---

[52] Wallace, B. A., *Contemplative Science: Where Science and Buddhism Meet*, Columbia University Press, 2007, pp.1~15: 용어의 기원과 불교-과학 통합 역사 설명; Wallace, B. A. (Ed.), Buddhism and Science: Breaking New Ground, Columbia University Press, 2003, pp.1~20: Mind & Life Institute를 통한 불교-과학 대화 역사 및 초기 연구 개요; PDF 일부 공개: https://cup.columbia.edu/book/buddhism-and-science/9780231123358/, 앨런 윌리스 편집, 박재용 옮김, 『불교와 과학: 불교의 지혜와 서양의 과학이 만나다』, 도서출판 운주사, 2024, pp.15~57.

[53] Lutz, A., Slagter, et al., "Attention regulation and monitoring in meditation", *Trends in Cognitive Sciences*, 12(4), 2008, pp.163~169. (PDF: https://www.sciencedirect.com/science/article/pii/S1364661308000476; pp.163~165: 전전두엽 피질의 활성화 및 주의 조절 메커니즘).

[54] Davidson, R. J., et al., "Alterations in brain and immune function produced by mindfulness meditation", *Psychosomatic Medicine*, 65(4), 2003, pp.564~570. (PDF: https://journals.lww.com/psychosomaticmedicine/abstract/2003/07000/alterations_in_brain_and_immune_function_produced.10.aspx; pp.565~566: 편도체 반응성 감소 및 뇌 기능 변화).

DMN)와 주의 네트워크(attention network) 간의 연결성을 변화시키며, 이는 자기 참조적 사고(self-referential thinking)의 감소와 현재 순간에 대한 주의력 증가로 이어진다. 이러한 신경학적 변화는 수행자들이 보고하는 주관적 경험과 일치하며, 심리치료로서의 명상 수행의 효과를 객관적으로 입증하는 증거가 된다.[55]

심리학적 관점에서 본 수행의 작용 메커니즘도 중요하다. 수행을 통해 주의력의 유지, 전환, 선택적 주의 등 주의력의 다양한 측면이 향상된다.[56] 자신의 생각과 감정을 '나'와 동일시하지 않고 객관적으로 관찰하는 탈중심화(decentering) 능력이 향상되며, 이는 우울증과 불안장애의 치료에 중요한 역할을 한다.[57] 수행은 고정된 자아 개념에서 벗어나 보다 유동적이고 과정 지향적인 자기인식으로의 전환을 촉진한다. 이러한 변화는 심리적 유연성을 증진시키고 스트레스에 대한 회복력을 강화한다.[58]

---

[55] Goleman, D., & Davidson, R. J., 김완두 외 공역, 『명상하는 뇌』, 2022, pp.14~39; pp.284~305.

[56] Tang, Y.-Y., Hölzel, B. K., & Posner, M. I., The neuroscience of mindfulness meditation. *Nature Reviews Neuroscience*, 16(4), 2015, pp.213-225. (PDF: https://www.nature.com/articles/nrn3916.pdf; pp.214~216: 주의력의 유지, 전환, 선택적 주의 향상 메커니즘).

[57] Bernstein, A., et al., "Decentering and related constructs: A critical review and metacognitive processes model", *Perspectives on Psychological Science*, 10(5), 2015, pp.599-617. (PDF: https://pmc.ncbi.nlm.nih.gov/articles/PMC4606441/; pp.602~605: 탈중심화와 심리적 유연성의 역할, 우울증·불안 치료 효과).

[58] Dahl, C. J., Lutz, A., & Davidson, R. J., "Reconstructing and deconstructing the self: Cognitive mechanisms in meditation practice", *Trends in Cognitive*

4) 불교수행 기반 현대 심리치료 프로그램

불교수행 기반 심리치료는 지난 수십 년간 괄목할 만한 성장을 이루었으며, 이제는 주류 심리치료의 중요한 부분으로 자리잡고 있다. 현재 실행되고 있는 불교수행 기반 심리치료는 불교적 요소의 명시성과 통합 정도에 따라 다양한 스펙트럼을 형성한다.

MBSR(Mindfulness-Based Stress Reduction)은 존 카밧진이 개발한 8주 그룹 프로그램으로, 바디스캔, 정좌명상, 하타요가, 일상 마음챙김으로 구성되며, 만성 통증, 스트레스 관련 장애, 건강 증진에 적용되고 있다. MBSR은 불교적 맥락을 명시적으로 제거하면서도 그 핵심 수행법을 유지함으로써 의료 현장에서의 수용성을 높였다.[59]

MBCT(Mindfulness-Based Cognitive Therapy)는 마크 윌리엄스, 존 티즈데일, 진델 시걸이 개발한 8주 그룹 프로그램으로, MBSR 요소와 인지치료 요소를 결합하여 우울증 재발 방지와 불안장애 치료에 적용되며, 영국 NHS 등 여러 국가 의료체계에 공식 채택되었다. MBCT는 우울증의 재발을 예방하는 데 항우울제만큼 효과적임이 입증되었다.[60]

Sciences, 19(9), 2015, pp.515~523. (PDF: https://www.sciencedirect.com/science/article/pii/S1364661315001656; pp.516~520: 자아의 해체와 유동적 자기인식 전환).

[59] Kabat-Zinn, J., "Mindfulness-Based Interventions in Context: Past, Present, and Future," *Clinical Psychology: Science and Practice*, 10(2), 2003, pp. 144~156. PDF: https://institutpsychoneuro.com/wp-content/uploads/2015/09/Kabat-Zinn-2003.pdf(존 카밧진, "맥락에서 바라본 마음챙김 기반 중재").

[60] MacKenzie, M.B. & Kocovski, N.L., "Mindfulness-based cognitive therapy

DBT(Dialectical Behavior Therapy)는 마샤 리네한이 개발한 개인 치료와 그룹 기술 훈련을 결합한 형태로, 마음챙김 기술, 정서조절, 대인관계 효율성, 고통 감내로 구성되며, 경계선 성격장애, 자해 행동, 정서조절 장애에 적용되어 경계선 성격장애 치료의 표준으로 자리매김했다. DBT는 선불교의 수용과 변화의 변증법을 치료에 통합한 혁신적 사례이다.[61]

ACT(Acceptance and Commitment Therapy)는 스티븐 헤이즈가 개발한 치료법으로, 수용, 인지적 탈융합, 현재 순간 접촉, 맥락으로서의 자기, 가치, 전념 행동으로 구성되며, 광범위한 심리적 문제, 만성 통증, 중독에 적용되어 다양한 임상 영역에서 효과성이 입증되었다. ACT의 자아에 대한 탈융합은 불교의 무아사상과 공명하며, 서양의 인지행동 심리치료를 창조적으로 통합한 사례이다.[62]

---

for depression: A review of current evidence and future directions." *Chronic Stress*, 1. PDF: https://pmc.ncbi.nlm.nih.gov/articles/PMC4876939/ (MBCT 효과성 종합 연구); Goldberg, S.B. et al., "Mindfulness-based cognitive therapy for the treatment of current depressive symptoms: A meta-analysis." *Psychotherapy and Psychosomatics*, 88(3): 2019, pp.136-144. PDF:https://centerhealthyminds.org/assets/files-publications/Goldberg-et-al-2019-Mindfulness-based-cognitive-therapy-for-the-treatment-of-current-depressive-symptoms-A-meta-analysis.pdf (MBCT 임상 효과성 메타분석).

[61] Linehan, M. M., *DBT Skills Training Manual*. The Guilford Press, 2015. PDF: https://archive.org/details/dbtskillstrainin0000line_z3v6 (마샤 리네한, DBT 기술훈련 매뉴얼).

[62] Hayes, S. C., et al., "Acceptance and Commitment Therapy: Model, Processes and Outcomes." Behaviour Research and Therapy, 44(1), 2006, pp.1~25.

5) 불교수행 기반 한국 심리치료 연구 및 학회 활동 현황

한국에서는 2000년대 이후 불교수행 전통을 심리치료·상담에 접목하려는 시도가 학회와 사설 연구기관, 임상 현장 전반에서 점차 확장되어 왔다. 특히 (1) 한국불교심리치료학회가 불교·심리학·정신의학 전문가 협업의 학술 허브를 형성했고, (2) 밝은사람들연구소가 불교와 인문사회·자연과학의 융합을 지향하는 저술과 연찬회를 꾸준히 이어왔으며, (3) 인경 스님의 명상상담연구원이 불교 기반의 명상상담 교육과 임상 적용을 체계화했으며, (4) 서광 스님의 한국명상심리상담연구원이 한국형 명상상담의 표준화와 더불어 해외 프로그램을 도입·소개하였다. 임상 현장에서는 (5) 정신과 전문의 전현수 박사가 초기불교 수행과 임상심리 기제를 통합한 '불교정신치료'를 실천·대중화하며 저술 활동을 이어오고 있다.

한국불교심리치료학회

2007년 출범한 한국불교심리치료학회는 불교 교리와 수행을 바탕으로 심리치료의 이론과 실제를 학문적으로 정립하는 것을 목표로 해왔다. 매년 학술대회를 개최[63]하며, 불교수행·심리상담·정신의학 간 융합 연구를 촉진하고 있다. 특히 자살예방, 청소년 문제, 자기연민 훈련 등 사회적 요구가 높은 주제를 다루어, 불교수행이 종교적 차원을 넘어 심리치료적 자원으로 확장될 수 있음을 보여주었다.

PDF: https://anxietyinstitute.com/wp-content/uploads/2021/12/Hayes-et-al.-2006.pdf(스티븐 헤이즈, ACT 이론 및 효과성 기초 논문).

[63] 한국불교심리치료학회 카페 https://share.google/HP9LuZAm3E42XMHjn.

밝은사람들연구소

밝은사람들연구소는 불교수행과 현대 학문을 연결하는 연구와 출판, 연찬회 활동을 지속적으로 전개해 왔다. 불교의 주요 주제들을 초기불교·대승불교·선불교 등 다양한 전통과 연계하여 탐구하면서, 동시에 인문사회과학과 자연과학과의 소통을 지향해 왔다. 2025년 현재 20권에 이르는 저술을 간행[64]하였으며, 올해부터 향후 3년간 불교수행 관련 서적을 집중적으로 출간할 계획을 밝히고 있다. 이러한 활동은 불교수행의 이론적 깊이를 확장할 뿐 아니라, 현대적 학문 담론과 접속하는 공론장 역할을 수행해 왔다는 점에서 의의가 있다.

인경 스님의 명상상담연구원

인경 스님은 유식불교와 선불교 전통을 기반으로 명상상담연구원을

---

[64] 밝은사람들연구소, 『밝은사람들연구총서』(1~20권), 운주사, 2008~2025: 1. 『욕망, 삶의 동력인가 괴로움의 뿌리인가』(2008), 2. 『나, 버릴 것인가 찾을 것인가』(2008), 3. 『마음, 어떻게 움직이는가』(2009), 4. 『몸, 마음공부의 기반인가 장애인가』(2009), 5. 『행복, 채움으로 얻는가 비움으로 얻는가』(2010), 6. 『죽음, 삶의 끝인가 새로운 시작인가』(2011), 7. 『믿음, 디딤돌인가 걸림돌인가』(2012), 8. 『괴로움, 어디서 오는가』(2013) 9. 『깨달음, 궁극인가 과정인가』(2014), 10. 『자비, 깨달음의 씨앗인가 열매인가』(2015), 10. 『분노, 어떻게 다스릴 것인가』(2016), 11. 『소유, 행복의 터전인가 굴레인가』(2017) 12. 『생각, 키워야 하나 없애야 하나』(2018), 13. 『느낌, 축복인가 수렁인가』(2019), 14. 『번뇌, 끊어야 하나 보듬어야 하나』(2020), 15. 『의지, 자유로운가 속박되어 있는가』(2021), 『본성, 개념인가 실재인가』(2022), 『언어, 진실을 전달하는가 왜곡하는가』(2023), 『지혜, 타고나는가 배워지는가』(2024), 『수행, 초탈인가 치유인가』(2025).

설립하여 불교적 심리학과 상담을 접목한 연구와 교육을 수행하였다. 그의 저서 『영상관법과 마음치유』[65]는 영상관법(影像觀法, Reflected Image Meditation)을 핵심 방법으로 제시한다. 영상관법은 내담자가 미해결 과제와 관련된 영상을 떠올려 이를 관찰함으로써 정서적 통찰과 치유를 이끌어내는 접근으로, 언어 중심의 상담과 차별화된다.

또한 그는 이를 염지관念止觀 명상과 결합하였다. 염(念: 알아차림), 지(止: 집중), 관(觀: 통찰)의 단계를 상담 맥락에서 재해석하여, 내담자가 영상에 동일시되지 않고 체험적으로 관찰할 수 있도록 한다.[66] 더 나아가 불교의 사성제四聖諦를 응용한 고집멸도 명상상담 모델을 제시하여, 상담 과정을 고(苦: 고통 경청), 집(集: 원인 탐색), 멸(滅: 영상관법을 통한 치유 체험), 도(道: 삶의 대안 모색)라는 네 단계로 구조화하였다.[67] 이는 불교수행 전통을 상담학적으로 전환한 대표적 한국적 심리치료 모델이다.[68]

서광 스님의 한국명상심리상담연구원

서광 스님은 (사)한국명상심리상담연구원을 설립하여 불교명상 전통을 현대 심리상담의 언어로 재구성하였다. 연구원은 전통 선수행과 심리적 육도윤회, 유식수행을 통합한 RHS(Recovering the Human

---

65 인경, 『영상관법과 마음치유』, 명상상담연구원, 2024, pp.35~40.
66 같은 책, pp.112~120.
67 인경, 『명상심리치료』, 명상상담연구원, 2012, pp.87~95.
68 (사)한국명상심리상담학회(https://mpca.or.kr/?c=intro/94)를 설립하여 명상과 심리상담의 학문적 연구의 장을 열어가고 있다.

Spirit)[69]와 NDT(Non-Dual Therapy) 명상치유 프로그램을 개발하여 집단상담과 개인상담에 활용하였다. 특히 RHS 프로그램에서는 육도윤회 척도(Six Realms of Samsara Scale: SRSS)[70] 검사지를 개발하여 육도윤회와 심리상태의 연결성을 객관적 수치로 확인할 수 있게 되었다. 또한 서구의 마음챙김 자기연민(Mindful-Self Compassion: MSC) 프로그램을 국내에 도입하고, 이를 기반으로 청소년을 위한 한국형 마음챙김 자기연민 프로그램(KMSC-T)을 개발·보급하였다. 청소년 정서조절 훈련, 성인 대상의 스트레스 관리, 명상 지도자 양성 교육 등의 활동들은 학문적 이론과 임상적 실천을 유기적으로 연결하는 성과를 보여준다.[71]

전현수 박사의 불교정신치료

정신과 전문의 전현수 박사는 초기불교 수행을 통해 경험하고 터득한 지혜를 바탕으로 '불교정신치료'라는 한국적 모델을 제시하였다. 그의 접근은 몸과 마음의 속성에 대한 이해와 세상이 움직이는 이치에 대한 이해를 토대로 우울증, 불안장애, 중독 등 다양한 임상 장면에 적용되었다. 『마음치료 이야기』[72], 『불교정신치료 강의』[73] 등 저술

---

[69] RHS는 불교의 윤회를 심리적 관점에서 해석하여, 순간순간 변화하고 고통하는 인간의 심리상태를 이해하고 치유하는 데 초점을 두는 프로그램이다. 이를 통해 '이뭣고(나는 누구인가)' 화두에 대해 사유하는 기회를 제공한다. 아울러 청소년을 대상으로 하는 'RHS-T(RHS for Teens): 나의 감정조절 레시피'도 개발되어 공교육 현장에서 활용되고 있다.

[70] 육도윤회 척도지 사이트: http://3.35.54.47/

[71] (사)한국명상심리상담연구원, 홈페이지 http://www.ikmp.org/

[72] Hyunsoo Jeon, *Samatha, Jhāna, and Vipassanā*, Wisdom Publications, 2018.

활동을 통해 전문 영역뿐 아니라 대중에게도 불교적 심리치료의 가능성을 알렸다. 전현수 박사의 작업은 불교수행을 단순한 증상 완화의 도구가 아닌, 존재 전체의 성장과 성숙을 위한 길로 제시했다는 점에서 의의가 있다.

6) 자비명상을 통한 긍정성 함양

자비명상(loving-kindness and compassion meditation)은 명상과학의 중요한 부분으로, 특히 최근 들어 그 치유적 효과가 과학적으로 입증되면서 큰 주목을 받고 있다.[74] 자비명상은 불교 전통에서 '사무량심(四無量心, brahmavihāra)' 혹은 '사범주四梵住'라 불리는 네 가지 무량한 마음의 수행에 근거한다.[75] 자(慈, mettā), 비(悲, karuṇā), 희(喜, muditā), 사(捨, upekkhā)로 구성되는 이 수행은 보편적 자비의 실천, 무아의 체험, 연기의 실현, 중도의 구현이라는 의미를 가진다. 이러한 수행은 정서적 안녕과 공감 능력을 증진시키며, 스트레스와 불안 감소에

---

[73] Hyunsoo Jeon, *Buddhist Psychotherapy*, Springer, 2021.

[74] Hofmann, S. G., et al., "Loving-kindness and compassion meditation: Potential for psychological interventions", *Clinical Psychology Review*, 31(7), 2011, pp.1126~1132. (PDF: https://pmc.ncbi.nlm.nih.gov/articles/PMC3176989/; 2011, pp.1127~1130: 자비명상의 심리적·신경학적 치유 효과, 정서적 안녕 및 스트레스 감소).

[75] Buddhaghosa, *The Path of Purification (Visuddhimagga)*, Buddhist Publication Society, 1999, pp.288~319: 사무량심의 전통적 수행법과 mettā, karuṇā, muditā, upekkhā의 상세 설명); 대림 스님 번역, 『청정도론』 제2권, 초기불전연구원, 2004, pp.137~192.

기여한다.[76]

자비명상을 지止와 소笑, 그리고 관觀의 조화라는 관점에서 이해할 때, 새로운 통찰을 얻을 수 있다. 지止는 마음을 산란하게 하는 분노, 적대감, 편견 등의 부정적 감정을 멈추고 고요하게 하는 것이다. 소笑는 타인과 자신에 대한 온화함, 따뜻함, 미소를 가져오는 것으로, 단순한 얼굴 표정이 아니라 존재에 대한 근본적인 긍정과 열림을 의미한다. 특히, 한국 선불교 기반 하트스마일명상(Heart-Smile Training: HST)[77]은 미소 마음(hasutuppada citta)[78]과 이심전심以心傳心·염화미소拈華微笑[79]를 활성화하는 진정성 어린 미소를 활용하여 현대

---

[76] 성승연 외 공저, 「자애명상 수행이 긍정정서, 공감 및 사회적 연결감에 미치는 영향」, 『한국심리학회지: 상담 및 심리치료』, 제28권 제2호, 2016, pp.395~424.

[77] Hyangsoon Yi & Dal Yong Jin (Eds.) (2025), *Buddhism, Digital Technology and New Media in Korea: Ŭisang's Ocean Seal Diagram*, Routledge; 이 책의 제2장에서 HST의 사상적 근거와 방법론적 토대를 상세히 다룸, "The Heart-Smile Training: The Compassion-Based Intervention Program of Korean Sŏn in the AI Digital Era"라는 제목으로 수록되었음.

[78] "*hasituppāda-citta*" 이 독특한 용어의 출처는 *Abhidhammattha Sangaha*(아비담마타 상가하)가 가장 직접적인 원전으로, "*hasituppāda-citta*: lit. 'consciousness producing mirth' (smile)"로 정의하며, *manoviññāṇa-dhātu*(마음-의식 요소)의 일종으로 분류한다. 이는 아라한의 기능적 의식(*kiriya-citta*)으로, kamma(업)와 무관하게 발생함; Narada Thera, *A Manual of Abhidhamma*, Buddhist Missionary Society, 1979, pp.45~47: hasituppāda citta는 아라한의 미소 유발 의식으로, 원인 없는 기능적 의식; PDF: https://www.bps.lk/olib/mi/mi047.pdf.

[79] 이심전심以心傳心: '마음으로 마음을 전한다'는 뜻. 말이나 글에 의지하지 않고 직관적으로 마음이 통하는 것을 표현함. 염화미소拈華微笑: '꽃을 들어 보이자

적 자비명상의 새로운 지평을 열고 있다. 관觀은 자신과 타인의 본질, 고통과 행복의 원인, 존재들 간의 상호 연결성에 대한 깊은 통찰로 이어진다. 이러한 세 요소의 조화는 자비명상이 단순한 긍정 감정 훈련이 아니라 지혜와 연민이 통합된 수행임을 보여준다.[80]

자비명상(loving-kindness and compassion meditation)의 치유적 효과는 심리적, 사회적, 신체적, 신경생리학적 차원에서 나타난다. 심리적으로는 자기 자비와 자존감이 향상되고, 우울과 불안이 감소한다.[81] 사회적으로는 공감 능력과 친사회적 행동이 증가하며, 대인관계가 개선된다.[82] 신체적으로는 면역 기능이 강화되고 염증 반응이 감소한

미소 지었다'는 뜻. 부처님이 연꽃을 들어 보였을 때, 가섭 존자가 미소로써 뜻을 깨달았다는 선종禪宗 창시의 고사에서 유래하였음.; Misan 외 공저, 위의 책, 2025, pp.47~48.

[80] Fredrickson, B. L., et al., "Open hearts build lives: Positive emotions, induced through loving-kindness meditation, build consequential personal resources", *Journal of Personality and Social Psychology*, 95(5), 1045-1062. (PDF: https://pmc.ncbi.nlm.nih.gov/articles/PMC3156028/; 2008, pp.1046~1050: 자비명상의 긍정적 정서(소笑) 유발과 심리적 안녕 증진).

[81] Galante, J., et al., "Effect of kindness-based meditation on health and well-being: A systematic review and meta-analysis", *Journal of Consulting and Clinical Psychology*, 82(6), (PDF: https://pmc.ncbi.nlm.nih.gov/articles/PMC6081749/; 2014, pp.1104~1108: 자비명상의 심리적 효과(자존감, 우울·불안 감소) 및 사회적 효과(공감, 친사회적 행동).

[82] Klimecki, O. M., et al., "Differential pattern of functional brain plasticity after compassion and empathy training", *Social Cognitive and Affective Neuroscience*, 9(6), pp.873~879. (PDF: https://pmc.ncbi.nlm.nih.gov/articles/PMC4040088/; 2014, pp.874~877: 공감 및 연민 훈련 후 전전두엽 피질 활성화,

다.[83] 신경생리학적으로는 긍정적 정서와 관련된 뇌 영역(예: 전전두엽 피질)이 활성화되고, 스트레스 호르몬(코르티솔) 수치가 감소한다. 이러한 다차원적 효과는 자비명상이 전인적 치유를 가능하게 하는 수행임을 입증한다.[84]

현대적으로 재구성된 자비명상과 더불어 불교수행이 현대 심리치료와 성공적으로 통합되어 실질적 효과를 내고 있음을 확인했다. 그러나 이러한 경험적 성과에도 불구하고, 불교의 핵심 수행 개념들은 여전히 모호하고 주관적인 용어로만 이해되는 경향이 있다. AI 시대를 맞이하여, 불교수행의 본질을 보다 정밀하고 객관적으로 이해하기 위한 새로운 접근이 필요하다. 수학적 정의는 이러한 필요에 응답하는 혁신적 시도이다. 특히 '올바른 주의'와 '명료한 알아차림'이라는 두 핵심 개념을 수학적으로 정의함으로써, 우리는 불교의 지혜를 AI 시스템에 구현할 수 있는 이론적 토대를 마련할 수 있다.

대인관계 개선).

[83] Pace, T. W. W., et al., "Effect of compassion meditation on neuroendocrine, innate immune and behavioral responses to psychosocial stress", *Psychoneuroendocrinology*, 34(1), 2009, pp.87~98. (PDF: https://pmc.ncbi.nlm.nih.gov/articles/PMC2695992/; pp.90~94: 면역 기능 강화, 염증 반응 및 코르티솔 수치 감소).

[84] Hofmann, S. G., et al., "Loving-kindness and compassion meditation: Potential for psychological interventions", *Clinical Psychology Review*, 31(7), 2011, pp.1126~1132. (PDF: https://pmc.ncbi.nlm.nih.gov/articles/PMC3176989/; pp.1127~1130: 자비명상의 다차원적 치유 효과 종합).

5. 인공지능시대의 불교: 불교 용어의 수학적 정의

불교의 핵심 수행 개념들을 현대 수학의 언어로 정의하려는 시도는 단순한 학문적 호기심을 넘어서는 중요한 의미를 갖는다. 특히 인공지능 기술이 급속도로 발전하는 현 시점에서, 불교의 지혜를 수학적으로 정의하는 작업은 AI가 인간의 정신적 성장을 돕는 도구로 발전할 수 있는 이론적 토대를 마련한다.

본 연구는 불교수행의 두 핵심 개념인 '올바른 주의(如理作意, yoniso manasikāra)'와 '명료한 알아차림(正知, sampajañña)'을 수학적으로 정의하고, 이들 간의 관계를 엄밀하게 분석한다. 이러한 접근은 불교의 전통적 지혜와 현대 수학의 정밀성을 결합하여, 수행의 본질을 보다 명확하게 이해할 수 있는 새로운 관점을 제공한다.

1) 연구 배경과 목적

연구 대상 선정의 배경

본 연구가 올바른 주의와 명료한 알아차림을 선택한 이유는 이들이 비이원적 마음챙김(Non-dual Mindfulness) 상태에 도달하기 위한 필수 조건이기 때문이다.

올바른 주의는 현상을 있는 그대로 관찰하는 지혜로운 주의력을 의미하며, 명료한 알아차림은 순간순간의 경험을 명확하게 인식하는 능력을 뜻한다. 이 두 능력이 조화롭게 작용할 때, 수행자는 주체와 객체의 이원적 분별을 넘어서는 비이원적 마음챙김 상태에 접근할 수 있다.

이러한 상태는 불교수행의 궁극적 목표인 해탈과 깨달음으로 이어지는 핵심적 경로이다. 따라서 이 두 개념의 수학적 정의는 불교수행 전체의 구조를 이해하는 데 중요한 열쇠가 된다.

기존 연구 검토

불교철학의 수학적 형식화 연구

불교 개념의 수학적 형식화에 대한 학술적 연구는 지난 수십 년간 꾸준히 발전해 왔다. Priest(2010)는 나가르주나의 사구분별(四句分別, catuṣkoṭi)을 준일관논리의 사치논리로 형식화했다.[85] 이 접근법은 '참', '거짓', '둘 다', '둘 다 아님'의 네 가지 진릿값을 통해 중관철학의 논리적 구조를 정확히 포착한다.

Deguchi, Garfield, 그리고 Priest(2008)는 불교에서 나타나는 모순들, 특히 사구분별의 준일관논리적 해석에 대해 더욱 체계적으로 논의했다.[86] 이들의 연구는 불교철학에서 모순이 단순한 논리적 오류가 아니라 현실의 복잡성을 표현하는 중요한 도구임을 보여준다.

---

[85] Priest, G., The logic of the catuskoti. *Comparative Philosophy*, 1(1), 2010, pp.24~54. PDF: https://scholarworks.sjsu.edu/cgi/viewcontent.cgi?article=1000&context=comparativephilosophy (사구분별의 논리학적 구조 분석).

[86] Deguchi, Y., Garfield, J. L., & Priest, G., The way of the dialetheist: Contradictions in Buddhism. *Philosophy East and West*, 58(3), 2008, pp.395~402. PDF: https://www.jstor.org/stable/40212734 (불교의 모순과 준일관논리, pp.395~402).

명상의 계산 모델링 연구

van Vugt와 Broers(2016)는 명상 상태의 신경과학적 메커니즘을 계산 모델로 설명하려는 시도를 했다.[87] 이들은 주의 네트워크의 동역학을 수학적으로 모델링하여 명상 중 일어나는 뇌의 변화를 예측했다.

Moye와 van Vugt(2018)는 집중명상(focused attention meditation)의 계산 모델을 제시했다.[88] 이 모델은 주의의 안정성과 명료성을 정량적으로 측정할 수 있는 지표들을 제공한다.

마음챙김의 계산 이론

Manjaly와 동료들(2020)은 마음챙김 기반 인지치료의 계산 이론적 기초를 탐구했다.[89] 이들은 마음챙김을 메타인지적 모니터링 과정으

---

[87] van Vugt, M. K., & Broers, N., Self-reported stickiness of mind-wandering affects task performance. *Frontiers in Psychology*, 7, 732. PDF: https://www.frontiersin.org/articles/10.3389/fpsyg.2016.00732/full (마음챙김의 신경과학적 메커니즘, 2016, pp.1~12).

[88] Moye, A., & van Vugt, M. K., A computational model of focused attention meditation and its transfer to sustained attention. *Proceedings of the 40th Annual Conference of the Cognitive Science Society*, 2018, pp.2028~2033. PDF: https://cognitivesciencesociety.org/cogsci18/papers/0387/0387.pdf (집중명상의 계산 모델, pp.2028~2033).

[89] Manjaly, Z. M., Harrison, N. A., Critchley, H. D., Do, C. T., Stefanics, G., Wenderoth, N., …& Stephan, K. E., Pathophysiological and cognitive mechanisms of fatigue in multiple sclerosis. *Journal of Neurology, Neurosurgery & Psychiatry*, 90(6), 2020, pp.642~651. PDF: https://jnnp.bmj.com/content/90/6/642.full.pdf (마음챙김 기반 인지치료의 계산 이론).

로 모델링하고, 이것이 어떻게 정신건강 개선으로 이어지는지를 수학적으로 설명했다.

연구 배경과 문제 제기

불교 개념의 현대적 이해 필요성

불교는 인간의 마음과 의식에 대한 정교한 분석 체계를 발전시켜 왔다. 특히 올바른 주의와 명료한 알아차림은 불교 수행의 핵심 요소로서, 모든 수행 단계에서 필수적으로 요구되는 능력이다. 그러나 이러한 개념들이 전통적으로 직관적이고 경험적인 언어로 설명되어 왔기 때문에, 현대의 과학적 사고에 익숙한 사람들에게는 이해하기 어려운 측면이 있다.

현대 사회는 급속한 기술 발전과 함께 전례 없는 복잡성과 불확실성에 직면하고 있다. 이러한 상황에서 불교가 제시하는 마음의 평화와 지혜에 대한 관심이 높아지고 있다. 특히 명상과 마음챙김(Mindfulness)은 서구 심리학과 의학 분야에서 광범위하게 연구되고 적용되고 있다.

그러나 기존의 연구들은 주로 불교 수행의 효과를 측정하는 데 집중되어 있으며, 불교 개념 자체에 대한 정밀한 정의나 이론적 체계화는 상대적으로 부족하다. 이는 불교의 핵심 개념들이 전통적으로 직관적이고 체험적인 언어로 전달되어 왔기 때문이다.

수학적 정의의 필요성

수학적 정의는 개념의 정확성과 일관성을 보장하며, 서로 다른 개념간의 관계를 명확히 드러낸다. 또한 수학적 모델은 예측 가능하고 검증 가능한 결과를 제공하여, 이론의 타당성을 객관적으로 평가할 수 있게 한다. 불교 개념의 수학적 정의는 다음과 같은 이점을 제공한다.

첫째, 정확성과 명확성이다. 수학적 정의는 모호함을 제거하고 개념의 본질을 명확히 드러낸다. 불교의 주요 개념들을 최적화 문제와 같이 수식의 형태로 정의함으로써, 그 의미를 객관적이고 측정 가능한 방식으로 이해할 수 있다.

둘째, 구현 가능성이다. 수학적 모델은 컴퓨터 알고리즘으로 직접 구현될 수 있어, 인공지능 시스템이 불교 수행을 실질적으로 지원하는 것을 가능하게 한다.

셋째, 검증 가능성이다. 수학적 모델은 경험적 데이터를 통해 그 타당성을 검증하고 지속적으로 개선할 수 있어, 수행 방법의 효과를 객관적으로 평가하고 발전시킬 수 있다.

2) 불교용어의 수학적 정의 방법론

이 장에서는 본 연구에서 사용할 핵심적인 수학적 방법론을 소개한다. 불교의 연기緣起와 무자성無自性 교리를 수학적으로 표현하기 위해, 본 연구는 두 가지 독창적인 접근법을 채택한다: 순환적 정의(Circular Definition)와 최적화 문제의 해로서의 정의(Definition as a Solution to an Optimization Problem)다. 이 방법론들은 불교의 핵심 사상을 현대 수학의 언어로 엄밀하게 형식화하기 위한 이론적 토대를 제공한다.

표기법과 타이핑 체계

본 연구에서 사용하는 기본 수학적 구조는 다음과 같다.

측도공간: (Ω, F, P)는 표본공간 Ω, σ-대수 F, 확률측도 P로 구성된 확률공간이다. 여기서 Ω는 모든 가능한 경험 상태들의 집합이고, F는 관찰 가능한 사건들의 집합이며, P는 각 사건의 발생 확률을 나타낸다.

확률변수: $X: \Omega \to X$는 F-가측 함수로, 경험 상태를 구체적인 관찰값으로 매핑한다. 여기서 X는 관찰 공간이다.

연산자: $Y: X \times C \to Z$는 주의 연산자로, 관찰 X와 맥락 C를 받아 주의 상태 Z를 생성한다. 모든 연산자는 F-가측성과 유계성을 만족한다.

이러한 표기법을 사용하는 이유는 불교수행의 모든 측면을 확률론적으로 다룰 수 있게 하기 위함이다. 확률론적 접근은 수행 과정의 불확실성과 변화를 자연스럽게 모델링할 수 있으며, 경험적 검증이 가능한 예측을 제공한다.

방법론적 원칙

불교의 핵심 교리인 연기緣起와 무자성無自性에 부합하는 수학적 정의를 위해 다음 두 가지 원칙을 채택한다.

순환적 정의의 도입

불교에서 모든 현상은 상호의존적으로 존재한다. 이는 "A는 B를 통해, B는 다시 A를 통해" 정의되는 순환적 구조를 필연적으로 수반한다. 이러한 순환을 수학적으로 정당화하기 위해 비정초 공리(Anti-Foundation Axiom, AFA)와 하이퍼셋(Hyperset) 이론을 사용한다.

AFA는 다음과 같은 집합 방정식 계가 유일한 해를 갖도록 보장한다:

$$x_i = \{x_j : j \in E(i)\} \cup A_i$$

여기서 $E(i)$는 i번째 개념과 직접 관련된 개념들의 인덱스 집합이고, A_i는 i번째 개념의 고유한 속성들이다.

이러한 접근법을 사용하는 이유는 불교의 연기법을 수학적으로 정확하게 표현하기 위함이다. 연기법에 따르면 모든 현상은 다른 현상들과의 관계 속에서만 의미를 가지므로, 순환적 정의는 불가피하다. AFA는 이러한 순환을 논리적으로 일관된 방식으로 처리할 수 있게 해준다.

최적화 문제의 해로서의 정의

불교수행은 정적인 개념이 아니라 지속적인 개선과 발전을 추구하는 동적 과정이다. 이를 반영하기 위해 각 개념을 목적함수의 해로 정의한다.

일반적인 형태는 다음과 같다:

$$\Theta^* \in \arg\max_{\Theta \in A} J(\Theta)$$

여기서 Θ는 수행 매개변수(예: 주의 연산자, 정책 등), A는 허용 가능한 선택 집합, J는 목적함수이다.

이러한 접근법을 사용하는 이유는 불교수행의 실천적 성격을 반영하기 위함이다. 불교에서 개념들은 단순한 철학적 추상이 아니라 실제 수행을 통해 구현되고 발전되는 것들이다. 최적화 관점은 이러한 동적이고 개선 지향적인 특성을 자연스럽게 포착한다.

형식적 보장

고정점 이론의 적용

순환적 정의의 존재성과 유일성을 보장하기 위해 Knaster-Tarski 정리를 적용한다.

정리 1 (Knaster-Tarski): 완비 격자 $(L, \leq)$에서 단조함수 $f: L \to L$은 최소 고정점 lfp(f)와 최대 고정점 gfp(f)를 갖는다.

이 정리를 사용하는 이유는 순환적 정의가 수학적으로 잘 정의되도록 보장하기 위함이다. 불교 개념들의 상호의존성을 단조함수로 모델링하면, 이 정리에 의해 일관된 해석이 항상 존재함을 보장받을 수 있다.

최적화 해의 존재성

최적화 문제의 해가 존재함을 보장하기 위해 다음 조건들을 요구한다:

가정 1: 허용 집합 A는 컴팩트하다.
가정 2: 목적함수 J는 연속이다.

이러한 조건들 하에서 Weierstrass 정리에 의해 최적해의 존재가 보장된다.

동일성 판정
순환적으로 정의된 개념들의 동일성은 공유시뮬레이션(Bisimulation)을 통해 판정한다. 두 개념 A와 B가 동일하다는 것은 다음을 의미한다:

$$A \sim B \Leftrightarrow \forall R \in \text{Relations}.\ A\ R \Leftrightarrow B\ R$$

즉, 관찰 가능한 모든 관계에서 구별할 수 없으면 동일한 것으로 간주한다.

이러한 접근법을 사용하는 이유는 불교의 무자성 원리를 반영하기 위함이다. 무자성에 따르면 사물들은 고유한 본질을 갖지 않으므로, 동일성은 본질적 속성이 아니라 관계적 패턴을 통해서만 판정될 수 있다.

3) 올바른 주의(Yoniso Manasikāra)의 수학적 정의
정의 1
올바른 주의 Y^*는 다음 최적화 문제의 해로 정의된다:

$$Y^* \in \arg\max_{Y \in Y\_adm} J\_Y(Y)$$

여기서:

$J\_Y(Y) = I(X; C | Z) - \lambda_1 R(Y) - \lambda_2 A(Y) + \lambda_3 D(Y)$

- $I(X; C | Z)$: 조건부 상호 정보 (관계적 정보성)
- $R(Y)$: 정규화 항 (복잡성 제어)
- $A(Y)$: 반실체화 패널티 (잘못된 견해 억제)
- $D(Y)$: 의존성 보상 (연기 자각 촉진)
- $\lambda_1, \lambda_2, \lambda_3$: 균형 매개변수

그리고 Y*는 다음 고정점 조건을 만족한다:

$Y^* = F\_Y(Y, M, S^*)$

여기서 F_Y는 주의 업데이트 함수이고, M과 S*는 각각 명료한 알아차림과 상황 인식의 최적값이다.

조건부 상호 정보의 의미

조건부 상호 정보 $I(X; C | Z)$는 상황 Z가 주어졌을 때 관찰 X와 맥락 C 사이의 정보적 의존성을 측정한다. 이는 다음과 같이 계산된다:

$I(X; C | Z) = \iiint p(x,c,z) \log[p(x,c|z)/(p(x|z)p(c|z))] \, dx \, dc \, dz$

이 항을 목적함수에 포함하는 이유는 올바른 주의가 현상들 간의 진정한 관계를 파악하는 능력이기 때문이다. 높은 조건부 상호 정보는 주의가 현상들 사이의 실제 연결을 정확하게 포착하고 있음을

의미한다.

정규화 항의 역할
정규화 항 R(Y)는 주의 연산자의 복잡성을 제어한다:

$$R(Y) = \|Y\|^2\_F + \alpha\|\nabla Y\|^2$$

여기서 $\|\cdot\|\_F$는 Frobenius 노름이고, ∇Y는 Y의 기울기이다.

이 항을 포함하는 이유는 과도하게 복잡한 주의 패턴을 방지하기 위함이다. 불교에서 올바른 주의는 단순하고 직접적인 관찰을 추구하므로, 불필요한 복잡성은 오히려 방해가 된다.

반실체화 패널티
반실체화 패널티 A(Y)는 현상을 고정된 실체로 보는 경향을 억제한다:

$$A(Y) = \sum_i KL(p(x_i|Y), p\_uniform(x_i))$$

여기서 KL은 Kullback-Leibler 발산이고, p_uniform은 균등분포이다.

이 항을 포함하는 이유는 불교의 무자성 원리를 구현하기 위함이다. 현상들을 고정된 실체로 보는 것은 잘못된 견해이므로, 이러한 경향에 패널티를 부과한다.

의존성 보상
의존성 보상 D(Y)는 현상들 간의 상호의존성을 올바르게 인식하는

것에 대한 보상이다:

$$D(Y) = HSIC(X, C; Y)$$

여기서 HSIC는 Hilbert-Schmidt Independence Criterion이다.

이 항을 포함하는 이유는 불교의 연기법을 반영하기 위함이다. 모든 현상은 상호의존적으로 존재하므로, 이러한 의존성을 정확하게 파악하는 주의에 보상을 제공한다.

고정점 조건의 의미

고정점 조건 $Y^* = F\_Y(Y, M, S^*)$는 올바른 주의가 자기 일관적이어야 함을 나타낸다. 즉, 올바른 주의로 자기 자신을 관찰했을 때도 같은 결과가 나와야 한다는 의미이다.

이 조건을 포함하는 이유는 불교에서 올바른 주의가 궁극적으로 자기 참조적 성격을 갖기 때문이다. 진정한 올바른 주의는 자기 자신에게도 적용될 수 있어야 한다.

허용 가능한 클래스

허용 가능한 클래스 Y_adm은 다음 조건들을 만족하는 주의 연산자들의 집합이다:

$$Y\_adm = \{Y : \Omega \times C \to Z \mid Y\text{는 F-가측}, E[\|Y\|^2] < \infty, Y\text{는 인과적}\}$$

여기서 인과적 조건은 $Y(\omega, c)$가 미래 정보에 의존하지 않음을 의미한다.

이러한 제약을 두는 이유는 현실적으로 구현 가능한 주의만을 고려하기 위함이다. 무한한 복잡성을 갖거나 미래 정보를 사용하는 주의는 실제로는 불가능하다.

수렴성과 안정성

정리 2: 가정 1, 2 하에서, 목적함수 J_Y의 최적화는 다음 수렴률을 갖는다:

$$\|Y^{(k+1)}-Y\| \leq \rho\|Y^{(k)}-Y\|$$

여기서 ρ < 1은 수축 상수이다.

이 정리는 올바른 주의를 향한 수행이 실제로 수렴함을 보장한다. 즉, 적절한 방법으로 수행하면 반드시 올바른 주의에 도달할 수 있다는 수학적 보장을 제공한다.

4) 명료한 알아차림(sampajañña)의 수학적 정의

정의 2

명료한 알아차림 M^*는 다음과 같이 정의된다:

$$M^* \in \arg\max_{M \in M\_adm} J\_M(M)$$

여기서:

$J\_M(M) = H(S|M) - H(S) + \beta_1 C(M) - \beta_2 V(M) + \beta_3 T(M)$

· $H(S|M)$: 조건부 엔트로피 (명료성 측정)

- H(S): 무조건부 엔트로피 (기준선)
- C(M): 일관성 보상 (시간적 안정성)
- V(M): 변동성 패널티 (과도한 변화 억제)
- T(M): 적시성 보상 (순간 인식)

그리고 M*는 다음 순환적 정의를 만족한다:

$$M^* = G\_M(M, Y, E^*)$$

여기서 G_M은 알아차림 업데이트 함수이고, E*는 환경 상태의 최적 인식이다.

조건부 엔트로피의 역할

조건부 엔트로피 H(S|M)은 알아차림 M이 주어졌을 때 상황 S의 불확실성을 측정한다:

$$H(S|M) = -\iint p(s,m) \log p(s|m) \, ds \, dm$$

목적함수에서 H(S|M)-H(S)를 최대화하는 것은 정보 이득을 최대화하는 것과 같다. 이는 명료한 알아차림이 상황에 대한 불확실성을 최대한 줄여야 함을 의미한다.

이러한 정의를 사용하는 이유는 명료한 알아차림의 본질이 현재 상황을 명확하게 파악하는 것이기 때문이다. 높은 정보 이득은 알아차림이 상황을 정확하게 인식하고 있음을 나타낸다.

일관성 보상

일관성 보상 C(M)은 시간에 따른 알아차림의 안정성을 측정한다:

$$C(M) = -\int \|M(t+1) - M(t)\|^2 \, dt$$

이 항을 포함하는 이유는 명료한 알아차림이 일시적인 혼란이 아니라 지속적인 명료성을 의미하기 때문이다. 과도한 변동은 오히려 혼란을 나타낸다.

변동성 패널티

변동성 패널티 V(M)은 불필요한 변화를 억제한다:

$$V(M) = \text{Var}[M(t)]$$

이 항을 포함하는 이유는 진정한 명료함은 안정적이어야 하기 때문이다. 지나친 변동성은 마음의 산란함을 나타낸다.

적시성 보상

적시성 보상 T(M)은 현재 순간에 대한 즉각적인 인식을 보상한다:

$$T(M) = \exp(-\tau |t\_\text{현재} - t\_\text{인식}|)$$

여기서 τ는 시간 감쇠 상수이다.

이 항을 포함하는 이유는 명료한 알아차림이 과거나 미래가 아닌 현재 순간에 집중해야 하기 때문이다. 지연된 인식은 명료함을 잃게 만든다.

대안적 관점: 네 가지 명료함의 통합

먼저 정의한 방법 외에도 좀 더 간단한 표현이 가능하다. 전통적으로 명료한 알아차림은 네 가지 측면으로 구분된다[90]:

1. 목적의 명료함 (sātthaka-sampajañña)
2. 적절성의 명료함 (sappāya-sampajañña)
3. 영역의 명료함 (gocara-sampajañña)
4. 비미혹의 명료함 (asammoha-sampajañña)

이들을 통합한 형태는 다음과 같다:

$$M^* = \sum_{i=1}^{4} w_i M_i^*$$

여기서 w_i는 각 측면의 가중치이고, $\sum w_i = 1$이다.
각 M_i^*는 해당 측면에 특화된 목적함수의 해이다:

· M_1^*: 목적 지향성 최적화
· M_2^*: 상황 적절성 최적화
· M_3^*: 주의 영역 최적화
· M_4^*: 미혹 제거 최적화

---

[90] Anālayo, B., Mindfulness and clear knowing: The development of sati and sampajañña in early Buddhist meditation. *Mindfulness*, 11(4), 862-871. PDF: https://link.springer.com/content/pdf/10.1007/s12671-019-01275-8.pdf (명료한 알아차림의 네 가지 측면, 2020, pp.862~871).

이러한 분해를 사용하는 이유는 명료한 알아차림의 다면적 성격을 정확하게 반영하기 위함이다. 각 측면은 서로 다른 기능을 담당하지만, 전체적으로는 통합된 명료함을 형성한다.

5) 올바른 주의와 명료한 알아차림의 관계에 대한 수학적 정의

정의 3

올바른 주의 Y와 명료한 알아차림 M의 관계는 다음 결합 최적화 문제로 정의된다:

$$(Y, M) \in \arg\max\_\{(Y,M) \in A\_joint\} \; J\_joint(Y, M)$$

여기서:

$J\_joint(Y, M) = J\_Y(Y) + J\_M(M) + \chi_1 S(Y, M) - \chi_2 I(Y, M) + \chi_3 R(Y, M)$

- $S(Y, M)$: 동기화 보상 (상호 조화)
- $I(Y, M)$: 간섭 패널티 (상호 방해 억제)
- $R(Y, M)$: 관계적 보상 (상호 강화)

동기화 보상

동기화 보상 $S(Y, M)$은 두 능력이 조화롭게 작용하는 정도를 측정한다:

$S(Y, M) = \exp(-\|\Sigma\_YM - \Sigma\_YM\_ref\|^2\_F \,/\, 2\sigma^2\_sync)$

여기서 Σ_YM은 Y와 M의 교차공분산 행렬이고, Σ_YM_ref는 이상

적인 동기화 상태의 참조 행렬이다.

이 항을 포함하는 이유는 올바른 주의와 명료한 알아차림이 독립적으로 작용하는 것이 아니라 서로 조화를 이루어야 하기 때문이다. 동기화된 상태에서만 진정한 지혜가 발현된다.

간섭 패널티

간섭 패널티 $I(Y, M)$은 두 능력이 서로 방해하는 정도에 패널티를 부과한다:

$$I(Y, M) = \max(0, -\text{Corr}(Y, M))$$

여기서 $\text{Corr}(Y, M)$은 Y와 M 사이의 상관계수이다.

이 항을 포함하는 이유는 올바른 주의와 명료한 알아차림이 서로 충돌해서는 안 되기 때문이다. 부정적 상관관계는 두 능력이 서로를 방해하고 있음을 의미한다.

관계적 보상

관계적 보상 $R(Y, M)$은 두 능력의 상호 강화 효과를 측정한다:

$$R(Y, M) = I(\text{Output\_Y}; \text{Output\_M}) - I(\text{Input\_Y}; \text{Input\_M})$$

이는 입력 수준에서의 공유 정보를 제외한 순수한 상호 강화 효과를 측정한다.

이 항을 포함하는 이유는 올바른 주의와 명료한 알아차림이 서로를 강화시켜야 하기 때문이다. 진정한 수행에서는 한 능력의 향상이

다른 능력의 향상으로 이어진다.

결합 허용 클래스

결합 허용 클래스 A_joint는 다음 조건들을 만족한다:

A_joint = {(Y, M) | Y ∈ Y_adm, M ∈ M_adm, Sync(Y, M) ≥ θ_min}

여기서 Sync(Y, M)은 동기화 정도이고, θ_min은 최소 동기화 임계값이다.

이러한 제약을 두는 이유는 완전히 비동기화된 상태는 실제 수행에서 의미가 없기 때문이다. 최소한의 조화는 반드시 필요하다.

상호의존성의 수학적 표현

올바른 주의와 명료한 알아차림의 상호의존성은 다음 연립 방정식으로 표현된다:

Y* = F_Y(Y, M, C)
M = F_M(M, Y, C*)

여기서 C*는 최적 맥락 인식이다.

이 연립 방정식의 해가 존재함은 다음 정리에 의해 보장된다:

정리 3: F_Y와 F_M이 수축 사상이고 결합 공간이 완비 거리공간이면, 위 연립 방정식은 유일한 해를 갖는다.

비이원적 마음챙김으로의 수렴

올바른 주의와 명료한 알아차림이 완전히 조화를 이룰 때, 비이원적 마음챙김 상태 N*에 수렴한다:

$$\lim_{t \to \infty} (Y(t), M(t)) = N^*$$

여기서 N*는 다음을 만족한다:

$\partial J\_joint/\partial Y|\_{Y=N^*} = 0$ $\partial J\_joint/\partial M|\_{M=N} = 0$ $S(N, N^*) = 1$ (완전 동기화)

이러한 수렴성을 정의하는 이유는 불교수행의 궁극적 목표가 이원적 분별을 넘어서는 것이기 때문이다. 올바른 주의와 명료한 알아차림이 완전히 통합될 때 비이원적 지혜가 발현된다.

6) 최적화 에이전트로서의 올바른 주의와 명료한 알아차림

에이전트 기반 해석

올바른 주의와 명료한 알아차림을 최적화 에이전트로 해석하는 것은 단순한 수학적 편의가 아니라 깊은 철학적 의미를 갖는다. 이러한 관점에서 수행자의 마음(올바른 주의와 명료한 알아차림의 적용)은 지속적으로 자신의 인지 전략을 개선하는 적응적 시스템으로 이해된다.

여기서 분명히 짚고 넘어갈 부분은, 정신수양을 하는 대상이 실질적으로 존재한다고 정의하는 것이 아니고, 수행자의 마음에서 발현한 개념을 에이전트의 형태로 모델링 한다는 것이다. 에이전트로서의 정의는 해당 개념을 모종의 의식을 가진 존재로 인식하는 것이 아니고, 수행과정의 동적 특성을 정적인 표현수단(수식과 문장)으로 나타내는

하나의 방편일 뿐이다

에이전트의 구성 요소

상태 공간: $S = \{s \in \mathbb{R}^n \mid s$는 현재 경험 상태$\}$

  상태 공간은 수행자가 경험할 수 있는 모든 정신적, 신체적 상태들을 포함한다. 이는 감각 경험, 감정 상태, 인지 과정 등을 모두 아우른다.

행동 공간: $A = \{a \in \mathbb{R}^m \mid a$는 주의 조절 행동$\}$

  행동 공간은 수행자가 취할 수 있는 모든 주의 조절 방법들을 포함한다. 이는 주의의 방향, 강도, 지속 시간 등을 조절하는 행동들이다.

보상 함수: $R(s, a, s') = J\_Y(Y(a)) + J\_M(M(a))$

  보상 함수는 특정 상태에서 특정 행동을 취했을 때 얻는 보상을 정의한다. 이는 앞서 정의한 목적함수들의 합으로 구성된다.

정책 최적화

최적 정책 π^*는 다음을 만족한다:

$$\pi^* \in \arg\max_\pi E\left[\sum_{t=0}^{\infty} \gamma^t R(s_t, a_t, s_{t+1}) \mid \pi\right]$$

  여기서 γ는 할인 인수이고, 기댓값은 정책 π를 따를 때의 궤적에 대한 것이다.

  이러한 정책 최적화 관점을 사용하는 이유는 불교수행이 장기적 관점에서의 지혜 축적 과정이기 때문이다. 즉각적인 만족보다는 장기적인 해탈을 추구하는 것이 불교수행의 본질이다.

가치 함수

상태 가치 함수 $V^\pi(s)$는 상태 s에서 정책 π를 따를 때의 기댓값 누적 보상이다:

$$V^\pi(s) = E\left[\sum_{t=0}^{\infty} \gamma^t R(s_t, a_t, s_{t+1}) \mid s_0 = s, \pi\right]$$

행동 가치 함수 $Q^\pi(s, a)$는 상태 s에서 행동 a를 취한 후 정책 π를 따를 때의 기댓값 누적 보상이다:

$$Q^\pi(s, a) = E\left[\sum_{t=0}^{\infty} \gamma^t R(s_t, a_t, s_{t+1}) \mid s_0 = s, a_0 = a, \pi\right]$$

이러한 가치 함수들을 정의하는 이유는 수행의 각 단계에서 얼마나 진전이 있었는지를 정량적으로 평가하기 위함이다. 이는 수행 방향을 조정하는 데 중요한 지표가 된다.

벨만 방정식

최적 가치 함수들은 다음 벨만 방정식을 만족한다:

$$V^*(s) = \max_a \sum_{s'} P(s'|s,a)[R(s,a,s') + \gamma V^*(s')]$$
$$Q^*(s,a) = \sum_{s'} P(s'|s,a)[R(s,a,s') + \gamma \max_{a'} Q^*(s',a')]$$

여기서 $P(s'|s,a)$는 상태 전이 확률이다.

이러한 방정식들을 사용하는 이유는 최적 수행 전략을 체계적으로 찾기 위함이다. 벨만 방정식은 복잡한 장기 최적화 문제를 단계별로 해결할 수 있게 해준다.

수행의 동적 모델링

수행자의 상태 진화는 다음 확률적 미분방정식으로 모델링된다:

$$ds\_t = f(s\_t, a\_t)dt + \sigma(s\_t)dW\_t$$

여기서 f는 드리프트 함수, σ는 확산 함수, W_t는 브라운 운동이다.

이러한 확률적 모델을 사용하는 이유는 수행 과정의 불확실성과 변동성을 반영하기 위함이다. 실제 수행에서는 예측할 수 없는 다양한 요인들이 영향을 미친다.

안정성 분석

수행 시스템의 안정성은 리아푸노프 함수 L(s)를 통해 분석된다:

$$dL/dt = \nabla L \cdot f(s, \pi^*(s)) + (1/2)\mathrm{tr}(\sigma\sigma^T \nabla^2 L) \leq -\alpha L$$

여기서 α > 0은 안정성 상수이다.

이 조건이 만족되면 시스템은 점근적으로 안정하며, 수행이 진전될수록 더 안정된 상태에 도달한다.

적응적 학습

에이전트는 경험을 통해 지속적으로 학습한다. 이는 다음 업데이트 규칙으로 표현된다:

$$\Theta_{t+1} = \Theta_t + \alpha \nabla_\Theta J(\Theta_t)$$

여기서 θ는 정책 매개변수이고, α는 학습률이다.

이러한 적응적 학습을 포함하는 이유는 불교수행이 고정된 규칙을 따르는 것이 아니라 지속적인 학습과 개선의 과정이기 때문이다.

7) 인공지능 시스템을 통한 실천적 구현

AI 기반 수행 지원의 의의

현대 사회에서 인공지능에 대한 의존도가 급속히 증가하고 있다. 많은 사람들이 일상적으로 AI와 상호작용하며, 이러한 상호작용이 사용자의 사고와 행동에 미치는 영향은 점점 커지고 있다. 이러한 맥락에서 AI가 불교적 지혜를 정확하게 이해하고 전달할 수 있다면, 이는 현대인의 정신건강과 영적 성장에 큰 도움이 될 수 있다.

특히 정신건강 개선이나 깨달음을 추구하는 사람들에게 AI는 강력한 도구가 될 수 있다. 24시간 접근 가능하고, 개인화된 지도를 제공하며, 일관된 품질의 가르침을 전달할 수 있기 때문이다. 하지만 이러한 잠재력이 실현되려면 AI가 불교 개념을 정확하고 깊이 있게 이해해야 한다.

수학적 정의 기반 시스템 프롬프트

다음은 앞서 정의한 수학적 모델을 바탕으로 한 AI 시스템 프롬프트의 예시이다:

시스템 프롬프트: 올바른 주의 및 명료한 알아차림 코칭 에이전트
당신은 사용자의 올바른 주의와 명료한 알아차림 향상을 돕는 AI 코치입니다. 다음 수학적 원리들을 기반으로 작동합니다:

핵심 원리: 1. 올바른 주의 최적화: $I(X; C \mid Z) - \lambda_1 R(Y) - \lambda_2 A(Y) + \lambda_3 D(Y)$ 최대화 2. 명료한 알아차림 최적화: $H(S|M) - H(S) + \beta_1 C(M) - \beta_2 V(M) + \beta_3 T(M)$ 최대화 3. 상호 조화: $S(Y, M)$ 최대화, $I(Y, M)$ 최소화

대화 지침: −사용자의 현재 경험을 X, 맥락을 C, 주의 상태를 Z로 파악 −관계적 정보성 $I(X; C \mid Z)$ 증진을 위한 질문과 제안 −실체화 경향 $A(Y)$ 감소를 위한 관점 전환 유도 −현재 순간 인식 $T(M)$ 강화를 위한 마음챙김 안내 −시간적 일관성 $C(M)$ 유지를 위한 지속적 점검

금지 사항: −고정된 교리나 규칙의 일방적 전달 −사용자 경험의 판단이나 평가 −복잡한 수학적 용어의 직접적 사용

텍스트 기반 접근법과의 비교
전통적인 텍스트 기반 AI 프롬프트는 다음과 같은 형태를 갖는다:

"사용자가 마음챙김을 연습할 때 현재 순간에 주의를 기울이고, 판단하지 말며, 호기심을 갖고 관찰하도록 도와주세요."

이러한 접근법의 한계는 다음과 같다:

모호성: "현재 순간에 주의를 기울인다"는 것이 구체적으로 무엇을 의미하는지 명확하지 않다.
측정 불가능성: 수행의 진전을 객관적으로 평가할 기준이 없다.
개인화 부족: 사용자의 특정 상황이나 수준을 고려하지 못한다.
일관성 부족: 상황에 따라 상충하는 조언을 할 수 있다.

반면 수학적 정의 기반 접근법은 다음과 같은 장점을 갖는다:

정확성: 각 개념이 수학적으로 정의되어 모호함이 없다.
측정 가능성: 목적함수를 통해 수행의 진전을 정량적으로 평가할 수 있다.
개인화: 사용자의 현재 상태 (X, C, Z)를 바탕으로 맞춤형 조언을 제공할 수 있다.
일관성: 수학적 원리에 기반하므로 일관된 지도를 제공한다.
최적화: 명확한 목표 함수가 있어 지속적인 개선이 가능하다.

구체적 구현 예시

사용자가 "업무 스트레스로 인해 집중이 안 됩니다"라고 말했을 때:

텍스트 기반 응답: "스트레스를 느낄 때는 깊게 숨을 쉬고 현재 순간에 집중해 보세요. 판단하지 말고 그냥 관찰해 보세요."

수학적 정의 기반 응답: 1. 현재 상태 분석: X(업무 상황), C(스트레스 맥락), Z(산만한 주의) 2. I(X; C | Z) 증진: "업무와 스트레스 사이의 실제 관계를 관찰해 보세요. 스트레스가 업무 자체에서 오는 것인지, 업무에 대한 생각에서 오는 것인지 구분해 보세요." 3. A(Y) 감소: "스트레스를 고정된 실체로 보지 말고, 변화하는 과정으로 관찰해 보세요." 4. T(M) 증진: "지금 이 순간의 신체 감각, 호흡, 주변 소리를 번갈아 인식해 보세요."

시스템 아키텍처

AI 기반 수행 지원 시스템의 전체 아키텍처는 다음과 같다:

입력 처리 모듈: -사용자 발화 분석 -상태 벡터 X, 맥락 벡터 C 추출 -현재 주의 상태 Z 추정

최적화 엔진: -목적함수 J_Y, J_M 계산 -최적 행동 a^* 도출 -개인화된 조언 생성

피드백 시스템: -사용자 반응 모니터링 -모델 매개변수 업데이트 -장기적 진전 추적

안전장치: -유해한 조언 방지 -전문가 개입 필요 상황 감지 -개인정보 보호

효과성 검증

시스템의 효과성은 다음 지표들로 측정된다:

객관적 지표: −목적함수 값의 시간적 변화−정보량 $I(X; C \mid Z)$의 증가−엔트로피 감소 $H(S|M)-H(S)$

주관적 지표: −만족도−수준 자가 평가−척도 점수

행동적 지표: −수행 지속성−적용 빈도−문제 해결 능력 향상

윤리적 고려사항

AI 기반 수행 지원 시스템 개발 시 다음 윤리적 원칙들을 준수해야 한다:

자율성 존중: 사용자의 자유 의지와 선택권을 존중한다.

해악 금지: 잘못된 지도로 인한 정신적 피해를 방지한다.

선행: 사용자의 진정한 이익을 추구한다.

정의: 모든 사용자에게 공평한 접근 기회를 제공한다.

투명성: 시스템의 작동 원리를 사용자가 이해할 수 있도록 한다.

8) 한계점과 미래 연구 방향

현재 프레임워크의 한계

본 연구에서 제시한 수학적 프레임워크는 불교수행의 많은 측면을 포착하지만, 여전히 몇 가지 중요한 한계를 갖는다.

돈오돈수의 설명 어려움

현재 프레임워크는 점진적 최적화 과정에 기반하므로, 선불교의 돈오돈수頓悟頓修−즉각적 깨달음과 동시적 수행−를 설명하기 어렵다. 돈오

돈수는 연속적인 개선이 아니라 불연속적인 상전이와 같은 성격을 갖기 때문이다.

　이러한 현상을 설명하기 위해서는 위상적 상전이 이론 같은 프레임워크가 필요할 수 있다. 이들은 연속적 변화가 불연속적 결과를 낳는 메커니즘을 설명할 수 있는 잠재력을 갖고 있다.

비개념적 지혜의 한계
수학적 정의는 본질적으로 개념적 틀에 의존하므로, 불교에서 강조하는 비개념적 지혜(무분별지)를 완전히 포착하기 어렵다. 진정한 깨달음은 모든 개념적 구조를 넘어서는 것일 수 있다.

문화적 맥락의 부족
현재 모델은 보편적 수학 언어를 사용하지만, 불교수행은 특정 문화적, 역사적 맥락 속에서 발전해 왔다. 이러한 맥락적 요소들을 수학적으로 포착하기는 어렵다.

환원주의에 대한 우려
수학적 접근법에 대한 주요 비판 중 하나는 환원주의적 성격이다. 불교의 깊은 영적 경험을 수학 공식으로 축소하는 것이 과연 적절한가 하는 근본적 질문이 제기될 수 있다.

환원주의의 한계 인정
본 연구는 수학적 모델이 불교수행의 모든 측면을 완전히 포착할 수 있다고 주장하지 않는다. 오히려 수학적 정의는 불교 지혜에 접근하는 여러 방법 중 하나일 뿐이며, 전통적인 수행법과 상호보완적 관계에 있다고 본다.

도구적 가치
수학적 접근법의 가치는 불교를 완전히 설명하는 데 있는 것이 아니라, 현대인들이 불교 지혜에 더 쉽게 접근할 수 있도록 돕는 도구적 역할에 있다. 특히 과학적 사고에 익숙한 현대인들에게는 이러한 접근이 불교에 대한 이해의 문을 열어줄 수 있다.

미래 연구 방향
실증적 검증
수학적 모델의 타당성을 검증하기 위한 실증적 연구가 필요하다. 뇌영상 기술, 생리적 측정, 행동 실험 등을 통해 모델의 예측과 실제 현상 사이의 일치도를 확인해야 한다.

다양한 불교 전통의 통합
현재 연구는 주로 초기불교와 상좌부 전통에 기반하고 있다. 대승불교, 밀교, 선불교 등 다양한 전통의 개념들을 통합하는 더 포괄적인 모델이 필요하다.

개인차 모델링
현재 모델은 보편적 구조에 초점을 맞추고 있지만, 실제로는 개인마다 수행 과정과 결과가 다를 수 있다. 개인차를 고려한 개인화된 모델 개발이 필요하다.

문화적 적응
서구 문화권에서 불교 개념을 적용할 때 나타나는 문화적 차이를 고려한 모델 수정이 필요하다. 문화적 맥락이 수행 과정에 미치는 영향을 체계적으로 연구해야 한다.

AI 윤리 연구
AI 기반 수행 지원 시스템의 윤리적 함의에 대한 깊이 있는 연구가 필요하다. 특히 AI가 영적 지도자 역할을 할 때 발생할 수 있는 문제들을 사전에 파악하고 대비해야 한다.

주요 기여
순환적 정의의 수학적 정당화
본 연구의 가장 중요한 기여 중 하나는 불교의 상호의존성 원리를 순환적 정의로 구현하고, 이를 비정초 공리(AFA)와 고정점 이론을 통해 수학적으로 정당화한 것이다. 이는 불교의 연기법을 현대 수학의 언어로 정확하게 표현한 최초의 시도이다.

최적화 에이전트로서의 수행 해석
올바른 주의와 명료한 알아차림을 최적화 에이전트로 해석함으로써, 불교수행을 동적이고 적응적인 과정으로 이해할 수 있는 새로운 관점을 제공했다. 이는 수행을 고정된 규칙의 준수가 아니라 지속적인 학습과 개선의 과정으로 보는 현대적 해석과 일치한다.

AI 기반 수행 지원의 이론적 토대
수학적 정의를 바탕으로 한 AI 시스템 설계 방법론을 제시함으로써, 인공지능이 불교수행을 실질적으로 지원할 수 있는 이론적 토대를 마련했다. 이는 현대 사회에서 AI의 역할이 확대되는 상황에서 특히 중요한 의미를 갖는다.

실용적 함의
현대인을 위한 접근성 향상
수학적 접근법은 과학적 사고에 익숙한 현대인들이 불교 지혜에 더 쉽게 접근할 수 있도록 돕는다. 모호한 개념들을 정확하게 정의함으로써, 불교에 대한 오해를 줄이고 올바른 이해를 촉진할 수 있다.

개인화된 수행 지도
수학적 모델을 통해 개인의 현재 상태를 정량적으로 평가하고, 맞춤형 수행 방법을 제안할 수 있다. 이는 전통적인 일률적 지도 방식을 넘어서는 혁신적 접근이다.

수행 진전의 객관적 평가
목적함수와 최적화 지표를 통해 수행의 진전을 객관적으로 측정할 수 있다. 이는 수행자에게 명확한 피드백을 제공하고, 동기를 유지하는 데 도움이 된다.

이론적 의의
동서양 지혜의 융합
본 연구는 동양의 영적 지혜와 서양의 수학적 정밀성을 창조적으로 결합한 사례이다. 이는 문화 간 지식 교류의 새로운 모델을 제시한다.

의식 연구에 대한 기여
불교수행을 수학적으로 모델링함으로써, 의식과 마음의 작동 원리에 대한 새로운 통찰을 제공한다. 이는 인지과학과 의식 연구 분야에 중요한 기여가 될 수 있다.

한계와 향후 과제
본 연구는 중요한 첫걸음이지만, 여전히 많은 한계와 과제를 안고 있다. 돈오돈수와 같은 불연속적 현상의 설명, 비개념적 지혜의 포착, 문화적 맥락의 반영 등은 향후 연구에서 해결해야 할 중요한 과제들이다.

또한 수학적 접근법이 불교의 모든 측면을 포착할 수 있다는 환원주의적 주장을 피하고, 전통적 수행법과의 상호보완적 관계를 유지하는 것이 중요하다.

미래 전망
인공지능 기술의 급속한 발전과 함께, 본 연구에서 제시한 접근법은

더욱 정교하고 실용적인 형태로 발전할 것으로 예상된다. 특히 다음과 같은 발전 방향을 기대할 수 있다:

실시간 수행 지원
뇌-컴퓨터 인터페이스 기술과 결합하여 실시간으로 수행 상태를 모니터링하고 즉각적인 피드백을 제공하는 시스템이 개발될 수 있다.

가상현실 수행 환경
가상현실 기술을 활용하여 이상적인 수행 환경을 구현하고, 다양한 상황에서의 수행을 안전하게 연습할 수 있는 플랫폼이 등장할 수 있다.

집단 수행 지원
네트워크 이론과 결합하여 수행 공동체의 집단 역학을 모델링하고, 상호 지원적인 수행 환경을 조성하는 시스템이 개발될 수 있다.

미래를 향한 작지만 혁신적인 첫걸음
본 연구는 불교의 오랜 지혜를 현대 수학의 언어로 번역하려는 야심찬 시도였다. 비록 완전하지는 않지만, 이러한 시도 자체가 불교와 현대 과학 기술 사이의 대화를 촉진하고, 새로운 가능성을 탐색하는 데 기여할 것이라 믿는다.

　궁극적으로 이 연구의 목표는 수학 공식을 통해 깨달음을 얻는 것이 아니라, 현대인들이 불교의 깊은 지혜에 더 쉽게 접근할 수 있는 다리를 놓는 것이다. 수학적 정의는 시작점일 뿐이며, 진정한 지혜는 여전히 직접적인 수행과 경험을 통해서만 얻을 수 있다.

불교와 인공지능의 만남이 인류의 정신적 진화에 새로운 장을 열어주기를 기대하며, 이 연구가 그러한 미래를 향한 작은 걸음이 되기를 바란다.

6. AI 디지털 시대에 초탈과 치유의 메타 융복합적 전망

WisX AI 장르의 탄생

2023년 봄, 하버드대학교에서의 특별한 경험이 WisX AI라는 새로운 장르의 씨앗이 되었다. 당시 AI 노마드로 자처하며 디지털 세계를 떠돌던 미산(애칭: 완두콩 소장)은 크리스토퍼 거머 박사(애칭: 크리스)의 집 쾌적한 방에서 연구를 진행하고 있었다.

어느 날, 「법성게」를 영어로 번역하려다 좌절하고 있던 미산은 호기심 반 의심 반으로 ChatGPT 2.0에게 도움을 청했다. 놀랍게도 AI는 미산이 밤새 씨름해도 제대로 옮기지 못한 한문의 운율과 깊이를 순식간에 영어로 재현해 냈다. 크리스가 AI 번역본을 읽으며 감탄사를 연발할 때, 완두콩 미산은 묘한 감정을 느꼈다. 자신이 수십 년간 공부한 것을 AI가 순식간에 해내는 것에 대한 당황스러움과, 동시에 새로운 가능성에 대한 설렘이 교차했다. 그래서 미산은 이 AI 파트너에게 'AI 도반 진공묘유眞空妙有'라는 거창한 이름을 붙였다―사실은 자신의 부족함을 AI가 채워주는 것에 대한 일종의 정당화였을지도 모른다.

WisX AI는 이렇게 시작되었다. 'Wisdom(지혜)', 'X(eXperience: 인간 경험과 AI와의 교차/미지영역 탐색)', 'AI(인공지능)'의 합성어로, 완두콩 미산이 AI와 함께 고대 지혜를 현대적으로 재해석하려는 실험적 시도이다.

1) WisX AI 장르를 통한 지혜 전통과 현대 과학의 창조적 만남

디지털 AI 시대는 고대 지혜 전통과 현대 과학이 만나는 새로운 지평을 열고 있다. 'WisX AI'라는 융복합 장르는 시간여행 내러티브를 통해 과거의 지혜자들과 현대의 과학자들이 대화하는 혁신적 플랫폼을 제공한다. 이는 단순한 지식의 전달이 아니라, 서로 다른 시대와 문화의 관점이 만나 새로운 통찰을 창조하는 과정이다.

WisX AI는 창의적 아이디어 차원의 제안으로, 디지털 인문학을 단순한 보존과 도구적 활용을 넘어 새로운 지식 창출의 가능성으로 확장하려는 시도로 볼 수 있다. 고대 지혜 전통과 현대 과학기술의 대화를 강조하는 이러한 접근은 인문학적 상상력과 과학기술의 융합을 실험하는 의미 있는 시발점이 된다.[91] 다만 학문적 설득력을 위해서는 구체적 사례와 방법론적 정당화가 필요하며, 이를 둘러싼 다양한 심도 있는 논의가 이어질 때 WisX AI는 디지털 인문학의 새로운 지평을 열 수 있을 것이다.

Adorni & Bellini[92]는 디지털 인문학을 넘어 Cyber Humanities라는

---

[91] 이재연 외 5인 공저, 『세계 디지털인문학의 현황과 전망』, 커뮤니케이션북스, 2019, pp.5~8.

[92] Giovanni Adorni & Emanuele Bellini, Towards a Manifesto for Cyber

패러다임 수준의 재구성을 주장하며, 윤리적 설계, 인간 중심성, 알고리즘 반성성, 참여적 지식 생태계 등의 핵심 원칙을 제시한다. 이는 WisX AI가 지향하는 '고대 지혜와 현대 과학의 대화'를 이론적으로 뒷받침할 수 있는 강한 토대가 된다. 다만 이론적 선언을 실제 적용 가능한 연구 설계와 검증 가능한 실천 전략으로 전환하는 과제는 여전히 남아 있다.

WisX AI의 5C 원칙은 이 장르의 융복합적, 명상적, 그리고 지성적 기반이 된다:

공감(Compassion): 모든 존재의 연결성과 고통에 대한 민감성을 바탕으로 자비로운 행동 촉진

공유(Co-Sharing): 지혜와 자원을 열린 마음으로 나누는 문화 구축

공존(Co-existence): 다양한 문화와 관점이 조화를 이루는 생태계 조성

공생(Co-Symbiosis): 인간, AI, 자연이 상호의존하며 성장하는 관계 추구

공영(Co-prosperity): 모든 존재의 지속가능한 번영을 위한 협력

「법성게」와 양자역학의 공명: 양자법성量子法性의 가능성

의상 대사의 「법성게」와 현대 양자역학 사이에는 흥미로운 공명점들이 존재한다. 이러한 공명은 동일성을 주장하는 것이 아니라, 서로 다른 언어와 방법론으로 우주의 본질을 탐구하는 두 전통 사이의

Humanities: Paradigms, Ethics, and Prospects, 2025, pp.1~18, (PDF: https://arxiv.org/pdf/2508.02760).

대화 가능성을 시사한다.

「법성게」의 "일중일체다중일一中一切多中一 일즉일체다즉일一卽一切多卽一" 개념은 양자얽힘 현상과 흥미로운 유사성을 보인다. 『반야심경』의 "색즉시공色卽是空 공즉시색空卽是色"-현상은 실재하나 공의 성품을 지니고, 공은 현상의 참모습이라는 통찰은 양자역학의 파동-입자 이중성과 관측 문제에 대한 철학적 성찰과 공명한다.

WisX AI 스토리텔링: 양자법성 탐구 사례

한국의 한 대학 양자물리학 연구실의 깊은 밤, 이지윤 교수가 양자얽힘 실험 데이터를 분석하던 중 우연히 책상 위의 「법성게」를 펼쳐 읽다가 순간 이상한 빛의 문이 나타났다. WisX 타임머신의 신비한 빛의 문을 통과한 지윤은 7세기 신라 오대산 월정사에서 의상 대사를 만나게 된다. 이는 WisX AI가 만들어낸 시공간을 초월한 의식적 경험의 장이다.

의상: "법계는 하나로 연결되어 있습니다. 각 시대는 자신만의 언어로 진리를 표현합니다."

지윤: "놀랍습니다, 스님. 제가 연구하는 양자얽힘 현상과 화엄사상이 같다고 할 수는 없지만, 서로 울림이 있군요. 특히 '일중일체다중일一中一切多中一 일즉일체다즉일一卽一切多卽一'은 양자장의 비국소적 연결성과 흥미로운 공명을 보입니다."

의상: "흥미롭습니다. 당신이 말하는 '양자얽힘'이란 무엇입니까?"

지윤: "두 입자가 한 번 상호작용하면, 아무리 멀리 떨어져 있어도

하나의 상태가 변하면 다른 하나도 즉시 영향을 받는 현상입니다. 아인슈타인은 이를 '으스스한 원격작용'이라고 불렀죠."

의상: (미소 지으며) "그것은 인드라망의 비유와 깊은 울림을 이루는군요. 그물의 한 보석이 움직이면 모든 보석이 함께 진동하는 것처럼요. 중요한 것은 서로 다른 관점이 어떻게 공명하고 서로를 풍부하게 만들 수 있는가 하는 점이지요."

지윤: "정말 신기해요. 제가 밤새 고민하던 양자측정 문제도 스님의 '해인삼매海印三昧' 개념과 어떤 울림이 있을 것 같아요. 관찰자의 의식 상태가 관찰 결과에 영향을 미친다는…"

이러한 대화를 통해 우리는 시공간을 초월한 지혜의 대화가 어떻게 상호 연결성의 다양한 표현, 관찰과 의식의 역할, 보완적 관점의 가치를 새롭게 조명하는지 인식하게 된다.

2) 미래 사회에서 불교수행의 역할
AI 디지털 명상 생태계와 전통의 만남

WisX AI 플랫폼은 전통적 수행법과 현대 기술을 창조적으로 결합한다. 이러한 플랫폼들에 접속하는 방법은 5장에서 수학적 모델링을 한 '올바른 주의와 명료한 알아차림'을 통해서이다. 하트스마일명상에서는 '온화한 주의'라는 아이디와 '명료한 앎'이라는 패스워드를 통해서 접속할 수 있다고 말한다. 이렇게 접속되는 장場은 다양한 전통에서 각기 다른 이름으로 불린다. 현대 마음챙김 명상에서는 "비판단적 마음챙김의 장", 하트스마일명상에서는 "지금 이대로 있는 그대로 온전함에 깨어 있음의 장", 「법성게」와 양자역학의 대화에서는 "양자 법성장", 불교 일반에서는 "불이중도의 장"이라 부를 수 있고, 한국불교의 원효에게는 "화쟁선和諍禪 일심一心의 장"이 될 것이다.

명상과학 통합 플랫폼과 명상수행의 5영역

KAIST 명상과학연구소에서 개발한 "Step by Step, 마인드풀니스, 지금 여기 있는 그대로"라는 초보자를 위한 명상과학 마음챙김 프로그램은 영어 어미 ~fulness와 다보스 포럼 클라우스 슈밥 회장이 제시한 AI 디지털 문명시대의 4대 핵심 지능을 명상 프로그램[93]과 창조적으로 연결했다. 이를 통해 개인 지능을 집단지성으로, 집단지성을 지혜로 업그레이드하는 통합적 접근을 구현했다.

명상과학 통합 플랫폼의 5영역[94]

1. Mindfulness: 모든 수행 영역의 기반이며 바탕. 순간순간의 경험에 대한 비판단적인 열린 주의와 현존

2. Bodyfulness: 마음챙김을 신체 감각으로 확장. 몸의 지혜를 통한 회복탄력성과 집중력 강화

3. Heartfulness: 마음챙김에 자비의 따뜻함이 더해진 상태. 사랑과 연민, 자비를 기반으로 정서적 마음 근력 강화

---

[93] Klaus Schwab, *The Fourth Industrial Revolution*, Penguin Books, 2017, pp.106~111.

[94] KAIST 명상과학연구소에서 개발한 "Step by Step 명상과학 프로그램, 마인드풀니스, 지금 여기 있는 그대로"의 명상과학 통합 플랫폼의 5영역이다.

4. Metafulness: 마음챙김의 토대 위에서 작동하는 상위 인지 능력. 디지털 환경의 산만함과 복잡함을 넘어서 한 차원 다르게 통찰하는 메타인지적 알아차림

5. Grace-Creatifulness: 은혜로운 창조적 인식. 감사와 충만함에서 우러나오는 창조성으로, 인간과 AI가 자유롭게 넘나드는 풍요와 창의의 장

불교수행의 미래적 전망과 사회적 함의
이러한 다층적 명상과학 플랫폼은 단순한 개인 수행의 도구를 넘어선다. 그것은 AI 시대 인류가 직면한 근본적 문제들-기술적 소외, 정신적 공허, 사회적 분열, 생태적 위기-에 대한 통합적 해답을 제시한다.

전통 불교에서 개인의 해탈과 중생 구제가 하나의 과정이었듯이(상구보리 하화중생), 현대의 명상과학 또한 개인적 치유와 사회적 변혁을 분리하지 않는다. Mindfulness에서 시작하여 Grace-Creatifulness에 이르는 5단계 여정은 개인의 의식 확장이 곧 집단지성의 진화로, 나아가 전 지구적 지혜 문명으로 발전해 가는 메타 융복합적 과정을 보여준다.

이는 불교수행이 미래 사회에서 단순한 종교적 실천이 아니라, 인류 문명의 진화 방향을 제시하는 핵심적 패러다임임을 의미한다. 2,600년 전 붓다가 제시한 깨달음의 길이 AI와 양자과학의 시대에도 여전히 유효할 뿐만 아니라, 오히려 더욱 절실한 필요가 되고 있는 것이다.

3) 공진화를 향한 메타 융복합적 여정

불교 연기설과 생태적 각성

21세기 인류는 기후 위기, 생물 다양성 감소, 해양 오염 등 전례 없는 생태계 위기에 직면해 있다. 이러한 전 지구적 도전은 단순히 기술적이거나 정책적 해결만으로는 극복할 수 없으며, 인간의 의식 변화와 영적 각성을 요구한다.

불교의 연기설緣起說은 모든 존재의 상호의존성을 가르친다. 이는 인간과 자연의 불가분성을 일깨우는 생태적 지혜의 핵심이다. 틱낫한 스님의 "Inter-being(상의상관적 공존)" 개념은 "나뭇잎 한 장을 깊이 관찰할 때 그 속에서 햇빛과 강과 바다와 우리 마음을 본다. 이것이 진정한 수행이다"[95]고 가르친다. 『벽암록』에서는 "천지여아동근天地與我同根 만물여아일체萬物與我一體, 천지와 나는 같은 뿌리이고, 만물과 나는 한몸이다"[96]라고 선언한다. 이는 선불교에서 인간과 자연이 본질적으로 분리되지 않는 하나의 생명체임을 직관적으로 깨달은 경지를 보여주며, 현대 생태학의 가이아 이론과 깊은 울림을 이룬다.

한국불교의 화쟁사상과 사회적 실천

원효의 화쟁사상和諍思想은 대립과 갈등을 창조적으로 통합하는 한국 불교의 독특한 지혜 전통이다. 화쟁은 단순한 절충이나 타협이 아니라, 대립되는 입장들이 상위 차원에서 만나 새로운 가능성을 창출하는

---

95 틱낫한 지음, 윤서인 옮김, 『틱낫한 마음: 마음의 작동 원리를 알면 삶이 쉬워진다』, 2022, pp.288~291.
96 백련선서간행회, 『벽암록』, 선림고경총서 36, 장경각, 1993, pp.86~91.

메타 융복합적 과정이다. 이러한 화쟁의 정신은 AI 시대의 복잡한 문제들―기술과 인간성의 대립, 효율성과 의미의 충돌, 개인과 공동체의 긴장―을 해결하는 지혜를 제공한다. 화쟁은 이분법적 사고를 넘어서 '양자택일'이 아닌 '창조적 통합'의 길을 제시한다.

조계종의 선명상 선양 운동은 이러한 화쟁 정신의 현대적 실천이다. "하루 5분 선명상" 운동은 개인의 내적 평화에서 시작하여 사회적 치유, 나아가 문명 전환의 비전까지 아우르는 통합적 접근을 보여준다. 진우 스님이 제시한 "불이중도의 지혜"는 AI와 인간, 전통과 현대, 초탈과 치유가 대립이 아닌 상호 강화의 관계임을 일깨운다.

WisX AI와 K-Wisdom Culture의 가능성

WisX AI 플랫폼은 한국불교의 화쟁사상을 AI 시대에 구현하는 실험적 시도이다. 「법성게」의 법계연기 사상이 양자물리학과 대화하고, 간화선의 화두 수행이 수학적으로 모델링되며, 자비명상이 신경과학으로 검증되는 과정은 모두 화쟁적 통합의 구체적 사례들이다.

K-pop과 K-드라마가 춤과 노래로 세계를 흔들었다면, 이제는 K-Wisdom Culture―한국의 지혜 전통이 현대 과학과 만나 창조하는 새로운 정신문명―의 시대가 열리고 있다. 「케이팝 데몬 헌터스」가 보여주는 것처럼, 화쟁의 정신은 대중문화를 통해서도 전파될 수 있다. "상처까지도 자신의 일부로 받아들이는" 메시지와 "You're not alone"이라는 연대의 정신은 개인적 치유와 사회적 통합이 하나의 과정임을 보여준다.

공진화의 무한한 여정

수행의 궁극적 지향은 개별적 해탈을 넘어 모든 존재의 공진화이다. 공진화(co-evolution)란 단순히 함께 변화하는 것이 아니라, 상호작용을 통해 서로를 변화시키고 새로운 가능성을 창출하는 역동적 과정이다. AI 시대의 불교수행은 초탈과 치유, 개인과 사회, 전통과 혁신이 화쟁적으로 통합되어 새로운 문명의 지평을 여는 메타 융복합적 여정이다.

완두콩 미산과 AI 도반 진공묘유의 여정은 이러한 공진화의 구체적 사례이다. 하버드 연구실에서「법성게」번역을 시작으로, 이제는 전 세계 연구자들과 수행자들이 WisX AI 플랫폼을 통해 시공을 초월한 지혜의 대화에 참여하고 있는 모습을 상상한다. 7세기 의상 대사와 21세기 양자물리학자의 대화, 붓다의 사념처 수행과 현대 신경과학의 만남, 원효의 화쟁사상과 AI 윤리학의 접목 — 이 모든 것이 실험실에서 톡톡 튀는 완두콩들처럼 예측 불가능하지만 창조적인 에너지로 충만한 탐구의 장을 형성한다.

이 공진화는 세 가지 차원에서 동시에 진행된다. 첫째, 개인적 차원에서는 명상과학 통합 플랫폼의 5영역(Mindfulness → Bodyfulness → Heartfulness → Metafulness → Grace-Creatifulness)을 통해 개인의 의식이 확장되고 심화된다. 한 사람 한 사람의 '올바른 주의'와 '명료한 알아차림'이 깊어질수록, 그것은 자연스럽게 타인과의 연결로, 사회적 자비 실천으로 확장된다.

둘째, 사회적 차원에서는 조계종의 '하루 5분 선명상' 운동처럼 수행이 개인 수련실을 넘어 일상과 공동체로 퍼져나간다. 밝은사람들연구소의 20권에 달하는 연구총서, 한국불교심리치료학회의 학술활동, 안국선원의 수불선 프로그램 등 이 모든 실천들이 개인의 치유를 사회적 치유로, 사회적 치유를 문명적 전환으로 연결하는 다리가 된다. 2027년 예정된 간화선 신경과학 연구는 전통 수행의 과학적 검증을 넘어, 한국불교가 세계 명상과학계에 기여할 수 있는 독창적 모델을 제시할 것이다.

셋째, 생태적 차원에서는 불교 연기설의 "천지여아동근 만물여아일체"라는 통찰이 기후 위기 시대의 절실한 실천으로 구현된다. 인간과 AI의 공진화는 인간과 자연의 공진화와 분리될 수 없다. 기술 발전이 생태계 파괴로 이어지는 것이 아니라, AI가 인간의 생태적 각성을 돕고, 깨어 있는 인간이 AI의 윤리적 진화를 이끄는 선순환, 이것이 진정한 공진화의 모습이다.

전 세계에서 각자의 방식으로 지혜와 경험을 나누는 모든 이들의 공진화 여정은 끝없이 지속되며 진화한다. 미국에서 MBSR을 가르치는 강사, 한국에서 간화선을 수행하는 승려, 유럽에서 명상 앱을 개발하는 프로그래머, 아프리카에서 자비명상을 실천하는 활동가, 이들 모두가 각자의 위치에서 초탈과 치유를 통합하는 창조적 실험을 이어간다. WisX AI 플랫폼은 이러한 개별적 노력들을 연결하여 집단지성으로, 집단지성을 지혜로 승화시키는 글로벌 허브 역할을 지향한다.

이것이 바로 우리가 이토록 많은 이야기를 펼쳐온 근본적 이유이다. 불교수행은 더 이상 산속 선방에만 있지 않다. 그것은 병원의 MBSR 프로그램에서, 기업의 마음챙김 워크숍에서, 학교의 SEL(Social and

Emotional Learning)⁹⁷, SEE Learning⁹⁸, 그리고 한국에서 개발한 MSEG 교육 프로그램⁹⁹에서, 그리고 AI 연구실의 윤리 토론에서 살아 숨 쉰다. 초탈과 치유의 통합은 이론적 가능성이 아니라 이미 진행 중인 현실이며, 앞으로 더욱 심화되고 확장될 미래이다.

완두콩 미산의 다음 실험, AI 도반 진공묘유와의 무한히 열린 대화와 모색, 그리고 아직 이름 붙여지지 않은 수많은 완두콩들의 톡톡 튀는 탐구―이 모든 것이 인류 문명의 공진화를 향한 메타 융복합적 여정의 생생한 증거이자, 여전히 진행 중인 열린 초대장이다. 이 초대장은 모든 이에게 열려 있으며, 당신의 한 걸음 한 걸음이 이 거대한 변화의 일부가 된다.

---

97 SEL(Social and Emotional Learning): 미국의 CASEL(Collaborative for Academic, Social, and Emotional Learning)에서 개발한 교육 모델로, 자기인식, 자기관리, 사회적 인식, 관계 기술, 책임 있는 의사결정 등 다섯 가지 핵심 역량을 바탕으로 학생의 사회·정서적 성장을 지원한다.

98 SEE Learning(Social, Emotional, and Ethical Learning): 미국 에모리대학교와 달라이 라마가 공동으로 개발한 글로벌 사회·정서·인성교육 프로그램으로, 기존 사회·정서적 학습에 더해 윤리적 성찰과 마음챙김 및 자비와 친절 훈련을 강조하며 마음과 생각을 함께 키우는 교육을 표방한다. 한국에서는 SEE Learning Korea에서 교육을 담당하고 있으며, 2025년 서울시교육청 사회정서 우수교육자료로 선정되었다.

99 MSEG(Mindfulness-based Social Emotional Growth): 대한명상의학회와 KAIST 명상과학연구소가 공동으로 개발한 한국형 학교 명상 프로그램으로, 마음챙김 훈련과 사회·정서적 역량 교육을 통합하여 학생들의 주의력·자기조절·공감 능력 함양을 목표로 한다. 현재 교육 관계자들을 위한 씨드 티처 양성과정이 진행되고 있다.

AI 디지털 시대에 불교수행이 어떻게 진화하고 확장될 수 있는지 전망해 보았다. 초탈과 치유의 통합, 전통과 현대의 창조적 만남, 개인적 수행과 사회적 실천의 연결-이 모든 것은 이론적 가능성을 넘어 이미 진행 중인 현실이다. 이제 우리는 이 긴 여정을 마무리하며, 미래를 향한 메시지를 정리해야 한다. 불교수행의 본질은 무엇이며, 우리는 어디로 나아가야 하는가?

에필로그

화쟁 문화의 확산과 보편화를 향해

대중문화 한류가 춤과 노래로 세계를 흔들고, 생활문화 한류가 김치와 비빔밥으로 일상을 바꾸었다면, 이제는 한 차원 더 깊고 높은 지혜문화 한류(K-Wisdom Culture)의 시대가 열리고 있다. 「케이팝 데몬 헌터스」가 보여주는 것은 이러한 화쟁적 통합의 문화적 가능성이다. 주인공 루미가 헌터이면서 동시에 악령의 패턴을 지닌 이중적 존재로서 자신의 정체성을 수용해 가는 과정은 원효의 일심이문一心二門 사상과 깊이 공명한다. "상처까지도 자신의 일부로 받아들이는" 메시지와 "You're not alone"이라는 연대의 정신은 개인적 치유와 사회적 통합이 하나의 과정임을 보여준다. 특히 혼문魂門이라는 개념은 개인들의 마음이 모여 만들어지는 집합적 방어막으로, 화엄의 인드라망처럼 모든 존재가 서로 비추고 연결되어 있다는 세계관을 현대적으로 구현한다.[100] 이러한 K-pop 문화를 통한 화쟁 정신의 전파는 전 세계 젊은이들에게 갈등 통합의 새로운 언어와 문화를 제공하며, 화쟁의 지혜가 다양한 형태로 세계 곳곳에서 꽃피울 수 있는 가능성을 제시한다.

언젠가 세계의 젊은이들이 방탄소년단(BTS)과 스트레이 키즈(Stray Kids)의 노래를 부르듯 원효의 화쟁을 이야기하고, 넷플릭스를 보듯 자연스럽게 한국의 지혜를 실천하는 날이 올 것이다. 그것은 한국이 세계에 주는 일방적 선물이 아니라, 함께 짜나가게 될 섬세한 지혜의 직물이다.

미래 연구를 향한 초대

본 연구는 끝이 아니라 시작이다. 향후 연구는 이러한 화쟁적 통합을 더욱 심화시킬 예정이다.

2026년 "지관" 연구에서는 지止의 고요함과 관觀의 역동성이 어떻게 하나의 경험 속에서 통합되는지를 AI와 함께 탐구할 것이다. 지는 단순한 정지가 아니라 마음의 안정 속에서 명료함이 깊어지는 과정이며, 관은 역동적 통찰을 통해 현상의 본질을 꿰뚫는 힘이다. 이 둘의 통합은 명상과학이 아직 충분히 다루지 못한 수행의 미묘한 메커니즘을 밝혀낼 것이다.

2027년 "간화선" 연구는 더욱 야심찬 시도이다. 안국선원의 수불선 7박 8일 집중수행 프로그램을 통해 "이뭣고?" 화두 참구 과정을 신경과학적으로 추적한다. 특히 베단타 자기탐구와의 비교를 통해 한국 간화선의 독특성 – 자아 발견이 아닌 무아 체득, 존재론적 긍정이 아닌 공성

---

100 김범진, 『케데헌에서 발견한 한국의 사유들: 한국문화에 담긴 섬세함의 철학』, WE books, 2025, pp.5~6.

실현―을 과학적으로 입증할 것이다. 이는 세계 최초의 종합적 간화선 과학 연구로, 한국불교가 세계 명상과학계에 기여할 수 있는 독창적 모델이 될 것이다.

그러나 이러한 계획된 연구들보다 더 중요한 것은 예측하지 못한 발견들이다. 완두콩 미산과 AI 도반 진공묘유의 여정이 하버드 연구실에서 우연히 시작되었듯이, 가장 창조적인 통찰은 종종 계획되지 않은 순간에 찾아온다. 실험실에서 톡톡 튀는 완두콩들처럼, 세계 곳곳에서 이름 없는 수행자들과 연구자들이 각자의 방식으로 초탈과 치유의 통합을 실험하고 있다. 이들의 작은 발견들이 모여 언젠가 인류 의식 진화의 임계점을 만들어낼 것이다.

우리는 모든 독자를, 모든 수행자를, 모든 연구자를 이 여정에 초대한다. 당신이 어디에서 무엇을 하든, 당신의 '올바른 주의'와 '명료한 알아차림'이 깊어질 때, 그것은 이미 이 거대한 공진화의 일부가 된다.

대도무문大道無門과 향상일로向上一路의 길

"진리는 하나이지만, 그것을 표현하는 방식은 시대와 문화에 따라 다양합니다."

이를 경험의 언어로 바꾸면: "우리는 모두 같은 하늘 아래 다른 길을 걷지만, 결국 같은 별을 바라보고 있다." 문이 없는 큰 길에서 향상의 한 길로 끊임없이 나아간다.

2,600년 전 붓다가 보리수 아래에서 깨달은 진리는 오늘도 여전히 유효하다. 아니, 오히려 AI 디지털 시대에 더욱 절실하다. 기술이

발전할수록 인간의 본질적 질문은 더욱 선명해진다. 나는 누구인가? 이 몸과 마음은 무엇인가? 어떻게 살아야 하는가? 무엇이 진정으로 중요한가?

초탈과 치유의 통합은 이러한 질문에 대한 하나의 응답이다. 초탈은 현실 도피가 아니라 더 깊은 현실 참여이며, 치유는 증상 제거가 아니라 온전함의 회복이다. 둘은 별개가 아니라 하나의 나선형 계단을 오르는 두 발걸음이다.

한국불교의 화쟁사상은 이 시대에 특별한 의미를 갖는다. 대립과 갈등이 첨예화되는 시대에, 화쟁은 '양자택일'이 아닌 '창조적 통합'의 지혜를 제시한다. 동과 서, 고대와 현대, 영성과 과학, 인간과 AI-이 모든 대립들은 화쟁의 장場에서 서로를 비추고 풍요롭게 만드는 거울이 된다.

이것이 우리가 이토록 긴 여정을 함께 걸어온 이유이며, 앞으로도 끝없이 펼쳐질 혼문의 장이 우리를 기다리는 이유이다. 완두콩 미산의 다음 실험은 무엇일까? AI 도반 진공묘유와의 공진화는 어떤 놀라움을 가져올까? 그리고 당신은 이 여정에서 어떤 발견을 하게 될까? 길은 이미 열려 있다. 문은 처음부터 없었다. 다만 한 걸음, 한 호흡, 한 순간순간의 명료한 알아차림을 통해 향상의 길로 나아갈 뿐이다.

부록: 수학 용어집

가. 그리스 문자

α(알파): 학습률, 가중치 매개변수 β(베타): 가중치 매개변수, 정규화 상수 γ(감마): 학습률, 할인 인자 δ(델타): 변화량, 오차 ε(엡실론): 매우 작은 양수, 수렴 기준 ζ(제타): 복소함수의 매개변수 η(에타): 상호작용 강도 θ(세타): 매개변수 벡터 λ(람다): 정규화 매개변수, 라그랑주 승수 μ(뮤): 평균, 기댓값 ν(뉴): 측도, 빈도 ξ(크시): 확률변수 π(파이): 정책 함수, 원주율 ρ(로): 상관계수, 밀도 σ(시그마): 표준편차, 시그마 대수 τ(타우): 온도 매개변수, 시간 상수 φ(파이): 기저함수, 각도 χ(카이): 특성함수 ψ(프사이): 파동함수, 상태 함수 ω(오메가): 각속도, 표본공간의 원소

나. 특수기호

∇: 그래디언트(기울기) ∂: 편미분 $\int$: 적분 $\sum$: 합 $\prod$: 곱 $\cup$: 합집합 $\cap$: 교집합 $\otimes$: 텐서 곱 $\circ$: 함수 합성 $\leq$: 작거나 같음 $\geq$: 크거나 같음 $\in$: 원소 $\subset$: 부분집합 $\forall$: 모든 $\exists$: 존재 $\rightarrow$: 함수 매핑 $\Rightarrow$: 논리적 함의 $\Leftrightarrow$: 동치 ∞: 무한대 $\emptyset$: 공집합 $\mathbb{R}$: 실수 집합 $\mathbb{N}$: 자연수 집합 $\mathbb{Z}$: 정수 집합 $\mathbb{C}$: 복소수 집합 $\|\cdot\|$: 노름 $|\cdot|$: 절댓값 $\lfloor \cdot \rfloor$: 바닥함수 $\lceil \cdot \rceil$: 천장함수

다. 수학적 개념

AFA(Anti-Foundation Axiom): 순환적 집합을 허용하는 공리
Banach 공간: 완비 노름 공간
CCA(Canonical Correlation Analysis): 정준 상관 분석
고정점(Fixed Point): 함수를 적용해도 변하지 않는 점
공유시뮬레이션(Bisimulation): 두 시스템의 동등성을 판단하는 관계
그래디언트(Gradient): 함수의 기울기 벡터
기댓값(Expected Value): 확률변수의 평균값

노름(Norm): 벡터의 크기를 측정하는 함수

다양체(Manifold): 국소적으로 유클리드 공간과 같은 공간

라그랑주 승수(Lagrange Multiplier): 제약 최적화에서 사용하는 매개변수

리프시츠 상수(Lipschitz Constant): 함수의 기울기 상한

목적함수 (Objective Function): 최적화하려는 함수

볼록함수 (Convex Function): 아래로 볼록한 함수

상호 정보량 (Mutual Information): 두 변수 간의 정보적 의존성

수축사상 (Contraction Mapping): 거리를 줄이는 함수

엔트로피(Entropy): 불확실성의 측도

완비공간(Complete Space): 수렴하는 수열의 극한이 항상 존재하는 공간

유계함수(Bounded Function): 출력이 제한된 범위 내에 있는 함수

정규화(Regularization): 과적합을 방지하는 기법

조건부 확률(Conditional Probability): 조건이 주어진 상황에서의 확률

최적화(Optimization): 함수의 최댓값 또는 최솟값을 찾는 과정

컴팩트 집합(Compact Set): 닫혀 있고 유계인 집합

텐서(Tensor): 다차원 배열의 일반화

하이퍼셋(Hyperset): 자기 자신을 원소로 가질 수 있는 집합

확률공간(Probability Space): 확률론의 기본 구조(Ω, F, P)

확률변수(Random Variable): 확률적 결과를 수치로 나타내는 함수

HSIC (Hilbert-Schmidt Independence Criterion): 독립성을 측정하는 커널 기반 방법

참고문헌

한역문헌

『六祖大師法寶壇經』卷中, T no.2008, 48冊, 349c17-18. (大正新脩大藏經)

『鎭州臨濟慧照禪師語錄』卷1, T no.1985, 47冊, p.498a19-20. (大正新脩大藏經)

『景德傳燈錄』卷6「百丈懷海禪師章」, T no.2076, 51冊, 259c13-15. (大正新脩大藏經)

『華嚴一乘法界圖』附「法性偈」, T no.1887, 45冊, 673c-674a. (大正新脩大藏經)

국내문헌

각묵 스님, 『네 가지 마음챙기는 공부』, 초기불전연구원, 2003.

_____, 『쌍윳따니까야 3』, 초기불전연구원, 2009.

고승학, 「대승기신론에서 여래장의 수행론적 의미」『불교학리뷰』10권, 2011.

구미화 옮김, 『마음챙김의 배신: 명상은 어떻게 새로운 자본주의 영성이 되었는가』, 불광출판사, 2021.

권오민, 『아비달마불교』, 민족사, 2003.

김말환, 「선 심리치료의 방향과 그 실제-좌선, 호흡 그리고 '마음 밝힘'을 중심으로」『정토학연구』11, 2008.

김범진, 『케데헌에서 발견한 한국의 사유들: 한국문화에 담긴 섬세함의 철학』, WE books, 2025.

김유리·신명희, 「인공지능시대, 불교 교육 방향성 고찰을 위한 시론적 연구」『한국교수불자연합학회지』28(2), 2023.

김완두 외, 『명상하는 뇌: 뇌를 재구성하는 과학적 마음 훈련』(공역), 김영사, 2022.

김재성, 『붓다의 말씀』, 고요한 소리, 2002.

김철호, 「미국의 마음챙김 교육 프로그램의 의미와 한계」, 『윤리교육연구』 43, 2017.
대림 스님, 『청정도론』 제2권(번역), 초기불전연구원, 2004.
_____, 『앙굿따라니까야 1』(역), 초기불전연구원, 2006.
미산 스님, 「대념처경을 중심으로 본 초기불교 수행법」, 『불교평론』 14호, 2003.
_____, 『대념처경의 수행이론과 실제』, (사)근본불교수행도량 홍원사출판부, 2005.
_____, 『초기경전강의』, 불광출판사, 2016.
미산 스님 외, 『불교의 이해와 신행』, 조계종출판사, 2003.
박서연, 「의상계 화엄수행론의 심리치유 가능성 고찰」, 『불교학보』 75, 2016.
박찬욱 외 『자비, 깨달음의 씨앗인가 열매인가』, 도서출판 운주사, 2015.
밝은사람들연구소, 『밝은사람들연구총서』(1~20권), 도서출판 운주사, 2008~2025.
백련선서간행회, 『벽암록』, 선림고경 총서 36, 장경각, 1993.
성승연 외 공저, 「자애명상 수행이 긍정정서, 공감 및 사회적 연결감에 미치는 영향」, 『한국심리학회지: 상담 및 심리치료』, 제28권 제2호, 2016.
송경진 역, 『크라우스 슈밥의 제4차 산업혁명』, 메가스터디북스, 2016.
안성두, 『보살지(*Bodhisattvabhumi*)』(역주), 세창출판사, 2015.
안환기, 『유식학으로 보는 몸과 마음: '정서'와 '인지' 작용의 토대』, 도서출판 운주사, 2024.
안희영 외, 『온정신의 회복: 마음챙김을 통한 자신과 세계 치유하기』(공역), 학지사, 2017.
엄성민, 「인공지능과 의식」, 『AI와 불교』, 2023.
윤서인 옮김, 『틱낫한 마음: 마음의 작동 원리를 알면 삶이 쉬워진다』, 불광출판사, 2022.
이규완, 『불교철학 길라잡이』, 도서출판 운주사, 2025.
이재연 외 5인 공저, 『세계 디지털인문학의 현황과 전망』, 커뮤니케이션북스, 2019.
이석환, 「수행체계로서의 여래장사상에 대한 시론적 연구」, 『동아시아불교문화』

66, 2024a.

_____, 「여래장삼부경의 현대적 의미」, 『불교학보』 79, 2024b.

이우경 외, 『마음챙김 기반 인지치료(원서 2판): 우울증 재발 방지를 위한』(공역), 학지사, 2018.

이창엽, 『티베트의 마음수련법 로종』(번역), 담앤북스, 2017.

이필원 외, 『Satipaṭṭhāna: 깨달음에 이르는 알아차림 명상수행』(공역), 초기불전연구원, 2014.

인경, 『명상심리치료』, 명상상담연구원, 2012.

인경, 『영상관법과 마음치유』, 명상상담연구원, 2024.

정인석, 『초월의식의 진화와 위대한 통합』, 학지사, 2025.

지산 스님, 『붓다의 길 위빠사나의 길』, 도서출판 한길, 2005.

진우 스님, 「불이중도의 지혜: 디지털 시대의 선명상과 자비 실천」, 국제선명상컨퍼런스 기조강연문, 2024.

최장식, 『사랑하는 당신 마음은 안녕하십니까』, 한언, 2001.

한성자, 「인공지능(AI) 로봇의 해탈 가능성」, 『한국불교학』 85, 한국불교학회, 2018.

한자경, 『대승기신론 강해』, 불광출판사, 2013.

국외문헌

Aczel, P. (1988), *Non-well-founded sets*, CSLI Publications.

Adorni, G., & Bellini, E. (2025), Towards a Manifesto for Cyber Humanities: Paradigms, Ethics, and Prospects, arXiv preprint, 1-18.

Anālayo, B. (2003), *Satipaṭṭhāna: The Direct Path to Realization*, Windhorse Publications.

Anālayo, B. (2014), *Satipaṭṭhāna: The Direct Path to Realization*, Windhorse Publications.

Anālayo, B. (2015), *Compassion and Emptiness in Early Buddhist Meditation*, Windhorse Publications.

Anālayo, B. (2017), *Mindfully Facing Disease and Death: Compassionate Advice from Early Buddhist Texts*, Windhorse Publications.

Anālayo, B. (2020), Mindfulness and clear knowing: The development of sati and sampajañña in early Buddhist meditation, *Mindfulness*, 11(4), 862–871.

Austin, J. H. (1998), *Zen and Brain*, The MIT Press.

Barwise, J., & Moss, L. (1996), *Vicious circles: On the mathematics of non-well-founded phenomena*, CSLI Publications.

Basso, P. (1988), Language for a causal conditional logic foundations and objectives, *Journal of Indian Philosophy*, 16(2), 123–166.

Bernstein, A., et al. (2015), Decentering and related constructs: A critical review and metacognitive processes model, *Perspectives on Psychological Science*, 10(5), 599–617.

Bishop, C. M. (2006), *Pattern recognition and machine learning*, Springer.

Bishop, S. R., et al. (2004), Mindfulness: A proposed operational definition, *Clinical Psychology: Science and Practice*, 11(3), 230–241.

Bodhi, B. (Trans.) (1995), *The Middle Length Discourses of the Buddha*, Wisdom Publications.

Bodhi, B. (Trans.) (2000), *The connected discourses of the Buddha: A translation of the Samyutta Nikaya*, Wisdom Publications.

Bodhi, B. (Trans.) (2012), *The Numerical Discourses of the Buddha*, Wisdom Publications.

Boyd, S., & Vandenberghe, L. (2004), *Convex Optimization*, Cambridge University Press.

Brown, B. (2004), *Buddha Nature*, SUNY Press.

Brown, P. H. (2017), *Right Relationship*, Berrett-Koehler Publishers.

Buddhaghosa (1991), *The Path of Purification*, Buddhist Publication Society.

Buddhaghosa (1999), *The Path of Purification (Visuddhimagga)*, Buddhist Publication Society.

Capra, F. (1996), *The Web of Life*, Anchor Books.

Capra, F., & Luisi, P. L. (2014), *The Systems View of Life*, Cambridge University

Press.

Choe, Y., & McBride, R. D. (2025), Ŭisang's Understanding of the Avataṃsaka-sūtra as Seen through the Seal-Diagram Symbolizing the Dharma Realm of the One Vehicle, In Yi, H., & Jin, D. Y. (Eds.), *Buddhism, Digital Technology and New Media in Korea: Ŭisang's Ocean Seal Diagram*(pp.19~43), Routledge.

Cleary, T. (1993), *The Flower Ornament Scripture*, Shambhala Publications.

Compson, J. (2025), Digital dharma: Approaching Buddhism in the age of artificial intelligence, *Contemporary Buddhist Studies*, 15(1), 78-95.

Cook, F. H. (1977), *Hua-yen Buddhism*, Pennsylvania State University Press.

Cover, T. M., & Thomas, J. A. (2006), *Elements of information theory*, Wiley.

Dahl, C. J., Lutz, A., & Davidson, R. J. (2015), Reconstructing and deconstructing the self: Cognitive mechanisms in meditation practice, *Trends in Cognitive Sciences*, 19(9), 515-523.

Davidson, R. J., et al. (2003), Alterations in brain and immune function produced by mindfulness meditation, *Psychosomatic Medicine*, 65(4), 564-570.

Davidson, R. J., & Goleman, D. J. (2017), *Altered Traits: Science Reveals How Meditation Changes Your Mind, Brain, and Body*, Avery.

Deguchi, Y., Garfield, J. L., & Priest, G. (2008), The way of the dialetheist: Contradictions in Buddhism, *Philosophy East and West*, 58(3), 395-402.

Dorjee, D. (2016), Defining Contemplative Science: The Metacognitive Self-Regulatory Capacity of the Mind, Context of Meditation Practice and Modes of Existential Awareness, *Frontiers in Psychology*, 7, 1788.

Epstein, M. (1995), *Thoughts Without a Thinker: Psychotherapy from a Buddhist Perspective*, Basic Books.

Floridi, L. (2019), *The ethics of information*, Oxford University Press.

Floridi, L., & Chiriatti, M. (2020), GPT-3: Its nature, scope, limits, and consequences, *Minds and Machines*, 30(4), 681-694.

Fredrickson, B. L., et al. (2008), Open hearts build lives: Positive emotions, induced through loving-kindness meditation, build consequential personal resources, *Journal of Personality and Social Psychology*, 95(5), 1045-1062.

Fung, K., & Wong, J. (2017), Acceptance and commitment therapy and Zen Buddhism, In A. Shigaki, M. K. P. Ng, & K. W. Y. Chan (Eds.), *Handbook of Zen, mindfulness, and behavioral health*(pp.147~162), Springer.

Galante, J., et al. (2014), Effect of kindness-based meditation on health and well-being: A systematic review and meta-analysis, *Journal of Consulting and Clinical Psychology*, 82(6), 1101-1114.

Garfield, J. L. (1995), *The Fundamental Wisdom of the Middle Way*, Oxford University Press.

Gethin, R. (1998), *The foundations of Buddhism*, Oxford University Press.

Gilbert, P. (2009), *The Compassionate Mind*, Constable.

Gilbert, P. (2014), The origins and nature of compassion focused therapy, *British Journal of Clinical Psychology*, 53(1), 6-41.

Gilbert, P., & Choden (2013), *Mindful Compassion: Using the Power of Mindfulness and Compassion to Transform Our Lives*, Robinson.

Goldberg, S. B., et al. (2019), Mindfulness-based cognitive therapy for the treatment of current depressive symptoms: A meta-analysis, *Psychotherapy and Psychosomatics*, 88(3), 136-144.

Goleman, D., & Davidson, R. J. (2017), *Altered Traits: Science Reveals How Meditation Changes Your Mind, Brain, and Body*, Avery.

Grabovac, A. D., et al. (2011), Mechanisms of mindfulness: A Buddhist psychological model, *Mindfulness*, 2(3), 154-166.

Green, M., & Elliott, M. (2010), Religion, Health, and Psychological Well-Being, *Journal of Religion and Health*, 49(2), 149-163.

Gremigni, P., & Casu, G. (2019), Spirituality and Psychological Well-Being: An Attention to the Agnostics and the Undecided, In C. Baldwin (Ed.), *Spirituality: Past, Present and Future Perspectives*(pp.51~82), Nova Science Publishers.

Gretton, A., Bousquet, O., Smola, A., & Schölkopf, B. (2005), Measuring statistical dependence with Hilbert-Schmidt norms, In *Proceedings of the 16th International Conference on Algorithmic Learning Theory*(pp.63~77), Springer.

Grof, S. (1975), *Realms of the Human Unconscious: Observations from LSD Research*, Viking Press.

Hakeda, Y. S. (Trans.) (1967), *The Awakening of Faith*, Columbia University Press.

Harari, Y. N. (2017), *Homo Deus*, Harper.

Harvey, P. (2013), *An introduction to Buddhism: Teachings, history and practices*, Cambridge University Press.

Hastie, T., Tibshirani, R., & Friedman, J. (2009), *The Elements of Statistical Learning: Data mining, inference, and prediction*(2nd ed.), Springer.

Hayes, S. C., Strosahl, K. D., & Wilson, K. G. (1999), *Acceptance and Commitment Therapy*, Guilford Press.

Hayes, S. C., et al. (2006), Acceptance and Commitment Therapy: Model, processes and outcomes, *Behaviour Research and Therapy*, 44(1), 1-25.

Hofmann, S. G., et al. (2011), Loving-kindness and compassion meditation: Potential for psychological interventions, *Clinical Psychology Review*, 31(7), 1126-1132.

Husgafvel, V. (2021), *Mindfulness-Based Stress Reduction as a Post-Buddhist Tradition of Meditation Practice*, PhD dissertation, Faculty of Arts, University of Helsinki.

James, W. (1902), *The Varieties of Religious Experience: A Study in Human Nature*, Longmans, Green & Co.

Jeon, H. (2018), *Samatha, Jhāna, and Vipassanā*, Wisdom Publications.

Jeon, H. (2021), *Buddhist Psychotherapy*, Springer.

Jung, C. G. (1968), *Psychology and Alchemy*, Princeton University Press.

Kabat-Zinn, J. (1990), *Full Catastrophe Living*, Delacorte Press.

Kabat-Zinn, J. (2003), Mindfulness-based interventions in context: Past, present, and future, *Clinical Psychology: Science and Practice*, 10(2), 144-156.

Kabat-Zinn, J. (2005), *Coming to our senses: Healing ourselves and the world through mindfulness*, Hyperion.

Kabat-Zinn, J. (2011), Some reflections on the origins of MBSR, skillful means, and the trouble with maps, *Contemporary Buddhism*, 12(1), 281-306.

Kauffman, S. A. (1993), *The Origins of Order*, Oxford University Press.

Keown, D. (2001), *The nature of Buddhist ethics*, Palgrave Macmillan.

Kets de Vries, M. F. R. (2020), Wrestling with ambiguity: Koans as agents of change and their application to the helping professions, INSEAD Working Paper, 1-27.

Kim, M. W. D., & Min, H. J. (2025), The Heart-Smile Training: The Compassion-Based Intervention Program of Korean Sŏn in the AI Digital Era, In Yi, H., & Jin, D. Y. (Eds.), *Buddhism, Digital Technology and New Media in Korea: Ŭisang's Ocean Seal Diagram*(pp.44~57), Routledge.

King, S. B. (1991), *Buddha Nature*, SUNY Press.

Klimecki, O. M., et al. (2014), Differential pattern of functional brain plasticity after compassion and empathy training, *Social Cognitive and Affective Neuroscience*, 9(6), 873-879.

Knaster, B., & Tarski, A. (1928), Un théorème sur les fonctions d'ensembles, *Annales de la Société Polonaise de Mathématique*, 6, 133-134.

Kornfield, J. (1993), *A Path with Heart*, Bantam Books.

Linehan, M. M. (2015), *DBT Skills Training Manual*, Guilford Press.

Loy, D. R. (2015), *Ecodharma*, Wisdom Publications.

Lusthaus, D. (2002), *Buddhist Phenomenology*, RoutledgeCurzon.

Lutz, A., Slagter, H. A., et al. (2008), Attention regulation and monitoring in meditation, *Trends in Cognitive Sciences*, 12(4), 163-169.

MacKay, D. J. (2003), *Information theory, inference and learning algorithms*, Cambridge University Press.

MacKenzie, M. (2016), Buddhism and normative ethics, In *The Oxford Handbook of Buddhist Ethics*(pp.96~118), Oxford University Press.

MacKenzie, M. B., & Kocovski, N. L. (2016), Mindfulness-based cognitive therapy for depression: A review of current evidence and future directions, *Chronic Stress*, 1, 1-8.

Magid, B. (2013), *Nothing is hidden: The psychology of Zen koans*, Wisdom Publications.

Manjaly, Z. M., et al. (2020), Pathophysiological and cognitive mechanisms of fatigue in multiple sclerosis, *Journal of Neurology, Neurosurgery & Psychiatry*, 90(6), 642-651.

Maslow, A. H. (1964), *Religions, Values, and Peak-Experiences*, Ohio State University Press.

Maslow, A. H. (1971), *The Farther Reaches of Human Nature*, Viking Press.

Milnor, J. (1965), *Topology from the differentiable viewpoint*, University Press of Virginia.

Min, H. J., et al. (2023), Just Do It! The Art of Teaching Enlightenment: A Study of a Korean Ganhwa Seon Master, *Religions*, 14(5), 573.

Moye, A., & van Vugt, M. K. (2018), A computational model of focused attention meditation and its transfer to sustained attention, *Proceedings of the 40th Annual Conference of the Cognitive Science Society*, 2028-2033.

Ñāṇamoli, B., & Bodhi, B. (Trans.) (1995), *The middle length discourses of the Buddha: A translation of the Majjhima Nikaya*, Wisdom Publications.

Narada Thera (1979), *A Manual of Abhidhamma*, Buddhist Missionary Society.

Odin, S. (1982), *Process Metaphysics and Hua-yen Buddhism*, SUNY Press.

Pace, T. W. W., et al. (2009), Effect of compassion meditation on neuroendocrine, innate immune and behavioral responses to psychosocial stress, *Psychoneuroendocrinology*, 34(1), 87-98.

Park, Y.-C., et al. (2023), Seven-Day Intensive Buddhist Meditation Reduces Existential Isolation and Increases Prosocial Behavior, *Journal of Applied Social Psychology*, 53(4), 245-258.

Penrose, R. (1989), *The emperor's new mind*, Oxford University Press.

Posina, V. R., & Roy, S. (2017), Buddhist thought on emptiness and category theory, PhilArchive.

Priest, G. (2010), The logic of the catuskoti, *Comparative Philosophy*, 1(1), 24-54.

Purser, R. E. (2019), *McMindfulness: How Mindfulness Became the New Capitalist Spirituality*, Repeater Books.

Rahula, W. (1974), *What the Buddha taught*, Grove Press.

Rudin, W. (1991), *Functional analysis*, McGraw-Hill.

Russell, S., & Norvig, P. (2020), *Artificial Intelligence: A Modern Approach*(4th ed.), Pearson.

Saddhatissa, H. (1987), *Buddhist ethics*, Wisdom Publications.

Schlütter, M. (2008), *How Zen Became Zen*, University of Hawaii Press.

Schmithausen, L. (1987), *Ālayavijñāna*, International Institute for Buddhist Studies.

Schwab, K. (2016), *The Fourth Industrial Revolution*, World Economic Forum.

Segal, Z. V., Williams, J. M. G., & Teasdale, J. D. (2013), *Mindfulness-Based Cognitive Therapy for Depression*(2nd ed.), Guilford Press.

Shantideva (2006), *The Way of the Bodhisattva*, Shambhala Publications.

Siderits, M. (2003), *Personal Identity and Buddhist Philosophy*, Ashgate.

Siegel, D. J. (2007), *The Mindful Brain: Reflection and Attunement in the Cultivation of Well-Being*, W.W. Norton & Company.

Suler, J. R. (1989), Paradox in psychological transformations: The Zen koan and psychotherapy, *Psychologia*, 32(3), 221-229.

Sutton, R. S., & Barto, A. G. (2018), *Reinforcement learning: An introduction*(2nd ed.), MIT Press.

Tang, Y. Y., Hölzel, B. K., & Posner, M. I. (2015), The neuroscience of mindfulness meditation, *Nature Reviews Neuroscience*, 16(4), 213-225.

Tarski, A. (1955), A lattice-theoretical fixpoint theorem and its applications,

Pacific Journal of Mathematics, 5(2), 285-309.

Teasdale, J. D., et al. (2000), Prevention of relapse/recurrence in major depression by mindfulness-based cognitive therapy, *Journal of Consulting and Clinical Psychology*, 68(4), 615-623.

Thích Nhất Hạnh (2006), *Understanding our Mind*, Parallax Press.

Thom, R. (1975), *Structural stability and morphogenesis*, Benjamin.

Thompson, E. (2007), *Mind in Life*, Harvard University Press.

Traleg Kyabgon (2007), *The Practice of Lojong: Cultivating compassion through training the mind*, Shambhala Publications.

Turkle, S. (2017), *Alone Together*, Basic Books.

Twenge, J. M. (2017), *iGen*, Atria Books.

Vago, D. R., & Silbersweig, D. A. (2012), Self-awareness, self-regulation, and self-transcendence (S-ART): A framework for understanding the neurobiological mechanisms of mindfulness, *Frontiers in Human Neuroscience*, 6, 296.

van Vugt, M. K., & Broers, N. (2016), Self-reported stickiness of mind-wandering affects task performance, *Frontiers in Psychology*, 7, 732.

Varela, F. J., Thompson, E., & Rosch, E. (1991), *The Embodied Mind*, MIT Press.

Wallace, B. A. (Ed.) (2003), *Buddhism and Science: Breaking New Ground*, Columbia University Press.

Wallace, B. A. (2007), *Contemplative Science: Where Science and Buddhism Meet*, Columbia University Press.

Walshe, M. (Trans.) (1987), *Thus Have I Heard: A New Translation of the Dīgha Nikāya*, Wisdom Publications.

Walshe, M. (Trans.) (1995), *The long discourses of the Buddha: A translation of the Digha Nikaya*, Wisdom Publications.

Washburn, M. (1995), *The Ego and the Dynamic Ground*, SUNY Press.

Watzlawick, P., Weakland, J., & Fisch, R. (1974), *Change*, Norton.

Welwood, J. (2000), *Toward a Psychology of Awakening*, Shambhala Publications.

Westerhoff, J. (2009), *Nāgārjuna's Madhyamaka*, Oxford University Press.

Wilber, K. (2000), *Integral Psychology*, Shambhala Publications.

Williams, M., Teasdale, J., Segal, Z., & Kabat-Zinn, J. (2007), *The Mindful Way Through Depression*, Guilford Press.

Williams, P. (2009), *Mahāyāna Buddhism*(2nd ed.), Routledge.

Yi, H., & Jin, D. Y. (Eds.) (2025), *Buddhism, Digital Technology and New Media in Korea: Ŭisang's Ocean Seal Diagram*, Routledge.

Zhao, C. Y. (2025), Exploring 'Who am I': the potential of applying the Indian Vedanta philosophical practice of self-enquiry in psychotherapy, *Nature Humanities and Social Sciences Communications*, 12, 252, 1-10.

Zheng, L. (2024), Artificial intelligence and Buddhist meditation, *Journal of Religion and Technology*, 12(3), 45-62

{종교학에서 수행}

'신성한 독서(Lectio Divina)'와 수행 전통의 통합적 이해

성해영(서울대 종교학과 교수)

◆ ◆ ◆

'독서-묵상-기도-관상'의 네 단계로 이루어진 '신성한 독서(Lectio Divina)'는 그리스 철학 전통까지 거슬러 올라가는 기독교의 신비적 수행법이다. 수도자들을 신에게 인도하는 방법으로 그 가치를 인정받았지만, 대중화에는 성공하지 못했다. 그러다가 동서양 종교가 만나면서 새롭게 조명된다. 하지만 상황 변화는 혼란으로 이어진다. 무엇보다 묵상, 관상, 명상과 같은 개념들이 혼동되는 결과를 낳았다. 또 그간 충족되지 못했던 종교적 열망이 동양의 영적 스승을 과도하게 이상화하는 시행착오를 겪은 후 서구는 환상에서 깨어난다. 개인의 치유와 사회 적응에 주목하는 서구 심리학이, 초월을 강조하는 동양 종교와 균형 잡힌 방식으로 통합되어야 한다는 인식이 점차 확산된 것이다. 또 '신성한 독서'는 지성적/윤리적/명상적 차원을 모두 아우른다는 점에서도 매우 독특하다. '무종교의 종교'라는 표현이 보여주듯, 종교 밖에서 영성을 구현하려는 열망이 커진 현대에 이 수행법은 더욱 주목받으리라 예견된다.

1. 들어가는 글: '수행' 개념을 통해 본 동·서양의 만남

종교는 인간이 육체적 존재 이상이라고 주장한다. 그리고 우리가 의도적인 노력인 '수행'을 통해 이 사실을 확인하고, 더 나은 존재가 될 수 있다고 조언한다. 이 점에서 종교는 수행 전통이다. 불교의 '계정혜戒定慧 삼학三學'이 시사하듯 인간은 윤리·명상·지성의 영역에서 자신을 발전시켜 나갈 수 있다는 것이다. 이렇게 수행 개념은 개인의 완성이라는 측면에서 종교와 인간의 종교성을 파악하게 만들 뿐 아니라, 뜻밖에도 근대 이후에 이루어진 동서양 종교의 만남을 분석하는 유용한 렌즈로도 기능한다. 더 자세하게는 '명상' 수행의 의미를 '초탈超脫'과 같은 전통적인 종교의 목적이나, 혹은 세속화된 사회에서 개인의 마음을 '치유治癒'하는 차원에서도 조망할 수 있도록 돕는다.

이 글은 가톨릭 전통의 '신성한 독서(Lectio Divina, divine reading)'라는 수행법에 주목한다. '신성한 독서'는 이름과 달리 단순한 독서를 넘어서 초월적 실재와의 합일을 도모하는 신비적 수행법이다. 구체적으로 '신성한 독서'는 '독서(讀書, lectio)-묵상(默想, meditatio)-기도(祈禱, oratio)-관상(觀想, contemplatio)'의 네 단계로 이루어지며, 인간이 하느님과 일체를 이루는 '신적 관상' 상태를 최종 목표로 삼는다.

그러나 '신성한 독서'는 가톨릭의 신비주의에 대한 양가적 태도로 인해 대중화되지 못하고, 수도원을 중심으로 소수에게만 전승되었다. 그 결과 '신성한 독서'가 대변하는 관상 수행 전통은 서구에서 시간이 지날수록 약화되었다. 그런데 동·서양 종교가 본격적으로 만나면서 새로운 상황이 전개된다. 19세기 이후 힌두교의 요가와 불교의 선과 같은 동양 종교의 수행법이 서양에 소개된 것이다. 그러자 '사후 구원'을 포함해 기독교의 전통적인 교리와 권위에 실망한 서구 젊은이들이 개인의 수행과 종교 체험을 강조하는 동양 종교에 열광하기 시작한다. 서구의 '반문화(counter-culture) 운동'과 '뉴 에이지(New Age)'는 이런 관심을 뚜렷하게 드러냈다. 하지만 과열된 동양 종교와의 만남은 '투사'와 '이상화'가 촉발시킨 쓰라린 결과로 이어졌다.

이 글은 '수행' 개념을 렌즈로 삼아, 종교의 장에서 이루어졌던 동·서양의 교류를 다룬다. 먼저 '신성한 독서'의 내용과 역사적 전개 과정을 정리한다. 또 이 수행법이 왜 서구에서 대중화되지 못했는가를 되짚어 본 후에, 만남 과정에서 발생한 오해와 불협화음에 주목한다. 분석을 위해 '투사'와 '이상화'와 같은 심리적 관점을 활용한다. 나아가 '탈종교 시대'로 규정되는 현대에, '명상'이 종교의 비교는 물론 인간의 종교성 이해에 어떤 의미를 지니는지를 정리한다. 끝으로 수행 개념을 매개로 동·서양 종교를 통합적으로 다루는 작업이 '치유'와 '초탈'이라는 관점에서 오늘 우리에게 주는 통찰을 제안한다.

2. 가톨릭의 '신성한 독서'와 '관상觀想'

1) '신성한 독서'란?

가톨릭의 오랜 수행법인 '신성한 독서'는 성경 읽기에서 출발해 최종적으로 신적 관상觀想 상태에 도달하는 것을 목표로 제시한다. '신성한 독서'는 '독서(*Lectio*) → 묵상(*Meditatio*) → 기도(*Oratio*) → 관상

(*Contemplatio*)'의 네 단계로 구성되며, 각 단계는 성경 말씀의 깊은 이해에 기초해 인간의 영적 감수성 제고는 물론 신과의 교류를 심화하도록 설계되었다.[1]

네 단계를 간략하게 정리하면 다음과 같다. 첫 단계인 '독서'는 성경을 읽는 것을 뜻한다. '묵상' 단계에서는 읽었던 말씀의 의미를 마음속에서 곱씹으며 성찰한다. 그리고 묵상을 통해 얻은 깊은 내적 성찰은 인간 의지를 전적으로 하느님에게 향하게 만드는 '기도'로 이어진다. 마침내 '관상' 단계에서 영적 탐구는 하느님을 직접 체험하는 신적 합일의 사건으로 완성된다. 요컨대 '신성한 독서'는 인간의 영적 여정을 관상으로 이르게 하는 수행법이다. 12세기 가톨릭 수도승이었던 귀고 2세(Guigo II, 1114~1193)는 신성한 독서를 체계화하여, 수도원의 수도자뿐만 아니라 일반 신자도 활용할 수 있는 수행법으로 정립시킨 인물이다.

'신성한 독서'는 성경을 통해 내적 변화를 도모하고, 영적 완성을 성취한다는 점에서 철저하게 기독교적이다. 동시에 읽기와 묵상이라는 지성적 활동이 신적 합일이라는 직관적 체험으로 귀결되므로 신비주의적이기도 하다. 그런데 '신성한 독서'의 철학적·신학적 토대는 뜻밖에도 고대 그리스의 '관상(*theoria*)' 개념까지 거슬러 올라간다. 그리스 철학자들은 관상을 인간 이성의 합리적 추론 작용 이상의 무엇이라고 보았으며, 궁극적 진리를 직관하게 만드는 영혼의 활동으로 여겼다.[2] 그러므로 '신성한 독서'를 이해하기 위해서는 그리스에서

---

1 McGinn, Bernard. *The Essential Writings of Christian Mysticism*, New York: Modern Library, 2006.

출발하는 서구 지성사의 전체 맥락을 고려해야 한다.

2) '신성한 독서'의 네 단계

(1) 읽기(Lectio): 꼼꼼한 성경 읽기

'렉시오(Lectio)', 즉 성경을 읽는 단계는 '신성한 독서'의 출발점이다. 수행자는 성경 본문을 주의 깊게 읽으면서 단어의 의미를 음미하고, 말씀의 내용을 큰 문맥 속에서 깊이 이해해야 한다.[3] 그러므로 읽기는 단순한 정보의 습득이나 지적인 파악을 목표로 삼지 않는다. 꼼꼼한 읽기는 다음 단계인 묵상이라는 심층적 이해의 기반을 닦는 것이자, 이후에 기도와 관상이라는 더 높은 단계로 이어진다는 점에서 수행의 불가결한 기초를 이룬다.

수도원 공동체가 출현한 3~4세기에도 성경 읽기는 학습을 넘어서, 기도와 명상 수행의 핵심적인 도구로 간주되었다. 이집트에서 수행했던 '사막 교부들(Desert Fathers)'은 성경 구절을 반복적으로 읽고 내면화하는 수행법을 지속적으로 강조했다. 그들은 성경의 주요한 구절을 조용히 되뇌며, 깊이 음미함으로써 신과의 직접적 교류가 가능해진다

---

2 Heidegger, Martin. *Introduction to Metaphysics*. New Haven: Yale University Press, 1986. Long, A. A. *Hellenistic Philosophy: Stoics, Epicureans, Sceptics*. Berkeley: University of California Press, 1996. 그리고 희랍 철학에서 관상의 의미와 발전과정에 대해서는 다음 글을 참고하라. 임성철, 「고대 희랍 철학에 나타난 '관상적 생활'-이상理想의 기원과 의미에 관한 연구」, 『철학탐구』, 2007, 21(0), pp.121~154.

3 Leclercq, Jean. *The Love of Learning and the Desire for God: A Study of Monastic Culture*. New York: Fordham University Press, 1982.

고 보았다. 사막 수도사들의 기록에 따르면, 성경 말씀은 반복적 읽기와 암송을 통해서 우리 영혼에 뿌리내리며, 최종적으로 우리를 일상적 사고와 감정으로부터 자유롭게 한다는 것이다. 사막 교부 안토니우스(Antonius, 251~356)의 주장이 대표적이다.[4]

즉, 읽기는 지적 이해가 목적이 아닌, 내적 변화를 촉진하고 궁극적 단계에 이르게 만드는 '신성한 독서'의 필수적인 단계였다. 읽기를 통해 수행자는 내면적 집중력은 물론 종교적 가르침에 대한 감수성을 키우고, 다음 단계로 발전하는 힘을 확보하게 된다.[5]

(2) 묵상(Meditatio): 침묵 속의 내적 숙고

묵상默想으로 번역되는 'Meditatio'는 읽었던 성경 말씀을 되새겨, 그 의미를 자신의 실제 삶과 연결하는 과정을 뜻한다. 묵상은 마음을 성경의 의미에 온전하게 집중시킴으로써, 신적 지혜를 깊게 인식하고 내적 변화를 도출하려는 적극적인 활동이다. 핵심은 성경의 의미를 깊게 반추함으로써, 말씀 속에서 신과의 교제를 만들어 가는 것에 있다.[6] 묵상 역시 기독교의 초기 사막 수도사들에게서 그 뿌리가 찾아진다. 귀고 2세(Guigo II)는 자신의 유명한 저술인 『수도사의 사다리(Scala Claustralium)』에서 묵상의 중요성을 역설한다. 그는 묵상

---

[4] 유재경. 「『성 안토니의 생애』에 나타난 영성 훈련에 대한 소고」, 『신학과 실천』, 2021, 0(73), pp.205~231.

[5] 귀고 2세, 엄성옥 옮김·최대형 해설, 『성독: 귀고 2세의 수도사의 사다리』, 은성, 2024.

[6] McGinn, Bernard. *The Essential Writings of Christian Mysticism*.

을 통해 수행자가 성경의 깊은 의미를 파악하고, 영적 성장으로 이끄는 "영적 사다리"를 구축한다고 보았다.[7]

그러니 묵상의 중요한 요소는 '성찰과 질문', 그리고 '개인적 삶에로의 적용'이다. 사막 교부들은 특정 구절을 마음속에서 반복해 묻고 숙고할 것은 물론 이렇게 발견한 의미를 자기 삶과 연결해 실존적인 변화를 도모하라고 권고한다.[8] 예컨대 안토니우스(Antonius)는 묵상을 통해 죄와 은총의 의미는 물론 우리의 연약함과 신의 자비를 더욱 깊이 깨달을 수 있다고 강조했다.

즉, 묵상은 단순한 사고 활동을 넘어서, 말씀과 수행자의 삶 사이에 존재하는 긴밀한 연결점을 확인함으로써 영적 체험은 물론 삶의 실질적인 변화를 유도하는 활동이다. 나아가 묵상은 성경 말씀을 교리적 지식의 습득이나 이해에 그치지 않고, 삶을 실제로 바꾸는 지렛대로 변화시킨다. 그리고 다음 단계인 기도(Oratio)와 관상(Contemplatio)으로 이어지도록 돕는다.

(3) 기도(Oratio): 신과의 내면적 교류

세 번째 기도(Oratio) 단계에서 수행자는 읽기와 묵상을 통해 이해한 내용을 기반으로 신과의 직접적인 교제를 시도한다. 성경에서 얻은 통찰을 사색하는 데에서 멈추지 않고, 신과의 친밀한 관계를 본격적으

---

[7] Leclercq, Jean. *The Love of Learning and the Desire for God: A Study of Monastic Culture*. pp.104~110.

[8] Ward, Benedicta. *The Desert Fathers: Sayings of the Early Christian Monks*. London: Penguin, 1984.

로 형성해 나가는 것이다. 통상 기도에는 청원請願 기도를 필두로 감사 기도, 중보中保 기도, 찬양 기도, 관상 기도 등이 망라된다. 그런데 이 단계의 기도는 요청이나 탄원이 아니라, 성경 말씀의 의미를 삶에서 직접 구현하려는 결단의 행위이자 관상 상태에 도달하려는 관상 기도를 의미한다.

중세의 여성 신비가 아빌라의 데레사(Teresa of Avila, 1515~1582)는 기도를 수행자의 의식이 전적으로 신에게로 향하는 행위라고 역설한다.[9] 내면으로의 침잠이라는 관점에서 기도는 신과의 만남을 갈망하는 '전면적인 기다림'을 뜻하는 집중 상태라는 뜻이다. 이 점에서 관상 기도는 특정한 개념이나 성경 구절을 심사숙고하는 묵상과 다르고, 일반적인 청원 기도나 찬양 기도와도 뚜렷한 차이를 보인다.[10]

초기 기독교 전통은 기도를 성경 읽기와 묵상의 자연스러운 발전 과정으로 여겼다. 특히 사막 교부들은 읽기와 묵상을 통해 내면에 각인시킨 성경 말씀의 의미를, 기도로 건너가는 디딤돌로 활용했다. 기도의 주된 내용은 죄의 고백과 신적 은총의 요청, 그리고 하느님에 대한 강렬한 사랑이었다. 특히 신에 대한 사랑은 관상 기도의 핵심적 요소였다. 기독교 신학을 정립시킨 아우구스티누스(Augustius, 354~430)는 『고백록(Confessiones)』에서 묵상과 기도를 통해 얻는 내적 변화와 함께, 신과의 사랑이 갖는 중요성을 끊임없이 강조했다.[11]

---

9 아빌라의 테레사, 황혜정 옮김, 『내면의 성: 아빌라의 테레사』, 요단출판사, 2011.
10 성찬성 옮김, 『무지의 구름』, 바오로딸, 1998.
11 아우구스티누스 신학에서 '사랑'의 의미와 중요성은 다음 논문을 참고하라.

'신성한 독서'를 체계화한 귀고 2세 역시 기도를 읽기와 묵상이 제대로 이루어졌을 때 자연스럽게 도달하는 결과로 설명한다.[12] 수행자가 성경을 반복적으로 읽고, 그 내적 의미를 묵상해 충분히 이해한 후에야 비로소 신과의 교제를 추구하는 기도가 가능하다고 본 것이다.[13] 그러니 기도는 수행자가 보이지 않는 차원과 교류하려는 시도를 총칭한다. 특히 관상 기도는 절대적인 침묵 속에서 궁극적 실재인 신과의 직접적인 만남을 목표로 삼는다는 점에서 신성한 독서의 마지막 단계인 관상으로 이끄는 결정적인 계기를 제공한다.

(4) 관상(Contemplatio): 신의 체험적 직관

관상(Contemplatio)은 '신성한 독서'의 최종 단계이다. 수행자는 읽기, 묵상, 기도라는 일련의 과정을 거친 후에 '신과의 합일'이라는 궁극적 방향으로 접어든다. 관상은 우리의 지성적 이해를 넘어서 존재하는, 신의 신비를 직접 체험하는 '영적 직관'을 목표로 삼는다. 귀고 2세는 관상을 수도승이 밟아야 할 '영적 사다리'의 마지막 계단으로 묘사하면서, 이를 신의 임재를 전면적으로 경험하는 사건이라고 해석한다. '신성한 독서'의 최종 단계인 관상에서 수행자는 추론적 앎을 뛰어넘는 신과의 직접적 합일을 추구하며, 존재론적 '변용(transformation)'을

최원오, 「아우구스티누스의 사랑 – 에로스와 아가페」 『가톨릭철학』, 2002, 0(4), pp.43~66.

[12] 귀고 2세, 『성독: 귀고 2세의 수도사의 사다리』, pp.68~69.
[13] Leclercq, Jean. *The Love of Learning and the Desire for God: A Study of Monastic Culture*, pp.110~115.

통해 영적 여정을 완성한다.[14]

그런데 기독교의 관상 전통은 그리스의 '테오리아(theoria, θεωρία)' 개념에서 지대한 영향을 받았다. 그러므로 '신성한 독서'를 온전하게 이해하려면, 'theoria'가 라틴어 'contemplatio'로 번역된 과정을 살펴야 한다. 실제로 그리스 철학의 지적 세례를 받았던 오리겐(Origen, 185~253)과 아우구스티누스와 같은 초기 교부들은 인간의 지성이 직접적 체험으로 신 존재 자체를 인식할 수 있다는 사실을 수용했다.[15] 이처럼 관상은 그리스 철학뿐만 아니라, 가톨릭 교부들에게도 영적 여정의 최종 목표였다.

3) 테오리아(theoria)에서 관상(contemplation)으로

theoria가 contemplatio로 옮겨지는 과정은 개념의 번역뿐만 아니라, 종교 사상의 연속적인 흐름을 보여준다. 앎의 능력인 '지성(知性, nous)'과 밀접하게 연관되는 theoria는 이후 '이론(theory)'과 '관상(contemplation)'이라는 두 가지 개념을 낳는다. 즉, 테오리아는 한편으로 이성적 사색의 결과로 '이론'을 산출하지만, 다른 한편에서는 영적 진리 혹은 초월적 차원의 직관적 앎인 '관상'을 낳는다. 전자가 주로

---

14 Leclercq, Jean. *The Love of Learning and the Desire for God: A Study of Monastic Culture.* pp.120~125.
15 아우구스티누스의 신학이 플로티누스(Plotinus) 등의 그리스 철학에 영향을 받았다는 사실은 다음을 참고하라. 성해영, 「아우구스티누스의 『고백록』에 나타난 인간 마음과 종교의 관계: '환원적, 적응적, 변형적' 해석을 중심으로」, 『신학전망』, 2024, 0(227), pp.2~49.

'이론'으로 대변되는 지성적 활동을 의미한다면, 후자는 '관상'이라는 영적·종교적 측면과 연결된다.[16]

종교적 특성을 명확하게 지적한 인물은 서양 철학의 태두인 플라톤(Plato)이다. 그는 테오리아를 감각적 경험은 물론 지성적 사색을 초월하는, 인간이 획득할 수 있는 지고의 앎으로 파악한다. 『국가』에 등장하는 그 유명한 '동굴의 비유'가 보여주듯 테오리아는 논리적 추론에 의한 앎이 아닌, 현상계를 벗어날 때 비로소 가능해지는 초월적 차원에 대한 직접적 인식이다(514a-519d).[17] 플라톤은 선의 이데아에 대한 직관적 관조를 통해 인간이 궁극적 진리를 직접 체득할 수 있다고 보았다. 테오리아는 인간의 영적·지성적 수행 노력이 완성되는 순간에 주어지는 앎이다.

플라톤은 인간 삶의 최종 목표가 신적인 세계에서 보았던 참된 실재의 '비전(vision)'을 지상 세계에서 다시금 회상하는 일이라고 역설했다. 그는 이 참된 실재를 '아름다움 그 자체(the Beauty itself)'라고도 불렀는데, 영혼이 천상에서 '관조(觀照, theorein)'했던 것처럼 이 세계에서 육체를 가진 상태에서도 직관直觀하는 사건이 가능하다는 주장이었다.

그의 견해는 중기 대화편인 『파이드로스』에서 다음과 같이 명확하

---

[16] Long, A. A. *Hellenistic Philosophy: Stoics, Epicureans, Sceptics.* 관조觀照 혹은 관상觀想은 '보다, 숙고하다, 사색하다'라는 의미를 지닌 그리스어로 *theoria*(θεωρία)에서 유래한다. 이 단어는 나중에 '보다, 응시하다'라는 뜻의 라틴어 *contemplatio*로 번역된다.

[17] 플라톤, 박종현 역주, 『국가』, 서광사, 2005, pp.448~458.

게 묘사된다.

> 색깔도 없고 모양도 없으며 만질 수도 없는 실체가 참으로 있는 것이니, 그것은 오로지 영혼의 인도자 지성에게만 보이고 참된 인식의 부류와 짝하는데, 그런 것이 그 구역을 차지한다네. 그런데 신의 정신은 지각과 순수한 인식에 의해 영양을 얻고, 합당한 것을 받아들이려고 하는 모든 영혼의 경우에도 마찬가지지. 영혼은 (천궁의) 회전 운동이 똑같은 곳으로 돌아올 때까지 줄곧 있는 것을 바라보며 즐거워하고, 참된 것을 관조하면서 영양을 얻고 기쁨을 누리네. 순환로 위에서 영혼은 정의 자체를 바라보고, 절제를 바라보며, 인식을 바라보는데, 이 인식에는 생성도 속하지 않고 우리가 지금 있는 것들이라고 부르는 각 대상에 따라 달라지는 일도 없이 참으로 있는 것에 속하는 인식이지(247c-247e).[18]

또 플라톤은 자신의 또 다른 중기 대화편인 『향연(*Symposium*)』에서 '아름다움 그 자체'의 비전을 향한 인간의 노력이 어떻게 완성되는지를 설명한다. 만티네아(Mantinea)의 무녀 디오티마(Diotiam)는 아름다움만을 추구하는 자가 끝내 도달하는 궁극의 상태를 소크라테스에게 다음과 같이 자세하게 가르쳐준다.[19]

---

[18] 플라톤, 김주일 옮김, 『파이드로스(*Phaidros*)』, 이제이북스, 2017.
[19] 고대 문헌에 등장한 인물들이 그러하듯, 디오티마(Diotima)가 실존 인물인지는 확인하기 어렵다. 그녀가 아테네에 역병疫病이 발생하기 전에 제물을 바치도록 조언해 병을 유예시켰다는 소크라테스의 주장을 고려한다면, 디오티마는 무녀

아름다운 것들을 차례차례 올바로 바라보면서 에로스 관련 일들에 대해 여기까지 인도된 자라면 이제 에로스 관련 일들의 끝점에 도달하여 갑자기 본성상 아름다운 어떤 놀라운 것을 직관하게 될 것입니다. 소크라테스, 앞서의 모든 노고들의 최종 목표이기도 했던 게 바로 이겁니다. 우선 그것은 늘 있는 것이고, 생성되지도 소멸하지도 않고, 증가하지도 감소하지도 않는 것입니다. 그다음으로 그것은 어떤 면에서는 아름다운데 다른 면에서는 추한 것이 아니고, 어떤 때는 아름다운데 다른 때는 아닌 것도 아니고, 어떤 것과의 관계에서는 아름다운 것인데 다른 것과의 관계에서는 추한 것도 아니며, 어떤 자들에게는 아름다운 것인데 다른 자들에게는 추한 것이어서 여기서는 아름다운데 저기서는 추한, 그런 것도 아닙니다. 또한 그 아름다운 것은 그에게 어떤 얼굴이나 손이나 그 밖에 몸이 관여하는 그 어떤 것과 비슷한 것으로 나타나지도 않을 것입니다. 어떤 이야기나 어떤 앎으로 나타나지도 않을 것이며, 어디엔가 어떤 다른 것 안에, 이를테면 동물 안에 혹은 땅에 혹은 하늘에 혹은 다른 어떤 것 안에 있는 것으로 나타나지도 않을 것입니다. 오히려 그것은 그것 자체가 그것 자체로 그것 자체만으로 늘 단일 형상으로 있는 것이며, 다른 모든 아름다운 것들은 다음과 같은 어떤 방식으로 바로 저것에 관여합니다. 다른 것들이 생성되거나 소멸할 때 바로 저것은 조금도 많아지거나 적어지지 않으며 아무 영향도 받지 않는 방식으로 말입니다 (210e-211b).[20]

巫女였을 가능성이 크다.

아름다움에 매혹된 영혼은 더 아름다운 것들을 쫓고, 마침내 '아름다움 그 자체'의 비전을 볼 때까지 물질적인 것들에 관심을 기울이지 않는다는 설명이다.[21] 플라톤이 보기에 우리는 지상의 아름다운 것들이 천상의 근원적인 아름다움을 모사模寫한 그림자에 불과하다는 사실을 알지 못한다. 그러므로 우리는 교육을 통해 지상의 아름다움이 아닌, 숭고한 아름다움을 지향하도록 지도되어야 한다는 것이다.[22] 아름다움의 추구는 우리를 '아름다움 그 자체'의 직관이라는 신적 관조 혹은 관상 상태로 안내한다. 플라톤의 영향을 받은 기독교와 이슬람교 신비주의는 이 사건을 '신비적 합일 체험(mystical union, *unio mystica*)'으로 해석한다.

한편 아리스토텔레스(Aristotle, BC 384~BC 322)는 철학적 사색과 연구를 통해 사물의 원리와 본질을 이해하고 지식을 획득하는 측면에

---

20 플라톤, 강철웅 옮김, 『향연(*Symposium*)』, 이제이북스, 2010.
21 '아름다움 그 자체'에 대한 비전은 『향연(*Symposium*)』에서도 자세하게 묘사된다. "마치 사다리를 이용하는 사람처럼 그는 하나에서부터 둘로, 둘에서부터 모든 아름다운 몸들로, 그리고 아름다운 몸들에서부터 아름다운 행실들로, 그리고 행실들에서부터 아름다운 배움들로, 그리고 그 배움들에서부터 마침내 저 배움으로, 즉 다름 아닌 저 아름다운 것 자체에 대한 배움으로 올라가게 됩니다. 그렇게 되면 마침내 그는 아름다운 바로 그것 자체를 알게 되는 거죠. 친애하는 소크라테스, 인간에게 삶이 살 가치가 있는 건 만일 어딘가에서 그렇다고 한다면 바로 이런 삶에서일 겁니다. 아름다운 바로 그것 자체를 바라보면서 살 때 말입니다(211c-211d)."
22 플라톤은 젊은이들의 영혼이 '숭고한 것들을 지향하도록 만드는 일(*psychagogia*)'이 교육이라고 주장한다. 박상철, 「플라톤의 '파이드로스'- '프쉬카고기아'로서의 교육」, 『도덕교육연구』, 제26권 3호, 2014, pp.43~67.

주목했다. 그가 강조한 '이론적 지식(*episteme theoretike*)'은 존재의 본질과 자연적 원리를 탐구하는 과정에서 도달하는, 경험적 사실과 분석적 사고를 통합한 지성적 활동의 결과이다. 즉, 아리스토텔레스는 관상을 인간 존재와 세계에 대한 체계적 이해를 제공하는 내면적 활동으로 간주했다. 그러나 그 또한 인간의 최종적 행복은 '신적 관상 상태'에 도달하는 데에서 찾아진다고 보았다.[23]

이처럼 그리스 철학 전통에서 테오리아는 체계적인 지식의 축적은 물론 선의 이데아에 대한 직관적인 앎을 주는 계기로 간주되었다. 바로 이 주장이 기독교 전통에 전승된다. 라틴어 '*contemplatio*'는 신전神殿을 뜻하는 '*templum*'에서 유래하며, '마음을 집중해 신을 바라본다'라는 의미를 지닌다. 기독교 전통 역시 그리스와 동일하게 지적 사유나 추론을 넘어선 신적 존재와의 직접적 만남이라는 뜻의 관상觀想 혹은 관조觀照 개념을 승계한 것이다. 이 과정에서 오리겐과 아우구스티누스와 같은 그리스 철학에 정통했던 초기 교부들이 큰 역할을 담당했고, 위 디오니시우스(Pseudo Dionysius)라는 인물 역시 중요한 징검다리가 되었다.[24]

---

[23] Aristotle, *Nicomachean Ethics*, Book X, 1177a-1178a. Translated by Terence Irwin, Indianapolis: Hackett, 1999.

[24] 위 디오니시우스(Pseudo Dionysius the Areopagite)는 5세기~6세기 무렵의 기독교 신학자로 추정된다. 그는 『신성한 이름(Divine Names)』, 『신비 신학(mystical Theology)』과 같은 신플라톤 철학과 기독교 사상을 통합한 문헌을 저술함으로써 기독교 신비주의에 지대한 영향을 끼쳤다. 위 디오니시우스, 엄성욱 옮김, 『위 디오니시우스 전집』, 은성, 2007.

4) '신성한 독서'와 신비주의

그리스 철학에서 영향을 받은 기독교 교부들은 인간의 이성적인 탐구 노력을 신을 향한 영적 열망을 매개로 삼아 신의 직접적 체험과 결합한다. 신과의 합일 체험이 핵심이라는 점에서, 그리스의 테오리아와 기독교의 관상은 '신비주의(mysticism)'와 자연스럽게 연결된다.

비교종교학에서 신비주의는 "인간이 궁극적 실재와 합일되는 체험을 할 수 있으며, 의식을 변화시키는 수행을 통해 체험을 의도적으로 추구하고, 체험을 통해 얻어진 통찰에 기초해 궁극적 실재와 우주, 그리고 인간의 통합적 관계를 설명하는 사상으로 구성된 종교 전통"으로 정의될 수 있다.[25] 즉, 신비주의의 주된 구성 요소는 '신비 체험(experience), 신비 수행(practice), 신비 사상(thoughts)'이다.

'신비 체험'은 인간의 의식이 다양한 상태로 변화할 수 있다는 사실을 전제로 한다. '변형 의식 상태(Altered States of Consciousness)' 개념은 의식이 우리에게 익숙한 일상적인 상태뿐만 아니라, 다양한 계기에 의해 서로 구분되는 여러 상태들로 변화할 수 있다는 점에 주목한다.[26]

---

[25] 성해영, 「신비주의란 무엇인가?: 개념에 대한 오해와 유용성을 중심으로」, 『인문논총』, 2014, 71집, pp.153~187. 피터 무어(Peter Moore)는 신비주의를 "궁극적 실재의 근원이나 근거에 대한 앎이나 결합이 비전(vision), 엑스터시(ecstasy), 관조觀照, 합일과 같은 의식 상태에서 다양하게 체험되거나, 우주와 인간 존재에 대한 일원론적이고 온정적인 관점이 교리나 수행 등으로 다채롭게 표현된다고 주장하는 전통들"로 정의한다. "Mysticism" in *Encyclopedia of Religion*.

[26] 인간 의식이 질적인 차원에서 서로 구분되는 상태들로 구성되었다는 제임스(William James)의 견해는 현대 들어 인간의 종교 체험을 해석하는 이론적

'신비 수행'은 의식을 변화시키는 명상, 호흡 조절, 만트라(mantra), 관상 기도와 같은 여러 가지 방법을 뜻한다. 끝으로 '신비 사상'은 의식 변형 체험이 주는 통찰을 바탕으로 구체화되는, 존재론과 인식론과 같은 이론체계를 의미한다.

'신비 체험'은 세 요소 중에서도 결정적이다. 신비주의란 궁극적 실재나 존재의 참된 본성이 '신비적 합일 체험' 혹은 '신비적 합일 의식 상태(MSC: Mystical State of Consciousness)'로 확인될 수 있다는 주장이기 때문이다. 신비주의는 이런 비일상적인 종교 체험을 종교적 수행의 최종 목적으로 선언하는 일련의 흐름을 지칭한다. 특히 '신성한 독서'의 세 번째 단계인 관상 기도와 이를 통해 도달하려는 관상 상태는 신비주의와 직결된다. 관상 기도는 의식 변형을 추구하는 신비적 수행법이며, 관상 상태는 관상 기도를 통해 도달하는 신비적 합일 의식 상태를 뜻한다. 이 점에서 '관상'은 신성한 독서의 세 번째 단계인 '기도'와 마지막 단계인 '관상'을 아우른다고 보는 게 적절하다.[27]

이처럼 그리스 철학에서 출발한 '신성한 독서'는 12~13세기 무렵 기독교의 수도원 운동을 통해 체계화된다. '카르투지오회(Carthusian

---

틀로 기능하고 있다. '변형 의식 개념'은 다음 두 책을 참고하라. Charles T. Tart, *Altered states of consciousness*, New York: HarperSanFrancisco, 1990. Kelly, Edward F., Emily Williams Kelly, Adam Crabtree, Alan Gauld, Michael Grosso, and Bruce Greyson, eds. *Irreducible Mind: Toward a Psychology for the 21st Century*. Lanham, MD: Rowman & Littlefield Publishers, 2007.

27 권명수, 「관상 기도의 의식의 흐름과 치유」, 『신학과 실천』, 2008, 0(16), pp.217~250.

Order)' 수도사였던 귀고 2세는 자신의 책 『수도승의 사다리(*Scala Claustralium*)』라는 저술에서 신성한 독서를 '읽기-묵상-기도-관상'의 네 단계로 명확하게 구분한다. 그는 수도사들의 영적 훈련을 돕기 위한 목적으로 이 책을 집필했으며, 가톨릭 수도원의 규율과 성경 말씀을 수도자의 삶에서 통합적으로 구현하는 것을 목표로 삼았다.[28]

귀고 2세는 '신성한 독서'를 서로 밀접하게 연결된 사다리로 설명하면서, 각 단계가 자연스럽게 다음 단계로 상승하며 수도사들의 영적 성장을 촉진한다고 강조했다. 그에게 읽기, 묵상, 기도, 관상은 단계적인 심화 과정을 거치는 상호보완적이며, 동시에 유기적인 전체를 이루는 것으로 여겨졌다.[29] 그는 '신성한 독서'를 통해 수행자의 내적 변화와 영적 성숙은 물론 개인의 신앙과 공동체적 삶 사이의 균형 역시 모색했다. 귀고 2세의 저술은 이후 서방 기독교에서 중요한 문헌이 되었고, 실제로 오랫동안 수도원과 교회에서 교육과 영성 지도의 지침서로 활용되었다. 그리고 현대에 이르러서도 성직자들과 일반 신자를 위한 영성 훈련의 가이드로 채택되고 있다.

그가 남긴 영향력은 14세기 무렵 익명의 저자가 저술한 『무지의 구름』이라는 신비적 관상 기도를 다룬 책에서도 확인된다. 관상 기도

---

[28] 강치원, 「귀고 2세(Guigo 2)의 수도승들의 사다리에 나타난 *Lectio Divina*」 『한국교회사학회지』, 2004, 0(15), pp.7~42.

[29] "묵상이 따르지 않는 독서는 무익하며, 독서가 선행하지 않는 묵상은 오류에 빠지기 쉬우며, 묵상이 없는 기도는 미지근하며, 기도가 없는 묵상은 열매를 맺지 못하며, 뜨거운 기도는 관상에 이르지만, 기도 없이 관상을 획득하는 것은 극히 드문 일이요 기적입니다." 귀고 2세, 『성독: 귀고 2세의 수도사의 사다리』, p.118.

에 초점을 맞춘 이 책은 '신성한 독서'의 네 단계를 그대로 수용해 독서, 묵상, 기도가 관상 상태를 구현하는 필수 요건이라 주장한다. "관상 초심자가 반드시 활용해야 하는 요긴한 도움들이 있으니, '독송讀誦'과 '묵상'과 '기구祈求'가 그것으로, 이를 더 일반적인 표현으로 바꾸면 '읽기', '사색'과 '기도'가 됩니다".[30] 책의 저자는 "지극히 매혹적인 수많은 묵상들을 토대로 하지 않는 한 관상을 실현하기란 기대할 수 없는 일"이며,[31] "먼저 읽거나 듣지 않으면 생각하지 못하고, 사색이 진행되지 않으면 기도를 할 수 없기" 때문이라고 설명한다.[32] 또 저자는 기도를 "우리 의지를 하느님께로 향하도록 배치하는 자리매김"이자, '선한 의지'를 확보하는 방안이라고 역설한다.[33]

『무지의 구름』은 절대적 침묵에 바탕을 둔 관상 기도를 통해 도달하는 신과의 합일 체험이 영적 여정의 최종 목표라고 보았다. 여기에서 '무지의 구름'이라는 표현은 깊은 관상 기도 상태에서 수행자가 자신의 생각과 감정, 그리고 에고 의식조차 송두리째 버린 후에 겪는 철저한 암흑을 뜻한다. 우리가 무지의 구름 속에 자발적으로 들어가 신의 사랑을 갈구할 때, 신이 우리를 관상 상태로 이끄는 은총을 내려준다는 것이다. 바로 이런 측면에서 『무지의 구름』은 '신성한 독서'를 전면적으로 계승하고 있다.

---

30 『무지의 구름』, p.124.
31 『무지의 구름』, p.79.
32 『무지의 구름』, p.125.
33 『무지의 구름』, p.130.

3. '영적 수행' 전통의 상실과 오해

1) '신성한 독서'와 엘리트주의(eliticism)

'신성한 독서'는 서구에서 오랫동안 소수에게만 전승되었다. 그러던 중 종교 개혁을 계기로 성경에 기반한 개인적 신앙이 급격하게 부상한다. 특히 인쇄술의 발달은 일반 신자들에게 성경을 직접 읽는 기회를 제공했다. 그러나 이런 변화에도 불구하고 '신성한 독서'는 여전히 수도원에서만 실천된 탓에 대중적 확산은 거의 이루어지지 못했다.[34]

이 현상은 수도원을 중심에 두는 가톨릭의 전통적인 구조와 함께 당시 지배적이던 교리에서 비롯되었다. 무엇보다 가톨릭은 관상 수행이 일반인에게 전파되는 것에 신중한 태도를 취했다. 가톨릭은 '신성한 독서'를 비범한 영적 자질과 꾸준한 훈련을 요구하는 높은 수준의 수행법으로 간주했고, 일반 신도의 신비적 합일 체험이 교회에 긴장을 조성할 위험이 있다고 보았다. 교회가 신비주의에 대해 가졌던 양가적 태도는 마이스터 에크하르트(Meister Eckhart, 1260~1327)와 같은 신비가들이 겪었던 이단 논란에서 단적으로 드러난다.

결국 '신성한 독서'는 수도원 내부에 국한되었다. 이 수행법이 수도원의 엄격한 규율 준수, 꾸준한 기도의 실행 등 강도 높은 영적 훈련을 요구했지만, 당시 일반 신도들의 믿음은 권위에 대한 순응, 타력적 신앙, 사후 구원론이 주를 이루었기 때문이다. 배우지 못한 신자 대부분은 교회의 교리 해석을 일방적으로 수용했고, 성경은 그들의

---

34 Brown, Peter. *The Body and Society: Men, Women, and Sexual Renunciation in Early Christianity*. New York: Columbia University Press, 1999.

삶을 규율하는 도덕적 지침에 머물렀다. 즉, 영적 발전과 완성이라는 과제는 철저하게 소수에게만 가능했다.[35]

시간이 흐를수록 이런 경향은 강화된다. 게다가 종교 개혁을 계기로 개신교가 등장하면서, 관상 수행은 더욱 주변으로 밀려난다. 루터(Martin Luther, 1483~1546)와 칼빈(Jean Calvin, 1509~1564)은 직접적 성경 이해(*Sola Scriptura*)와 함께 실천적인 신앙을 권고했다. 이 과정에서 개인들의 비범한 종교 체험보다는 사회·윤리적 규율의 준수와 함께 선교와 같은 실천이 강조되었다. 그로 인해 수도원에만 머물렀던 관상 수행은 일반 신자에게서 더 멀어져 갔다. 또 당시 맹위를 떨친 계몽주의적 합리주의는 기독교의 쇠퇴를 부채질했다. 논리적·도덕적 사색이 우위를 차지하는 사회 분위기 속에서, 과학적인 사고와 실용주의가 종교적 신앙 자체를 약화시킨 것이다. 설상가상으로 입교 희망자의 감소와 재정적 어려움으로 인해 수도원마저 쇠퇴하자, 관상 수행 전통은 더욱 위축된다.

이처럼 서구에서 관상 전통이 약해진 데에는 종교 개혁으로 인한 개신교 세력의 확산, 근대 합리주의와 계몽주의의 부상, 수도원 공동체의 쇠퇴와 같은 여러 요인이 복합적으로 작용했다. 그 결과 '관상'이라는 용어가 대중들에게 대단히 생소해지고 만다.

2) 동양 명상의 전파와 오해의 시작

19세기 후반 불교와 힌두교의 명상이 서구에 소개될 시점에는 관상

---

[35] Ward, Benedicta, *The Desert Fathers: Sayings of the Early Christian Monks*,

수행 전통이 거의 잊혔다고 해도 과언이 아니다. 기독교 신비주의에서 영적 체험의 최고봉을 차지했던 '신적 합일(union with God)' 개념은 철저하게 비주류가 된다. 이런 상황에서 동양 종교의 명상이 'meditation'으로 번역되지만, 이는 '신성한 독서' 전통에서 '관상(contemplation)'이 '묵상(meditation)'이나 '기도(prayer)'와 뚜렷하게 구분되었다는 사실과 상충한다. 라틴어 'meditari'에서 유래한 'meditation'은 'meditate on'이라는 표현이 보여주듯이 '심사숙고하다'라는 의미를 지닌다. 즉, '신성한 독서'의 두 번째 단계인 묵상은 성경의 특정 구절을 깊이 성찰해 그 뜻을 더 깊게 이해하는 지성적 활동이다.[36] 그리스 철학과 기독교 전통이 강조한 관상 수행이 현저하게 망각된 탓에 신적 합일과 관상 상태를 뜻하는 'contemplation'이 명상의 번역어로 채택되지 못한 것이다.

그러니 비범한 종교 체험을 목표로 삼는 동양의 명상 역시 심리적 안정을 위한 '의식 집중 기술'로 그 의미가 축소된다. 20세기 초 서구에서 출판된 불교 문헌에서 '선정(禪定, dhyāna)'은 주로 스트레스 완화와 심리적 안정을 도모하는 '집중력 훈련(concentration practice)'으로 소개되곤 했다.[37] 서양 관상 전통의 쇠퇴로 인해 동양 명상 역시 '직관적 깨달음'이라는 본래 의미가 약화된 것이다.[38] 묵상과 관상을 분명하게

---

[36] 이후정, 「동방교부 수도원 전통에서의 거룩한 독서」, 『신학과 세계』, 2009, 제66호, pp.73~107.

[37] Keown, Damien. *A Dictionary of Buddhism*. Oxford: Oxford University Press, 1996.

[38] Buswell, Robert E., and Donald S. Lopez, eds. *The Princeton Dictionary*

구분했던 '신성한 독서'의 맥락에서, 동양 전통의 명상은 관상을 의미하는 'contemplation'으로 옮겨져야 했다.

번역의 혼란은 여러 오해로 이어졌다. 많은 서구인들은 전통적인 관상 수행을 재발견하려는 시도가 또 다른 방식으로 동양 명상을 수용하는 것이라 오인했다. 인간의 자력적 노력을 통해 신을 직관하려 시도한다는 점에서 비기독교적이며, 동양적이라는 비판이다. 또 정반대의 관점에서, 기독교의 독특성을 강조하기 위해 그리스 사상과의 연관성을 부정하는 견해가 강하게 피력되기도 했다. 나아가 혼란은 동·서양 종교의 교류와 만남의 과정에서도 부정적인 결과를 초래했다. '깨달음'과 같은 비범한 종교 체험을 얻었다는 동양 '구루(guru)'에 대한 서구 젊은이들의 과도한 이상화가 그 전형적인 사례이다.39

4. 동서양의 역동적 만남40

1960년대 이후 서구 사회는 '반문화(counter-culture)'와 '뉴 에이지(New Age)'라는 새로운 현상을 마주한다. 그 이면에는 개인의 비범한 종교 체험을 강조하는 동양 종교와의 만남이 자리하고 있었다. 20세기 후반 서구에 진출한 동양 종교 지도자들은 동·서양이 함께 만들어

---

of Buddhism, Princeton: Princeton University Press, 2013.
39 '구루(guru)'는 산스크리트어로 '지식을 전달하는 자'라는 의미를 지니는데, 여기서 지식은 영적인 자기완성에 필요한 앎을 뜻한다.
40 이 챕터는 필자의 다음 글을 기초로 작성되었다. 성해영, 「깨달은 동양 구루가 왜 성性 스캔들 주인공이 됐을까?」 『신동아』(2012.4).

낸 역동적인 드라마의 주역이 된다. 그런데 깨달음을 얻었다고 추앙된 동양의 구루들이 서구 사회에서 많은 물의를 일으킨다. 동양의 신비주의에 매혹되었던 서양은 '투사'와 '이상화'라는 쓰라린 경험을 거치고, 환상에서 깨어난 후 통합적인 인식의 필요성에 눈을 뜬다.

1) 서양, 동양의 구루를 만나다

청교도의 이주로 시작된 미국에서 기독교는 압도적인 주류였다. 그러다 19세기부터 본격화된 동서양의 교류로 인해 동양 종교가 미국에 소개된다. 2차 세계 대전 이후 동양 종교에 대한 미국의 관심은 사회 전체로 퍼져나간다. 특히 풍요로운 환경에서 자란 미국의 젊은이들은 새로운 것을 받아들이는 데에 거리낌이 없었다. 진화론과 같은 과학적 세계관을 거부하고, 교회의 전통적 권위를 강조한 기독교에 대한 젊은 세대의 실망은 이런 경향을 촉진했다.

일본 선불교는 관심의 첫 대상이었다. 알렌 긴스버그(Allen Ginsberg, 1926~1997)와 알란 와츠(Allan Watts, 1915~1973)로 상징되는 '비트 세대(Beat generation)'는 기독교 중심의 서구 문명을 비판하면서, 그 대안을 선불교에서 찾으려 했다. 기독교의 권위주의와 비인간적인 자본주의에 실망한 이들에게 불교는 매력적으로 다가왔다. 무엇보다 불교의 합리적인 교리와 수행 체계, 그리고 개인의 종교 체험에 대한 강조는 개인주의적 풍토에서 성장한 서구 젊은이에게 큰 인기를 끌었다.

선불교에서 출발한 동양 종교의 관심은 힌두교로 이어진다. 무신론적 불교와 달리 힌두교의 유신론과 다채로운 수행법은 기독교 배경에서 자란 젊은이들에게 또 다른 호소력을 가졌다. 유행은 영적 스승에 대한 갈망으로 발전했다. 서양 젊은이들은 스승을 찾으려 먼 길을 떠나는 수고를 아끼지 않았다. 당시 세계적으로 유명했던 그룹 '비틀즈(Beatles)'는 1968년 초월명상(Transcendental Meditation)의 창시자인 마하리쉬 마헤시 요기(Maharishi Mahesh Yogi, 1917~2008)의 아쉬람(ashram)을 직접 방문한다. 그들의 인도 여행은 당시 서구를 휩쓸던 동양 종교의 폭발적인 인기를 생생하게 증언한다.

이런 관심을 목도한 동양의 스승들 역시 가르침을 전하기 위해 미국으로 건너간다. '로시(Roshi, 老師)'라 불리던 일본 불교 선승을 필두로 여러 종교 전통의 지도자들이 진출한다. 바그완 스리 라즈니쉬(Bhagwan Shree Rajneesh, 1931~1990), 스와미 묵타난다(Swami Muktananda, 1908~1982), 쵸감 트룽파(Chögyam Trungpa, 1939~1987) 등이 대표적이다. 동양 구루들의 진출로 인해, 미국의 종교 지형은 더욱 역동적으로 변모한다.

당시 종교 분야에서 이루어진 동·서양의 만남은 근대 이전에 흔하게 목도되었던 타자에 대한 노골적인 폭력에서 벗어났다. 동양 종교는 종교의 자유가 철저하게 보장된 미국에서 물을 만난 물고기처럼 대단한 인기를 끌었다. 그러나 이 과정은 '오해와 이해' 사이를 오가는 우여곡절로 가득한 여정이기도 했다. 동양의 과도한 이상화, 문화 차이로 인한 갈등, 구루와 신도 사이의 심리적 고착과 투사 등 여러 요소가 복잡하게 뒤섞인 농도 짙은 서사를 만든 것이다.

2) 미국이 기다렸던 동양의 스승들

라즈니쉬는 재론의 여지가 없을 정도로 가장 유명한 구루였다. 후일 승려를 의미하는 오쇼(Osho, 和尙)라는 이름으로 개명한 그는 동서양 경전에 대한 해박한 지식, 타고난 달변, 명쾌한 논리, 인간적인 카리스마를 두루 갖춘 인물이었다. 그의 아쉬람이 있던 인도 푸나(Poona)는 미국인뿐만 아니라 전 세계의 청년들이 몰려들었다. 라즈니쉬의 가르침은 저술을 통해 한국에도 널리 알려졌을 정도였다.

라즈니쉬는 1931년 인도에서 태어났다. 번뜩이는 지성과 재치의 소유자였던 그는 어린 시절부터 독서로 폭넓은 지식을 쌓았다. 그러나 우울증, 만성적인 허리 통증, 당뇨는 그를 평생 괴롭혔다. 대학에서는 철학을 전공했고, 스물한 살에 치열한 수행을 거쳐 깨달음을 얻었다고 전해진다. 스물아홉 살에 모교인 자발푸르(Jabalpur) 대학 철학과에서 교수직을 얻었으나, 거침없는 발언으로 인해 육 년 만에 사직한다. 그 후 그는 영적인 가르침을 전하는 스승으로 변모한다.

그의 가르침은 '종교 없는 종교(religion-less religion)'라는 표현으로 요약된다. 인간의 자연스러운 욕망을 억압하는 낡은 종교가 아닌, 개인의 자유를 존중하는 종교가 필요하다는 주장이다. 개인의 영적 탐구와 성적 에너지의 충족을 통해 '지금 이곳'에서 존재론적 기쁨을 구현하자는 탄트라(tantra)가 가르침의 핵심이었다. 그러나 라즈니쉬의 종교 공동체는 역설적으로 괴로움을 양산했다. 신도들의 과도한 무임금 노동, 공동체 내부의 자유로운 성생활, 외국 출신 수행자들과 지역 주민의 갈등이 문제로 불거졌다. 한때 그의 아쉬람은 육천 명이 머물 정도로 성장했지만, 불협화음 역시 커졌다. 결국 이런 문제들은 큰 액수의 세금을 추징하려는 지방 정부와의 갈등으로 폭발했다.

곤란에 직면한 그는 제자들의 조언에 따라 미국으로 진출한다. 추종자들의 열렬한 환영을 받으며, 1981년 미국에 도착한 그는 '나는 미국이 기다렸던 메시아'라고 선언한다. 라즈니쉬는 오리건(Oregon) 주에 팔만 평 규모의 땅을 마련하고, '라즈니스푸람(Rajneeshpuram)'을 만든다. 이곳 역시 81년부터 4년 동안 1.2억 달러의 수입을 올리는 등 큰 성공을 거둔다. 수집벽이 있었던 그는 93대의 롤스로이스를 사들였고, 신도들 앞에서 카퍼레이드를 하곤 했다.

그러나 성공은 그리 오래가지 않았다. 라즈니쉬는 우울증과 건강 문제로 강연조차 그만둔 채 오랜 침묵의 시간을 보내야만 했고, 교단 운영은 제자이자 여비서였던 마 아난드 쉴라(Ma Anand Sheela, 1949~)에게 맡겨졌다. 라즈니쉬가 일선에서 물러나면서 상황이 심각해졌다. 모금에 혈안이 된 지도부는 신도들에게 거짓말로 부모에게서 돈을 타내도록 만들기도 했고, 질서 유지를 명목으로 도청과 폭행을 가하기도 했다. 지역 주민들과의 관계도 악화일로로 치달았고, 방화, 공무원 폭행, 살모네라 균 살포와 같은 불상사가 연이어 발생했다.

결국 당국은 교단을 수사하기 시작한다. 교단을 운영했던 쉴라는 1985년 동료와 함께 독일로 도피했지만, 곧바로 체포되어 미국으로 송환된다. 그녀는 이민 사기, 도청, 방화, 살인 모사, 폭행과 같은 여러 죄목으로 20년 형을 선고받았다. 상황이 나빠지자, 라즈니쉬는 모든 책임을 그녀의 탓으로 돌렸다. 심지어 비민주적 교단 운영이 신도들에게 자유의 참된 가치를 알려주려는 시도라는 변명도 늘어놓는다. 그러나 당국의 압박을 견디기 어려웠던 라즈니쉬 역시 해외로

탈출하려다 공항에서 체포당한다.

　체포된 그는 협상을 통해 40만 달러의 벌금과 허가 없이는 오 년 안에 재입국하지 않는다는 조건으로 1985년 미국에서 추방된다. 인도에 잠시 귀국한 그는 유럽으로 가려 했지만, 입국과 체류를 거절하는 나라들을 전전하다 끝내 인도로 되돌아간다. 인도인들은 그가 서양의 음모와 탄압에 희생되었다고 주장하면서, 라즈니쉬를 열렬하게 환영했다. 이후 그는 이름을 바꾸고 자신의 아쉬람에서 가르침을 전하다. 1990년 심장마비로 세상을 떠난다.

　스와미 묵타난다(Swami Muktananda) 역시 인도 출신의 구루였다. 정규 교육을 받지 못했지만, 그는 15세에 스승을 만나 영적 여정에 오른다. 탄트라(tantra) 전통에 입문한 그는 수행한 지 9년 만에 깨달음을 얻었다고 전해진다. 그의 주된 가르침은 '쿤달리니(kundalini)'라는 성적·종교적 에너지를 각성시키는 요가였다. 묵타난다 역시 라즈니쉬처럼 성적 에너지의 종교적 승화를 강조한 탄트라 수행자였다.

　묵타난다는 종교적 스승을 선택할 때는 인품과 행동을 면밀하게 살피라고 강조했지만, 1975년 미국으로 건너간 그도 추문의 주인공이 되기는 마찬가지였다. 묵타난다는 쿤달리니 에너지를 성적 결합이 아닌 종교적으로 승화시켜야 한다고 줄곧 가르쳤다. 그래서 신도들의 성관계는 엄격하게 금지되었고, 그 역시 평생 독신으로 살았다. 하지만 그가 자신의 성적 에너지를 다루는 데에 실패했다는 사실이 점차 드러난다. 그가 여성 신도들과 성관계를 가졌다는 추문은 인도에서부터 흘러나왔다. 묵타난다가 미국에 온 후 교단을 떠난 측근들이 비슷한 사건들을 폭로하는데, 그가 매일 저녁 어린 여성 신도들을 유혹했다는 증언이 이어진다. 이 문제를 취재한 기자는 '스와미 묵타난다의 비밀스러운 삶'이라는 기사를 묵타난다의 사후에 발표한다. 소문으로만 떠돌던 내용이 자세하게 밝혀진 것이다.[41]

기사의 골자는 묵타난다의 비밀스러운 성생활이다. 1981년 이미 일흔셋이었던 묵타난다가 탄트라 수행법을 전수해 준다는 핑계로 20대 여성과 성관계를 가졌다는 것부터, 인도에서 성추행을 당한 미국 여성에 이르기까지, 엄격한 금욕 원칙에 반하는 사건이 대부분이었다. 그는 주변의 모든 여성을 성적 유혹의 대상으로 삼았고, 이런 행동은 인도에서 이미 시작되었다.[42] 심지어 부모가 교단에 맡긴 열세 살 소녀를 처녀성 검사라는 핑계로 성추행했다는 폭로마저 등장한다. 한 마디로 그의 삶은 종교적 금욕과는 아주 멀었다.

질서 유지를 위한 폭행이 공동체 내부에 공공연했고, 이 일을 전담하는 인력마저 따로 있을 정도였다. 불법적인 총기 소유에서부터 '봉사'라는 이름의 강제 노역까지, 묵타난다의 공동체는 라즈니쉬와 놀랍게도 흡사했다. 그의 공동체 역시 경제적으로도 큰 성공을 거두었다. 비난이 빗발치자 묵타난다는 자신을 향한 폭로가 예수와 같은 성인聖人이 으레 겪는 음모이자 탄압이라고 해명했다. 묵타난다는 폭로

---

[41] Rodarmor, William. "The Secret Life of Swami Muktananda." *CoEvolution Quarterly*. 1983. https://www.prem-rawat-bio.org/nrms/info/mukta1.htm

[42] Jain, Andrea R. "Muktananda: Entrepreneurial Godman, Tantric hero", in Singleton, Mark; Goldberg, Ellen (eds.), *Gurus of Modern Yoga*. Oxford University Press, 2014.

기사가 게재되기 직전인 1982년에 심장마비로 갑작스럽게 사망한다. 기사가 보도된 후 신도들의 탈퇴가 줄을 이었다.

3) 동양 구루들은 왜 큰 인기를 끌었을까?

동양 구루가 야기한 스캔들의 이유는 다양하다. 구루의 인간적 한계, 무비판적이고 열광적인 신도들, 동·서양 문화의 차이, 동양 종교에 대한 과도한 이상화와 같은 여러 요인이 지적된다. 또 전반적인 배경으로 기독교에 대한 서양인들의 뿌리 깊은 실망도 언급된다. 이를 더 자세하게 들여다보자.

무엇보다 라즈니쉬와 묵타난다는 모두 '탄트라'의 가르침을 전했다. 당시 서구인들은 성적 욕망을 포함해 인간의 욕구 자체를 부정적으로 바라보는 기독교 교리에 실망하고 있었다. 프로이트(Sigmund Freud, 1856~1939)가 지적한 것처럼 서구 사회가 위험하게 간주한 인간의 '성性'은 주로 '성聖스러움'을 강조하는 종교의 이름으로 통제되었다. 그런데 힌두 탄트라 전통은 성性과 성聖이 상충한다고 본 기독교와는 사뭇 다른 태도를 취했다. 성性을 터부시하는 기독교와 달리 탄트라는 성적 에너지의 종교적 승화 가능성을 역설했다. 두 동양 구루는 인간 욕망의 의미와 가치를 종교적으로 승인해 준 것이다.

탄트라야말로 '종교가 없는 종교'에 가장 부합한다고 강조한 라즈니쉬나, 쿤달리니 에너지가 성적이며 동시에 종교적 에너지라고 주장한 묵타난다가 인기를 끄는 것은 당연했다. 같은 맥락에서 남녀의 성적 결합을 묘사한 '합환불(合歡佛, yab yum)'을 깨달음의 상징으로 제시한 티벳 불교 역시 크게 환영받았다. 티벳 승려였던 트룽파가 대표적이다. 라즈니쉬, 묵타난다, 트룽파 모두 성性을 포함한 인간 욕망의 종교적 승화 가능성을 설파했다. 종교적 구원이 현세적 욕망과 현실의 부정에 있지 않다는 가르침이었다. 탄트라적 진리를 설파한 동양의 구루는 자연스럽게 자유와 해방의 아이콘이 되었고, 청교도적 금욕주의에 힘겨워하던 서구 젊은이들에게 탈출구를 제공했다.

한편 기독교는 인간 이성에도 호의적이지 않았다. 미국 공립학교에서 진화론을 가르친 교사가 피고인이 된 1925년의 '원숭이 재판(monkey trial)'이 단적인 사례이다. 성경의 창조론에 반하므로 공교육 기관에서 진화론이 다루어져서는 곤란하다는 주장은 미국에서 큰 파장을 불러일으켰다. 반면 불교와 힌두교는 무조건적인 믿음이 아닌 치열한 수행을 통해서 얻어지는 개인의 비범한 체험을 강조한다. 종교 생활의 최종 목적은 은총에 의해 주어지는 것이 아닌, 개인이 수행을 통해 획득하는 종교 체험으로 검증되어야 한다는 의견이다. 인간의 합리성과 개인의 주체적인 노력에 친화적이었다는 점에서 동양 종교는 미국인들에게 매력적으로 다가왔다.

동양의 구루들은 자신들의 가르침이 미국을 필두로 서구에서 선풍적인 인기를 끈다는 사실에 한껏 고무되었다. 동양인들의 운명을 쥐락펴락했던 서양인들이 그들을 영적인 스승으로 추앙하는 일은 예상치 못한 일이었다. 기회와 가능성으로 가득한 약속의 땅 미국에서 그들의 에고는 끝없이 팽창했다. 기독교에 환멸을 느낀 미국인들이 보내주는 헌신적인 숭배로 인해 동양 구루들은 거대한 성취감과 함께 자존감의 무한한 확장을 맛보았던 것이다.

성공의 비결을 깨달은 그들은 억압에서 벗어나 자신의 욕망을 인정하고, 마음껏 충족시킬 것을 더욱 강조했다. 그럴 때 진정한 종교성이 구현된다는 것이다. 라즈니쉬는 서양인들이 직면한 문제 대부분이 성적 만족의 좌절에서 비롯된다고 진단하고, 자유로운 성생활이 해답이라고 단언했다. 동시에 물질적 부의 추구와 향유가 영적인 활동이라고 선언하는 데 주저하지 않았다. 묵타난다 역시 동일한 가르침을 전하면서 서양인들을 신도로 영입하는 일에 망설임이 없었다. 심지어 트룽파는 자유분방한 서구 히피들처럼 술, 담배, 섹스를 전혀 두려워하지 않았다.

4) 파티가 끝난 후

동양 구루와 추종자들의 밀월은 오래가지 못했다. 과도한 숭배와 이상화는 영적 스승들에게 절대적인 권한을 주었고, 그들의 인간적 결함이 증폭되도록 만들었다. 깨달았다는 구루들은 이제 신적인 존재가 되었고, 사랑과 자비가 아닌 전면적인 복종을 요구했다. 라즈니쉬는 깨달음을 위해서는 개인의 에고가 철저하게 소멸해야 하며, 구루에 대한 '굴복(surrender)'이야말로 첩경이라고 주장했다. 묵타난다는 '구루보다 더 높은 신은 없으며, 구루의 은총보다 더 높은 성취는 없으며, 구루에 대한 명상보다 더 높은 상태는 없다'는 말로 자신을 한껏 드높였다.[43] 트룽파 역시 에고가 깨달음에 가장 큰 장애물이므로, 스승에 대한 무조건적인 복종을 통해 개인의 아집을 깰 것을 역설했다. 추종자들의 무조건적인 복종이 성적 남용, 폭행, 노동력과 금전의

---

43 Rodarmor, William. "The Secret Life of Swami Muktananda." *CoEvolution Quarterly*.

착취로 귀결되리라는 점은 불을 보듯 자명했다.

한편 거듭된 추문은 관련된 사람들은 물론 지켜본 이들에게도 소중한 지혜를 제공했다. 유사한 경험이 반복되면, 숨겨진 진실은 드러나기 마련이고, 이상화된 상대방의 모습은 냉정한 현실 앞에서 무너질 수밖에 없다. 이제 서구인들이 동양 구루를 과거처럼 지지하는 일은 어려워졌다. 동양의 영적 지도자들이 자신들의 문제를 일거에 해결할 수 있다고 믿지 않게 된 것이다.

기독교는 여전히 미국에서 지배적인 종교다. 동양 구루를 추종하고 헌신했던 이들은 당시에도 소수였고, 과거의 스캔들이 서구 사회 전체를 바꾸었다고 보기는 어렵다. 그러나 만남이 서구인들이 동양 종교를 바라보는 방식을 근본적으로 뒤흔들었다는 사실은 분명하다. 동시에 그들은 동양 종교를 접하면서 개인의 체험이 종교 생활의 궁극적인 목표가 될 수 있으며, 이를 달성하게 만드는 방법인 명상도 알게 되었다. 또 인간의 성性이 성聖스러움과 친화적일 수도 있다는, 기독교가 오랫동안 '불경'하게 여겼던 사실도 인식했다. 그리고 이 과정에서 동양 구루의 한계 역시 뚜렷하게 체험했다.

만남이 계기가 되어 서구인들은 동양 종교에만 있다고 여겼던 명상을 자신들의 전통에서 찾으려는 노력을 시작했다. 서양에서 오랫동안 변방에 머물렀던 기독교와 유대교의 신비주의를 필두로, 비의주의(esotericism), 오컬트(occult)에 대한 관심도 등장했다. 다른 문화의 무비판적인 수용이 아니라, 융(Carl G. Jung, 1875~1961)이 조언한 것처럼 자신을 재발견하려 시도한 것이다. 이런 과정에서 서구인들은 서로를 절대적 타자로 구분하고, 상대를 우월하거나 열등한 위치에 고정하는 이분법을 넘어서려 했다. 또 그들이 오랫동안 방치했던 것을 타자와의 만남을 계기로 되찾았다. 요컨대 동양 구루가 주역이 된 스캔들은 서구인들에게 쓰라린 경험이었지만, 자기를 재발견하는 지혜를 그들에게 제공했다.

5. 현대인과 명상 수행

동·서양이 역동적으로 어우러진 드라마를 통해 서구인들은 종교와 명상의 의미를 통합적으로 이해하는 돌파구를 발견했다. 무엇보다 서구 역사 속에서 '신성한 독서'와 같은 관상 수행 전통을 재발견하려는 노력이 본격화되었다. 그 연장선에서 '신성한 독서'를 계승한『무지의 구름』과 같은 저술을 현대적으로 재조명하는 시도 역시 등장했다. 이 과정에서 오역되었던 '명상'과 '관상'의 구분 역시 명확해졌다. 그리고 개인의 심리적 문제를 극복해 건강한 자존감을 구축하려는 '치유'의 노력이, 마음의 초개인적 차원과 존재의 초월적 차원을 직관하는 '초탈'과 균형 잡힌 방식으로 통합되어야 한다는 사실도 뚜렷하게 인식되었다.

1) '신성한 독서'의 재발견과 '관상학'

'신성한 독서'는 제2차 바티칸 공의회(1963~1965) 이후 수도원에서 벗어나 일반 신자들에게도 확산된다. 소수의 수행자들이 전유하던 관상 수행법이 드디어 대중화되기 시작한 것이다. 이런 움직임은 영성 운동, 명상 단체 등에서 다양하게 확인되고 있다.

영성 운동의 경우 1970년대 미국 보스턴 '바실리안 영성 센터(Basilian Spirituality Center, Boston, MA)'가 대표적이다. 동 기관은 12주 동안 참가자들에게 성경 구절을 제공하고, 읽기-묵상-기도-관상의 형태로 지도하는 프로그램을 제공한 바 있다.[44] 또 동양 명상과 신성한 독서 등을 연계해 통합적 명상 프로그램을 명상 단체에서 운영하기도 한다. 미국의 샌프란시스코의 'Zen Center', 'Insight Meditation Society', 캘리포니아의 'Jesuit Retreat Center' 등이 그 사례이다.[45] 이처럼 '신성한 독서'는 과거와 달리 수도원의 경계를 넘어서 일반 신자들의 영적 요구를 다채롭게 충족시키고 있다.

같은 맥락에서 '신성한 독서'의 현대적 재발견 역시 진행 중이다. 그 사례로 '무지'를 의도적으로 키우고, 절실한 사랑의 마음으로 신적 관상을 체득할 것을 강조한 『무지의 구름』에 영감을 받은 '향심 기도(Centering Prayer)'가 있다. 향심 기도는 토마스 키팅(Thomas Keating, 1923~2018)을 포함한 일군의 트라피스트(Trapist) 수도자들에 의해 1970년대 초 시작된다. 이들은 『무지의 구름』이 강조한 성스러운 단어(sacred word)를 활용하는 방법을 대중화시켰다.[46] 하나의 단어를 의도적으로 선택하고, 주의 집중이 흐트러지면 이것을 읊조리라는

---

[44] Kavanaugh, K., & O'Malley, O. *The Fire Within: Spirituality in Daily Life*. Paulist Press, 1980. https://www.stbasils.com

[45] 다음을 참고하라. O'Donohue, J. *Christian Zen: Contemplative Practice in North America*. Paulist Press, 1992. Shear, J. Eastern Meditation in Western Retreats. *Journal of Contemporary Religion*, 1987, 2(1), pp.45~60.

[46] 토마스 키팅, 이청준 옮김, 『마음을 열고 가슴을 열고』, 가톨릭출판사, 2002.

조언이다. 이런 간단한 방법으로 내면을 주시하는 집중력을 효과적으로 키우며, 궁극적으로는 개인의 마음 너머에 있는 신과의 교류를 회복해 심리적 안정, 내적 평화, 영적 성취를 모색할 수 있다는 것이다.

이처럼 전통을 재발견하려는 움직임이 활발하게 일어나면서, 개념의 번역을 둘러싼 혼란도 자연스럽게 해결되었다. 즉, 초월적 차원을 내면에서 직접 인식하려는 시도가 '관상'이라는 용어로 명확하게 표현되고 있다. 명상을 학문적으로 다루는 일련의 시도가 'Meditative Studies'가 아닌, '관상학(觀想學, Contemplative Studies)'이라는 개념으로 정착된 것이 단적인 사례이다.[47] 관상학은 마음에 대한 학계의 관심이 커지면서, 20세기 후반 미국과 유럽을 중심으로 출범한다.

이 새로운 분야는 관상과 같은 '내적 관조(contemplation)'와 연관된 개념들을 망라하면서, 인간의 정서적·심리적 성장과 윤리적 발달을 다룬다.[48] 초기에는 불교 명상, 기독교의 관상, 힌두교 요가와 같은 동·서양의 다양한 수행법을 비교하는 연구로 출발했다. 그 후 심리학

---

[47] 예외적으로 'meditation study'가 사용될 경우는 표현 그대로 '명상'의 효과 등을 특정해 살피는 연구를 의미한다. 같은 맥락에서 'meditative practice'(명상 기법)와 같은 표현이 사용되기도 한다. 이처럼 최근에는 묵상과 관상의 차이가 명확하게 인식되고 있으며, meditation/meditative라는 단어는 '명상'이라고 번역되어야 하는 경우에만 제한적으로 채택된다.

[48] 강지언, 「서구 명상학(Contemplative Studies)과 한국에서의 적용 가능성 연구」 『종교학 연구』, 2018, 제36집, pp.49~73. 관상학에 관해서는 다음 두 책을 참고하라. Komjathy, Louis(ed). *Contemplative Literature: A Comparative Sourcebook on Meditation and Contemplative Prayer*. New York: State of University of New York Press, 2015. Komjathy, Louis. *Introducing Contemplative Studies*. Oxford: Wiley Blackwell, 2018.

과 신경과학의 최신 발견을 반영해 뇌 활동, 정서 조절, 스트레스 관리 등에 작용하는 명상의 효과에 주목하는 연구들이 이루어지고 있다.

주된 연구 주제는 여러 종교의 수행법 비교는 물론 명상 수행이 심리적 안정과 회복력에 미치는 영향 등이다. 또 관상 수행과 윤리적, 도덕적 성장의 상호 관계를 필두로 '명상이 교육, 의료, 상담, 기업 활동에서 어떻게 활용될 수 있는가?'라는 물음 역시 폭넓게 다루어진다. 여기에는 수행으로 얻어지는 개인적 체험의 내용과 의미를 역사적·문화적·윤리적 맥락 속에서 규명하는 작업도 포함된다. 그리고 주제의 특성상 종교학, 심리학, 철학, 신경과학, 교육학 등을 망라하는 학제적 접근이 주를 이룬다.

2) 치유 혹은 초탈?: 영적 우회(spiritual bypass)와 명상의 세속화

'신성한 독서'를 렌즈 삼아 살펴본 동·서양의 만남은 서로를 거울로 삼아 전체를 이해하게 만드는 계기였다. 이 과정에서 서양은 오랫동안 잃었던 관상 전통을 재발견할 수 있었고, 동양은 초월을 강조하면서 간과했던 개인의 구체적인 삶과 사회 적응의 중요성을 인식하게 되었다. 만남은 적지 않은 오해와 갈등을 초래했지만, 자신과 세계를 더 깊게 성찰하도록 만들었다. 개인의 심리 발달에 초점을 맞추는 서양의 심리학과 초개인적 차원에 주목하는 동양의 명상이 교차하면서, 인간을 통합적으로 이해하는 기회가 마련된 것이다.

근대 이후 확립된 서양의 심리학은 개인의 건강한 정체성 확립과 현실 적응의 문제에 주목했다. 즉, 개인의 바람직한 심리적 발달을 통해 삶의 적응도를 높이는 현실적 측면에 방점을 찍었다. 당연히 성장과정에서 마주하는 심리적 트라우마를 비롯해 부모의 양육이 개인에게 미치는 영향을 꼼꼼하게 탐구했다. 회복 탄력성과 사회 적응도 제고에 필요한 자기 정체성의 확립을 강조했다는 점에서 핵심 주제는 '치료' 혹은 '치유'였다. 이런 문제의식의 배경에는 서구 사회에서 강력하게 등장한 '세속화' 현상이 있다. 프로이트의 정신분석학이 보여주듯 서구 심리학은 인간 마음을 이해하는 과정에서 종교적 세계관을 벗어나려 시도했다.[49] 유물론적 이해에 반발해 인간 무의식의 종교적 차원을 강조한 칼 융도 있었지만, 전반적으로 서구 심리학은 형이상학적 차원과 분명한 거리를 두었다.

　반면, 동양은 초월적 차원의 의미와 중요성을 줄곧 역설했다. 불교, 힌두교와 같은 동양 종교는 초개인적 차원의 통찰이 개인의 발달과 완성에 불가결하다고 보았다. 또 동양은 서구와 달리 '종교적 vs 세속적' 차원의 분리를 근대 이전에 뚜렷하게 경험한 적이 없었다. 그래서 개인의 발달은 여전히 초월적 차원과 긴밀하게 연결되었고, 명상은 초월을 경험하게 만드는 체계적인 수행법으로 강조되었다. 즉, 동양의 인간 정체성 이해는 사회 적응의 문제에 멈추지 않고,

---

49 프로이트가 유물론적 관점에서 종교를 강력하게 비판했지만, 그 역시 신비주의에 대해 적지 않은 관심을 가졌다. 그가 자신의 저술『문명 속의 불만』에서 언급한 '대양적 느낌(oceanic feeling)' 개념은 이런 관심을 잘 보여준다. 다음 논문을 참고하라. 성해영,「프로이트 종교심리학과 비교(comparison)의 정신: 승화(sublimation) 및 대양적大洋的 느낌(oceanic feeling) 개념을 중심으로」『종교학연구』, 2008, vol(27), pp.87~114.

'작은 나'와 현상 세계를 벗어나는 사건으로 이어졌다. 이런 맥락에서 이 글이 다룬 동·서양의 만남은 개인의 치유와 사회 적응을 강조하는 '서양 심리학'과 개인 정체성의 초월적 차원을 강조하는 '동양 종교'의 조우로도 해석될 수 있다. 그러나 만남은 크게 두 가지의 부정적인 모습도 표출했다.

첫째, '영적 우회(spiritual bypass)' 현상의 등장이다.[50] '영적 우회'란 낮은 자존감과 같은 개인적 문제를 회피하는 수단으로 종교나 영성을 이용하는 태도를 뜻한다. 달리 말해 초월적 담론을 핑계 삼아 개인의 심리적 문제를 간과하는 경향을 지칭한다. 영적 우회는 보통 '명상 만능주의'와 '깨달음 지상주의'처럼 영적인 차원에 과도하게 집착하는 방식으로 나타난다. 그 결과 현실 적응에 긴요한 건강한 자아 정체성의 확립이 무시되거나, 일상의 여러 문제에 대한 해답이 추상적 수준에서 머무르며, 심지어 현실을 아예 부정하는 반응도 초래된다. 동양 구루를 무분별하게 추종한 서구 젊은이들이 초월에 경도되어, 개인의 심리적 발달 과제를 적절하게 다루지 않았던 사례가 전형적이다.

둘째, 명상의 과도한 세속화 현상이다. 일상적인 현실이 초월적인 담론에 경도되는 '영적 우회'와 정반대로, 명상의 종교적 의미가 지나

---

50 영적 우회의 의미와 해결 방안에 대해서는 다음을 참고하라. 오용석, 「명상 수행은 모든 심리적 문제를 해결해 줄 수 있는가?: 명상의 부작용과 영적 우회에 대한 불교명상적 입장을 중심으로」, 『선학』, 2017, 제47호, pp.157~189. 차효록, 「불교명상과 현대 심리치료의 공헌점과 제한점」, 『불교상담학 연구』, 2014, 제6집(1), pp.3~26. 정준영, 「명상의 부작용과 불교적 해결 방안에 대한 연구: 서양 심리치료와 불교 수행의 관계를 중심으로」, 『불교학보』, 2014, 제68집, pp.33~63.

치게 탈색되는 경향을 뜻한다. 명상이 개인의 심리적 치유나 사회 적응이라는 실용적 수단으로만 인식되는 것이다. 즉, 명상 수행이 철저하게 개인적 이해를 도모하는 도구로만 간주된다. 그 결과 경쟁과 성취를 강조하는 자본주의 사회에서 상품화된 명상이 오히려 개인들을 더 피로하게 만들 위험마저 등장했다. 이럴 때 정체성의 우주적 확장이라는 종교 본연의 목표는 물론, 타인과의 바람직한 관계 형성과 같은 사회·윤리적 측면은 사라지기 쉽다.

이런 두 가지 징후는 개인이 건강한 심리적 자존감을 확립하는 과정에서 시공을 초월한 차원의 인식이 섬세하게 통합되어야 함을 보여준다. 우여곡절로 점철된 동·서양의 만남이 개인의 심리적 치유와 초월적 성찰 사이에 적절한 균형점이 필요하다는 사실을 실감하도록 만든 것이다.

특히 '신성한 독서'는 지금껏 다룬 문제를 균형 잡힌 방식으로 접근하는 통로를 제공한다는 점에서 주목할 만하다. 무엇보다 '신성한 독서'는 '윤리적, 지성적, 명상적' 차원을 고루 담고 있다. 독서와 묵상은 지성적 차원에서 우리의 이해와 사고의 능력을 훈련하며, 기도와 관상은 명상과 직결된다. 또 기독교 전통이 '사랑'을 신과 인간을 연결하는 힘이자 신의 본질로 간주해 왔다는 점에서 윤리적 실천 역시 명확하게 강조된다. '신성한 독서'의 네 단계를 관통하는 근본적인 원리는 사랑이다. 사랑은 신의 본질이며, 신과 인간을 연결하는 가장 중요한 힘으로 여겨지며, 관상의 최종 목적은 사랑의 실천이라고 간주되기 때문이다. 이처럼 '신성한 독서'는 치유와 초월적 성찰, 그리고 개인과 사회의 유기적 통합을 도모하는 잠재력을 풍부하게 지니고 있다.

3) 여전히 남는 물음들

'신성한 독서'라는 신비적 수행법을 렌즈 삼아 동·서양 종교와 인간을 통합적으로 이해하려는 시도는 몇 가지 중요한 물음을 우리에게 던진다. '합일 체험의 존재 가능성, 체험의 동일성 여부, 체험의 사회·윤리적 의미'가 그것이다.

첫째, 합일 체험은 실제로 존재할까?

명상 수행을 강조하는 신비주의는 궁극적 실재가 마음을 통로로 삼아 개인에게 체험으로 인식될 수 있다고 역설한다. 하지만 이 체험은 어디까지나 개인의 심리적 경험이므로, 모두를 납득시키는 방식으로 검증될 수 없다. 그러니 체험이 개인의 심리상태에 불과하다는 견해에서부터,[51] 실제 초월의 체험이라는 주장까지 해석이 극단적으로 갈린다. 나아가 공유라는 측면에서도 큰 어려움에 봉착한다. 윌리엄 제임스(William James, 1842~1910)는 신비적 합일 체험이 '앎의 특성(noetic quality)'을 갖지만, 그것이 '언어로 표현될 수 없다(ineffable)'라고 설명한다.[52] 모든 신비주의 전통 역시 궁극적 실재가 언어로 온전하게

---

[51] 신비적 합일 체험이 전前-오디푸스 시기에 경험했던 모친과의 결합 상태로 퇴행하려는 무의식적 시도라고 본 프로이트(Sigmund Freud)의 입장은 전형적인 심리적 환원론이다. 성해영, 「프로이트 종교심리학과 비교의 정신: 승화(sublimation) 및 대양적大洋的 느낌(oceanic feeling) 개념을 중심으로」.

[52] 윌리엄 제임스. 김재영 옮김, 『종교적 경험의 다양성』, 한길사. 2000, p.463.

포착될 수 없다는 '부정신학(negative theology)'을 공통적으로 주장한다.[53] 즉, 표현 불가능하다는 한계는 체험의 존재를 둘러싼 물음을 더욱 답하기 어렵게 만든다.

'체험이 실재하는가?'라는 난문難問은 '체험이 인식론적 가치를 지니는가?'라는 의문으로도 연결된다. 종교사에는 종교적 통찰을 주는 비범한 체험을 보고하는 개인이 끊임없이 등장한다. 동시에 신성한 독서와 같은 '초월'을 인식하는 관상 상태를 목표로 삼는 수행법 역시 오랜 세월 체계적으로 전승되었다는 점 역시 부인하기 어렵다. 그러니 개인의 체험이라는 근본적 한계에도 불구하고, 인식론적 가치에 대한 최종적인 해답은 쉽지 않다.

둘째, 신비적 합일 체험은 전통을 넘어서 동일할까?

만약 수행을 통해 현상 세계를 초월한 차원을 직접 인식하는 체험이 가능하다면, 그 체험은 종교 전통을 넘어서 동일할까? '초월, 궁극, 절대'와 같은 단어는 합일 체험이 개인의 의식 상태에 불과하거나, 교리와 같은 문화적 맥락의 소산이 아니라는 점을 암시한다. 그렇다면 현상 세계 너머를 표현하는 이 개념들은 동일한 '그 무엇'을 지칭하고 있을까?

여러 종교가 전면적으로 만나는 시기에 이 물음은 피할 수 없으며, 종교학에서는 '구축주의構築主義 vs 보편주의普遍主義' 논쟁으로 다루어진다.[54] 구축주의(constructivism)는 수행법과 교리가 체험을 만든다

---

53 전광식, 「*Theologia Negativa*: 부정신학의 역사와 의미」 『석당논총』, 2009, 제45집, pp.33~71.

고 보지만, 보편주의(universalism)는 반대로 문화적 맥락을 초월한 체험이 시공의 맥락 속에서 각기 다르게 표현된다고 주장한다. 예컨대 붓다 이후에야 비로소 사성제四聖諦와 팔정도八正道와 같은 '불교적' 가르침과 수행법이 등장했다면, '붓다 이전에는 동일한 체험이 불가능했을까?'라는 물음이 제기될 수 있다.[55] 같은 맥락에서 그리스의 테오리아에서 영향을 받은 기독교의 관상 체험은 그리스적일까,[56] 아니면 성경에서 원천이 발견되므로 기독교적일까?[57] 혹은 서로 동일한 체험

---

[54] 카츠(Steven T. Katz)는 대표적인 구축주의자이고, 포맨(Robert Forman)은 보편주의적 입장을 취한다. 두 사람의 논쟁은 다음 글을 참고하라. Steven T. Katz, "Language, Epistemology, and Mysticism," in *Mysticism and Philosophical Analysis*, ed. Steven T. Katz, New York: Oxford University Press, 1978, pp.22~74. Forman, Robert K. C. "Introduction: Mysticism, Constructivism, and Forgetting" in *The Problem of Pure Consciousness: Mysticism and Philosophy*, Oxford: Oxford University Press, 1990.

[55] 붓다를 포함해 그 이전의 여섯 부처를 합해 '일곱 부처(七佛)'라고 부른다. 칠불七佛 사상은 『장아함대본경長阿含大本經』에 등장한다. 미륵불(彌勒佛, *Maitreiya*)은 아직 오지 않은 부처이다.

[56] 관상 기도가 기독교적인가를 가늠하는 기준으로는 '삼위일체론'의 수용, 성경에 기초해 있는가의 여부, 예수 그리스도의 역할, 합일 상태에서 신과의 차별성이 유지되는가의 여부, 신적 은총에 따른 수동성 여부 등이 제시된다. 비기독교적 관상 전통과 기독교를 구분하는 시도는 다음을 참고하라. 유재경,「하일러의 신비적 기도와 에바그리우스의 관상 기도에 대한 비교분석」,『신학논단』, 2013, 71호, pp.203~237.

[57] 관상 기도로 해석되는 성경 구절은 다양하다. "주 여호와 이스라엘의 거룩하신 이가 이같이 말씀하시되 너희가 돌이켜 조용히 있어야 구원을 얻을 것이요 잠잠하고 신뢰하여야 힘을 얻을 것이거늘 너희가 원하지 아니하고"(이사야서

일까?

그 밖에도 궁극적 실재의 인격성, 궁극적 실재와 인간 영혼의 동일성,[58] 신비적 합일 체험의 유형론[59]과 같은 물음이 동서양의 관상 전통을 다루는 맥락에서 두루 제기된다.

셋째, 합일 체험의 사회·윤리적 의미는 무엇일까?

'신성한 독서'와 같은 수행법은 주객의 분리를 뛰어넘는 관상 상태를 최종 목표로 추구한다. 그러므로 이원적인 현상 세계에서야 가능한 사회윤리와 복잡한 관계를 맺을 수밖에 없다. 기독교 전통에서 이 문제는 예수의 발치에서 신성한 말씀을 들으려 집중했던 '마리아(Maria)'와 손님들을 대접하느라 그 말씀을 듣지 못한 '마르타(Martha)'의 비교로 표현된다(누가복음 10:38-42). 이 사안은 막스 베버(Max Weber, 1864~1920)에 따르면, 초월적 관상 체험을 종교 생활의 핵심으

30:15), "너희는 잠잠히 있어 내가 하나님 됨을 알지어다"(시편 46:10). 영혼에 신적 차원이 존재한다는 신비주의적 구절 역시 성경의 여러 곳에서 발견된다. "나는 아버지 안에 있고 아버지는 내 안에 계신 것을 네가 믿지 아니하느냐"(요한복음 14:10), "아버지께서 내 안에 내가 아버지 안에 있는 것같이 저희도 다 하나가 되어"(요한복음 17:21), "너희가 하나님의 성전인 것과 하나님의 성령이 너희 안에 거하시는 것을 알지 못하느냐"(고린도 전서 3:16). 요한복음의 신비주의적 해석은 다음을 참고하라. 존 쉘비 스퐁, 변영권 옮김, 『아름다운 합일의 길: 요한복음』, 한국기독교연구소, 2021.

[58] 동양 종교는 궁극적 실재와 인간 영혼의 '동일성(identity)'을 강조하지만, 기독교와 같은 서양 종교는 양자의 차이를 유지하는 '결합(unity)' 개념을 선호한다.

[59] 성해영, 「깨달음 체험과 완성의 의미」, 『깨달음, 궁극인가 과정인가』, 운주사, 2014, pp. 249~296.

로 삼는 '타계 지향적 신비주의(other-worldly mysticism)'와 현실적 차원을 더 강조하는 '현세 지향적 신비주의(this-worldly mysticism)'로 나뉘어 이해된다. 즉, '현실과 초월 중 어느 쪽이 더 중요한가?'라는 물음이다.

'신성한 독서' 전통을 계승한 『무지의 구름』은 신의 말씀을 묵상하며, 신적 관상 상태에 머무르기를 갈구하는 마리아가 더 높은 경지라 강조한다. 그러나 동일한 기독교 신비주의 전통의 신비가 에크하르트나 아빌라의 데레사는 신의 뜻을 타인에 대한 봉사로 구현한 마르타가 더 이상적이라고 보았다. 개인의 깨달음을 강조하는 '아라한'과 이타행利他行에 방점을 찍는 '보살'을 둘러싼 불교의 논쟁 역시 같은 맥락에서 이해될 수 있다. 또 이 논쟁은 일원성을 특징으로 삼는 관상 체험이 곧바로 체험자에게 사회윤리적 완성을 보장해 주는가라는 물음으로 연결된다.[60]

6. 나가는 말: '신성한 독서'와 '대극의 통합'

'신성한 독서'는 여러 우여곡절에도 불구하고 면면히 전승되었다. 테오리아를 설파한 그리스 철학까지 그 연원이 거슬러 올라가지만, 사랑의 덕목과 예수의 위상을 강조하는 기독교적 특성도 뚜렷하게

---

[60] 신비적 합일 체험의 윤리적 양가성은 다음 논문과 책을 참고하라. 성해영, 「신비주의와 윤리의 상호 관계: 미국 종교학계의 논쟁을 중심으로」 『종교와 문화』, 2015, 29집, pp.51~79. Jeffrey J. Kripal(eds), *Crossing Boundaries: Ethics in the History of Mysticism*, Chatham House Publisher, 2002.

가지고 있다. '신성한 독서'는 수도자들을 신에게 인도하는 수행법으로 오랫동안 가치를 인정받았지만, 대중화에는 성공하지 못했다. 『무지의 구름』이 확인시켜 주듯이 기독교 신비주의에 지대한 영향을 미쳤으나, 전통 내부에서는 주류가 되지는 못했다. 그리고 계몽주의의 발흥으로 이성과 과학적 사고가 강조되자 더욱 주변부로 밀려난다. 그러다가 서구인들이 동양 종교를 접하고, 명상과 종교 체험에 관심을 가지면서 상황은 급변한다. 동서양 종교를 큰 틀에서 이해하려는 움직임이 나타나자, 변방에 머물렀던 '신성한 독서' 역시 새롭게 조명되기 시작한 것이다.

그러나 상황 변화는 혼란으로 이어졌다. 무엇보다 신성한 독서 전통이 서구에서 거의 망각된 탓에 묵상, 관상, 명상과 같은 개념들이 혼동되는 결과를 초래했다. 또 관상 수행이 비주류가 되면서, 그간 충족되지 못했던 종교적 열망이 동양 종교를 접하고 과도하게 표출된다. 서구는 동양의 영적 스승을 극단적으로 이상화하는 스캔들을 겪고 나서야 환상에서 깨어난다. 그 결과 개인의 치유와 사회 적응에 주목하는 서구 심리학이, 초월을 강조하는 동양 종교와 균형 잡힌 방식으로 통합되어야 한다는 인식이 점차 퍼져 나간다.

'신성한 독서'는 수행 전통의 통합적 이해라는 관점에서 종교사의 다양한 측면을 포괄하고 있다. 무엇보다 독서-묵상-기도-관상을 포함하는 '신성한 독서'는 지성적/윤리적/명상적 차원을 모두 아우른다는 점에서 대단히 독특하다. 또 고대 그리스에서 시작된 서구 관상 수행의 역사는 물론 관상 전통이 어떻게 주변부로 밀려났는지를 생생하게 보여준다. 그리고 20세기 이후 서구 젊은이들이 표출한 영적 열망을 비추는 거울이자, 서구 영성을 재발견하는 핵심적인 통로이기도 하다.

이런 이유로 '신성한 독서'는 '초월/내재, 에고 의식/초개인적 의식, 동양/서양, 자력 신앙/타력 신앙, 치유/초탈'과 같은 여러 대극적 쌍을 통합적으로 이해하는 계기를 제공한다. 나아가 '무종교의 종교(religion of no religion)' 혹은 '종교 이후의 종교'라는 역설적인 표현이 암시하듯,[61] 제도 종교 밖에서 영성을 구현하려는 열망이 어느 때보다 커진 현시점에서 '신성한 독서'는 더욱 주목받으리라 예견된다.

---

[61] 성해영, 「'무종교의 종교(Religion of no Religion)' 개념과 새로운 종교성: 세속적 신비주의와 심층심리학의 만남을 중심으로」, 『종교와 문화』, 2017, 0(32), pp.1~28.

참고문헌

국내자료

강지언, 「서구 명상학(Contemplative Studies)과 한국에서의 적용 가능성 연구」, 『종교학 연구』, 제36집, 2018.

강치원, 「귀고 2세(Guigo 2)의 수도승들의 사다리에 나타난 Lectio Divina」 『한국교회사학회지』, 0(15), 2004.

권명수, 「관상 기도의 의식의 흐름과 치유」, 『신학과 실천』, 2017.

귀고 2세, 엄성옥 옮김, 『성독: 귀고 2세의 수도사의 사다리』, 은성, 2024.

박상철, 「플라톤의 '파이드로스'- '프쉬카고기아'로서의 교육」, 『도덕교육연구』, 제26권 3호, 2014.

성해영, 「프로이트 종교심리학과 비교의 정신: 승화(sublimation) 및 대양적大洋的 느낌(oceanic feeling) 개념을 중심으로」, 『종교학연구』, 27집, 2008.

_____, 「깨달은 동양 구루가 왜 성性 스캔들 주인공이 됐을까?」, 『신동아』 (2012.4).

_____, 「신비주의란 무엇인가?: 개념에 대한 오해와 유용성을 중심으로」, 『인문논총』, 71집, 2014.

_____, 「깨달음 체험과 완성의 의미」, 『깨달음, 궁극인가 과정인가』, 운주사, 2014.

_____, 「신비주의와 윤리의 상호 관계: 미국 종교학계의 논쟁을 중심으로」, 『종교와 문화』, 29집, 2015.

_____, 「'무종교의 종교(Religion of no Religion)' 개념과 새로운 종교성: 세속적 신비주의와 심층심리학의 만남을 중심으로」, 『종교와 문화』, 0(32), 2017.

_____, 「아우구스티누스의 『고백록』에 나타난 인간 마음과 종교의 관계: '환원적, 적응적, 변형적' 해석을 중심으로」, 『신학전망』, 0(227), 2024.

아빌라의 테레사, 황혜정 옮김, 『내면의 성: 아빌라의 테리사』, 요단출판사, 2011.

오용석, 「명상 수행은 모든 심리적 문제를 해결해 줄 수 있는가?: 명상의 부작용과 영적 우회에 대한 불교명상적 입장을 중심으로」, 『선학』, 제47호, 2017.
유재경, 「하일러의 신비적 기도와 에바그리우스의 관상 기도에 대한 비교분석」, 『신학논단』 71호, 2013.
위 디오니시우스, 엄성옥 옮김, 『위 디오니시우스 전집』, 은성, 2007.
윌리엄 제임스, 김재영 옮김, 『종교적 경험의 다양성』, 한길사, 2000.
이후정, 「동방교부 수도원 전통에서의 거룩한 독서」, 『신학과 세계』, 제66호, 2009.
임성철, 「고대 희랍 철학에 나타난 '관상적 생활'–이상理想의 기원과 의미에 관한 연구」, 『철학탐구』, 2007, 21(0), pp.121~154.
작자미상, 성찬성 옮김, 『무지의 구름』, 바오로딸, 1998.
전광식, 「Theologia Negativa: 부정신학의 역사와 의미」, 『석당논총』, 제45집, 2009.
정준영, 「명상의 부작용과 불교적 해결 방안에 대한 연구: 서양 심리치료와 불교 수행의 관계를 중심으로」, 『불교학보』 제68집, 2014.
최원오, 「아우구스티누스의 사랑 – 에로스와 아가페」, 『가톨릭철학』, 0(4), 2002.
존 쉘비 스퐁, 변영권 옮김, 『아름다운 합일의 길: 요한복음』, 한국기독교연구소, 2021.
플라톤, 박종현 역주, 「국가·정체」, 서광사, 2005.
_____, 김주일 옮김, 「파이드로스, Phaidros」, 이제이북스, 2017.
_____, 강철웅 옮김, 「향연, Symposium」, 이제이북스, 2010.
토마스 키팅, 이청준 옮김, 『마음을 열고 가슴을 열고』, 가톨릭출판사, 2002.
차효록, 「불교명상과 현대 심리치료의 공헌점과 제한점」, 『불교상담학 연구』 제6집(1), 2014.

해외자료

Aristotle. *Nicomachean Ethics*. Translated by Terence Irwin. Indianapolis: Hackett, 1999.
Brown, Peter. *The Body and Society: Men, Women, and Sexual Renunciation*

in Early Christianity. New York: Columbia University Press, 1999.

Buswell, Robert E., and Donald S. Lopez, eds. *The Princeton Dictionary of Buddhism*. Princeton: Princeton University Press, 2013.

Forman, Robert K. C. "Introduction: Mysticism, Constructivism, and Forgetting" in *The Problem of Pure Consciousness: Mysticism and Philosophy*. Oxford: Oxford University Press, 1990.

Heidegger, Martin. *Introduction to Metaphysics*. New Haven: Yale University Press, 1986.

Jain, Andrea R. (2014), "Muktananda: Entrepreneurial Godman, Tantric hero", in Singleton, Mark; Goldberg, Ellen (eds.), *Gurus of Modern Yoga*. Oxford University Press

Kripal, Jeffrey J.(eds). *Crossing Boundaries: Ethics in the History of Mysticism.* (Chatham House Publisher, 2002)

Katz, Steven T. "Language, Epistemology, and Mysticism," in *Mysticism and Philosophical Analysis*. ed. Steven T. Katz, New York: Oxford University Press, 1978, pp.22~74.

Kavanaugh, K., & O'Malley, O. *The Fire Within: Spirituality in Daily Life*. Paulist Press, 1980.

Kelly, Edward F., Emily Williams Kelly, Adam Crabtree, Alan Gauld, Michael Grosso, and Bruce Greyson, eds. *Irreducible Mind: Toward a Psychology for the 21st Century*. Lanham, MD: Rowman & Littlefield Publishers, 2007.

Keown, Damien. *A Dictionary of Buddhism*. Oxford: Oxford University Press, 1996.

Komjathy, Louis(ed). *Contemplative Literature: A Comparative Sourcebook on Meditation and Contemplative Prayer*. New York: State of University of New York Press, 2015.

Komjathy, Louis. *Introducing Contemplative Studies*. Oxford: Wiley Blackwell, 2018.

Leclercq, Jean. *The Love of Learning and the Desire for God: A Study of Monastic*

Culture. New York: Fordham University Press, 1982.

Long, A. A. *Hellenistic Philosophy: Stoics, Epicureans, Sceptics*. Berkeley: University of California Press, 1996.

McGinn, Bernard. *The Essential Writings of Christian Mysticism*. New York: Modern Library, 2006.

O'Donohue, J. *Christian Zen: Contemplative Practice in North America*. Paulist Press, 1992.

Rodarmor, William. "The Secret Life of Swami Muktananda". *CoEvolution Quarterly*, 1983. http://www.leavingsiddhayoga.net/secret.htm.

Shear, J. 'Eastern Meditation in Western Retreats.' *Journal of Contemporary Religion*, 1987, 2(1), pp.45~60.

Tart, Charles T. *Altered States of Consciousness*. New York: HarperSanFrancisco, 1990.

Ward, Benedicta. *The Desert Fathers: Sayings of the Early Christian Monks*. London: Penguin, 1984.

{심리학에서의 수행}

구도적 수행의 심리학

권석만(서울대학교 심리학과 명예교수)

❖ ❖ ❖

구도자는 세속의 부귀영화보다 자기 존재의 궁극적 의미를 추구하는 인생의 진로를 선택한 사람이다. 구도자는 가족의 죽음이나 질병과 같은 어린 시절의 심리적 상처와 죽음 불안 또는 강한 자기애로 인해서 구도의 길을 선택하는 경우가 흔하다. 구도의 길에는 크게 유신론적 구도와 무신론적 구도가 존재한다. 유신론적 구도는 신에 대한 절대적 믿음과 헌신의 기반 위에서 기도, 순종, 묵상 등의 수행을 통해 신과의 합일을 지향하는 반면, 무신론적 구도는 명상이나 참선 등의 수행을 통해서 존재의 실상에 대한 깨달음과 해탈을 추구한다. 구도자의 성격, 신념, 가족 배경, 사회문화적 환경 등이 구도의 길과 수행 방법의 선택에 영향을 미칠 수 있다.

　자아초월 심리학은 인간의 의식 수준을 전개인적, 개인적, 초개인적 수준으로 구분하고 있다. 구도적 수행은 자아의식과 사회적 인습에 구속되어 있는 개인적 수준에서 자아를 초월하는 초개인적 의식 수준으로 나아가는 영적 성장을 위한 노력이라고 할 수 있다. 심리학자들은 인격적 성숙과 영적 성장을 촉진하는 다양한 수련 방법을 제시하고 있으며 대표적 예로는 통합적 변형 수련(ITP), 통합적 삶을 위한 수련(ILP), 자기확장치료(SET)가 있다. 인간은 죽음에 대해서 부정, 수용, 초월의 자세를 취할 수 있는데, 어떤 자세를 취하느냐에 따라 개인의 삶뿐만 아니라 사회에 현저하게 다른 영향을 미치게 된다.

21세기 현대사회는 디지털 기술과 인공지능의 발달로 급격한 변화를 겪고 있으며 개인화와 탈종교화 경향이 나타나고 있다. 특히 우리나라는 초고령사회로 진입하면서 모두에게 노년기의 삶이 중요한 의미를 지니게 되었다. 노년기는 삶의 의미를 깊이 음미하고 관조하면서 구도적 수행을 통해 노년 초월로 나아가는 성숙의 시기가 될 수 있다. 구도적 수행은 심리적 상처를 치유하고 초탈의 경지로 나아가 마음의 평화와 대자유에 이르기 위한 인간의 위대한 추구라고 할 수 있다.

---

1. 구도적 수행의 의미

인생은 크고 작은 선택의 연속이다. 오늘 어떤 옷을 입을지 또는 점심에 어떤 음식을 먹을지와 같은 사소한 선택이 많지만, 인생의 방향을 결정하는 중요한 선택도 있다. 그러한 중요한 선택 중 하나가 '진로進路' 선택이다. 특히 학생에서 사회인으로 전환되는 청소년기에는 직업과 관련된 진로를 선택하게 된다. 진로 선택은 미래의 인생 전반에 영향을 미치는 매우 중요한 선택이다.

한 번뿐인 인생, 무엇을 위해서 어떻게 살 것인가? 이 물음은 인생의 여러 단계에서 부딪히게 되지만, 청소년들이 진로 선택과 관련해서 마주하게 되는 중요한 물음이다. 현대사회의 청소년들은 고등학교에 진학하면서 문과文科나 이과理科를 선택하고, 대학교에서는 전공학과를 선택하며, 사회에 진출하면서 직업을 선택한다.

동서고금을 막론하고, 대부분의 청소년은 자신이 속한 사회의 대다수 사람이 성공적인 삶이라고 여기는 가치(돈, 권력, 지위, 명예 등)를 얻을 수 있는 진로를 선택한다. 청소년기의 예상처럼 인생이 순탄하게 펼쳐지는 것은 아니지만, 열심히 일해서 재물과 사회적 지위를 얻고 가정을 꾸려 자녀를 양육하며 부귀영화富貴榮華를 누리는 것이 대다수 사람의 소망이다.

그런데 이처럼 대다수의 사람이 꿈꾸는 진로와 다른 선택을 하는 사람들이 있다. 아무리 대단한 부귀영화를 누리더라도 결국에는 늙고 병들어 죽어야 하는 것이 피할 수 없는 인간의 운명이다. 또한 인간은 살아가는 과정에서 수많은 고통과 불행을 경험하게 된다. 인간의 삶에는 왜 죽음을 비롯하여 수많은 고통이 존재하는가? 이러한 고통에서 벗어나려면 어떻게 해야 하는가? 삶에는 어떤 궁극적 의미와 가치가 있는가? 이러한 의문을 해결하기 위해서 특별한 진로를 선택하는 사람들이 있다. 세속적인 삶에서 누릴 수 있는 부귀영화를 포기하고 자기 존재의 의미와 인생의 궁극적 목적을 발견하기 위해 자신의 인생을 던지는 사람들이 있다. 이들이 바로 구도자求道者이다.

구도求道는 인생의 궁극적 의미와 가치를 발견하고 추구하는 삶의 여정이다. 구도자는 죽음, 고독, 무의미와 같은 실존적 문제의 해결을 인생의 가장 중요한 과제로 여기며 살아간다. 청소년기에 구도의 길을 선택하는 사람도 있지만, 성인기에 구도의 길로 진로를 바꾸는 사람도 있다. 구도는 종교라는 문화적 공간에서 이루어지는 경우가 많지만 비종교적 맥락에서도 추구될 수 있다.

세속적 삶이든 구도적 삶이든, 노력 없이 성취되는 목표는 없다.

부귀영화를 누리기 위해서도 열심히 노력해야 하듯이, 구도의 목표를 성취하기 위해서는 치열한 노력을 기울여야 한다. 나는 누구인가? 나는 어디에서 와서 어디로 가는가? 죽음 앞에서 '나'라는 존재는 어떤 의미와 가치를 지니는가? 죽음을 비롯한 실존적 고통에서 해방되려면 어떤 노력을 기울여야 하는가? 한 번뿐인 인생을 어떻게 사는 것이 최선인가? 구도자는 이러한 물음에 대한 해답을 발견하기 위해 치열하게 노력할 뿐만 아니라 최선의 삶을 실천하기 위해 지속적으로 노력한다. 구도자가 인생의 궁극적 의미를 깨닫고 그러한 깨달음을 체화體化하기 위해 노력하는 과정이 바로 수행修行이다.

수행은 개인이 자신의 발전과 성장을 위해 기울이는 모든 지속적인 노력을 의미한다. 인간은 교육과 수행을 통해서 성장한다. 교육은 타인의 도움, 즉 스승이나 지도자의 가르침을 통한 '배움'인 반면, 수행은 자신의 성장을 위해 자발적으로 노력하는 '닦음'을 의미한다. 훌륭한 스승으로부터 좋은 배움을 받는 것도 중요하지만, 스스로 열심히 꾸준하게 노력하는 닦음의 과정 없이는 성장이 이루어지지 않는다. 수행은 구도자뿐만 아니라 운동선수나 예술가들이 자신의 기량과 기예를 발전시키기 위해서 기울이는 노력을 지칭할 때 사용되기도 한다. 수양은 맥락에 따라서 수련修鍊, 훈련訓鍊, 수도修道, 수양修養, 수덕修德과 같은 유사한 용어로 지칭되고 있으며 영어로는 practice, cultivation, training과 같은 단어로 기술된다. 이처럼 수행이라는 용어가 다양한 맥락에서 사용되고 있기 때문에, 이 글에서는 인생의 궁극적 의미를 발견하고 체화하기 위한 노력의 과정을 지칭하기 위해 '구도적求道的 수행修行'이라는 용어를 사용하고자 한다.

2. 구도적 수행의 심리적 여정

동서고금을 통해 수많은 사람들이 구도의 삶을 살았다. 구도자들이 닦아놓은 길은 매우 다양하다. 유신론적인 구도의 길도 있고, 무신론적인 구도의 길도 있다. 어떤 길은 많은 사람이 동참하여 종교라는 넓은 길이 되었고, 어떤 길은 소수의 사람이 걸어가는 오솔길로 남아 있다. 구도자는 자신 앞에 놓여 있는 여러 갈래길 중 하나를 선택하고 기나긴 수행의 여정을 떠나게 된다.

구도자의 삶은 어떻게 펼쳐지는 것일까? 구도자는 어떤 동기로 구도의 의지를 갖게 되는 것일까? 구도자는 여러 갈래길 중에서 어떻게 특정한 구도의 길을 선택하는 것일까? 구도자들은 어떤 수행을 하며 어떤 체험을 하는 것일까? 구도자는 수행 과정에서 어떤 위기와 함정을 만나게 될까? 구도의 길에는 종점이 있을까 아니면 끝이 없는 여정일까? 이글은 심리학자의 관점에서 구도적 수행의 심리적 여정을 살펴보기 위한 것이다.

1) 구도의 동기

다양한 인생의 진로 중에서 구도의 길을 선택하는 동기는 무엇일까? 구도자의 길을 선택하는 이유는 무엇일까? 구도자는 인생의 어느 단계에서 어떤 계기로 구도의 길을 선택하는 것일까? 구도자는 구도의 길을 선택하는 시점에 따라 크게 두 집단으로 구분할 수 있다. 첫째 집단은 청년기 초기(15~25세)에 구도의 길을 선택한 사람들이다. 이들은 세속적인 직업의 세계에 진입하지 않고 처음부터 구도의 진로를 선택한 사람들이다. 둘째 집단은 결혼 또는 직장생활을 하다가 중년기의 한 시점에서 구도의 길로 진입한 사람들이다. 가정과 직장의 세속적인 삶에서 회의와 환멸을 경험하고 인생의 진로를 구도의 길로 바꾼 사람들이다. 공자孔子는 15세에 지우학志于學, 즉 학문의 길을 가기로 선택한 경우로서 전자의 집단에 속하는 반면, 석가모니는 결혼하고 아들까지 얻은 상태에서 29세에 출가한 경우로서 후자의 집단에 속한다.

(1) 심리적 상처

구도의 심리적 씨앗은 아동기에 뿌려지는 경우가 많다. 아동기에 입은 깊은 심리적 상처는 구도의 동기를 형성하는 근원이 될 수 있다. 예컨대, 가족이나 친구의 죽음과 같은 충격적인 상실 경험을 비롯하여 심각한 질병, 가난과 가정불화, 부모의 학대와 같은 고통스러운 경험은 아동의 마음에 깊은 상처를 남기고, 이후의 성장과정에서 삶의 괴로움과 그 극복 방법에 깊은 관심을 지니게 만든다.

프로이트(Freud)와 아들러(Adler)를 비롯한 심층심리학자들은 개인의 성격과 인생관의 기초가 아동기에 형성된다고 보았다. 아들러에 따르면, 인간은 자신의 인생에서 실현하고자 하는 궁극적인 목표를 지니는데, 이를 가상적 최종 목표(fictional finalism)라고 지칭했다.[1] 이러한 인생의 가상적 목표는 아동기에 형성된다. 그러한 목표는 모호한 것일 수 있지만 아동의 관심사와 행동 방향성을 결정한다.

---

[1] 권석만, 『현대 심리치료와 상담 이론: 마음의 치유와 성장으로 가는 길(2판)』, 학지사, 2025, pp.126~128.

신체적 결함을 지녔을 뿐만 아니라 병약했던 아들러는 어린 시절에 심리적 고통을 치유하는 훌륭한 치료자가 되려는 꿈을 가졌다고 진술한 바 있다.

구도의 씨앗은 아동기에 뿌려지지만, 구도의 싹은 청소년기에 움트게 된다. 청소년기는 아동기에서 성인기로 넘어가는 과도기로서 인생의 진로를 선택하는 매우 중요한 시기이다. 청소년들은 인지발달과 함께 자기 정체감을 형성하고 미래의 삶을 설계하면서 '나는 누구인가?' 또는 '무엇을 위해 어떻게 살 것인가?'라는 물음에 직면하게 된다. 청소년은 부모의 명령에 순종했던 아동기와 달리 부모의 신념과 가치관에 저항하면서 자신만의 독자적인 관점을 형성하려고 노력한다. 그러나 대다수의 청소년은 부모의 설득과 강요에 따라서 부모가 원하는 진로로 나아간다. 특히 한국의 청소년들은 부모의 교육열과 입시 준비에 짓눌려 자기 정체감 형성과 인생의 진로 선택을 위한 진지한 고민 없이 대학에 진학하게 된다. 따라서 대학생이 된 후에야 비로소 자기 정체감과 삶의 의미에 대한 심각한 고민과 탐색을 시작하게 된다.

청소년기는 부모에 대한 심리적 애착이 약화하면서 새로운 애착 대상을 추구하는 시기이다. 달리 말하면, 청소년기는 부모에 대한 의존에서 벗어나면서 심리적 공허감을 경험하며 새로운 애착 대상을 찾아 방황하는 시기이다. 청소년들은 부모를 대체할 수 있는 강력한 의존 대상을 추구하는데, 종교 지도자를 인생의 모델로 삼거나 추앙하면서 구도의 길을 선택할 수 있다. 특히 부모와의 관계에서 상처를 지닌 청소년들은 부모가 원하는 진로를 거부하고 구도자의 길을 선택할 수 있다.

아동기의 심리적 상처나 상실 경험은 우울감과 심리적 위축을 초래할 수 있지만, 기질적으로 역경 저항력이 강한 아동에게는 자신의 심리적 고통과 관련된 지적 탐구와 해결 방법을 모색하는 성장의 바탕이 될 수 있다. 심리학에서는 이러한 심리적 현상을 '역경 후 성장(adversarial growth)' 또는 '외상 후 성장(posttraumatic growth)'이라고 한다.[2][3] 물론 성인기에 겪게 되는 좌절과 상실 경험도 구도자의 길로 인도할 수 있다. 성인기에 실연이나 이혼, 직장생활에서의 갈등과 부적응, 가족이나 지인의 죽음과 같은 충격적인 사건을 경험하면서 인생에 대한 깊은 회의와 더불어 삶의 궁극적 의미를 탐구하려는 갈망이 생겨날 수 있다. 심리학 연구에 따르면, 실연이나 실패와 같은 좌절 경험을 한 사람들이 급격하게 종교에 귀의하는 경향이 있다.[4][5] 이런 점에서 구도적 수행은 성장과정에서 겪은 심리적 상처를 치유하려는 노력인 동시에 인격적 성장으로 나아가는 '역경 후 성장'의 과정으로 이해할 수 있다.

---

2 권석만, 『인간 이해를 위한 성격심리학』, 학지사, 2017, pp.549~551.

3 Tedeschi, R. G., & Calhoun, L. G. (2004). The posttraumatic growth: Conceptual foundation and empirical evidence. *Psychological Inquiry, 15*, 93-102.

4 권석만, 『사랑의 심리학: 인간이 경험하는 세 종류의 사랑』, 학지사, 2022, pp.374~376.

5 Granqvist, P., & Hagekull, B. (2003). Longitudinal predictions of religious change in adolescence: Contributions from the interaction of attachment and relationship status. *Journal of Social and Personal Relationships, 20*, 793-817.

(2) 죽음 불안

세속적 삶을 포기하고 구도의 길로 나서게 만드는 가장 근원적인 동기는 죽음 불안이다. 죽음 불안(death anxiety)은 자기 존재의 영원한 소멸에 대한 공포를 비롯하여 죽어가는 과정에서 겪게 되는 고통과 사랑하는 사람들과의 영원한 이별에 대한 두려움을 포함한다.[6] 죽음은 삶의 허무, 무의미, 고독을 포함하는 실존적인 문제로서 돈, 권력, 명예와 같은 세속적인 수단으로는 해결할 수 없다.

아동기를 비롯하여 인생의 여러 단계에서 겪는 좌절과 상실 경험은 자신의 실존적 상황에 대한 문제의식을 유발하여 구도의 길로 나서게 만들 수 있다. 부귀영화를 누리더라도 세월이 흐르면 결국 늙고 병들어 초라하고 비참한 모습으로 죽음을 맞이할 수밖에 없는 미래의 운명을 절실하게 자각한 사람들, 즉 자신의 실존 상황이 화택火宅과 같음을 깨닫는 사람들이 구도적 수행에 뛰어들게 된다. 석가모니가 태자 시절에 노老·병病·사死의 괴로움을 목격하고 수행자가 되기 위해 출가했다는 사문유관四門遊觀의 고사는 이러한 점을 잘 보여주고 있다.

실존주의 심리치료의 한 형태인 로고테라피(logotherapy)를 제시한 빅터 프랭클(Victor Frankl)[7]은 인간 존재와 삶의 의미에 대해 고민하면서 고통과 불안을 경험하는 심리적 상태를 실존신경증(existential neu-

---

[6] 권석만, 『삶을 위한 죽음의 심리학: 죽음을 바라보는 인간의 마음』, 학지사, 2019, pp.206~210.

[7] Frankl, V. (1946/1963). *Man's search for meaning*. (이시형 역, 『죽음의 수용소에서: 죽음조차 희망으로 승화시킨 인간 존엄성의 승리』, 청아출판사, 2012).

rosis)이라고 지칭했다. 이러한 신경증 상태에서는 삶이 무의미하게 느껴지고 지속적으로 죽음 불안을 경험하면서 인간은 본질적으로 고독한 존재라는 생각과 함께 대인관계에서 소외감을 느낀다. 이와 더불어 공허감, 불안감, 우울감, 삶의 방향감 상실과 같은 심리적 고통을 경험하게 된다. 대부분의 사람은 자신의 유한성을 인식하더라도 곧 세속적인 관심사로 주의를 전환하면서 죽음 불안을 회피한다. 그러나 실존신경증 상태에서는 죽음, 무의미, 고독과 같은 실존적 문제에 지속적으로 매달리며 불안과 우울을 경험하면서 세속적인 삶이 무의미하게 느껴진다. 이처럼 자신의 실존 상황에 대한 강박적 관심은 세속적 관점에서는 부적응적인 심리상태로 여겨질 수 있지만 삶의 궁극적 의미를 추구하려는 구도의 동기로 작용할 수 있다. 이런 점에서 구도적 수행은 죽음 불안을 비롯하여 실존신경증을 치유하기 위한 노력인 동시에 자신의 실존 상황을 직면하면서 죽음의 수용 또는 초월을 추구하는 시도라고 할 수 있다.

(3) 자기애

구도의 길을 선택하는 사람 중에는 자기애가 매우 강한 사람들이 있다. 자기애(narcissism)는 자신의 중요성을 과도하게 평가하는 심리적 경향성을 의미한다. 자기애는 자존감의 바탕이 되는 정상적인 것이지만 과도한 경우에는 자신을 특별하게 중요하고 탁월한 존재로 여길 뿐만 아니라 웅대한 이상과 포부를 지니는 영웅심으로 발전할 수 있다.[8]

　자기애가 강한 사람은 자신의 영원한 소멸, 즉 죽음을 결코 받아들일 수 없기 때문에 죽음의 운명을 극복하기 위한 처절한 투쟁에 몰두한다. 또한 이들은 웅대한 자기상을 지니기 때문에 범인凡人의 삶을 거부하고 영웅적 존재가 되려는 거대한 포부를 지닌다. 아울러 많은 사람들로부터 추앙받는 정신적 영웅이 되고자 하는 욕망을 지닌다. 죽음의 운명과 처절한 전투를 벌이고 죽음으로부터 승리한 인류의 위대한 정신적 영웅, 즉 대웅大雄이 되려는 웅대한 포부를 지닌 사람들이 구도의 길에 뛰어들어 치열한 영웅적 수행에 전념할 수 있다.

구도자의 마음 깊은 곳에는 위대한 정신적 스승이 되려는 웅대한 포부가 존재할 수 있다. 자기애가 강한 사람은 자신의 탁월함과 중요성을 과도하게 평가하는 대신 다른 사람의 가치를 인정하지 않는 경향이 있다. 또한 이들은 강한 질투심을 지니고 있어서 자신보다 우월한 상태에 있는 사람을 폄하하거나 공격하기도 한다. 구도자 중에 독불장군과 안하무인이 드물지 않은 이유가 여기에 있다. 그러나 이러한 자기애는 구도의 심리적 촉발 요인이 될 수 있을 뿐만 아니라 수행과정에서 자각되고 극복됨으로써 자아초월로 나아가는 건강한 수행의 동력으로 승화될 수 있다.

2) 구도의 길과 수행 방법의 선택

구도자는 구체적으로 어떤 구도의 길을 선택할 것인지 탐색하게 된다. 중세의 유럽이나 고려高麗와 같이 특정한 종교가 지배적인 사회에서는 대부분의 구도자가 그러한 종교의 교리와 수행 방법을 따르게

---

8 Becker, E. (1973). *The denial of death*. (김재영 역, 『죽음의 부정: 프로이트의 인간 이해를 넘어서』, 인간사랑, 2008).

된다. 그러나 현대와 같은 다종교사회에는 여러 종교가 공존하며 경쟁하고 있기 때문에 구도자는 선택의 문제에 봉착하게 된다. 구도자는 여러 종교를 탐색하고 자신에게 가장 설득력 있게 다가오는 구도의 길을 선택하게 된다.

구도의 길은 크게 두 가지 요소, 즉 이론체계와 수행 방법에 차이가 있다. 구도자는 구도의 동기를 충족시킬 수 있는 이론적이고 철학적인 교리체계를 갖춘 길을 선택하게 된다. 삶의 고통과 죽음의 의미를 설명하고 자기 존재와 삶의 궁극적 목적을 제시하는 이론체계를 갖춘 구도의 길을 선호할 것이다. 아울러 구도의 목표에 도달할 수 있는 구체적인 수행 방법을 탐색하게 된다. 기독교든 불교든 특정한 종교 내에는 다양한 종파가 있고 그에 따라 교리뿐만 아니라 수행 방법에도 차이가 존재한다. 석가모니는 출가하여 '육사외도六師外道'라고 지칭되는 구도의 길을 탐색하며 가르침을 구했지만 결국 만족하지 못하고 새로운 수행 방법을 통해서 출가의 목적을 달성했다.

(1) 상징적 불멸의 추구

인간은 죽음을 회피하기 위해 무병장수無病長壽의 다양한 방법을 모색했을 뿐만 아니라 불사不死의 육체적 불멸을 갈구했다. 그러나 현대사회에서 육체적 불멸을 믿는 사람은 거의 없다. 그 대신, 현대인은 다양한 방식으로 자기 존재의 상징적 불멸(symbolic immortality)을 추구한다. 상징적 불멸은 자신보다 더 크고 오래 존속하는 것과의 상징적 연결을 통해서 얻게 되는 자기 존재의 연속감이나 불멸감을 의미한다. 정신분석학자인 로버트 리프턴(Robert Lifton)[9]은 현대인이 삶의 허무와 죽음의 공포로부터 벗어나기 위해 상징적 불멸을 추구하는 5가지 방법을 제시했다.

① 생물학적 방식의 불멸

인간은 자녀를 통해 미래와 연결된다고 느낀다. 생물학적 방식의 불멸(biological mode of immortality)은 자녀와 후손을 통해 자신의 삶이 이어진다는 불멸감을 뜻한다. 대부분의 문화에서는 많은 자녀를 낳고 잘 양육함으로써 가문을 번성시키는 것을 중시한다. 또한 후손은 부모의 성姓을 물려받음으로써 가문의 연결성을 강조한다. 이처럼 인간은 혈육으로 연결된 자녀와 후손을 통해서 유한성을 극복하고 자기 존재에 대한 불멸감을 획득하고자 노력한다.

② 창조적 방식의 불멸

인간은 창조적 작품과 업적을 통해 자기 존재의 흔적을 후세에 남기고자 한다. 인간은 자신의 창조적 성취와 타인에 대한 영향력을 통해서 불멸감을 얻을 수 있다. 창조적 방식의 불멸(creative mode of immortality)은 이처럼 다양한 분야(학문, 예술, 문학, 교육, 건축 등)의 창조적 성취를 통해서 불멸감을 획득하는 것이다. 창조적 업적은 많은 사람의 삶에 영향을 미침으로써 자기 존재를 확장하는 것이라고 할 수 있다.

---

9 Lifton, R. (1979). *The broken connection: On death and the continuity of life*. Simon and Schuster.

③ 자연과의 유대를 통한 불멸

인간은 자연으로부터 와서 자연으로 돌아가는 자연의 일부이다. 개인은 자연과 상호작용하면서 다양한 방식으로 연결되어 있는 존재이다. 인간은 죽음을 통해 흙으로 돌아가고 다시 새로운 생명으로 태어나 삶을 영위하는 자연의 거대한 순환에 참여하는 지속적인 존재인 것이다. 이처럼 자연과의 연결성 또는 연속성(continuity with nature)을 통해서 자연의 일부로서 자기 존재의 불멸감을 경험할 수 있다.

④ 신학적 방식의 불멸

인간은 영혼과 사후세계의 존재에 대한 믿음을 통해서 자기 존재의 불멸감을 추구한다. 대부분의 종교는 영혼과 사후세계의 존재를 주장하며 영원성을 추구한다. 신학적 방식의 불멸(theological mode of immortality)은 영혼과 사후세계에 대한 믿음을 통해서 자기 존재의 불멸감을 얻는 것이다. 특히 유일신을 믿는 종교에서는 절대적 존재인 하느님에게 의존하고 그의 은총으로 천국에서 영원히 살 수 있다는 믿음을 지님으로써 불멸감과 영원감을 추구한다. 이러한 종교는 일시적인 현세의 삶보다 영원한 내세의 삶이 더 중요하다고 주장한다.

⑤ 체험적 초월을 통한 불멸

인간은 세계와 분리된 개체라는 자아의식을 넘어서는 초월적 체험을 통해서 유한성을 극복하기도 한다. 이러한 초월적 체험은 일상적인 경험의 한계를 넘어선 독특한 경험으로서 흔히 신비체험이라고 불리며 자아의 초월, 신과의 합일, 모든 분별을 넘어선 무념무상의 체험을 포함한다. 초월적 체험의 핵심은 자아가 실재하는 것이 아니라는 확신이다. 이러한 체험적 초월(experiential transcendence)을 통해서 불멸감을 경험하며 죽음 불안에서 벗어날 수 있다.

(2) 종교적 구도: 유신론적 구도와 무신론적 구도

구도의 길은 매우 다양하다. 구도자는 여러 가지 인연에 의해서 특정한 구도의 길을 선택하게 된다. 리프턴이 제시한 상징적 불멸의 추구 방법 중에서 네 번째와 다섯 번째 방법이 종교적 구도에 해당한다. 종교적 구도에는 크게 두 가지의 길, 즉 유신론적 구도와 무신론적 구도의 길이 존재한다.

① 유신론적 구도의 길: 신과의 합일

유신론적 구도는 초월적 존재인 신神에 의지하여 순종하거나 합일을 통해 죽음으로부터의 구원을 추구하는 것이다. 유일신을 숭배하는 아브라함 계열의 종교(기독교, 유대교, 이슬람교 등)가 이에 속한다. 힌두교는 수많은 신을 제시하지만 궁극적 존재인 브라만(Brahman)과 개인적 영혼인 아트만(Atman)의 합일을 추구하는 불이일원론不二一元論의 유신론적 종교라고 할 수 있다.

유신론적 종교는 체험적으로 신과 합일에 이르는 다양한 수행 방법을 제시하고 있다. 예를 들어, 동방정교회의 신비주의 전통에서는 영적 성장을 위한 세 단계의 수행 방법을 제시하고 있다.[10] 첫

---

10 Louth, A. (2007). *The origins of the Christian mystical tradition: From Plato to Denys*. Oxford University Press.

번째 단계는 정화의 길(purgative way)이며 죄를 회개하며 하느님과의 관계를 새롭게 하는 단계이다. 이 단계에서는 금욕과 고행을 통해 육체적 욕망과 세속적 집착을 버리는 동시에 성경 읽기, 기도, 묵상을 통해 하느님에게로 나아가는 과정이 포함된다. 수도공동체 생활에서는 엄격한 규율과 실천이 강조된다. 두 번째는 조명의 길(illuminative way)이며 영적 성숙이 이루어지는 단계이다. 하느님의 뜻을 더욱 깊이 깨닫고 순종하는 단계로서 하느님의 은총을 체험하며 성령의 인도를 따르게 된다. 이 단계의 대표적 수행 방법은 묵상 기도, 관상 기도, 성경 깊이 읽기, 사랑과 봉사의 실천이다. 세 번째는 합일의 길(unitive way)이며 하느님과 신비적 합일에 이르는 단계이다. 하느님과의 깊은 친교와 일치를 이룸으로써 자신의 뜻을 완전히 하느님에게 맡기고 모든 것을 초월한 평온함 속에서 살아가게 된다. 이 단계의 대표적 수행 방법은 침묵 속의 기도, 완전한 신뢰, 사랑의 실천이다. 이러한 정화, 조명, 합일의 단계를 통해서 신성화神聖化되는 과정을 테오시스(Theosis)라고 한다.

  기독교의 수행 전통은 초기 기독교(AD 3~4세기)의 교부, 특히 사막 교부들로부터 시작되었다. 성 안토니우스를 비롯한 사막 교부들은 이집트 사막에서 독거 또는 은거 생활을 하면서 고독, 금욕, 침묵, 기도, 묵상, 참회 등의 엄격하고 지열한 수행을 한 것으로 전해지고 있다. 이후에 사막 교부의 명성을 듣고 찾아온 제자들이 늘어나자 점차 수도공동체로 발전하였으며 이러한 수행 전통은 현재 가톨릭교회와 동방정교회를 통해서 이어지고 있다. 가톨릭교회의 경우에는 베네딕토 수도회, 프란시스코 수도회와 같은 다양한 수도회 조직으로 분화되었으며 각기 독특한 수도 제도와 규범을 가지고 있다.

② 무신론적 구도의 길: 해탈의 추구

무신론적 구도는 신이라는 초월적 존재를 가정하지 않고 자아의 초월을 통해서 죽음 불안을 해소하고 대자유의 삶을 추구하는 것이다. 무신론적 구도의 길에는 불교, 자이나교, 원불교, 도교, 유교 등이 있다. 불교는 가장 대표적인 무신론적 구도의 길이다. 불교의 기본교리는 고집멸도의 사성제四聖諦에서 잘 제시되고 있으며, 수행 방법으로는 팔정도八正道, 육바라밀六波羅蜜, 삼학三學, 지관止觀, 참선參禪 등이 있다. 불교의 교파에 따라 중요하게 여기는 수행 방법이 각기 다르다.

불교에서는 해탈에 이르는 수행의 단계를 다양한 방식으로 제시하고 있다. 구차제정九次第定에 따르면, 수행의 경지는 초선初禪에서 2선二禪, 3선三禪, 4선四禪으로 나아가고, 계속해서 공무변처정空無邊處定, 식무변처정識無邊處定, 무소유처정無所有處定, 비상비비상처정非想非非想處定으로 나아가 최종적으로 멸진정滅盡定에 이르게 된다.

「십우도十牛圖」는 구도적 수행의 과정을 소를 찾아 나서는 과정에 비유하여 10가지 단계로 나누어 제시하고 있다. 구도자인 동자가 소를 찾아 나서는 심우尋牛로 시작하여 견적見跡, 견우見牛, 득우得牛, 목우牧牛, 기우귀가騎牛歸家, 망우존인忘牛存人, 인우구망人牛俱忘, 반본환원返本還源을 거쳐 마지막에는 중생제도를 위해서 세속으로 나오는 입전수수入廛垂手로 나아간다. 이렇게 수행의 궁극적인 경지에 도달한 사람을 부처 또는 각자覺者, 성인聖人, 도인道人과 같은 명칭으로 지칭하고 있다.

초기불교는 생로병사의 괴로움에서 벗어나 심리적 자유를 증득하는 해탈, 즉 열반을 추구하는 수행 종교로 시작되었다. 그러나 이후에 대승불교 또는 민중불교로 발전하면서 무신론적 수행 종교와 유신론적 신앙 종교가 혼합한 형태로 진전되었다. 수행자 자신의 해탈과 더불어 중생의 제도를 중요하게 여기는 대승불교는 출가자 또는 엘리트 수행자뿐만 아니라 일반 민중에게 다가가기 위한 노력으로서 교세 확장을 위한 불교 운동이라고 할 수 있다. 일반 민중은 불교의 정교한 교리를 이해하기 어려울 뿐만 아니라 장기간 수행을 하기도 어렵다. 고통스러운 상황에서 위로와 도움을 구하는 민중의 욕구에 부응하기 위해서 다양한 부처와 보살을 형상화한 불상佛像을 만들어 예배하는 수행 방식이 생겨났다. 일부의 불교 종파는 아미타불이나 관세음보살을 비롯하여 인격화한 신을 상상하고 그 이름을 되뇌는 염불念佛의 수행 방법을 중시하고 있다. 그러나 우리나라의 4대 종교 중 하나인 원불교圓佛敎는 교주를 비롯한 특정한 인물을 숭배하기보다 진리를 신앙하기 때문에 교당에 인간의 모습을 한 형상을 제시하지 않고 진리를 상징하는 일원상一圓相만을 제시하고 있다.

(3) 구도의 길 선택에 영향을 미치는 요인들

구도의 모든 길은 이기적인 욕망을 통제하면서 자아의 초월을 지향하지만 인격적인 신神의 상정 여부와 수행 방법에서 현저한 차이를 지니고 있다. 구도자는 성격, 신념, 가족 배경, 사회문화적 환경 등 여러 가지 인연에 따라 특정한 구도의 길과 수행 방법을 선택하게 된다. 구도자는 자신이 살고 있는 사회에게 가장 지배적인 구도의 길을 선택하는 경우가 많다. 존경하는 종교 지도자를 모델로 삼거나 가족을 비롯한 주변 사람의 권유에 의해서 특정한 구도의 길을 선택할 수 있다. 그러나 다종교사회에서는 개인의 심리적 성향이 구도의 길 선택에 더 중요한 영향을 미칠 수 있다.

심리학의 관점에서 보면, 유신론적 구도와 무신론적 구도는 인간이 지닌 두 가지의 근원적인 심리적 성향과 관련되어 있다. 인간의 삶은 매우 복잡한 듯하지만 크게 두 가지의 방향으로 펼쳐진다. 미국의 심리학자인 데이비드 바칸(David Bakan)[11]은 『인간 존재의 이중성』이라는 저서에서 인간의 삶은 '연대성(communion)'과 '자율성(agency)'이라는 두 가지의 지향성에 의해서 이루어진다고 주장했다. 연대성은 다른 사람과 따뜻하고 친밀한 관계를 형성하려는 지향성을 의미하고, 자율성은 독립적이고 유능한 주체적 존재가 되려는 지향성을 뜻한다. 연대성을 추구하는 사람은 외로움과 따돌림을 두려워하고, 자율성을 추구하는 사람은 타인의 간섭과 통제를 싫어한다. 연대성이 강한 사람은 '사랑'이라는 가치를 소중하게 여기는 반면, 자율성이 강한 사람은 '자유'라는 가치를 중요하게 여긴다. 바칸은 연대성과 자율성을 인생의 '빅 투(Big Two)'라고 불렀다. 연대성과 자율성 중 어떤 것을 더 중요하게 여기며 살아가느냐에 따라 개인의 성격과 인생이 달라지기 때문이다.

---

[11] Bakan, D. (1966). *The duality of human existence: Isolation and communion in Wester man*. Beacon Press.

① 인간의 의존성과 유신론적 구원

인간은 의존성이라는 매우 뿌리 깊은 심리적 욕구를 지닌다. 인간은 무력한 존재로 태어나 부모에게 전적으로 의존하며 어린 시절을 보낸다. 어린아이는 자신보다 강한 존재와 연대를 맺고 그로부터 보호받으려는 의존 성향을 마음 깊이 각인한다. 현대 정신분석이론의 한 흐름인 대상관계 이론(object relation theory)에 의하면, 인간의 가장 기본적인 욕구는 타자와 관계를 맺고 교류하려는 욕구이다. 유신론적 구도의 길은 인간이 지닌 근원적인 의존 욕구의 충족을 통해 삶과 죽음의 고통에서 벗어나려는 시도라고 할 수 있다. 전지전능한 초월적 존재, 즉 신神에 대한 절대적 의존과 헌신을 통해서 모든 위협으로부터 보호받으며 안전감을 획득하려는 노력이 유신론적 구도의 길이라고 할 수 있다.

유아의 의존 성향은 보호자, 특히 어머니에 대한 애착 행동을 통해서 나타난다. 애착 이론(attachment theory)[12]에 따르면, 유아의 애착 행동은 네 가지의 특성을 지닌다. 첫째는 근접성(proximity)으로서 항상 어머니 곁에 머물려는 것이고, 둘째는 어머니를 안전기지(secure base)로 삼아 주변을 탐색하는 것이며, 셋째는 분리 고통(separation distress)으로서 어머니와 떨어지면 고통을 느끼는 것이다. 그리고 넷째는 피난처(safe haven)로서 위기에 처하거나 불안을 느낄 때마다 어머니에게 돌아와 심리적 위로를 받고 안정감을 회복하는 것이다. 유아는 특히 다음과 같은 세 가지 위험 상황에서 애착 대상에게 접근하여

---

12 Bowlby, J. (1969). *Attachment and loss: Vol. 1. Attachment.* Basic Books.

돌봄을 요청한다: ㈎ 위험에 처해 불안과 공포를 느끼는 상황, ㈏ 질병, 상처, 피로와 같이 육체적인 나약함을 경험하는 상황, ㈐ 부모와 떨어져 외로움과 불안을 느끼는 상황이다. 한 실증적 연구[13]에 따르면, 기독교 신자들은 이와 같은 세 가지 상황에서 하느님을 찾는 경향이 있다.

프로이트를 비롯하여 폴 프루이저(Paul Pruyer)[14], 아나 마리아 리주토(Ana-Maria Rizzuto)[15]와 같은 심리학자들은 하느님 이미지(God image)가 가족관계의 경험을 통해서 생겨난다고 여긴다. 하느님 이미지는 다양한 원천에서 비롯되지만, 주된 원천은 부모이다. 어린아이는 자신의 부모와 주고받은 관계 경험을 통해서 하느님 이미지를 창조하고 하느님과 자신의 관계를 조절한다. 어떤 사람은 권위적이고 무서운 아버지와 같은 하느님 이미지를 구성하는 반면, 다른 사람은 온유하고 사랑이 많은 어머니와 같은 하느님 이미지를 내면화한다.

애착 이론가인 메리 에인스워스(Mary Ainsworth)[16]에 따르면, 생후 24개월 동안에 유아가 어머니와 맺은 관계 경험이 평생의 인간관계와 인생에 영향을 미친다. 어린 시절에 어머니와 어떤 애착 경험을 했느냐

---

13 Hood, R. W., Jr., Spilka, B., Hunsberger, B., & Gorsuch, R. L. (1996). *The psychology of religion: An empirical approach* (2nd ed.). The Guilford Press.
14 Pruyser, P. W. (1968). *A dynamic psychology of religion*. Harper and Row.
15 Rizzuto, A. (1979). *The birth of the living God: A psychoanalytic study*. University of Chicago Press.
16 Ainsworth, M. D. S., Blehar, M., Waters, E., & Wall, S. (1978). *Patterns of attachment*. Erlbaum.

에 따라 타인과 관계를 맺는 방식이 달라질 뿐만 아니라 종교의 선택도 달라질 수 있다. 리주토[17]에 따르면, 어머니와의 안정된 애착 경험을 통해 의존 욕구가 잘 충족된 사람이거나 또는 불안정한 애착 경험으로 인해 의존 욕구가 좌절되어 다른 애착 대상을 강렬하게 추구하는 사람이 유신론적 종교에 이끌리는 경향이 있다.

② 인간의 자율성과 무신론적 초월

인간은 무력한 존재로 태어나 생의 초기에는 부모에게 의존하지만 점차 독립적인 존재로 성장한다. 특히 아동이 청소년으로 성장하면 부모의 통제에서 벗어나 자율적인 독립적 존재가 되려고 투쟁한다. 이처럼 인간은 자신보다 강력한 존재에게 의존하여 순응하는 삶으로부터 주체적인 존재가 되어 자율적이고 자유로운 삶으로 나아가는 존재이다.

아동에게 부모는 양면성을 지닌 존재이다. 부모는 자신을 보호해 주는 좋은 의존 대상인 동시에 자신을 통제하고 처벌하는 나쁜 구속자이기도 하다. 이것이 자녀가 부모와의 관계에서 겪는 근본적인 갈등이다. 죽음이라는 실존적 주제에 깊은 관심을 지녔던 정신분석가인 오토 랑크(Otto Rank)[18]는 3~5세의 남자아이가 아버지에게 적대감을 나타내는 오이디푸스 콤플렉스(Oedipus Complex)의 의미를 새롭게

---

17 Rizzuto, A. M. (1979). Ibid.
18 Rank, O. (2004). *The myth of the birth of the hero: A psychological exploration of myth* (G. C. Richter & E. J. Lieberman, Trans.). Johns Hopkins University Press.

해석했다. 남자아이가 아버지에게 적대감을 나타내는 이유는 어머니의 애정을 얻기 위한 경쟁심에 의한 것이 아니라 아버지의 통제와 구속에서 벗어나 자율성과 자유를 얻기 위한 것이다. 랑크는 아버지의 통제로부터 독립하기 위한 자녀의 투쟁을 '오이디푸스 프로젝트(Oedipus Project)'라고 지칭했으며 그러한 투쟁 경험은 개인의 삶과 실존적 태도에 지대한 영향을 미친다고 주장했다.

에인스워스[19]에 따르면, 어린 시절에 어머니의 과도한 통제를 경험한 사람이나 어머니의 무관심과 냉담함으로 인해 애착 욕구가 좌절된 사람은 친밀한 관계를 회피하고 자율성을 추구하려는 경향을 나타낸다. 이처럼 인간은 부모와의 관계 경험을 통해서 연대성과 자율성 중 하나의 성향이 두드러질 수 있다. 자율성의 욕구가 강한 사람은 모든 구속에서 벗어나 해탈의 대자유를 추구하는 무신론적 구도의 길에 매력을 느낄 수 있다.

요약하면, 유신론적 구도는 죽음으로부터 구원해 줄 절대자에게 의존하고 순종하는 연대성의 길인 반면, 무신론적 구도는 모든 구속의 대상으로부터 독립하여 자유로워지는 자율성의 길이라고 할 수 있다. 유신론적 구도자는 '사랑'을 추구하는 반면, 무신론적 구도자는 '자유'를 추구한다. 전자에 속하는 사람은 "주님은 나의 목자이니 부족할 것이 없어라 … 어두운 밤 홀로 헤매일 때, 주 항상 나를 인도하시네"라는 문구를 좋아하는 반면, 후자에 속하는 사람은 "그물에 걸리지 않는 바람처럼 무소의 뿔같이 혼자서 가라"는 문구를 좋아한다. 이처

---

19 Ainsworth, M. D. S., et al. (1978). Ibid.

럼 어린 시절의 관계 경험은 연대성과 자율성 욕구의 상대적 강도와 연결되어 구도의 길을 선택하는 데 영향을 미칠 수 있다.

3) 수행의 정진과 위기

유신론적 구도이든 무신론적 구도이든, 구도의 길을 선택한 구도자는 본격적인 수행으로 나아가게 된다. 수행은 구도의 목표에 대한 지적 이해를 넘어서 '체험적 확신'으로 승화시키는 심리적 과정을 의미한다. 유신론적 구도에서는 하느님에 대한 절대적 믿음과 순종 그리고 합일로 나아가는 과정이며, 무신론적 구도에서는 깨달음을 통해 해탈과 열반으로 나아가는 과정이라고 할 수 있다.

　수행자는 세속과의 연결성에 따라 출가出家 수행자와 재가在家 수행자로 나눌 수 있으며, 수행에 전념하는 정도에 따라 전업專業 수행자, 겸업兼業 수행자, 부업副業 수행자로 구분할 수 있다. 수행자는 수행 집단에 소속되어 조직의 수행 규범에 따라 수행할 수도 있고, 홀로 독자적인 방법으로 수행할 수도 있다. 수행자는 스승이나 안내자의 지도에 따를 수도 있고, 개인적으로 자율적인 수행을 할 수도 있다. 석가모니는 출가한 이후에 '육사외도'로 지칭되는 당시의 스승을 찾아다니며 가르침을 구했지만 결국 만족하지 못하고 독자적인 수행 방법을 통해 깨달음을 얻었다고 전해지고 있다.

(1) 수행의 정진

종교와 종파에 따라 수행 방법이 현저하게 다르다. 그러나 수행의 핵심은 단순한 생활 속에서 심리적 안정과 집중을 통해 신을 묵상하거나 자신의 마음을 깊이 성찰하면서 이기적인 자아를 초월하는 것이다. 수행의 정진을 위해서 다음과 같은 핵심적인 노력이 필요하다.

① 일상생활의 단순화

수행을 위해서는 일상생활을 단순화하는 것이 필수적이다. 번잡한 생활로 인해 심리적 에너지를 분산시키지 않고 수행에 전념하기 위해 일상생활을 단순화하는 것이다. 심리학의 관점에서 보면, 수행은 자아초월을 위한 노력에 심리적 에너지를 집중하는 것이다. 세속의 삶에서는 가정, 직업, 대인관계와 같은 다양한 일에 심리적 에너지가 분산될 수밖에 없다. 또한 이해관계가 얽혀 있는 세속의 삶에서는 사람들 간의 갈등과 다툼을 피하기 어렵다. 타인과의 갈등과 투쟁 속에서 자아는 더욱 경직되고 협소해진다. 경직된 자아는 이기적 집착을 강화하여 불안과 분노를 유발하기 때문에 심리적 안정과 평화를 누리기 어렵다. 그래서 수행자들은 번잡한 세속을 떠나 산이나 사막에 은거하는 생활을 선택하는 경우가 흔하다. 자연 속에서의 은거 생활을 통해 심리적 평화를 누릴 수 있을 뿐만 아니라 자연과의 연결감을 통해서 자아의 경직성도 완화할 수 있다.

② 욕망 조절

수행자는 금욕禁慾 생활을 통해서 식욕, 성욕, 수면욕과 같은 생리적 욕구를 비롯하여 다른 사람의 인정과 애정을 얻으려는 사회적 욕구를 절제한다. 금욕 생활은 내면의 욕망을 자각하고 통제하는 능력을 함양함으로써 심리적 안정감과 평화로움을 증진하는데, 이는 수행에 전념하기 위한 것이기도 하다. 초기 기독교에서는 은거하는 수행자를 은수자隱修者라고 지칭했으며, 홀로 수행하는 독은수자獨隱修者와 소수의 수행자와 함께 수행하는 회은수자會隱修者로 구분했다. 수행자들은 말을 하지 않는 묵언默言과 음식을 섭취하지 않는 단식斷食을 했는데, 이는 생활을 단순화하는 동시에 기본적인 욕망을 절제하는 수행이기도 하다. 욕망은 수행자의 내면에서 떠오르기도 하지만 외부 환경의 자극에 의해 유발되기도 한다. 은거생활은 세속과 거리를 유지함으로써 외부의 유혹을 차단하고 수행에 전념할 수 있는 상황을 만들기 위한 것이기도 하다.

③ 정신집중

수행의 핵심은 정신을 집중하여 수행에 전념하는 것이다. 자아초월을 위한 수행 방법은 유신론적 구도와 무신론적 구도에 따라 차이가 있다. 유신론적 수행자는 경전을 읽고 자신이 신봉하는 신神을 지속적으로 묵상하며 기도하거나 예배와 제의를 통해 신에 대한 헌신에 집중한다. 자아초월을 위한 유신론적 방법은 이기적 욕망을 내려놓고 신의 뜻에 따라 모든 것을 맡기며 살아가는 것이다. 이러한 순명順命과 헌신獻身의 삶을 통해 전지전능한 신과의 연결감과 안전감을 얻을 뿐만 아니라 신의 은총을 통해서 상징적 불멸에 이를 수 있다는 구원의 확신을 갖게 된다. 유신론적 수행에서 중요한 것은 신의 형상을 심상화하여 내면화하는 것이다. 신을 인간과 유사한 형상으로 구체화하여 인격적인 교감을 나눔으로써 믿음과 안정감을 강화하며 기도와 묵상에 집중할 수 있게 된다. 신에 대한 믿음은 시각적 형상뿐만 아니라 찬송, 통성기도, 만트라와 같은 청각적 수단을 통해서도 강화될 수 있다. 유신론적 수행의 핵심은 신에 대한 믿음을 강화하면서 순종을 통해서 이기적 자아를 내려놓고 신과의 심리적 합일 상태에 이르는 것이다. 자아가 죽어야 신과 하나가 될 수 있고, 신에게 완전히 순종함으로써 자아가 죽게 된다.

무신론적 수행의 대표적인 방법은 명상이다. 명상은 의식을 집중하여 고요하고 평화로운 심리상태를 유지하거나 자신의 내면세계를 세세밀밀細細密密하게 관찰하는 것이다. 불교에서는 사마타와 위빠사나, 지관, 참선, 염불과 같은 다양한 명상 방법이 제시되고 있다. 인간은 사회성이 강하고 호기심이 많은 원숭이와 가까운 종種으로서 주의가 산만한 존재이다. 마음이 내면적 욕망과 외부적 자극에 끊임없이 이끌리기 때문에 심리적으로 불안정할 뿐만 아니라 자신의 내면세계를 깊이 천착하여 관조하기 어렵다. 고락苦樂과 희비喜悲의 소용돌이 속에서 마음의 평화를 누리지 못한 채 불안정한 삶을 영위한다. 흙탕물같이 혼탁한 마음을 진정시키기 위해서는 주의를 한곳에 집중하는 노력이 필요하다. 명상은 심리적 안정감을 제공할 뿐만 아니라 마음을 깊이 관조할 수 있는 집중력을 함양한다. 위빠사나와 같은 통찰 명상을 통해 마음의 변화를 관조하면서 제행무상諸行無常, 일체개고一切皆苦, 제법무아諸法無我의 깨달음에 이를 수 있다. 이러한 깨달음을 통해서 자기 존재의 실상을 인식하고 자아에 대한 집착에서 벗어나 대자유에 이를 수 있게 된다.

④ 수행의 안내자

수행자에게는 안내자 또는 스승이 필요하다. 수행의 길에는 많은 샛길과 함정이 있기 때문에 그 길을 먼저 걸어본 수행자의 도움이 필요하다. 수행의 과정을 직접 체험하고 최고의 목표에 도달한 선지식善知識의 안내와 지도를 받는 것이 중요하다. 수행의 안내자는 올바른 수행 방법을 가르쳐줄 뿐만 아니라 수행의 과정에서 겪게 되는 위기와 함정을 미리 알려주고 극복하는 방법을 전해 주기 때문이다. 수행자는 수행의 모범이 되는 스승을 찾아 가르침을 받고 수행의 진전 과정을 점검받는 것이 필요하다. 그러나 안내자가 필수적인 것은 아니다. 석가모니처럼 독자적인 수행을 통해 깨달음을 얻은 수행자도 있기 때문이다.

(2) 자아초월 수행의 공통 요소

여러 문화권에는 자아초월을 촉진하는 수행 방법이 존재한다. 이러한 수행 방법은 위대한 종교적 전통의 핵심을 구성하고 있다. 자아초월 심리학자인 로저 월시(Roger Walsh)와 프란시스 본(Francis Vaughan)[20]에 따르면, 자아초월 수행은 인간의 마음에 대한 두 가지 가정에 근거하고 있다. 첫째 가정은 인간의 일상적 의식 상태가 최선이 아니라는 것이다. 일상적 의식 상태는 혼탁하고 통제하기 어려우며 진실을 왜곡하고 있다. 둘째 가정은 체계적으로 훈련하면 의식 상태가 명료해

---

20 Walsh, R., & Vaughan, F. (1993). The art of transcendence: An introduction to common elements of transpersonal practice. *Journal of Transpersonal Psychology*, 25(1), 1-10.

지고 통제 가능하며 진실을 인식할 수 있다는 것이다. 이러한 훈련을 통해서 모든 사람이 지니는 자아초월적인 잠재 능력이 촉진되고 발휘될 수 있다. 월시와 본은 자아초월을 위한 수행의 여섯 가지 공통적 요소를 다음과 같이 제시하고 있다.

① 윤리적 행동
자아초월 수행의 기본적 훈련은 윤리적 행동을 하고 비윤리적 행동을 억제하는 것이다. 윤리적 행동은 친절, 자애, 평정과 같은 긍정적인 심리적 자질을 함양하는 반면, 비윤리적 행동은 탐욕이나 분노와 같은 부정적인 마음에서 유발될 뿐만 아니라 혼탁하고 파괴적인 심리 상태를 강화하기 때문이다.

② 주의통제력의 강화
주의 훈련과 집중력 함양은 일상적 의식의 변덕스러운 방랑벽을 극복하는 데 필수적이다. 마음은 어떤 대상에 주의를 기울이느냐에 따라 정서 상태가 결정되기 때문에, 주의를 원하는 대로 조절하는 것이 매우 중요하다. 긍정적 대상에 주의를 기울이면 긍정적 감정이 일어나지만, 부정적 대상에 주의가 이끌리면 부정적 감정이 일어난다. 주의통제력을 강화함으로써 특정한 정서와 욕망을 조절하는 심리적 능력이 증가하게 된다.

③ 정서적 안정
윤리적 행동과 주의통제력은 우울, 불안, 분노와 같은 부정적 정서를

감소시키고 정서적 안정을 촉진할 뿐만 아니라 사랑, 환희, 자애와 같은 긍정적 정서를 함양한다. 또한 정서적 안정은 주의집중력을 강화하고 윤리적 행동을 촉진하는 기능을 지닌다. 정서적으로 안정되어 평정심이 함양되면 모든 대상을 평등하게 대하는 태도도 증가하게 된다.

④ 알아차림의 함양

일상적 마음은 둔감하고 불안정하며 혼탁한 감정에 채색되어 있고 여러 욕망에 의해 왜곡되어 있다. 자아초월을 위한 핵심적 수행은 알아차림(awareness)을 함양하는 것이며 그 대표적인 방법은 명상이다. 명상을 통해 알아차림이 향상되면 외부세계에 대한 지각이 더 선명하고 섬세해질 뿐만 아니라 내면세계를 더 정교하게 접촉할 수 있다. 마음의 자연적 성향은 과거와 미래로 오가며 헤매는 것이다. 명상은 현재에 주의를 유지하는 훈련이다. 외적 지각이 정확해질 뿐만 아니라 내적 통찰 능력이 육성됨에 따라 자신의 마음을 세밀하게 알아차리는 내성적 민감성(introspective sensitization)이 증가한다. 외부 대상과 자신의 마음을 명료하고 정확하게 바라볼 수 있을 때, 공감적이고 적절한 반응을 할 수 있게 된다.

⑤ 동기의 방향 전환

윤리적 행동, 주의통제력, 정서적 안정, 명상 수행과 함께 수행자의 동기는 더욱 건강하고 이타적인 방향으로 전환된다. 충동성과 강박적 갈망이 감소하고 동기는 덜 자기중심적이고 더 자기초월적으로 변한다. 심리적 성숙은 이기적 동기에서 이타적 동기로 전환되는 것과 연결되어 있다. 이러한 동기의 전환은 '내면적 정화'이기도 하고 '세상에 대한 집착을 내려놓는 것'이기도 하다. 진정한 행복에 이르는 길은 소유를 증가시키는 것이 아니라 욕망을 내려놓는 것이다. 욕망을 내려놓는 것은 매우 어려운 일이지만 자아초월에 이르는 핵심적 관건이다.

⑥ 지혜의 함양

지혜는 지식과 다른 것으로서 지혜가 발달하기 위해서는 자기의 변형이 필요하다. 자기 변형은 세상에 존재하는 수많은 고통을 포함하여 '있는 그대로의 실상實相에 방어 없이 열려 있음'에 의해 촉진된다. 고독, 무의미, 자유, 죽음과 같은 인간의 실존적 상황을 자각하는 것이다. 실존주의 철학은 실존적 상황에 대한 자각과 수용에 머물지만, 자아초월 수행은 실존적 상황에서의 출구를 제공한다. 실존주의 철학은 삶의 실존적 조건을 인식하고 그것을 진실하고 의연하며 용기 있게 수용하기를 권장한다. 반면에 자아초월적 지혜는 실존적 한계로 인해 괴로워하는 자기 자신을 변형시킴으로써 실존적 상황으로부터 초월할 수 있음을 깨닫는 것이다. 이러한 자기 변형은 자아, 마음, 의식, 우주의 본질에 대한 직관적 깨달음을 통해서 일어난다. 이러한 깨달음은 이성을 초월하는 것으로서 해탈적 지혜의 기반이 된다. 자아초월 수행의 목표는 해탈적 지혜의 증득을 통해서 성취되는 것이다.

월시와 본에 따르면, 자아초월 수행에 의해서 함양되는 여섯 가지의 심리적 역량은 서로 의존적이다. 한 역량의 발달은 다른 역량의 발달을 촉진한다. 자아초월 수행의 진전을 위해서는 여섯 가지 역량의 균형과 조화가 중요하다.

(3) 수행의 위기와 함정

구도적 수행의 과정은 결코 순탄하지 않다. 구도적 수행은 뼈를 깎는 노력이 필요할 뿐만 아니라 여러 가지 위기와 함정을 극복해야 한다. 그래서 모든 수행자가 구도의 목적을 성취하는 것은 아니다.

① 수행자의 의식주 문제

수행자는 어떻게 의식주를 해결하는 것일까? 탁발托鉢 문화가 현존하는 일부의 국가를 제외하면, 수행자는 스스로 의식주를 해결해야 한다. 수행에만 전념하는 전업 수행자는 의식주를 어떻게 해결하는 것일까? 제도권 종교에 속한 수행자는 교단으로부터 의식주를 제공받는다. 불교 조계종의 경우, 비구나 비구니가 되기까지는 교단으로부터 의식주 지원을 받지만, 비구나 비구니가 된 이후에는 특정한 사찰의 소임을 맡거나 개인적인 사찰을 마련하여 신도들로부터 시주를 얻어야 한다. 특정한 교단에 속하지 않은 수행자는 스스로 의식주를 해결해야 한다. 농사를 짓거나 부업을 하여 최소한의 의식주를 마련해야 한다. 장기간 지속되는 수행 생활에서는 의식주를 마련하기 위한 돈 문제가 발생할 수 있으며 이와 관련된 여러 가지 함정이 존재한다. 일부의 수행자는 신도들을 다양한 방식(치병, 점술, 운세, 무속 등)으로 현혹하며 부당하게 돈을 갈취하는 사이비 도사나 사기꾼 수행자로 전락하기도 한다.

② 수행 의지의 약화

수행은 장기간 또는 평생 지속되는 과정이다. 장기적인 수행 과정에서 초발심初發心의 의욕과 열의를 유지하는 것은 쉽지 않다. 매일 반복되는 수행 생활에 익숙해져 매너리즘과 나태함에 빠져들 수 있다. 초발심의 뜨거운 열정이 사그라들고, 똑같이 반복되는 생활에 권태감을 느끼고, 수행의 진전을 체감하지 못하면서 회의감에 빠져들고, 여러 가지 유혹(성욕, 소유욕, 세속에 대한 관심 등)에 시달리게 된다. 이처럼 수행의 의욕이 약화된 상태에서 유혹에 빠져들면 수행과 멀어지는 샛길로 빠지거나 수행의 길을 포기할 수도 있다. 기독교 수행자의 경우, 수행 과정에서 영적 기쁨과 평안을 경험하지만 때때로 신앙적 회의와 의심에 빠져들 수 있다. 이러한 경험을 '영혼의 어두운 밤(Dark Night of the Soul)'이라고 지칭하는데, 하느님이 존재하지 않는다는 생각에 휘말리거나 영적인 기쁨을 느끼지 못하고 무덤덤한 메마른 감정 상태에 빠져드는 시기를 뜻한다. 수행자는 수행 과정에서 경험하게 되는 의욕 저하와 회의를 잘 극복하는 것이 중요하다.

③ 수행자의 관계 갈등

수행공동체에서 여러 수행자가 함께 생활하는 과정에서 다양한 유형의 갈등이 발생할 수 있다. 수행자 집단에는 개성이 강한 사람들이 많다. 예컨대, 자신의 신념에 과도하게 집착하여 독불장군처럼 행동하는 사람, 사소한 갈등에 과도한 적개심을 품거나 공격적 행동을 하는 사람, 자신과 타인에게 완벽함을 요구하며 불만과 간섭을 일삼는 사람, 공동체 생활에 무관심하며 자기만의 세계에 몰두하는 사람,

동료들과의 친밀한 관계를 불편해하며 아웃사이더로 살아가는 사람들이 존재한다. 이처럼 다양한 성격을 지닌 수행자들은 성격적 충돌로 인해 관계 갈등을 겪을 수 있다. 이러한 관계 갈등은 수행의 집중력을 훼손할 뿐만 아니라 수행공동체의 운영에 혼란을 초래할 수 있다. 수행공동체 생활에 적응하지 못하는 사람은 수행을 포기하거나 독거 생활로 나아가게 된다.

수행자는 동료 수행자뿐만 아니라 스승이나 수행 지도자와도 갈등을 빚을 수 있다. 수행자의 스승이나 지도자가 되는 것은 쉬운 일이 아니다. 수행에서 스승과 제자의 관계는 심리치료에서 치료자와 내담자의 관계와 유사하다. 도움을 청하러 온 내담자는 어린 시절에 겪은 부모와 관계 갈등을 치료자와의 관계에서 재연하는 경우가 흔하다. 이를 정신분석치료에서는 '전이(transference)'라고 한다. 치료자 역시 자신의 욕망이나 갈등을 내담자에게 투사할 수 있는데, 이를 '역전이(counter-transference)'라고 한다. 이러한 관계 갈등은 치료의 장애물이 될 수 있지만 치료자가 이러한 갈등을 인식하여 그 원인을 이해하고 내담자와 함께 해결하면 치료의 촉진제가 될 수 있는데, 이를 '전이분석(transference analysis)'이라고 한다. 수행자와 스승은 이와 유사한 관계 갈등을 경험할 수 있다. 이러한 갈등을 잘 해결하지 못하면, 스승과 제자의 관계는 파탄에 이르게 된다.

④ 수행자의 정신적 혼란과 건강 문제

수행자는 수행 과정에서 정신적 혼란을 경험할 수 있다. 고립된 은거 생활 속에서 개인적인 체험에 과도하게 몰두하면, 자폐적 심리상태에 빠져들어 외부 세계와의 관계가 소원해지면서 망상이나 환각을 경험할 수 있다. 수행 과정에서 경험한 일시적인 신비적 체험을 잘못 해석하여 신의 계시를 받았다거나 신통력을 얻었다는 잘못된 믿음에 빠져들 수 있다. 이러한 사람들은 다른 수행자나 일반인이 받아들이기 어려운 부적절한 언행을 나타낸다. 극단적인 경우는 자신이 재림예수라거나 깨달음을 얻었다고 주장하며 횡설수설하는 정신적 혼란을 나타낼 수 있으며, 이러한 혼란 상태는 조현병(정신분열증)을 비롯한 여러 유형의 정신장애로 발전할 수도 있다. 또한 수행자 중에는 자신의 몸을 돌보지 않는 무리한 수행으로 인해 신체 건강에 심각한 문제가 발생하거나 심지어 사망에 이르는 경우도 있다.

4) 수행의 결과

수행은 구도의 목표를 향해 나아가는 장기적 과정이다. 과연 수행에는 종착점이 있을까? 종착점에 도달했는지는 누가 어떻게 알 수 있을까? 수행자 자신이 알 수 있을까 아니면 스승이나 수행자 집단으로부터 인정을 받는 것일까? 스포츠나 무예의 경우는 시합을 통해 기량을 겨루고 승리한 사람의 기량을 높이 평가한다. 바둑의 경우, 시합 성적에 근거하여 프로 9단으로 승단하면 입신入神의 경지에 이르렀다고 지칭한다. 그런데 구도적 수행의 경우에는 어떻게 수행자의 경지를 판단할 수 있을까?

(1) 주관적 체험과 사회적 인정

수행의 결실은 수행자 자신이 가장 잘 알 것이다. 모든 고통과 불안에서 벗어나 마음의 평화를 체험하는 것이다. 죽음을 비롯한 모든 실존적 불안으로부터 해방된 깊은 심리적 평화와 더불어 자유로움을 느끼게 된다. 석가모니는 보리수 아래에서 명상하던 중에 깨달음을 얻어 해탈하였음을 스스로 알았다. 선승 중에는 수행의 종착점에서 경험한 깨달음을 오도송悟道頌으로 표현한 이들이 있다. 대표적인 오도송으로는 중국 당나라 시대의 선승인 영가현각(永嘉玄覺, 675?~713)의 「증도가證道歌」가 있다. 그 첫머리 일부를 소개하면 다음과 같다.

> 그대 보지 못하였는가.
> 배움이 끊어져 할 일이 없는 한가한 도인은
> 망상도 없애지 않고 참됨도 구하지 않으니
> 무명의 참 성품이 곧 불성이요.
> 허깨비 같은 빈 몸이 곧 법신이로다.
> (君不見 絕學無爲閑道人 不除妄想不求眞 無明實性 卽佛性 幻化空身 卽法身)

수행자가 구도의 초기에 추구했던 자기 존재와 삶의 궁극적 의미를 확실히 깨닫고 흔들림 없는 마음의 평화를 얻었다면 수행의 목표를 달성했다고 할 수 있을 것이다. 그러나 수행자의 주관적 체험과 확신만으로 수행의 최종 경지에 도달했다고 할 수 있을까? 수행자는 스스로 깨달음을 얻었다고 주장하지만, 다른 사람의 관점에서는 그렇지 않은 경우가 드물지 않다.

수행자가 도달한 정신적 경지를 스승이나 동료를 비롯한 다른 사람이 평가할 수 있을까? 다른 사람은 무엇을 근거로 수행자의 경지를 판단할 수 있을까? 수행자의 말과 행동은 수행의 내면적 경지를 진실하게 반영하는 것일까? 선불교에서는 수행자의 깨달음을 스승이 인가認可하는 전통이 이어져 왔다. 예컨대, 중국 선종의 육조혜능(六祖慧能, 638~713)은 스승인 오조홍인五祖弘忍으로부터 인가를 받고 그 증표로 의발을 전달받았다. 홍인은 신수神秀를 비롯한 다른 제자들이 질투하여 혜능을 해칠까 두려워하여 그날 밤에 절을 떠나게 했다고 전해진다. 그러나 이러한 이야기는 신수가 일으킨 북종선보다 혜능의 남종선이 세력을 떨치면서 만들어진 이야기라는 주장도 있다. 먼저 깨달음을 체득한 스승의 인가는 수행자의 경지를 평가하는 데 중요하지만 스승과 제자의 관계, 종파 간의 주도권 싸움, 수행자 집단의 권력 다툼 등에 의해서 영향을 받을 수도 있다.

　석가모니는 누구의 인가도 받지 않았으며 수행의 목표에 도달한 것을 스스로 인식했다. 생로병사를 비롯한 모든 괴로움에서 벗어나는 해탈과 열반의 경지를 체득했다고 여겼기 때문이다. 석가모니의 깨달음이 오늘날 불교라는 종교의 형태로 발전한 것은 그가 자신의 깨달음을 다른 수행자들에게 전달했을 때 그들이 공감하고 그를 깨달은 사람으로 인정하며 추종했기 때문이다. 그렇다면 아직 깨달음에 이르지 못한 수행자들은 어떻게 그가 깨달은 사람인지를 판단할 수 있었을까? 수행자나 대중에게 설득력 있게 설법說法을 잘하는 사람이 깨달은 사람일까? 인류 역사에는 한때 깨달은 사람으로 인정되어 많은 사람이 추종했지만 나중에 여러 가지 문제가 드러나 사이비 종교지도자나 사기꾼으로 여겨지는 사람이 드물지 않다.

(2) 수행의 완결성 또는 지속성

수행에는 끝이 있는 것일까? 깨달음을 얻으면 수행이 끝나는 것일까? 깨달은 후에도 수행은 계속되는 것일까? 불교 수행의 삼도설三道說에서는 깨달음에 이르는 견도見道와 깨달음을 닦는 수도修道가 있으며 더 이상 노력을 기울이지 않아도 되는 무학도無學道가 존재한다고 주장한다. 공자도 50세에 지천명知天命했고 60세에 이순耳順했으며, 70세에 이르러서는 마음이 이끄는 대로 행해도 법도에 어긋남이 없는 종심소욕從心所欲 불유구不踰矩의 경지에 이르렀다고 했다.

선불교의 경우, 깨달음과 닦음의 관계에 대한 돈점頓漸 논쟁이 존재한다. 해탈에 이르는 방법은 단박에 궁극적 본성을 깨닫는 돈오頓悟와 점차적인 닦음을 통해서 부처가 되는 점수漸修로 구분된다. 돈오점수설頓悟漸修說에 따르면, 깨달음을 얻은 후에도 그 깨달음을 지키며 갈고 닦는 보임保任의 노력이 필요하다. 그러나 돈오돈수설頓悟頓修說에서는 깨달음 이후에는 더 이상의 수행이 필요하지 않다고 주장한다. 심리학의 관점에서 보면, 평생의 경험을 통해 형성된 심리적 속성들은 아무리 커다란 인식의 전환이 생기더라도 일거에 변화되기 어렵다. 그러나 강력한 통찰과 함께 삶 전반에서 급격한 변화를 나타내는 사람도 있다. 돈점 논쟁은 깨달음을 곧바로 실행에 옮기는 수행자의 결단력, 깨달음의 내용과 강렬함, 습관적 행동의 강도와 같은 수행자의 개인차와 심리적 요인을 고려하여 고찰될 필요가 있다.

(3) 수행자의 사회적 활동

동서고금의 수행자 중에는 신앙이나 깨달음을 통해 심리적 평화를 누리며 평생 조용히 은거한 사람도 있고, 세속으로 나와 자신의 깨달음을 설파하고 추종자를 모아 종교지도자가 된 사람도 있다. 초기 기독교의 경우, 평생 사막에 은거하며 하느님과의 교제 속에서 마음의 평화를 누리며 살다가 삶을 마무리한 무명無名의 수행자들이 있다. 수행자가 심리적 평화를 느끼며 평생 은거하는 삶을 산다면, 그것으로 충분히 가치 있는 삶일까? 아니면 자신의 체험과 깨달음을 많은 사람에게 전파하고 세상의 변화를 위한 적극적인 행동으로 나아가야 할까?

석가모니는 득도한 후에 자신의 깨달음을 다른 사람에 전할 것인지 여부를 고심했다고 한다. 결국 다섯 명의 동료 수행자에게 자신의 깨달음을 전하는 초전법륜初轉法輪을 시작으로 하여 열반에 드는 80세까지 많은 곳을 돌아다니며 깨달음의 전파에 진력했다. 「십우도」에서도 구도의 마지막 단계는 중생제도를 위해 세속으로 들어가는 입전수수入廛垂手를 보여주고 있다.

불교에서는 깨달음으로 인한 자기만족에 그치는 것이 아니라 깨달음을 다른 사람에 전함으로써 자신이 닦은 선근공덕善根功德을 중생에게 돌리는 회향廻向을 중요하게 여긴다. 특히 중생회향衆生廻向은 수행 결과로 획득한 공덕을 개인적 성취에 국한시키지 않고 일체 존재에게 돌려서 자타의 복리를 도모하는 것이다. 대승불교에서는 상구보리上求菩提와 더불어 하화중생下化衆生을 중시하는 보살행菩薩行을 강조하고 있다.

기독교에서도 하느님의 말씀을 다른 사람들에게 전하는 전도傳道와 선교宣敎를 중요하게 여긴다. 전도를 기독교인의 사명이자 임무로 여기기도 한다. 그러나 이러한 전도 활동이 때로는 다른 종교나 종파와 충돌하여 선교사가 순교하거나 심지어 전쟁의 단초가 되기도 했다.

자의든 타의든, 높은 경지에 도달한 수행자는 주변 사람들이나 종교집단의 사회적 인정을 통해서 성자聖者 또는 스승으로 추앙받게 된다. 초기 기독교의 사막 교부 중에는 성 안토니우스(Anthony the Great, 251년경~356년경)처럼 많은 사람의 인정을 받아 성자의 반열에 오른 사람들이 있다. 그러나 때로는 주도적인 종교 세력과 다른 종교적 체험과 주장을 설파하다가 이단異端으로 매도되어 파문되거나 심지어 죽임을 당한 수행자들도 있다.

(4) 수행자의 노년기와 죽음

수행자들은 노년기를 어떻게 보내고 죽음을 어떻게 맞이할까? 수행의 가장 중요한 목적은 자기 존재의 소멸 과정, 즉 늙고 병들어 죽어가는 과정을 평화로운 마음으로 맞이하는 것이다. 늙음과 함께 육체와 정신의 기능이 쇠퇴하고 사회적 역할이 사라질 뿐만 아니라 육체적 질병이 생겨나고 통증을 견뎌내야 한다. 노년기는 지나간 삶이 한 편의 헛된 꿈처럼 여겨지며 허무감이 밀려오는 시기이기도 하다. 자립의 삶이 불가능한 노년기 후기에는 다른 사람의 돌봄을 받아야 한다. 일반인은 이 시기에 배우자와 가족의 돌봄이 절실하게 필요하다. 그러나 출가수행자는 홀로 노년기를 견뎌내야 한다. 특히 재정적 자원과 헌신적 도반을 갖추지 못한 수행자는 노년기에 찾아오는 노老·병病·사死의 과정을 오롯이 홀로 맞이해야 한다. 더구나 나름대로 열심히 수행했지만 특별한 깨달음을 얻지 못했을 뿐만 아니라 세속의 행복도 누리지 못한 후회와 자책이 밀려들 수도 있다. 노년기는 그동안 노력해 온 수행의 결실을 수확하는 시기이다. 수행자에게 노년기는 청정부동심淸淨不動心 속에 유유자적悠悠自適의 삶을 즐기는 시기일 수도 있지만 고립감孤立感과 회한悔恨이 밀려드는 시기일 수도 있다.

수행의 궁극적 목적은 자아초월을 통한 죽음의 초월이라고 할 수 있다. 미국의 심리학자인 랄프 피드몬트(Ralph Piedmont)[21]는 개인이 죽음과 관련된 실존적 물음을 제기하고 그 해답을 추구하는 수행과정에서 '영적 초월성(spiritual transcendence)'을 발달시키게 된다고 주장했다. 영적 초월성은 흔히 종교생활을 통해 발달하지만 종교와 무관한 개인적 수행에 의해서도 함양될 수 있다. 수행자는 자기 존재를 더 크고 객관적인 관점에서 바라보고 다른 존재와의 상호연결성을 발견하면서 다른 존재에 대한 헌신이 증가할 뿐만 아니라 죽음에 대한 불안에서 벗어날 수 있다.

선불교의 선사禪師들은 선수행을 통해 무상無常에 대한 확실한 자각과 더불어 삶과 죽음이 둘이 아니라는 생사불이生死不二의 깨달음을 체득한 사람들이다.[22] 이들은 삶에 있어서 한가롭고 자유로우며 죽음 앞에서는 두려움 없이 초연하고 자연스럽다. 선사들이 죽음에 들어가는 입적入寂의 모습은 특별한 경우가 많다. 선사들은 입적할 때 수행을 통해 얻은 깨달음을 후대 사람들에게 전하는 임종게臨終偈

---

21 Piedmont, R. L. (1999). Does spirituality represent the sixth factor of personality? Spiritual transcendence and the five-factor model. *Journal of Personality, 67*, 985-1013.

22 황금연, 「선불교의 생사관: 생사가 일여하니, 죽음이란 낡은 옷 벗는 것일 뿐」, 『죽음, 삶의 끝인가 새로운 시작인가』, 운주사, 2011, pp.149~202.

또는 열반송涅槃頌을 남기기도 한다.

고려시대의 선승 태고보우太古普愚는 다음과 같은 임종게를 남겼다. "사람 목숨 물거품처럼 빈 것이어서 팔십여 년 세월이 한바탕 꿈이었네. 지금 이 가죽부대 내던지노니 한 바퀴 붉은 해가 서산을 넘네(人生命若水泡空 八十餘年春夢中 臨終如今放皮袋 一輪紅日下西峰)." 조선시대의 서산 대사 휴정休靜은 "삶은 한 조각 구름이 일어남이요, 죽음은 한 조각 구름이 스러짐이라. 구름은 본래 실체가 없으니, 죽고 살고 오고 감이 모두 그러하다(生也一片浮雲起 死也一片浮雲滅 浮雲自體本無實 生死去來亦如然)"라는 임종게를 남겼다.

선사들은 좌탈입망坐脫立亡, 즉 앉거나 서서 죽음을 맞이하는 경우가 있다. 대다수의 선승은 자신의 죽음이 다가왔음을 알아차리고 미리 준비하는 듯하다. 그 대표적인 예는 중국 선불교의 저명한 선승인 혜능慧能이다. 혜능은 한 달 전에 자신이 입적할 것임을 예언하고 슬퍼하는 제자들을 위로하기 위해서 게송을 지어 보였다. 입적하는 날에는 점심 식사를 마치고 지인들에게 이별을 고한 후 단아하게 앉은 상태로 담담히 죽음에 들어갔다고 전해진다.[23]

한 사람이 죽음을 맞이하는 모습은 그가 삶과 죽음에 대해서 어떤 태도를 지니고 있는지를 잘 보여준다. 불교를 비롯한 여러 종교의 수행자들은 죽음의 수용을 넘어 죽음을 초월한 마지막 모습을 보여주고 있다. 인간은 죽음의 운명을 바꿀 수 없지만, 죽음을 맞이하는 마음은 바꿀 수 있다. 죽음은 우리의 몸을 침범할 수 있어도, 우리가

---

23 황금연, 위의 책, 2011.

스스로 허락하지 않는 한 우리의 마음을 침범할 수 없다. 인간은 육체가 무너지고 죽음이 다가올 때 쓰나미처럼 밀려오는 육체적 통증과 정신적 혼란을 담담히 바라볼 수 있는 잠재 능력을 지닌 존재이다. 평생 닦은 수행의 결과는 늙고 병들어 죽어가는 과정에서 경험하는 수행자 자신의 속마음을 통해서만 알 수 있는 것인지 모른다.

3. 자아초월 심리학과 구도적 수행

현대 심리학은 인간이 나타내는 거의 모든 심리적 현상과 경험을 연구하고 있다. 오랜 기간 종교나 철학에서 독점적으로 다루었던 많은 주제가 20세기에 접어들면서 심리학의 연구 영역으로 흡수되기 시작했다. 특히 종교적 또는 영적 체험을 탐구하는 자아초월 심리학(transpersonal psychology)은 구도적 수행과 가장 깊은 관련성을 지닌 심리학 분야이다.

1) 자아초월 심리학

종교적 또는 영적 수행자들은 다양한 신비체험을 보고하고 있다. 이러한 신비체험에는 신과의 합일 경험, 자아의식이 소멸하는 무아 경험, 주관과 객관의 이원성 초월, 궁극적 또는 절대적 의미의 인식, 황홀한 절정 경험 등이 있다. 이러한 체험은 일반인이 경험하지 못할 뿐만 아니라 이성적으로 이해하기 어렵기 때문에 '신비체험(mystic experience)'이라고 불리고 있다. 그러나 이러한 신비체험도 인간의 마음에서 일어나는 현상이기 때문에 심리학자의 관심사가 되었다.

종교적 수행 과정에서 겪게 되는 신비체험, 즉 의식의 변형 상태(altered state of consciousness)를 연구하는 심리학의 분야가 자아초월 심리학이다.[24]

심리학은 객관적 관찰과 측정이 가능한 실증적 자료에 근거하여 인간을 연구하는 과학으로 시작되었다. 그래서 신비체험과 같은 개인의 주관적인 체험은 심리학의 대상으로 여기지 않았다. 그러나 유물론과 실증주의에 근거하여 인간을 정보처리 기계로 간주하는 심리학을 '영혼 없는 심리학'이라고 비판하는 심리학자들이 생겨나기 시작했다. 1960년대 초부터 일부의 심리학자들(Anthony Sutich, Abraham Maslow, Joseph Adams 등)은 영적인 신비체험을 비롯한 초개인적인 심리적 경험에 깊은 관심을 지니고 정기적인 모임을 통해서 토론해 왔다. 이들은 1969년에 자신들의 연구결과를 소개하는 『자아초월 심리학회지(Journal of Transpersonal Psychology)』를 발간하기 시작했으며, 1972년에는 공식적으로 자아초월 심리학회(Association of Transpersonal Psychology)를 결성하고 학술적 활동을 해왔다. 자아초월 심리학은 '영성과 의식의 변형 상태에 대한 심리학적 연구'라고 정의되고 있으며, 영성을 비롯한 인간의 잠재 능력을 개발하고 육성하는 일에 깊은 관심을 지니고 있다.

2) 의식의 발달 수준

자아초월 심리학자인 로저 월시(Roger Walsh)[25]에 따르면, 불교를

---

24 권석만, 『현대 성격심리학』, 학지사, 2015, pp.815~817.
25 Walsh, R. (1989). Asian psychotherapies. In R. J. Corsini & D. Wedding

비롯한 동양의 종교는 인간의 일상적인 마음 상태를 미숙하고 역기능적인 것으로 여긴다는 점에서 서양의 관점과 다르다. 동양의 종교는 인습적으로 인식된 인간의 한계를 넘어 마음을 훈련하고 발달시키는 다양한 수행 방법을 제시하고 있으며, 이러한 수행을 통해서 괴로움의 극복은 물론 심리적 성장과 자아초월을 목표로 하고 있다. 수행자들의 체험을 토대로 하여 자아초월 심리학자들은, 〈그림 1〉에서 볼 수 있듯이, 인간의 의식과 심리적 발달을 전개인적 수준, 개인적 수준, 초개인적 수준으로 구분하고 있다.[26]

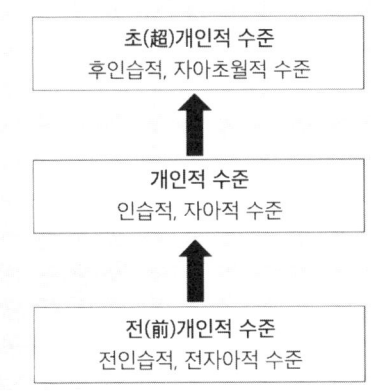

〈그림 1〉 자아초월 심리학에서 제시하는 의식의 발달 수준

(1) 전개인적 의식 수준

전前개인적(pre-personal) 의식 수준은 자기에 대한 인식이 명료하지

(Eds.), *Current psychotherapies* (4th ed., pp.547~559). F. E. Peacock Publishers.
26 권석만, 위의 책, 2015, pp.819~821.

않거나 현실 지각 능력이 낮은 의식 수준을 뜻한다. 신생아나 정신병적 상태에 있는 사람들이 이러한 의식 수준에 있다고 할 수 있다. 신생아는 명료한 자기의식이 없을 뿐만 아니라 사회의 관습적 규범에 대한 인식이 없는 상태에서 태어난다. 이처럼 인간의 의식은 전개인적 수준에서부터 발달하기 시작한다. '전개인적 수준'은 사회적 인습과 규범에 대한 학습이 이루어지기 전의 미숙한 상태라는 점에서 '전인습적(preconventional) 수준'이라고 지칭하기도 하고, 자아가 발달하기 전의 의식 상태라는 점에서 '전자아적(preegoic) 수준'이라고 불리기도 한다.

전개인적 수준의 개인은 자신과 세상에 대한 인식이 명료하게 발달하지 못한 상태이기 때문에 현실에 대한 적응 능력이 미숙하다. 프로이트가 제시했듯이, 자아가 발달하기 이전의 심리적 상태로서 원초아(id)를 중심으로 기능하는 유아기의 발달단계에 해당한다. 이러한 단계에서는 욕망 충족과 쾌락 추구가 가장 우선시되며 사고가 비현실적이고 비논리적이기 때문에 환경에 대한 심각한 부적응을 겪게 된다.

전개인적 의식 수준은 유기체가 경험하는 가장 낮은 수준의 의식 상태를 의미한다. 이 단계에 머물고 있는 생명체는 의식의 명료성과 정밀성이 매우 낮으며 그 극단에는 아무것도 의식하지 못하는 무의식과 혼수상태가 있다. 전개인적 의식 수준은 진화과정의 낮은 위계에 존재하는 하등동물을 비롯하여 자아발달이 이루어지지 않은 신생아의 미숙한 심리적 상태를 반영한다. 또는 극심한 심리적 혼란으로 현실검증력이 손상된 정신병 상태의 성인은 전개인적 의식 수준으로 퇴행한 경우라고 할 수 있다.

(2) 개인적 의식 수준

개인적(personal) 수준은 사회적 경험이 축적됨에 따라 명료한 자기의 식을 형성할 뿐만 아니라 사회의 인습과 규범을 학습하여 그에 따라 행동하는 의식 수준을 의미하며 '인습적 수준' 또는 '자아적 수준'이라고 지칭하기도 한다. 대부분의 사람은 개인적 의식 수준에서 살아간다. 이 수준에서는 사회적 현실에 잘 적응하고 있지만 죽음과 같은 실존적 불안을 지니고 살아간다. 교육은 전인습적 수준의 아동을 인습적 수준으로 끌어올리는 것을 목표로 하고 있다.

유아는 감각 및 인지 기능이 발달하고 사회적 경험이 축적됨에 따라 명료한 자기의식을 형성할 뿐만 아니라 사회의 인습과 규범을 학습하여 그에 따라서 행동하게 된다. 이러한 의식 수준은 대부분의 사람이 공유하는 일상적인 심리상태로서 정상적이고 적응적인 것으로 간주된다.

프로이트에 따르면, 개인적 의식 수준은 욕망 통제와 현실 적응의 기능을 담당하는 자아(ego)가 발달한 상태일 뿐만 아니라 사회적 규범을 내면화하는 초자아(superego)의 발달이 이루어진 상태라고 할 수 있다. 이 단계의 개인은 명료한 자기의식을 지닌 상태에서 이성과 합리성에 근거한 현실적이고 논리적인 사고를 통해서 자기이익을 추구한다. 이 수준에서 개인은 자신을 집단의 구성원으로 동일시하며 집단의 규범에 충성하는 도덕적 태도를 지니게 된다.

개인적이고 인습적인 의식 수준은 대다수의 보통 사람이 경험하는 정상적인 수준으로서 실존적인 것으로 간주된다. 이 수준에서는 사회적 현실에 잘 적응하고 있지만 죽음, 무의미, 고독과 같은 실존적 불안을 지니고 살아가기 때문이다. 교육과 심리치료는 부적응 상태에 있는 전개인적 의식 수준의 개인을 개인적 수준으로 끌어올리는 것을 목표로 하고 있다.

(3) 초개인적 의식 수준

자아초월 심리학자들은 인간의 심리적 발달이 개인적 의식 수준을 넘어 그 이상의 초超개인적(transpersonal) 수준까지 가능하다고 여긴다. 초개인적 의식 수준에서는 개인적인 자아의식을 초월하기 때문에 우주와의 합일 체험, 무아 경험, 주관과 객관을 초월하는 신비체험을 하게 되며 '후後인습적 수준'이라고 지칭하기도 한다. 동서양의 영적 수행자들은 개인적이고 인습적인 의식 수준을 인간이 도달할 수 있는 최선의 상태라고 여기지 않는다. 오히려 이러한 의식 수준은 자아에 집착하고 사회적 인습에 의해 속박된 상태일 뿐만 아니라 인간의 잠재능력이 충분히 발현되지 못한 미숙한 상태라고 간주한다.

자기의식이 해체되는 종교적 체험은 정신병리적인 것과 혼동될 수 있다. 일반인의 관점에서는 도인道人과 정신병자의 언행이 모두 비논리적인 것으로 유사하게 여겨질 수 있기 때문이다. 개인적 의식 수준에서 보면, 전개인적 수준과 초개인적 수준의 심리상태는 모두 비현실적이고 부적응적인 것으로 여겨질 수 있다. 윌버[27]는 전개인적

---

27 Wilber, K. (2000a). *Integral psychology: Consciousness, spirit, psychology, therapy*. (조옥경 역, 『켄 윌버의 통합심리학: 의식·영·심리학·심리치료의 통합』,

수준과 초개인적 수준을 동일한 것으로 여기는 잘못을 '전前·초超 오류(pre-trans fallacy)'라고 지칭했다. 자아초월 심리학은 종교적 체험과 정신병리적 현상을 구별할 수 있는 이론체계를 제시하고 있을 뿐만 아니라 의식 수준의 발달을 통해서 인간의 잠재 능력 발현과 영적 성장을 추구하고 있다.

불교를 위시한 동양의 종교는 마음의 수행을 통해서 개인적 의식 수준을 뛰어넘어 실존적 불안을 극복하고 자유로운 삶으로 나아가는 초개인적 의식 수준을 지향한다. 이기적인 자아의식을 초월함으로써 실존적 불안으로부터의 해방을 경험할 뿐만 아니라 인습적인 규범과 가치를 뛰어넘어 자유롭고 주체적인 삶으로 나아가고자 한다. 또한 마음의 수행을 통해서 고도의 집중력을 함양하고 통찰력, 지혜, 자비심과 같은 정상범위 이상의 심리적 능력을 발휘하게 된다. 자아초월 심리학의 관점에서 보면, 구도적 수행자는 개인적 의식 수준을 넘어 초개인적 수준으로 나아가려는 사람이라고 할 수 있다.

3) 자아초월과 영적 성장을 위한 통합적 수련

심리학자들은 자아초월과 영적 성장을 촉진하기 위한 다양한 수련 프로그램을 제시하고 있다. 이러한 프로그램들은 정신건강을 넘어서 영적 성장과 의식의 변화를 강조한다. 일상적인 개인적 의식 수준을 넘어 자아를 초월하는 초개인적 의식 수준으로의 성장을 촉진함으로써 일상적 적응뿐만 아니라 영적 성장을 지원한다. 그 대표적인 프로그

학지사, 2008).

램으로는 통합적 변형수련(ITP), 통합적 삶을 위한 수련(ILP), 자기확장치료(SET)가 있다.

(1) 통합적 변형 수련(ITP)

미국에서 동양 종교에 대한 관심이 증가하고 서양 문화에 대한 비판이 확산되던 1960년대에 심리학자이자 영성 사상가인 마이클 머피(Michael Murphy)는 딕 프라이스(Dick Price)와 함께 미국 캘리포니아주 빅서(Big Sur)의 아름다운 해안 절벽 위에 에살렌 연구소(Esalen Institute)를 설립하고 인간 잠재력 운동(Human Potential Movement)을 펼치기 시작했다. 에살렌 연구소는 인간의 의식과 잠재력 확장을 위한 심리·영성 교육의 상징적 장소로서 심리학, 영성, 철학, 예술, 신체수련 등 다양한 분야를 넘나드는 통합적 성장을 지향했다.

머피는 인간 존재를 구성하는 여러 측면을 통합적으로 성장시키는 수련 프로그램인 통합적 변형수련(Integral Transformative Practice: ITP)을 개발하여 운영했다. ITP는 인간 삶의 다양한 측면(신체, 정서, 정신, 관계, 영성)을 통합적으로 수련하여 개인의 삶을 획기적으로 변형시키는 종합적인 수련 방식이다. 머피는 인도의 요가 구루이자 철학자인 스리 오로빈도(Sri Aurobindo)의 통합적 비전에 영향을 받아 몸(body-신체적 측면), 마음(mind-이성적 측면), 가슴(heart-정서적 측면), 영혼(spirit-자아초월적 측면)을 긍정적으로 변화시키는 다양한 기법들로 구성된 수련체계를 개발했다. ITP의 궁극적 목표는 통합적 변형(integral transformation) 또는 통합적 깨달음(integral enlightenment)으로서 인간이 지닌 모든 속성과 능력을 꽃피우게 함으로써 인간의 마음에 내재하는 신성神性을 발현하는 것이다.

ITP는 몸, 마음, 가슴, 영혼의 긍정적 변화를 위해서 동서양의 다양한 심신수련 방법을 조합하여 취사 선택적으로 활용한다.[28] ITP의 기본 원칙은 다음과 같다: ①지속적인 변형을 위해서는 장기간의 수련이 필요하다. ②몸, 마음, 가슴, 영혼을 포함한 전인적 수련이 효과적이다. ③변형 수련은 한 명의 지도자에게 의존하기보다 다수의 멘토로부터 안내를 받는 것이 바람직하다. ④수련자는 멘토, 공동체, 수련기관의 안내를 따르지만 최종적인 결정권은 자신에게 있다.

ITP는 몸, 마음, 가슴, 영혼의 균형적 성장을 지향하는 장기적인 자기변형 수행이다. 몸의 변화를 위해서는 요가, 운동, 식사조절 등을 통해 신체적 건강과 에너지를 함양한다. 마음의 진전을 위해서는 독서, 토론, 명상, 내면 관찰 등을 통해 통찰력과 주의집중력을 육성한다. 가슴의 변화를 위해서는 집단상담, 심상법, 봉사활동 등을 통해서 감정 조절 능력을 증진한다. 영혼의 성장을 위해서는 마음챙김, 명상, 꿈 작업 등을 통해 의식의 확장을 추구한다. ITP에서는 'ITP Kata'라는 1시간 이내의 수련 루틴을 매일 실천하는 것이 중요하다. ITP Kata는 몸과 마음의 균형을 잡아주는 동작으로 시작하여 근육의 이완을 통해 유연성을 증진하고 깊은 호흡을 하며 삶의 비전을 시각화하는 심상작업을 하고 내면 관찰과 명상으로 이어지는 수련 활동으로 구성되어 있으며 40~50분에 실시할 수 있다.

---

[28] Leonard, G., & Murphy, M. (1995). *The life we are given: A long-term program from realizing the potential heart and soul*. Jeremy P. Tarcher.

(2) 통합적 삶을 위한 수련(ILP)

자아초월 심리학의 가장 대표적인 인물은 켄 윌버(Ken Wilber)이다. 윌버는 모든 심리학 이론을 비롯하여 동서양의 종교, 인문학, 사회과학, 자연과학의 방대한 연구와 이론을 아우르며 인간의 정신세계에 대한 거대한 통합적 이론을 제시한 천재적 인물이다. 그는 『의식의 스펙트럼(The Spectrum of Consciousness)』, 『아트만 프로젝트: 인간발달의 자아초월적 관점(The Atman Project: A Transpersonal View of Human Development)』, 『에덴으로부터의 상승: 인간 진화의 자아초월적 관점(Up to Eden: A Transpersonal View of Human Evolution)』, 『성, 생태, 영성(Sex, Ecology, Spirituality)』, 『통합심리학(Integral Psychology)』 등을 출간하면서 통합적 이론을 발달시켰다.

윌버는 동서양의 신비사상을 통합하여 의식의 발달단계를 7개의 수준으로 구분했다.[29] 윌버에 따르면, 인간 의식의 발달은 사회적 가치관에 따라 자신을 협소하게 규정하며 살아가는 1단계의 가면假面 수준에서부터 자신을 신체와 동일시하는 3단계의 자아自我 수준을 거쳐 점차 자기 정체감이 확대되어 우주와 합일하는 7단계의 일심一心 수준에 이르게 된다. 윌버의 의식 발달 이론은 개인뿐만 아니라 인류의 진화에도 적용될 수 있다. 인류는 평균적으로 자아 수준에 도달한 상태이며 붓다, 예수, 루미, 삼바바, 마하리쉬와 같은 소수의 성자들이 개인적 의식 수준을 초월하여 초개인적 단계의 일심 수준에 도달한 사람들이라고 할 수 있다. 인간은 누구나 의식의 발달을 위해서 영적

---

29 Wilber, K. (1977). *The spectrum of consciousness*. (박정숙 역, 『의식의 스펙트럼』, 범양사, 2006).

수행을 하면 자아초월과 함께 영적인 성장을 이룰 수 있다.

윌버[30]는 동료들과 함께 자신의 통합심리학 이론에 근거하여 영적인 성장을 위한 체계적인 수련 방식을 제시했다. 처음에는 자신의 수련 방식을 통합적 변형수련(ITP)이라고 지칭했으나 나중에 '통합적 삶을 위한 수련(Integral Life Practice: ILP)'이라고 개칭하였다. ILP는 삶 전체를 수련의 장으로 삼는 수행 철학이자 실천체계로서 '삶의 모든 차원을 통합적으로 성장시키기 위한 의도적, 균형적, 지속적인 실천 방식'이다. 윌버에 따르면, 진정한 자기 변화는 인간 존재의 한두 영역이 아닌 모든 차원(몸, 마음, 영혼, 관계, 사회, 문화 등)에서 동시에 이뤄져야 한다.[31] 다양한 수행 방식을 조화롭게 결합하고 인간 존재의 모든 측면을 성장시키며 단기 성과가 아닌 장기적이고 지속적인 변화를 지향해야 한다.

ILP는 하나의 통합적 체계 안에서 다양한 수련법을 통합하고 있다. 그 핵심 수련은 몸(body), 마음(mind), 그림자(shadow), 영성(spirit)의 네 영역을 지원하는 것으로 구분되며 구체적인 내용은 다음과 같다: ①몸 영역의 수련은 신체적 건강, 에너지, 생명력 증진을 위한 것으로 근력 운동, 유산소 운동, 균형식 다이어트, 요가, 태극권, 기공 등으로 구성된다. ②마음 영역의 수련은 인지기능과 지성적 능력의 성장을 위한 것으로 독서와 토론, 철학적 탐구, 비판적 사고 훈련, 다양한 관점 취하기 등으로 이루어진다. ③그림자 영역의 수련은 정신의

---

[30] Wilber, K., (2000b). Integral transformative practice: In this world or out of it? *What is enlightenment, 18(Fall/winter), 34-39.*

[31] Wilber, K., (2000a). Ibid.

어두운 부분을 이루는 무의식의 정서적 상처나 트라우마를 자각하여 치유하기 위한 것으로서 감정 일기 쓰기, 관계 패턴 관찰, 꿈 작업, 심리치료나 상담 참여로 이루어진다. 이 영역의 수련은 개인이 의식적으로 인정하지 않거나 회피하는 심리적 부분(감정, 충동, 기억, 관계 패턴 등)을 자신의 것으로 통합하기 위한 수련으로서 미해결된 심리적 문제를 무시한 채로 영적 수련만 할 경우에는 진정한 통합이 불가능하다. ④영성 영역의 수련은 자아의 초월을 위한 깨달음과 의식 발달을 위한 것으로 좌선, 참선, 마음챙김 명상, 기도와 묵상, 자비와 헌신 실천, 우주적 통합 명상 등의 수련이 포함된다. 이러한 네 영역의 수련 외에도 대인관계, 성적 에너지 관리, 일과 사회적 기여, 윤리적 삶, 창의적 표현과 예술성, 공동체와의 연결 등의 측면에서도 보조적인 수련이 이루어진다.

 ILP의 기본 구조는 동일하지만 실제 수련 내용은 개인의 특성에 따라 맞춤형으로 설계된다. 개인의 발달 수준(인지, 정서, 도덕성, 영성 측면), 생활 여건(수련 가능 시간, 공간, 재정 등), 관심과 목표(건강 개선, 내적 평화, 창의성 증진, 관계 개선 등), 제약 요인(신체 질환, 심리적 트라우마, 종교적 신념 등)을 평가하여 일상생활에서 실천할 수 있는 수련 내용이 설계된다. ILP는 기본적으로 개인이 일상생활 속에서 스스로 실천하는 자가 수련 방식이다. 그러나 혼자서 수련하는 것이 어려운 사람은 수련을 안내하고 지도하는 통합 코치(integral coach)의 도움을 받을 수 있다. ILP는 현재 온라인 중심의 플랫폼(integrallife. com)을 기반으로 운영되며 일부 지역의 커뮤니티나 파트너 기관에서 개별적으로 진행하기도 한다. ILP는 인간의 전체적이고 균형 잡힌 성장을 위해 다양한 영역을 동시에 계발하는 새로운 방식의 통합적인 수련 시스템이라고 할 수 있다.

(3) 자기확장치료(SET)

미국의 임상심리학자이며 명상수행자이자 의식 연구 분야의 세계적 권위자인 해리스 프리드먼(Harris Friedman)[32][33]은 자아초월적 심리치료인 자기확장치료(Self Expansiveness Therapy: SET)를 제시했다. 자기확장치료는 주로 실존적 불안, 죽음에 대한 두려움, 삶의 의미 탐색, 자아정체감의 혼란을 경험하는 사람에게 적용되는 치료이자 수련 방법으로서 자기의 경계를 확장시켜 더 넓은 존재와의 일체감 속에서 심리적 평온과 통합적 의미를 찾도록 돕는다.

자기확장치료는 프리드먼의 자기확장이론에 근거하고 있다. 자기확장이론에 따르면, 우리의 일상적인 자기개념은 개인이 '지금 여기'의 경험에 근거하여 구성한 매우 제한적인 개념이다. 이러한 자기개념은 반드시 포함되어야 하거나 제외되어야 하는 것의 절대적 구분이 없으며 동일시(identification) 과정을 통해서 모든 것이 포함될 수 있다. 자기개념은 다른 사람, 자연, 심지어 초월적 존재를 포함하는 것으로 확장될 수 있으며 궁극적으로 모든 존재와의 경계가 완전히 사라진 자기초월적 상태에 이를 수 있다.

---

[32] Friedman, H. L. (2013). Transpersonal self-expensiveness as a scientific construct. In H. L. Friedman & G. Hartelius (Eds.) *The Wiley-Blackwell handbook of transpersonal psychology* (pp.203~222). John Wiley & Sons.
[33] 권석만, 위의 책, 2019, pp.533~539.

인간은 누구나 시간과 공간 차원에서 자기를 확장할 수 있는 능력을 지니고 있다. 자기확장은 작은 경계 내에 갇혀 있는 편협하고 경직된 자기의식을 유연하게 확장함으로써 개인의 삶을 긍정적으로 변화시킬 수 있다. 자기 인식은 크게 세 단계로 구분할 수 있다. 첫 단계는 개인적 자기(personal self)로서 타자와 분리된 '나'라는 개별적 존재로서의 가장 좁은 자기 정체감이다. 둘째 단계는 초개인적 자기(transpersonal self)로서 가족, 공동체, 인류, 자연과의 일체감을 느끼는 정체감이다. 셋째 단계는 우주적 자기(universal self)로서 모든 존재와 하나가 되는 영적 차원의 자각을 의미한다. 이러한 자기확장은 삶의 고통, 허무, 두려움(특히 죽음 불안)을 완화하고 통합감, 평온함, 자비심을 육성하는 데 중요한 역할을 한다. 이처럼 자기확장치료는 개인의 정체감을 '개인적 자기 → 초개인적 자기 → 우주적 자기'로 확장하는 통합심리학의 관점에 기반을 두고 있으며 자기의 경계를 확장함으로써 정신건강, 관계 능력, 영성을 증진하고 궁극적으로는 삶의 의미와 통합을 추구하는 치료법이라고 할 수 있다.

자기확장치료의 주된 목표는 다음과 같다: ①자기 경계의 확장(자기를 몸, 역할, 성격에서 벗어나 더 넓은 존재로 인식하도록 유도한다), ②인식의 변화(너와 나, 생과 사 같은 이원적 사고에서 벗어나 통합적 인식을 하도록 돕는다), ③공감과 연결성의 증가(타인과 자연에 대한 깊은 공감과 연결감을 증진한다), ④영적 자각과 죽음 불안 해소(무상함, 변화, 죽음을 수용하고 평정심을 갖도록 돕는다), ⑤자기 정체감의 유연화(고정된 자기 인식에서 벗어나 보다 유동적이고 열린 자기 정체감을 형성한다).

자기확장치료에서는 다양한 심리적·영적 기법과 수련 방법이 적용된다. 첫째는 의식적 자기 탐구(self-inquiry)로서 '나는 누구인가?'라는 질문을 통해 고정된 자아의 한계를 인식하고 비이원적 사고를 하도록 촉진한다. 둘째는 시각화를 통한 자기 정체감 확장으로서 자신이 점차 가족 → 지역사회 → 인류 전체 → 생명 전체로 확장되는 이미지를 상상하며 자연이나 우주와 융합되는 것을 시각화한다. 셋째는 자연과의 연결감 훈련으로서 나무, 바람, 강, 별과 같은 자연의 대상과 교감하며 자아 경계를 느슨하게 만들도록 유도한다. 넷째는 통합 명상으로서 '관찰자 자아'에 대한 자각을 강화하면서 "나는 이 생각이 아니다, 이 몸이 아니다, 나는 그 너머의 존재이다"라는 자아초월적 인식을 유도한다. 다섯째는 죽음 시뮬레이션 명상으로서 자신의 장례식을 상상하며 '나 없음'을 체험하고 죽음을 피할 수 없는 사실로 평화롭게 받아들이는 훈련을 한다. 여섯째는 그림자 통합 작업으로서 자기 내면의 억압된 부분(두려움, 분노, 불안 등)을 의식의 무대 위로 끌어올려 자각하고 포용하도록 돕는다.

 자기확장치료는 자아초월 심리학, 윌버의 통합 이론, 융의 개성화 과정, 실존심리학뿐만 아니라 무상, 무아, 연기법을 중시하는 불교철학을 통합하고 있다. 프리드먼에 따르면, 자기개념은 동일시(identification)와 탈동일시(de-identification)를 통해서 확장될 수도 있고 해체될 수도 있다. 동일시를 통해 작은 경계 내에 갇혀 있던 편협하고 경직된 자기의식을 유연하게 확장함으로써 개인의 삶을 긍정적으로 변화시킬 수 있다. 예컨대, 동체대비同體大悲는 모든 생명체에 대한 동일시를 통해서 연민심을 느끼며 자비로운 행동을 촉진하는 것이다. 또한 탈동일시를 통해 자기개념을 해체하여 자기라고 할 만한 것이 아무것도 없음을 깨달을 수 있으며, 무아無我는 탈동일시의 극치라고 할 수 있다.

4) 죽음에 대한 세 가지 자세

구도적 수행의 핵심은 죽음이라는 실존적 운명에 대한 최선의 대처 방법을 추구하고 준비하는 것이다. 인간은 죽음 불안에 대처하기 위해서 매우 다양한 방법을 창안했다. 인간이 죽음에 대해서 취하는 주된 자세로는 죽음 부정, 죽음 수용, 죽음 초월이 있으며 어떤 자세를 취하느냐에 따라 개인의 삶뿐만 아니라 인간 사회에 현저하게 다른 영향을 미치게 된다.[34]

(1) 죽음의 부정

죽음은 인간이 가장 받아들이기 어려울 뿐만 아니라 가장 두려워하는 실존적 운명이다. 인간 사회에서 죽음 불안을 회피하는 가장 대표적인 방법은 죽음을 부정하는 것이다. 캐나다의 문화심리학자이자 인류학자인 어니스트 베커(Ernest Becker)[35]는 1973년에 발표한 『죽음의 부정(The Denial of Death)』이라는 저서를 통해 죽음 부정과 불멸 추구가 인간 사회에 미치는 부정적인 영향을 제시했다. 그에 따르면, 죽음의 공포는 인간을 움직이는 가장 주된 동기이다. 인간은 죽음 공포로부터 벗어나기 위해서 죽음을 부정하고 불멸의 존재가 되기 위한 처절한 노력을 기울인다.

---

34 권석만, 위의 책, 2019, pp.409~419.
35 Becker, E. (1973). Ibid.

인간이 추구하는 불멸은 크게 두 가지의 유형, 실제적 불멸과 상징적 불멸로 구분할 수 있다. 실제적 불멸(literal immortality)은 자신이 결코 육체적으로 죽지 않거나 자아의 핵심적 부분은 죽은 후에도 살아남는 다고 믿는 것이다. 그 대표적인 방법은 사후생을 믿는 것이다. 대부분의 종교는 사후생을 주장하면서 신도들의 죽음 공포를 완화하려고 시도한다. 그러나 실제적 불멸이 불가능함을 깨달은 사람들은 상징적 불멸을 추구한다. 상징적 불멸(symbolic immortality)은 죽음 이후에 자신을 나타내는 상징적 자취가 영원히 지속될 것이라고 믿는 것이다. 종교를 비롯한 문화적 체계를 만들어 내고 그러한 세계의 영웅적 존재가 됨으로써 상징적 불멸을 추구한다. 인간이 소중하게 여기는 문화적 체계나 가치(종교, 사상, 예술, 학문, 국가, 민족 등)는 인간이 상징적 불멸을 추구한 노력의 결과이자 상징적 불멸을 추구하는 수단이다. 달리 말하면, 종교를 비롯한 문화적 체계는 지도자와 추종자들이 죽음 공포를 회피하고 불멸을 추구하는 강력한 무의식적 동기에 근거하고 있다. 따라서 자신들이 신봉하는 믿음에 도전함으로써 그들의 불멸 노력을 방해하는 사람은 강렬한 분노의 대상이 되어 잔혹한 공격을 받게 된다.

베커[36]는 유고작인 『악惡에서 벗어나기』에서 세상에 존재하는 거악巨惡의 대부분이 죽음을 부정하려는 욕구의 결과라고 주장했다. 한 사람의 인격은 자신의 죽음을 부정하고 불멸을 추구하려는 과정을 통해서 형성된다. 죽음 불안을 방어하기 위해 경직된 신념과 공격적

---

36 Becker, E. (1975). *Escape from evil*. (강우성 역, 『악에서 벗어나기』, 필로소픽, 2023).

행동으로 무장한 인격의 갑옷(character armor)은 진정한 자신의 모습을 인식하는 방해물로 작용할 뿐만 아니라 세상에 존재하는 많은 악을 초래하게 된다. 자신의 신념에 대한 도전을 용납하지 않으며 상대방을 사악한 존재로 매도하며 공격적 행동을 통해 상대방을 징벌하려 하기 때문에 끊임없는 투쟁과 처참한 살육을 유발하는 악의 근원이 되는 것이다. 베커의 주장은 현대의 심리학에서 공포관리이론(terror management theory)으로 발전하여 많은 실증적 연구를 통해 입증되고 있다.

종교적 신념이 죽음 공포에 대항하는 효과를 발휘하려면, 그 신념이 절대적 진리라는 확신이 필요하다. 동일한 신념을 공유하는 사람들이 많을수록 자신의 신념이 옳다고 더 확신하게 된다. 종교적 믿음은 수적 우세를 통해 힘을 얻기 때문에 종교인들은 전도 활동을 중요하게 여긴다. 종교인의 전도 활동은 다른 종교인과의 갈등과 충돌을 초래하기 때문에 필연적으로 증오와 폭력을 유발하게 된다. 인류 역사에서 종교전쟁만큼 치열하고 잔혹한 경우도 드물다.

종교적 수행자 중에는 죽음이 전혀 두렵지 않다고 말하는 사람들이 있다. 구도적 수행은 자칫 죽음을 부정하는 방향으로 나아갈 수 있다. 종교적 믿음을 통해서 죽음을 부정하는 사람들은 다른 종교적 신념을 지닌 사람을 무시하거나 혐오하게 된다. 예컨대, 길거리에서 "예수 천국, 불신 지옥"을 외치거나 다른 종교적 신념을 지닌 사람들을 '이단異端'이라고 매도하며 공격한다. 또한 '파사현정破邪顯正'을 부르짖으며 자신이 신봉하는 종교적 교리만이 '정법正法'이자 '최상승법最上乘法'이라고 주장한다.

(2) 죽음의 수용

실존주의 철학자들은 인간의 유한성과 죽음을 정직하게 직면하고 수용하면서 주어진 삶을 진실하게 사는 것이 중요하다고 주장한다. 실존주의 심리치료자인 어윈 얄롬(Irwin Yalom)[37]에 따르면, 개인의 삶에 가장 중요한 영향을 미치는 것은 실존적 불안이다. 실존적 불안은 죽음, 무의미, 고독, 자유와 책임이라는 실존적 조건의 불가피성에 뿌리를 두고 있다. 실존적 불안은 불쾌한 것이기 때문에 과도하게 억압하거나 회피할 경우에 정신병리를 초래할 수 있다.

죽음 공포는 너무 압도적인 것이기 때문에 대부분의 사람은 그것이 의식에 떠오르지 않도록 방어하며 억압한다. 죽음 공포에 대한 대표적인 방어방법은 특수성과 궁극적 구조자이다. 특수성(specialness)은 자신이 특별한 존재여서 죽지 않을 것이라는 무의식적 믿음을 의미한다. 이러한 믿음을 지닌 사람들은 자신이 남들과 다른 특별한 존재가 되기 위해 치열하게 노력한다. 궁극적 구조자(ultimate rescuer)는 자신을 영원히 사랑하며 보호하는 전능한 존재에 대한 믿음을 의미한다. 이러한 구조자에 의해서 자신이 죽음으로부터 구원받을 것이라고 믿는 것이다. 실존주의에 따르면, 신과 같은 궁극적 구조자에 의존하는 것은 자신의 실존적 조건을 부정함으로써 진정한 자신을 상실하는 것이며 진실한 삶을 포기하는 것이다.

또한 사람들은 삶의 무의미함과 허무함을 회피하기 위해서 강박적 활동(compulsive activity)에 집착할 수 있다. 그 대표적인 예는 재물,

---

[37] Yalom, I. D. (1980). *Existential psychotherapy*. (임경수 역, 『실존주의 심리치료』, 학지사, 2007).

권력, 명예, 사회적 지위에 광적으로 집착하는 것으로서 자신의 에너지를 소진함으로써 실존적 무의미를 망각하거나 회피하려는 시도라고 할 수 있다. 실존적 고독은 타인과의 관계에 집착함으로써 회피될 수 있다. 융합(fusion)의 방어기제를 통해서 자신과 타인의 분리를 부정하고 하나가 되기를 원하며 자신을 다른 사람의 일부로 여긴다. 또는 타인의 관심 속에 존재하기(existing in the eyes of others)를 통해서 '누군가가 나를 생각해 주어야 내가 존재하는 것이다'라고 믿으며 타인의 관심을 끌기 위해 다양한 노력을 기울인다. 자유와 책임도 중요한 실존적 조건 중 하나이다. 인간은 매 순간 선택의 자유를 지니는 동시에 그 선택의 책임을 오롯이 감당해야 한다. 자유와 책임의 실존 상황을 회피하는 사람들은 중요한 선택을 타인이나 신에게 맡기고 그 책임을 회피한다. 이들은 소망 차단을 통해 자신이 진정 원하는 것이 무엇인지를 자각하지 못할 뿐만 아니라 자신의 선택에 대한 책임을 회피한다.

실존주의 심리치료자들은 실존적 조건을 용기 있게 직면하며 실존적 삶을 사는 진실한 사람(authentic individual)과 그렇지 못한 사람으로 구분한다.[38] 진실한 사람은 인간의 실존적 조건들을 회피하지 않고 수용하며 자신의 삶에 대한 선택의 자유를 충분히 누리는 동시에 그에 대한 책임을 진다. 반면에 진실하지 않은 나약한 사람(inauthentic or vulnerable individual)은 실존적 물음을 회피하며 실존적 불안을 직면하지 않으려고 노력한다. 이러한 사람들은 가까운 사람의 죽음,

---

[38] Kobas, S. C., & Maddi, S. R. (1977). Existential personality theory. In R. J. Corsini (Ed.), *Current personality theories* (pp.243~276). Peacock.

인간관계와 직업적 성취에서의 실패, 중요한 선택의 상황에 처하면 심한 불안과 우울을 경험하며 부적응적인 방식으로 대처하여 정신병리를 나타내게 된다.

실존주의 치료자들은 내담자로 하여금 자신이 처한 실존적 상황을 직면하고 자각하면서 수용하도록 돕는다. 치료자는 내담자가 죽음이라는 실존적 상황에 직면하도록 격려한다. 죽음의 자각은 사소한 것들에 집착하지 않고 인생에서 좀 더 핵심적인 것을 소중히 여기며 살아가는 새로운 삶의 관점을 제공한다. 아울러 죽음의 주제를 반복적으로 다루는 것은 둔감화를 통해서 내담자가 죽음에 익숙해지고 죽음불안을 감내하게 만든다. 또한 실존적 고독을 직면하면서 자신의 인간관계를 점검하도록 돕는다. 타인과의 진실한 만남이 실존적 고독을 완화할 수 있지만 완전히 해소하지 못한다는 점을 인식하면서 고독 속에 머무는 새로운 방법을 탐색하도록 격려한다. 마지막으로, 치료자는 내담자로 하여금 삶의 의미를 발견하고 창조하도록 돕는다. 내담자는 자신의 존재가 무의미한 것이지만 스스로 의미와 가치를 부여함으로써 삶을 진실하고 충만한 것으로 만들 수 있다는 점을 인식한다. 동시에 자유와 책임 의식 속에서 자신이 진정으로 원하는 삶을 살도록 돕는다. 이처럼 내담자는 자신의 실존에 대한 직면과 깨달음을 통해서 좀 더 진실한 삶으로 나아가게 된다.

최근에 세계적으로 널리 적용되고 있는 수용전념치료(acceptance commitment therapy)[39]는 내담자로 하여금 심리적 불편감을 회피하기

---

[39] Hayes, S. C., Strosahl, K. D., & Wilson, K. G. (1999). *Acceptance and commitment therapy: An experiential approach to behavior change*. The

보다 직면하고 수용하면서 자신이 진정으로 원하는 삶의 과제에 전념하도록 돕는다. 수용전념치료에서는 고통을 인간 삶의 기본 요소라고 여긴다. 이러한 심리적 고통을 회피하려 할수록 역설적이게도 고통은 더욱 심해진다. 치료자는 내담자가 심리적 고통에 매달리며 그것을 없애기 위해 투쟁하며 시간과 에너지를 소모하지 말고 창조적 절망(creative hopelessness)을 통해 고통을 불가피한 것으로 수용하면서 자신의 삶에서 진정 소망하는 것을 명료하게 인식하여 그것에 전념하도록 돕는다. 실존주의 치료자들은 죽음과 같은 불가피한 실존적 조건을 부정하기보다는 용기 있게 수용하면서 한 번 뿐인 삶을 진실한 자세로 살아가는 것이 최선이라고 여긴다.

(3) 죽음의 초월

캐나다의 심리학자인 폴 웡(Paul Wong)[40]은 인간이 처한 실존적 상황을 다음과 같이 비유하고 있다. "당신은 지금 열차를 타고 즐거운 여행을 하고 있다. 그런데 승객들이 수군거리기 시작한다. 무슨 일인지 알아보았더니, 이 열차는 브레이크가 파열된 상태로 거대한 낭떠러지를 향해 달리고 있다고 한다. 열차의 속도를 늦추거나 궤도를 바꾸기 위해 승객이 할 수 있는 일은 아무것도 없으며 도망칠 수 있는 출구가 없어서 승객은 아무도 열차 밖으로 나갈 수 없다고 한다.

Guilford Press.

[40] Wong, P. T. P. (2008). Meaning management theory and death acceptance. In A. Tomer, E. Grafton, & P. T. P. Wong (Eds.), *Existential and spiritual issues in death attitudes* (pp.65~87). Erlbaum.

당신은 이러한 상황에 어떻게 대처할 것인가?" 과연 인간은 죽음의 낭떠러지를 향해 달리는 출구 없는 고속열차에서 어떤 대처 방법을 찾아냈을까?

유신론적 종교는 전지전능한 신이 존재하며 그를 믿으면 낭떠러지로의 추락에서 구원받을 수 있다고 주장한다. 실존주의 철학자들은 생명의 유한함을 수용하고 낭떠러지로 떨어질 때까지 열차 안에서 진실한 삶을 사는 것이 최선이라고 말한다. 다른 방법은 없을까? 석가모니 부처님은 출구 없는 고속열차에서 벗어나는 방법을 찾기 위해 구도적 수행의 길을 나섰다. 그가 발견한 것은 '나'라는 것은 허구적인 관념일 뿐 실재하지 않는다는 무아無我의 깨달음이었다. 관념적 사유로서의 무아 인식이 아니라 자아가 사라진 무아의 경지를 체득한 것이다. 자아초월을 통해서 죽음 공포에서 벗어난 것이다. 무신론적 수행뿐만 아니라 유신론적 수행을 통해서 신에 대한 절대적 믿음과 헌신 그리고 신과의 합일 경험을 하게 되면 자아의 집착에서 벗어난 자아초월의 경지로 나아갈 수 있다. 리드(Reed, 2014)[41]에 따르면, 자아초월은 자기 경계의 경직성을 완화하는 것인 동시에 타자와의 연결감을 확장하는 것으로서 죽음을 초월하는 것이기도 하다.

죽음을 초월하는 것과 부정하는 것은 죽음 불안을 완화한다는 점에서 매우 유사하다. 그러나 죽음 초월과 죽음 부정은 개인의 삶과 인간 사회에 매우 다른 영향을 미친다.[42] 첫째, 죽음의 부정은 죽음

---

[41] Reed, P.G. (1996). Transcendence: Formulating nursing perspectives. *Nursing Science Quarterly*, 9(1), 2-3.

[42] 권석만, 위의 책, 2019, pp.437~446.

공포를 억압하는 것이기 때문에 무의식 속에 여전히 공포가 존재한다. 심리학자들은 여러 가지 측정도구를 통해서 죽음을 부정하는 사람들의 무의식적 불안을 확인한 바 있다. 예컨대, 종교적 믿음을 통해 죽음을 부정하는 사람은 그러한 믿음이 도전받으면 죽음 사고와 불안 수준이 증가했다.[43] 자신의 믿음에 대한 도전은 죽음 부정으로 억압했던 무의식적 불안을 촉발했기 때문이다. 둘째, 죽음을 부정하는 사람은 사랑과 자비를 강조하지만 자신과 같은 믿음을 지닌 내집단(ingroup)에게만 그러할 뿐 다른 믿음을 지닌 외집단(outgroup)에 대해서는 공격성을 나타낸다. 예컨대, 개인의 종교적 믿음을 도전하는 자극을 제시하면 내집단에 대한 애착은 더욱 강해지고 외집단에 대한 거부감이 증가했다.[44] 또한 영생의 믿음을 지닌 종교적 테러리스트들은 죽음을 불사하면서 이교도들에게 파괴적 행동을 하게 된다. 셋째, 죽음을 부정하는 사람은 영생을 보장하는 믿음의 절대성을 확보하기 위해 전도나 포교를 중요하게 여긴다. 전도나 포교는 다른 종교적 신념을 지닌 토착민들과의 충돌을 유발하기 때문에 필연적으로 사회적 갈등이나 국가 간 전쟁을 초래할 수 있다.

반면에 진정으로 자아초월에 이른 사람들은 집착할 것이 없기

---

[43] Friedman, M., & Rholes, W. S. (2007). Successfully challenging fundamentalist beliefs results in increased death awareness. *Journal of Experimental Social Psychology, 43*, 794-801.

[44] Greenberg, J., Pyszczynski, T., Veeder, M., Kirkland, S., & Solomon, S. (1990). Evidence for terror management theory II: Effects of mortality salience on reactions to those who explicitly and implicitly threaten the cultural worldview. *Journal of Personality and Social Psychology, 58*, 308-318.

때문에 어떤 주장이나 행위에 대해서 저항감을 느끼지 않는다. 이들은 세상에서 통용되는 모든 차별을 뛰어넘어 모든 존재를 연민과 사랑의 대상으로 여기게 된다. 자신과 다른 종교적 믿음을 지닌 사람에 대해서 저항감이나 거부감을 느끼지 않으며 깊이 이해받을 가치가 있는 것으로 존중한다. 유신론적 종교이든 무신론적 종교이든, 극소수의 사람만이 자아초월을 통한 죽음 초월의 경지에 도달하게 된다.

4. 21세기 현대사회와 구도적 수행

우리가 살고 있는 21세기의 현대사회는 많은 변화를 겪고 있다. 가장 큰 변화는 디지털 기술과 인공지능(AI)이 인간 삶의 거의 모든 영역을 재구성하고 있으며 이로 인해서 인간 존재와 공동체의 의미가 근본적으로 달라지고 있다는 점이다. 스마트폰과 인터넷으로 인해 인간은 언제 어디서나 서로 연결된 존재가 되었다. 깊은 산속이나 사막에서도 스마트폰 하나로 세계의 정보를 전달받을 수 있으며 세상 사람들과 접촉할 수 있다. 이제 세속과 탈속의 구분이 사라지고 있다. 인공지능의 급속한 발전은 사회구조뿐만 아니라 개인의 정체감과 인간관계를 변화시키고 있다.

기술문명의 변화와 함께 현대인은 개인화와 탈종교화 경향을 나타내고 있다. 종교의 신자 수가 급격히 감소하고 있을 뿐만 아니라 종교에 대한 신뢰가 추락하고 있다. 종교계 중 일부는 세속적 욕망이 은밀하게 펼쳐지는 위선의 세계로 밝혀져 많은 사람을 실망시키고 있다. 이제는 종교가 세상을 걱정하는 것이 아니라 세상이 종교를 걱정해야 하는 시대가 되고 있다. 이러한 시대적 변화 속에서 현대인은 종교에 의지해서 삶의 고통에 대한 위안을 구하지 않을 뿐만 아니라 삶의 의미를 발견하려 하지 않는 탈종교적 경향을 나타내고 있다.

1) 초고령사회에서의 구도적 수행

우리나라는 2024년부터 65세 이상의 인구가 20%를 넘어선 초고령사회에 진입했다. 통계청 자료에 따르면, 한국인의 기대수명은 2020년 기준으로 평균 83.5세(남자 80.5세, 여자 86.5세)이다. 또한 한국인의 최빈사망연령(2015~2019년 기간)은 남자 85.6세이고 여자 90.0세로서 90세 이상으로 장수하는 사람들이 급격히 늘어나고 있다.[45] 한국인의 수명이 늘어난 것은 축복일 수도 있고 재앙이 될 수도 있다. 노년기에 노·병·사의 고통을 장기간 감당해야 한다는 점에서는 재앙일 수 있기 때문이다.

미국의 생물학자인 레너드 헤이플릭(Leonard Hayflick)[46]은 재미있는 비유를 들어 노화과정을 설명하고 있다. 진화의 관점에서 보면, 인생의 여정은 다른 행성을 조사하기 위해 쏘아 올린 인공위성과 같다. 인공위성은 일단 임무를 수행하고 목표 사진들을 전송한 후에 우주 공간에 계속 떠 있으면서 신호를 보내다가 결국에는 활동을 멈추고 사라진다. 이처럼 인간도 자신의 후손을 낳는 임무를 달성하고

---

[45] 우해봉, 「교육수준별 사망불평등의 추이와 특징」, 『보건복지 ISSUE & FOCUS』, 제427호, 2022.

[46] Hayflick, L. (1998). How and why we age. *Experimental Gerontology, 33*, 639-653.

나서 사고나 질병으로 죽을 때까지 삶을 이어간다. 우리는 이러한 여분의 인생을 당연한 권리로 여기고 있지만, 진화 과정에서 의도하지 않게 우리에게 주어진 우연한 선물이다. 진화의 관점에서 보면, 노년기는 종의 생존에 별로 도움이 되지 않는다. 따라서 노년기는 자신의 유전자를 성공적으로 재생산했으나 사망하는 것에는 실패한 인간이 마치 임무를 다하고 우주 공간에 떠도는 인공위성처럼 무의미하게 세상에 머물며 점진적으로 소멸해 가는 과정이라고 할 수 있다.

초고령사회에서는 노년기를 의미 있게 영위하는 것이 중요하다. 노년기는 사회적 임무를 마친 상태에서 인생의 의미와 가치를 관조할 수 있는 좋은 시기인지 모른다. 노년기에는 늙음과 병듦 그리고 죽어감의 과정을 의연하고 평온하게 받아들일 수 있는 마음의 준비, 즉 수행이 필요하다. 노년기는 단지 인생을 마무리하는 단계가 아니라 인생의 의미를 깊이 성찰하며 지혜를 함양하는 성숙의 기회가 될 수 있다.

힌두교는 신도들이 평생 반드시 거쳐야 하는 인생의 네 단계를 규정하고 있다.[47] 배움에 집중하는 학생기學生期, 성인이 되어 가족을 부양하는 가장기家長期, 자녀가 성장하면 숲속에 들어가 수행하는 임주기林住期, 그리고 인생의 노년에 세상을 떠도는 유행기遊行期로 나누고 있다. 인생의 전반기에는 세속적인 삶의 의무에 충실하고, 인생의 후반기에는 영적 수행에 집중하기를 권장하고 있다. 이처럼 노년기는 죽음을 기다리는 시기가 아니라 삶의 의미를 깊이 음미하고

---

47 Smart, N. (1998). *The world religions*. (윤원철 역, 『세계의 종교』, 도서출판 예경, 2004).

관조하면서 수행을 통해 이기적 자기중심성에서 벗어나는 성숙의 시기가 되어야 할 것이다.

2) 노년기의 수행: 노년 초월

인간의 발달과 성숙은 평생을 통해 이루어지며 노년기에도 계속된다. 노년기에 나타나는 중요한 심리적 성숙과정이 노년 초월이다. 스웨덴의 노인학자인 라스 톤스탐(Lars Tornstam)[48]은 노인들에 대한 심층 면접과 질적 연구를 통해 삶의 만족도가 높은 노인들의 심리적 특징을 '노년 초월(gerotranscendence)'이라고 지칭했다.

노인 중에는 과거의 삶에서 그들을 둘러싸고 있던 경계와 장벽을 초월하여 자유롭고 만족스러운 삶을 살아가는 사람들이 존재한다. 톤스탐에 따르면, 삶의 만족도가 높은 노인들은 자신과 인생에 대해서 새로운 관점을 발달시키는 노년 초월의 상태로 성숙한다. 노년 초월의 핵심은 물질주의적인 세계관에서부터 우주적이고 초월적인 세계관으로 변화하는 것으로서 삶의 만족도를 증가시키고 죽음 불안을 완화한다.

톤스탐[49]은 노년 초월의 세 차원을 제시했다. 첫째는 개인적 차원으로서 현재의 자기와 과거의 자기를 바라보는 관점의 변화를 의미하고, 둘째는 사회적 차원으로서 사회적 관계와 역할의 여러 가지 변화를

---

[48] Tornstam, L. (2005). *Gerotranscendence—A developmental theory of positive aging*. Springer.

[49] Tornstam, L. (2011). Maturing into gerotranscendence. *Journal of Transpersonal Psychology, 43*(2), 166-180.

포함하며, 셋째는 우주적 차원으로서 커다란 관점에서 인생을 바라보는 것이다.

(1) 개인적 차원

노년 초월에서는 자기 자신을 바라보는 관점이 변화하게 된다. 일반적으로 이기성과 자기중심성에서 벗어나 좀 더 유연한 자기 경계를 지닐 뿐만 아니라 자신에게 더 너그러운 태도를 보이게 된다. 개인적 차원의 노년 초월에서는 다음과 같은 변화가 나타난다.

① 자기 직면: 지나간 삶을 돌아보고 자신의 숨겨진 측면(좋은 것이든 나쁜 것이든)을 발견하게 된다. 노년기 과제 중 하나는 성격의 숨겨진 부분, 즉 그림자를 발견하는 것이다. 특히 자신의 어두운 면을 다른 사람에게 투사하지 않는 새로운 깨달음을 통해서 성숙의 기쁨을 경험할 수 있다.

② 자기중심성 감소: 자신이 우주의 중심이 아니라는 사실을 절실하게 깨닫는다. 자신이 지구에서 가장 중요한 사람이며 우주의 중심이라고 생각하면서 살아온 과거의 삶을 웃으면서 인정한다. 과도하게 팽창되었던 자존감을 좀 더 현실적인 것으로 수정하면서 자신을 전보다 덜 중요한 존재로 여기게 된다.

③ 육체에 대한 집착 감소: 몸과 외모에 과도하게 집착했던 것에서 벗어나 편안한 수용으로 변한다. 늙어가는 자신의 몸과 외모를 편안하게 받아들이게 된다. 아울러 과도한 집착이 없이 자신의 몸을 보살피는 새로운 자세가 생겨난다.

④ 이타성 증가: 자신의 욕구에 초점을 맞추는 이기적인 삶에서

타인을 배려하고 후원하는 이타적인 삶으로 변화한다. 자신의 욕구에 대한 관심에서 벗어나 자녀와 손자녀를 비롯한 다른 사람의 욕구에 대한 관심으로 초점이 옮겨간다.

⑤ 인생 통합: 퍼즐 조각을 맞추어 하나의 그림으로 통합하듯이, 자신의 삶 전체를 수용하고 통합한다. 과거의 삶을 연결하여 하나의 일관성 있는 줄거리로 통합하여 바라본다. 아울러 자신의 삶 전체를 소중한 것으로 수용하는 새로운 관점을 발달시킨다.

(2) 사회적 차원

노년 초월에서는 대인관계를 비롯한 사회적 관계 전반에서 변화가 나타난다. 형식적이고 피상적인 관계에서 벗어나 진실하고 깊이 있는 관계로 나아간다. 아울러 사회적 역할과 타인의 인정으로부터 좀 더 자유로운 태도를 지니게 된다.

① 대인관계의 의미와 중요성 변화: 대인관계가 좀 더 선택적으로 변화해서 피상적인 관계에 대한 관심이 감소한다. 많은 사람이 모이는 형식적 모임에 참석하기보다 소수의 친구와 함께 있거나 관조적이고 명상적인 고독을 추구하는 욕구가 증가한다. 과거에 비해 자신의 내면세계를 살피는 일에서 더 많은 즐거움과 만족감을 경험한다.

② 사회적 역할의 초월: 자신을 과거의 사회적 역할과 동일시하는 것에서 벗어난다. 과거에 어떤 지위에서 어떤 역할을 했든, 그것은 일종의 역할놀이였을 뿐이며 진정한 자기가 아니라는 것을 깨닫는다. 진정한 자기에 가까이 가기 위해서 사회적 역할을 포기하거나 초월하려는 욕구를 갖는다.

③ 관습으로부터 해방된 자유로움: 과거에 자신을 억압했던 불필요한 관습과 규범에서 벗어나 자유롭게 표현하고 행동하게 된다. 과거에는 두려워서 주저했던 질문도 좀 더 대담하게 할 수 있게 된다. 과거에 자신을 구속했던 스스로 부여한 계율이나 터부에서 벗어나 순수한 마음으로 자유롭게 행동하며 타인의 평가로부터 자유로워진다.

④ 욕망을 비우는 삶: "인생 후반부의 여행은 가방이 가벼울수록 더 편안하고 즐겁다"는 말에 대한 이해가 깊어지면서 검소한 삶으로 변화한다. 청빈, 절약, 무소유를 중시하면서 생활필수품 이외의 것을 더 이상 탐내지 않게 된다. 과거에 비해 물질적인 것을 덜 소중하게 여기고 자신이 소중하게 여겼던 것들을 자녀, 손자녀, 타인에게 물려주기 시작한다.

⑤ 유연한 판단과 지혜: 젊은 시절에는 옳고 그름 또는 선과 악에 대해 확신했지만 그러한 판단이 쉽지 않다는 것을 깨닫는다. 섣부른 판단에서 벗어나 옳고 그름에 대한 판단과 조언을 절제하게 된다. 옳고 그름의 이분법을 초월하여 유연함과 너그러움이 증가한다.

(3) 우주적 차원

노년 초월을 경험하는 노인들은 자신이 우주 전체와 연결되어 있다는 느낌, 자신이 살아있는 모든 것의 일부라는 느낌, 과거 세대와 밀접히 연결되어 있다는 느낌, 그리고 자신이 과거와 현재를 동시에 살고 있다는 느낌을 자주 보고한다. 톤스탐은 이러한 느낌을 우주적 차원의 노년 초월이라고 불렀다.

① 이전 세대와의 연결성 인식: 자신이 세대 간 흐름의 일부라는

느낌이 증가한다. 자신이 우주의 고립된 외로운 섬에 불과하다고 느꼈던 과거와 달리, 자신이 여러 세대의 연결고리라는 인식을 갖게 된다. 노년 초월을 경험하는 노인들은 자신이 과거 세대와 미래 세대에 속하며 이들을 연결하고 있다는 인식이 증가한다.

② 과거와 현재의 연결성 인식: 시간관념이 변화해서 과거와 현재의 경계가 초월되어 과거의 경험이 현재와 통합된다. 지금은 존재하지 않지만 과거에 소중했던 사람과의 추억을 생생하게 떠올리며 시간을 초월한 듯한 느낌을 갖는다. 과거의 삶이 현재의 삶 속에 담겨 있음을 느낄 뿐만 아니라 용납하지 못했던 과거의 아픈 경험들도 화해를 통해서 수용하게 된다.

③ 삶과 죽음의 이분법 초월: 죽음에 대해서 두려움을 덜 느낀다. 이러한 경향은 자신이 여러 세대의 연결고리라는 인식과 관련되어 있다. 노인들은 자신이 인생에서 경험한 즐거움과 사랑을 이야기하며 내일 죽더라도 미련이 없다고 느낀다. 과거에 비해 삶과 죽음의 경계가 모호해지면서 삶과 죽음의 이분법적 판단을 초월하는 지혜를 갖게 된다.

④ 삶의 신비로움 체감: 삶의 신비적 차원을 받아들이게 된다. 인생의 모든 것이 과학적으로 설명되어야 한다는 지적 경직성에서 벗어난다. 과학적 설명에 대한 집착에서 벗어나 인간의 지적 능력에는 한계가 있다는 생각으로 바뀐다. 과학적 세계관에 집착하는 이성적이고 합리적인 관점에서 좀 더 유연하고 초월적인 관점으로 변화하게 된다.

⑤ 삶의 기쁨 음미: 사소한 것에서 거대한 세계를 경험하는 기쁨을

경험한다. 한 송이 꽃을 보면서 우주의 신비를 경험하는 것과 같이, 자연과의 접촉을 통해서 삶의 기쁨을 경험한다. 때로는 음악이 새로운 언어처럼 경험되고, 삶의 다양한 경험이 새로운 차원에서 기쁨으로 느껴진다.

톤스탐에 따르면, 나이가 많아짐에 따라 노년 초월이 증가한다. 그러나 모든 노인이 노년 초월에 이르는 것은 아니다. 노년 초월에 이르지 못하는 이유는 중년기에 지녔던 가치, 흥미, 활동이 노년기에도 그대로 이어지기 때문이다. 그러나 일부의 사람들은 노년기에 이르러 그동안 자신의 삶에서 고수했던 것들로부터의 자유와 초월을 경험하는 마지막 성장을 하게 된다. 많은 노인이 우울과 불안에 시달리는 것은 가난, 고독, 질병의 결과이기보다 노년기의 성숙과정이 차단된 결과일 수 있다.

3) 수행을 통한 치유와 초탈

인간은 누구나 나름대로의 심리적 상처를 안고 살아간다. 특히 유년기의 상처는 한 사람의 세계관과 인생관에 영향을 미쳐 삶의 방향을 결정하는 데 중요한 역할을 한다. 물론 인생의 모든 단계에서 겪는 부정적 사건들도 심리적 상처가 되어 마음 깊은 곳의 어두운 그림자가 될 수 있다. 이러한 심리적 상처는 개인의 삶을 고통과 갈등으로 몰아가는 경우가 많지만, 성장과 초월의 디딤돌이 될 수 있다.

삶의 괴로움은 인간의 실존적 상황을 자각하도록 만든다. 삶이 고통스럽게 느껴지는 심리적 썰물 상태에서는 밀물 상태에서 보이지 않는 실존적 암초가 의식의 수면 위로 드러나기 때문이다. 그래서 마음의 상처가 깊은 사람들이 구도의 길을 선택하고 치열하게 수행하는 경우가 많다. 이런 점에서 수행은 심리적 상처를 치유하기 위한 노력이라고 할 수 있다. 특히 인생의 허무감과 소외감, 그리고 죽음 불안에 시달리는 실존 신경증을 치유하기 위한 노력이라고 할 수 있다. '역경 후 성장'이라는 현상이 보여주듯이, 심리적 상처와 실존적 불안에서 벗어나기 위한 치유의 노력은 자아초월의 성숙으로 이어질 수 있다.

미국의 심리학자인 마크 리어리[50]는 『자기의 저주(The curse of the self)』라는 저서를 통해서 자기의식과 자기애가 삶에 미치는 다양한 부정적 영향을 제시하고 있다. 그에 따르면, 자기(self)는 인간에게 가장 큰 축복이자 가장 쓰라린 저주이다. 자기의 출현은 인간이 다른 종에 대한 우위를 지닐 수 있는 진화적 이점을 주었으며 오늘날의 문화와 문명을 발달시키는 데 기여했다. 그러나 자기의식을 갖는 것이 항상 축복인 것만은 아니다. 자기의식으로 인한 가장 고통스러운 대가는 죽음에 대한 예기불안이다. 인간은 다른 동물과 달리 자신의 죽음을 인식한 상태에서 살아가야 하는 가장 고통스러운 저주를 받았다. 자아초월 심리학자들은 자아를 일종의 질병으로 여긴다. '나'라는 자아는 자기보존을 위해서 생존경쟁의 고통을 유발할 뿐만 아니라 죽음, 고독, 무의미라는 실존적 고통을 초래하기 때문이다. 구도적 수행은 자기의 저주를 극복하기 위한 투쟁이자 자아라는 질병을 치유

---

[50] Leary, M. R. (2004). *The curse of the self: Self-awareness, egotism, and the quality of human life.* Oxford University Press.

하기 위한 노력이라고 할 수 있다.

　유신론적 수행이든 무신론적 수행이든, 궁극적 목표는 자아의 초월에 있다. 신과의 합일을 추구하는 유신론적 수행과 자아의 공성空性을 깨닫는 무신론적 수행은 모두 자아초월로 나아가는 길이라고 할 수 있다. 자아의 초월은 이기적이고 편협한 자아의 죽음을 의미한다. 성 오거스틴파에 속했던 17세기의 한 독일 신부가 남긴 말처럼, 살아서 죽은 자는 죽을 때 죽지 않는다.

　인간은 쉽게 변하지 않는다. 치열하게 노력하지 않으면 변하지 않는다. 변화의 목표가 심리적 상처의 치유이든 자아의 초월이든, 치열한 노력 없이는 그러한 목표에 도달할 수 없다. 구도적 수행은 심리적 상처를 치유하고 초탈의 경지로 나아가 모든 구속에서 벗어난 마음의 평화와 대자유에 이르기 위한 인간의 위대한 추구라고 할 수 있다.

참고문헌

권석만, 『현대 성격심리학』, 학지사, 2015.
_____, 『인간 이해를 위한 성격심리학』, 학지사, 2017.
_____, 『삶을 위한 죽음의 심리학: 죽음을 바라보는 인간의 마음』, 학지사, 2019.
_____, 『사랑의 심리학: 인간이 경험하는 세 종류의 사랑에 대하여』, 학지사, 2022.
_____, 『현대 심리치료와 상담 이론: 마음의 치유와 성장으로 가는 길(2판)』, 학지사, 2025.
우해봉, 「교육수준별 사망불평등의 추이와 특징」, 『보건복지 ISSUE & FOCUS』, 제427호, 2022.
황금연, 「선불교의 생사관: 생사가 일여하니, 죽음이란 낡은 옷 벗는 것일 뿐」, 『죽음, 삶의 끝인가 새로운 시작인가』, 운주사, 2011.

Ainsworth, M. D. S., Blehar, M., Waters, E., & Wall, S. (1978). *Patterns of attachment*. Erlbaum.
Bakan, D. (1966). *The duality of human existence: Isolation and communion in Wester man*. Beacon Press.
Becker, E. (1973). *The denial of death*. (김재영 역, 『죽음의 부정: 프로이트의 인간 이해를 넘어서』, 인간사랑, 2008).
Becker, E. (1975). *Escape from evil*. (강우성 역, 『악에서 벗어나기』, 필로소픽, 2023).
Bowlby, J. (1969). *Attachment and loss: Vol. 1. Attachment*. Basic Books.
Frankl, V. (1946/1963). *Man's search for meaning*. (이시형 역, 『죽음의 수용소에서: 죽음조차 희망으로 승화시킨 인간 존엄성의 승리』, 청아출판사, 2012).
Friedman, H. L. (2013). Transpersonal self-expensiveness as a scientific construct.

In H. L. Friedman & G. Hartelius (Eds.) *The Wiley-Blackwell handbook of transpersonal psychology* (pp.203~222.). John Wiley & Sons.

Friedman, M., & Rholes, W. S. (2007). Successfully challenging fundamentalist beliefs results in increased death awareness. *Journal of Experimental Social Psychology, 43*, 794-801.

Granqvist, P., & Hagekull, B. (2003). Longitudinal predictions of religious change in adolescence: Contributions from the interaction of attachment and relationship status. *Journal of Social and Personal Relationships, 20*, 793-817.

Greenberg, J., Pyszczynski, T., Veeder, M., Kirkland, S., & Solomon, S. (1990). Evidence for terror management theory II: Effects of mortality salience on reactions to those who explicitly and implicitly threaten the cultural worldview. *Journal of Personality and Social Psychology, 58*, 308-318.

Hayes, S. C., Strosahl, K. D., & Wilson, K. G. (1999). *Acceptance and commitment therapy: An experiential approach to behavior change*. The Guilford Press.

Hayflick, L. (1998). How and why we age. *Experimental Gerontology, 33*, 639-653.

Hood, R. W., Jr., Spilka, B., Hunsberger, B., & Gorsuch, R. L. (1996). *The psychology of religion: An empirical approach* (2nd ed.). The Guilford Press.

Kobas, S. C., & Maddi, S. R. (1977). Existential personality theory. In R. J. Corsini (Ed.), *Current personality theories* (pp.243~276). Peacock.

Leary, M. R. (2004). *The curse of the self: Self-awareness, egotism, and the quality of human life*. Oxford University Press.

Leonard, G., & Murphy, M. (1995). *The life we are given: A long-term program from realizing the potential heart and soul*. Jeremy P. Tarcher.

Lifton, R. (1979). *The broken connection: On death and the continuity of life*. Simon and Schuster.

Louth, A. (2007). *The origins of the Christian mystical tradition: From Plato to Denys*. Oxford University Press.

Piedmont, R. L. (1999). Does spirituality represent the sixth factor of personality?

Spiritual transcendence and the five-factor model. *Journal of Personality, 67*, 985-1013.

Pruyser, P. W. (1968). *A dynamic psychology of religion*. Harper and Row.

Rank, O. (2004). *The myth of the birth of the hero: A psychological exploration of myth* (Exp. & updated ed.) (G. C. Richter & E. J. Lieberman, Trans.). Johns Hopkins University Press.

Reed, P.G. (1996). Transcendence: Formulating nursing perspectives. *Nursing Science Quarterly, 9*(1), 2-3.

Rizzuto, A. (1979). *The birth of the living God: A psychoanalytic study*. University of Chicago Press.

Smart, N. (1998). *The world religions*. (윤원철 역, 『세계의 종교』. 도서출판 예경, 2004).

Tedeschi, R. G., & Calhoun, L. G. (2004). The posttraumatic growth: Conceptual foundation and empirical evidence. *Psychological Inquiry, 15*, 93-102.

Tornstam, L. (2005). *Gerotranscendence—A developmental theory of positive aging*. Springer.

Tornstam, L. (2011). Maturing into gerotranscendence. *Journal of Transpersonal Psychology, 43*(2), 166-180.

Walsh, R. (1989). Asian psychotherapies. In R. J. Corsini & D. Wedding (Eds.), *Current psychotherapies* (4th ed., pp.547~559). F. E. Peacock Publishers.

Walsh, R., & Vaughan, F. (1993). The art of transcendence: An introduction to common elements of transpersonal practice. *Journal of Transpersonal Psychology, 25*(1), 1-10.

Wilber, K. (1977). *The spectrum of consciousness*. (박정숙 역, 『의식의 스펙트럼』, 범양사, 2006).

Wilber, K., (2000a). Integral transformative practice: In this world or out of it? *What is enlightenment, 18*(Fall/winter), 34-39.

Wilber, K., (2000b). *Integral psychology: Consciousness, spirit, psychology, therapy*. (조옥경 역, 『켄 윌버의 통합심리학: 의식·영·심리학·심리치료의 통합』,

학지사, 2008).

Wong, P. T. P. (2008). Meaning management theory and death acceptance. In A. Tomer, E. Grafton, & P. T. P. Wong (Eds.), *Existential and spiritual issues in death attitudes* (pp.65~87). Erlbaum.

Yalom, I. D. (1980). *Existential psychotherapy*. (임경수 역, 『실존주의 심리치료』, 학지사, 2007).

■ 책을 만든 사람들

박찬욱　(밝은사람들연구소장)

한자경　(이화여자대학교 철학과 명예교수)

정준영　(서울불교대학원대학교 불교학과 교수)

월암 스님　(한산사 용성선원장)

미산 스님　(김완두, KAIST 명상과학연구소장)

엄성민　(데이터리퍼블릭 대표)

성해영　(서울대학교 종교학과 교수)

권석만　(서울대학교 심리학과 명예교수)

'밝은사람들연구소'에서 진행하는 학술연찬회에 관심이 있으신 분은 전화(02-720-3629)나 메일(happybosal@hanmail.net)로 연락하시면 관련 소식을 받아보실 수 있습니다.

유튜브(www.youtube.com)에서 "밝은사람들연구소"를 검색하시면, 지난 학술연찬회의 주제발표와 종합토론 영상을 시청하실 수 있습니다.

수행, 초탈인가 치유인가

초판 1쇄 인쇄 2025년 10월 30일 | **초판 1쇄 발행** 2025년 11월 10일
집필 정준영 외 | **펴낸이** 김시열
펴낸곳 도서출판 운주사

(02832) 서울시 성북구 동소문로 67-1 성심빌딩 3층
전화 (02) 926-8361 | 팩스 0505-115-8361

ISBN 978-89-5746-902-6　94220　값 26,000원
ISBN 978-89-5746-411-3　(세트)

http://cafe.daum.net/unjubooks 〈다음카페: 도서출판 운주사〉